公路工程专项施工方案参考范本

Gonglu Gongcheng Zhuanxiang Shigong Fang' an Cankao Fanben

浙江省交通工程建设集团　编著

人民交通出版社

内 容 提 要

本书共分为六章，内容包括：路基工程专项施工方案、路面工程专项施工方案、桥梁工程专项施工方案、隧道工程专项施工方案、市政工程专项施工方案、养护工程专项施工方案。

本书可作为公路建设和管理人员的参考用书，也可供相关院校公路与桥梁工程专业的师生参考使用。

图书在版编目（CIP）数据

公路工程专项施工方案参考范本／浙江省交通工程建设集团编著. --北京：人民交通出版社，2011.12

ISBN 978-7-114-09482-8

Ⅰ.①公… Ⅱ.①浙… Ⅲ.①道路工程-工程施工-方案 Ⅳ.①U415

中国版本图书馆 CIP 数据核字（2011）第 215939 号

书　　名：公路工程专项施工方案参考范本
著 作 者：浙江省交通工程建设集团
责任编辑：韩亚楠　贾秀珍
出版发行：人民交通出版社
地　　址：（100011）北京市朝阳区安定门外外馆斜街 3 号
网　　址：http://www.ccpress.com.cn
销售电话：（010）59757969，59757973
总 经 销：人民交通出版社发行部
经　　销：各地新华书店
印　　刷：北京市密东印刷有限公司
开　　本：787×1092　1/16
印　　张：21.5
字　　数：480 千
版　　次：2011 年 12 月　第 1 版
印　　次：2011 年 12 月　第 1 次印刷
书　　号：ISBN 978-7-114-09482-8
定　　价：49.00 元
（有印刷、装订质量问题的图书由本社负责调换）

《公路工程专项施工方案参考范本》

编委会名单

序　言

近年来，我国公路建设迅猛发展，杭州湾跨海大桥、青岛海湾大桥等一批世界瞩目工程的建成，标志着我国的公路建设已逐步跻身世界先进水平。公路建设中技术复杂、结构新颖、科技领先的项目不断增多，公路建设行业规范化、标准化、精细化的要求不断提高，给公路施工带来了许多新的挑战。

浙江省交通工程建设集团是公路设计施工总承包特级企业，多年来，参加了杭州湾跨海大桥、舟山大陆连岛工程和沪杭甬高速公路等国家重点高速公路项目的建设，具有雄厚的公路工程施工技术实力。

《公路工程专项施工方案参考范本》结合公路建设中常见的专项施工方案，分路基、路面、桥梁、隧道、市政、养护六大类详细阐述了施工技术方案、质量保证措施、安全保障措施等内容，并列举了大量在施工中常用的验算示例，具有较好的借鉴和指导作用。

本书的作者长期工作在公路建设一线，对公路建设专项施工中存在的难点和问题有着切身的体会，对公路建设的规范化和标准化要求有着深刻的理解，在吸取国外先进创新成果的基础上，编著了本书。

我衷心祝贺本书的出版，并推荐给从事公路工程建设、施工、管理的广大技术人员，相信本书将对提高公路建设行业的专项施工方案编制水平和预防工程施工安全质量事故起到积极的促进作用。

浙江省交通运输厅总工程师

二〇一一年八月

目　　录

第一章　路基工程专项施工方案

第一节　软基处理专项施工方案

一、粉喷桩专项施工方案

1. 编制说明

软基处理是高速公路施工中为减少路基沉降而常用的方法，而干喷粉喷桩为软基处理的常用形式之一。

2. 准备工作

1）图纸审核

在粉喷桩开工前，应组织技术人员对设计图纸进行详细审查。审查内容包括以下几个方面：

（1）设计图纸施工工艺、流程，有何规定、要求，并根据要求合理安排施工计划。

（2）设计图纸中对水泥等原材料有何要求，并根据要求安排原材料进场。

（3）对设计图纸中粉喷桩的平面布置图进行详细审核，如有疑问及时与设计部门联系，并争取要求设计部门在开工前下发勘误后的图纸。

（4）对设计图纸中的工程量（主要指粉喷桩的根数）进行详细复核，如有疑问及时与设计部门联系，并争取要求设计部门在开工前下发勘误后的图纸。同时将复核后的工程量报项目部材料部门，以利控制施工成本。

2）机械设备检查

对即将进场的粉喷桩机进行全面的安全与性能检查，对于有安全隐患的设备在未排除隐患之前严禁进入施工现场。

3）原材料试验

对现场的水泥等原材料进行试验工作，根据设计要求的无侧限抗压强度进行粉喷桩水泥用量的室内试配设计，并确定每延米桩体的水泥用量，或根据设计要求确定每米的喷灰量。

4）试验桩的施工

按照已确定的喷灰量进行试验桩的施打，以确定要穿过软土层的实际深度及了解各软土的阻力，最终确定桩机钻进及提升速度。

5）进度计划安排

根据项目部总体施工进度计划，以及现场施工的难易程度来确定粉喷桩的施工总体计划，再将总的工程量细分成每月应当完成的工程量。

6）人力资源安排

为确保粉喷桩施工的安全、质量与进度，项目部应抽调有软基处理经验的管理人员与业务骨干组成精干高效的施工管理组，并选用施工经验丰富的施工队伍进行施工。

(1)管理人员

①施工科：主要负责执行实施性施工组织设计、图纸有关要求，编制月施工计划；负责班组技术交底、现场技术指导、测量放线、现场试验等工作。

②质检科：负责对施工现场的质量进行全程、有效的控制。

③机料科：负责编制材料计划、机械调配、材料采购等。

④安全保卫科：负责制订施工安全的规定、制度、交底，对施工现场的安全进行监督、检查，在施工全程进行安全施工的有效控制。

(2)施工人员

根据粉喷桩的施工特点、总体计划，确定施工组织与劳动力安排，具体情况如下：项目部划分三个施工科，每个施工科设两个施工作业组，每个施工科粉喷桩作业组的具体人员配备如表1-1 所示。

粉喷桩作业班组人员配备表　　表 1-1

序号	工　种	人数	施 工 任 务
1	粉喷桩钻机	6	负责粉喷钻机的驾驶及控制喷灰量等主要工作
2	水泥工	8	负责水泥的搬运，检查水泥是否存在结块等工作
3	电工	1	负责现场施工用电的安全与正常
4	机修	1	负责现场施工机械的安全与正常
5	现场施工调度	1	负责现场水泥、机械的临时调度
6	技术质检	2	负责现场粉喷桩的施工质量与技术指导及施工原始记录
7	测量	2	负责现场粉喷桩桩位的确定
8	试验	2	负责现场施工材料与完成施工桩体的检验、检测
9	施工负责	1	负责现场施工进度、质量等总体安排

各作业组在组成以后，根据粉喷桩的施工总体计划，按照现场的实际情况，对每个作业组的施工任务进行明确分工，确保施工任务保质保量地完成。

7)机械材料安排

根据设计要求，结合总体计划，合理安排机械设备与材料及时进场。

(1)原材料：水泥。

(2)机械设备：机械设备配备及用途如表 1-2 所示。

机械设备配备表　　表 1-2

序号	设 备 名 称	数　量	用　途
1	粉喷桩机	2	粉喷桩的施打
2	装载机	1	临时装运设备、水泥等
3	全站仪	1	对桩位进行测量、放样
4	发电机	2	对现场设备供电

(3)其他材料：竹胶板、雨布、电线等。

3. 施工流程与施工工艺

1)施工流程

粉喷桩施工流程如图1-1所示。

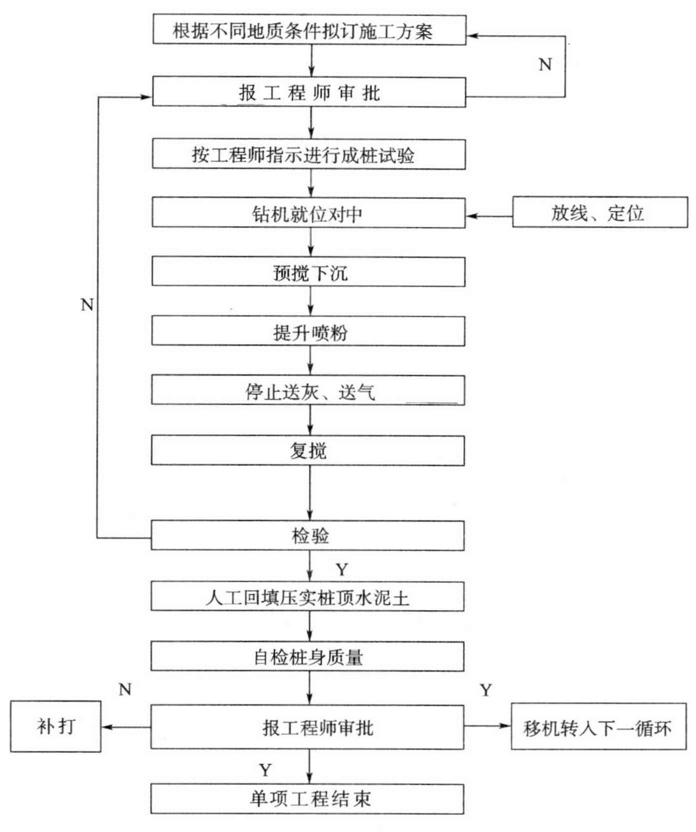

图1-1　粉喷桩施工流程图

2)施工工艺

(1)进行成桩试验

进行成桩试验主要是为了确定钻机在施工工程中如下两个方面的内容:

①要穿过软土层的实际深度;

②了解各软土的阻力,以确定钻进及提升速度和喷粉量。

在实际工作中,根据其抽芯质量情况发现,对含水率较大的软土,提升速度要慢,风量要大才能保证成桩质量;对砂层,特别是粗砂层,提升速度应较淤泥层快,风量应较淤泥层的小。

(2)放样、定位

根据设计图纸要求,绘制各个段落的粉喷桩桩位布置图,经监理工程师批准后,再用全站仪进行现场放样,放样过程中应做好保护桩,以便当发生桩位变化时能及时准确恢复。

(3)桩机就位

根据设计,确定加固放置机体位置的基础(即加垫砂层),使搅拌桩机机轴保持垂直,以防打斜桩,影响桩基承载力。

(4)预搅下沉

启动搅拌桩机,钻头边旋转边钻进。为不至于堵塞喷射口,此时并不喷射加固材料,而是喷射压缩空气,可使钻进顺利,减小负载扭矩。随着钻进,准备被加固的土体在原位搅动。

(5)提升喷粉

在提升过程喷粉搅拌,通过粉体发送器将水泥粉喷入搅拌的土体中,使土体和水泥沿深度方向充分拌和。在提升过程中要注意以下几点:

①要根据地质情况,决定提升速度,以得到较均匀的水泥土桩;

②提升速度根据试桩参数确定;

③在喷粉前应检查储灰罐的储灰量,当不足单根用灰量时应及时补充。

(6)停止喷粉、送气

当钻头提升到距地面30~50cm时,发送器停止向孔内喷射粉料,成桩结束。这时由于装置的回路是封闭的,粉体不会向空中喷射和飞散。在向土体喷射过程中的最后阶段,在搅拌钻头距地面30~50cm处停止喷粉,粉粒不会溢出地面。防止材料浪费与环境的污染。

(7)复搅

在停止喷粉以后,钻头边旋转边钻进,直至设计深度处,再边提升边反向旋转,使土体和粉体充分拌和,土体被充分粉碎,水泥粉被均匀地分散在桩土中,复拌是保证成桩均匀和提高桩体强度的有效措施。

(8)检验

单根粉喷桩施工完成后应及时查看电脑输出单据的各项参数,查看该桩是否有问题,对有问题的应及时进行重新施打。

(9)人工回填

由于在送灰过程中没有直接送至原地面,为保证桩体长度,在钻机施工完后,对停灰面至原地面部分采用人工回填水泥土的方法进行,回填时,掺灰量严格按照设计要求进行,并要求回填部分需充分压实,且要求人工回填部分与机械施工段能够完全衔接。

(10)试验检测

对施工完成后的桩体在强度时间到达后随机抽取部分粉喷桩取芯进行强度试验,对部分桩体进行承载力试验,以确定桩体的施工质量是否满足要求;对取芯后的桩体要及时进行人工水泥土的回填。对于检测不合格部分粉喷桩要及时找出原因并重新施打。

4.质量保证措施

1)机构设置

项目经理部下设质检科,会同其他科室有关人员共同开展质检工作,施工段设质检组,施工作业组设质检小组,配备若干质检员进行具体自检工作,形成一个三级质检网络体系,严把质量关。其中,各科室质量管理工作重点如下:

(1)质检科及时全面整理工程质量标准,监督检查质量标准的执行情况,对各类资料进行审查、核实。经常与监理保持接触,及时贯彻监理意图。

(2)试验室利用现场配备的试验仪器严控原材料质量、混凝土配合比,及时做好自检试验,定期进行常规试验。

(3)机料科严控设备、材料关,确保所购原材料优质,及时提供性能优良的机械设备。

(4)工程科对生产工艺和操作程序进行现场质量控制。自检工作由质检人员进行。

2)开展质量教育及技术培训

积极组织工程施工、质检人员,认真学习图纸、规范、质量验收标准等,并做好质量意识宣传教育,使全体人员树立“质量第一、用户至上、预防为主、用数据说话”的质量意识,及时参加由各级单位组织的相关培训,提高个人素质和工作能力。

3)建立质量责任制

制订各部门、各岗位质量责任制度,使责任明确到人,从质量第一责任者项目经理到生产、技术质管人员(包括行政领导,技术人员、操作工)层层落实,使全体人员共同承担质量责任,制订可操作的奖罚制度,并把质量管理业绩作为年度评比时一项重要考核指标。

4)采用项目挂牌制

(1)项目负责人及生产、技术、质管、测试负责人,技术员、质检员要佩证上岗。

(2)主要材料及生产工艺的质量标准及相关内容要挂牌。

5)质量检查制

(1)质量检查分三个层次:

①质检科进行监督。质检科每星期至少一次会同现场质检员对施工项目进行质量检查监督,每半个月组织质检员进行一次质检工作及质量问题讨论,交流形成文字,反馈给各部门,以提高工程质量。

②各班组工程技术人员进行自检。质检人员必须到现场对各自分管的每一道工序的施工过程及成品进行检查,及时填写施工原始表、质检表,对检查中出现的不合格情况,立即指出并通知修补加强,甚至返工。

③对需监理共同参与检查的项目及时通知,应共同进行检查,并对监理的指令严格执行。

(2)检测工作规范化、程序化:把材料标准,工程检测项目、方法、频率、数据标准以及是否需监理工程师审批等有关资料编印成册,发给每道工序负责人及各级质管人员手中,以此作为施工质量及工序交接验收的依据。

(3)首件验收制:除正常的中间检查、竣工检查外,严格实行首件验收制,对每一道工序、每一个结构类型、第一件成品或半成品进行详细测试,一旦发现问题及时纠正。

6)技术措施

(1)钻机技术性能和指标应满足设计与施工要求。

(2)钻机就位,应满足图纸要求,垂直度偏位不得大于1.5%,桩孔位置与图纸位置偏差不得大于50mm。

(3)严格控制喷粉时间、停粉时间和水泥喷入量,确保粉喷桩长度。

(4)按设计与规范要求对桩体进行二次搅拌,确保桩身质量。

(5)发现喷粉量不足时,应整桩复打,喷粉中断时,复打重叠孔段应大于1m。

(6)粉喷桩施工前应进行成桩试验,确定喷头转速、提升速度、水泥用量等技术参数,使其满足图纸要求。

5. 施工安全保障措施

1)组织保证

项目经理部设安全生产领导小组,项目经理任组长,各科室负责人和施工段负责人为领导小组成员，具体工作由安保科负责。施工段设安保组，施工段负责人任组长，各施工作业组组长、专职安保员为安保组成员，施工作业组设专职安保员，形成施工安全保证体系。

2）安保措施

认真贯彻“安全第一、预防为主”的方针，加强与当地政府有关部门的联系，努力争取得到他们的支持和配合，加强对员工的安保意识教育，形成安保的健全控制，提高员工的自我保护能力，确保人员、设备安全。

3）安保制度

建立健全安保制度，实行由项目经理负责的各种安全生产责任制，设立专门的安全员，负责督促检查安全工作，根据工程特点，制订相应的安全制度，并加强施工现场的治安保卫工作，禁止无关人员进入施工现场。

（1）现场要求统一佩戴安全帽，防止机器组装过程中高空物体坠落，确保安全作业。

（2）运水泥时统一佩戴防护口罩，以保护作业人员的健康。

（3）加强用电、消防的管理工作，使职工把安全意识贯穿到整个生产、生活过程中。

（4）严格实行逐级安全技术交底制度，开工前技术负责人将工程概况、施工方法、安全技术措施等情况向项目负责人、工长详细交底，项目负责人或工长向班组进行安全技术交底，各级书面交底有交接人签字，并存档备查。

（5）施工过程中所使用的安全用品、工具和设施，以及电气、机械设备等，做到定期检查，建立严格的检查制度。对临时电气工程做到符合国家用电规定，装设漏电保护装置。

（6）对特种作业人员加强培训考核，实行持证上岗制，严禁无证人员从事特种作业。

（7）加强安全生产检查，并和生产安排结合起来，加强日常的安全检查活动，发现安全隐患立即下达隐患通知书，限期改正，如有危及人身安全的紧急险情和重大隐患，立即停止其作业。

（8）在高速公路施工时，施工人员必须穿反光背心。

（9）施工车辆在高速公路上临时停放时，必须打开双闪灯。

（10）施工路段必须按要求设置标志、标牌。

（11）施工过程中服从指挥部、监理、交警等部门的指挥和协调。

（12）桩机在移动与工作时应注意其稳定性，防止因地基不稳定而发生倾倒。

6. 工期保证措施

为确保施工的总体计划，拟采取以下措施。

（1）项目部组建一个强有力的粉喷桩工作组，选派优秀的骨干人员来组织、协调整个项目工程施工。

（2）制订科学的组织管理制度，努力提高管理水平，以总工期为前提，安排月、旬作业计划和分项工程施工计划。严格按总体计划进度的要求来安排材料、人员和机械设备的进场施工，同时进一步优化完善“工程进度计划图”，充分利用有效资源。

（3）努力提高机械设备的完好率，并且加强机械设备的维修、检修和保养工作，保证机械设备的完好率，确保每台桩机每天完成60根的数量。

（4）每天将工程量汇总，并与总体计划进度进行比较，发现问题及时采取措施，确保工期的按期或提前完成。

7.环境保护措施

为保护环境，项目部根据本地区环境特点及施工要求，制订如下的环保措施：

（1）对于各种生活和生产垃圾，集中堆放、集中处理。

（2）对于使用袋装水泥时用完的水泥袋进行集中堆放，不得乱丢乱弃。

（3）避免破坏农田排灌系统，在施工过程中，根据需要设临时水管、临时水渠等，保证排灌系统不间断。

（4）施工时尽量降低噪声，噪声较大的施工机械尽量避免夜间作业。

8.文明施工措施

为搞好文明施工，项目部应采取以下主要措施：

（1）建立以项目经理为组长，各部门、班组负责人参加的文明施工管理组织。

（2）建立检查考核制度，考核结果与经济分配挂钩，奖优罚劣。

（3）加强职工素质教育，加强职工的精神文明教育，认真学习国家的法律法规，提高职工的文明素养。

（4）持证上岗制度。特殊工种施工人员必须持证上岗，技术管理人员均挂牌上岗。

（5）积极应用新技术、新工艺、新设备和现代化管理方法，提高机械化作业程度。

（6）施工现场合理布局，有条不紊，井然有序，并布置必要的横幅、彩旗等。

（7）水泥等材料堆场进行清理、整平。

（8）驻地标准化建设，各种制度、图表均上墙，各办公室门前设置相应的铭牌。

（9）施工现场主要出入口设置“工程施工通告牌”，其他主要施工点、道路交叉口，根据实际情况设置必要的安全、宣传等标志牌。

（10）保证施工现场人行出入畅通，在施工过程中，做好光缆、管道等公用设施的保护和处理工作。

（11）施工中如发现古文化遗址、文物等，立即停止施工，保护好现场，待妥善处理后再进行施工。

（12）严格按技术规范、安全生产要求施工，坚决杜绝违章施工、野蛮施工的事故发生。

（13）根据施工情况，制订施工方案，在取得监理工程师同意后避开居民正常休息的时段进行施工。

（14）做好办公室、宿舍、食堂、厕所的清扫工作，有一个干净的工作、生活环境。

（15）认真处理与当地群众的关系，积极加强与当地群众的沟通，尊重当地风俗习惯，相互理解，相互尊重，和睦相处。

（16）认真处理与指挥部、监理、兄弟单位的关系，认真履行指挥部的战略部署，积极协助指挥部的组织工作，服从指挥部的安排；虚心接受监理质量监督，认真执行监理工程师的指令；积极配合监理人员的工作，积极与兄弟单位沟通，交流施工经验，融洽相处。

二、预应力管桩专项施工方案

1.准备工作

（1）项目经理部应根据设计文件及施工条件确定施工方法，编制专项施工方案。

（2）施工前应解决水电供应、道路交通、办公生活用房、工棚仓库和消防等设施。

(3)施工前必须对预应力管桩材料进行抽样试验,并附检验单,经监理工程师批准后方可进场。

(4)根据图纸设计的桩帽混凝土强度,提供混凝土配合比的试验数据。

(5)施工前应根据复测精度满足规范要求的导线点,恢复路基中线,采取有效保护措施。校对设计单位提供的水准点,并根据工程需要加密增设临时水准点。导线点及水准点的测量精度应符合国家有关标准、规范的要求。

2. 施工工艺

材料进场、机械就位→静压或锤击第一节桩→起吊第二节桩→电焊接桩→静压或锤击第二节桩→重复以上沉桩施工工艺至设计桩长→移机,进行下一桩的施工→一段管桩施工结束后,检查整桩施工质量→桩帽施工→铺筑垫层,铺设土工材料。

3. 施工方法

预应力管桩由桩基、桩尖和桩帽三部分组成,桩身和桩尖预先在工厂按一定的规格制备好,桩帽也配有钢筋,在工地现场用C30混凝土浇筑。施工时,用压桩机在工地采用静压或锤击的方法把桩压入地基。预应力管桩具有较高的强度,它与桩帽和地基土共同构成复合地基,以提高地基的承载能力,降低沉降量,达到加固地基的目的。

预应力管桩在平面上采用正三角形呈梅花状布设,桥头及台前处理路段桩距3.3m,桥头过渡段桩距3.4 m。管桩的规格采用桩径300mm,管壁厚44mm,预应力管桩桩身用C60钢筋混凝土预制,桩帽尺寸为1 000mm×1 000mm×340mm,采用C30混凝土浇筑。

根据施工规范要求:在静力压桩确有困难时,可采取锤击法施工。锤击法施工时,应选择适宜的桩帽和衬垫。桩帽内径宜大于桩径10~30mm,其深度为300~350mm,并应有排气孔。锤和桩帽之间的锤垫可用竖向硬木,厚度为140~300mm;桩帽与桩顶之间须嵌入富有弹性和韧性的桩垫,如足够厚度的纸垫、胶合板及橡胶制品等,以减少桩头的破损,桩垫锤击后的厚度宜为130~140mm。当衬垫被打硬或烧焦时,应及时更换。沉桩时,如管桩孔充满水,抽干后方可进行锤击作业。桩身、桩帽、送桩和桩锤应在同一中心线上,防止偏打。锤击沉桩时宜重锤低击,开始落距应较小,待入土一定深度且桩身稳定后,再按要求落距进行,一根桩原则上应一次打入,中途不得人为停锤;确需停锤,亦应尽量缩短停锤时间。

4. 质量保证措施

应在管桩混凝土达到设计强度,且常压蒸气养护后在常温下静停7d后方可沉桩。

在每个工厂每批的管桩进场之前,应进行随机抽样检验,并附检验单,经监理工程师批准后方可进场。

由于管桩的长细比大、自重大,在起吊、运输过程中,过大的动荷载易使管桩产生破坏。正确的起吊方法是两支点法或两头勾吊法,并在吊装过程中轻吊轻放,禁止采用拖吊的方法,以避免产生较大的动荷载。在工地现场起吊时,必须有安全员在现场组织实施,监理进行旁站监督。汽车运输采用长挂车,桩的悬臂不超过1.4m,在汽车运输时,应该捆好固定、分层叠放并错位布置,不宜超过4层。在施工现场堆放时,必须选择坚实平整的场地或垫木支承,堆高不宜超过4层。

根据设计文件中的桩基深度匹配长度进行施工组合,一般桩基深度不小于33m,不超过3节桩组合;桩基深度小于33m,不超过3节桩管组合;桩基深度小于13m,采用1节桩管。施工时按照“长桩管在下,短桩管在上”的顺序进行施工。

沉桩时,应用钢丝绳绑住桩身单点起吊,小心移入桩机,然后调平桩机,开动纵横两向油缸移动桩机调整对中，同时利用相互垂直的两个方向的全站仪检查垂直度。第一节桩管入土30～40cm后检查和校正垂直度，垂直度控制在0.4%以内，应在距桩机不受影响范围内，呈90°设置经纬仪一台。

接桩及焊接要求：接桩时其桩头应高于地面1.0m左右，接桩前下节桩的桩头加上定位板，然后将上节桩吊放在下节桩端板上，依靠定位板将上下桩接直，其错位偏差不应大于3mm。上下桩如果有间隙，用楔型铁片全部垫实，焊接牢固。管桩焊接之前，上下端面用铁刷清理干净，直至其坡口处刷出金属光泽。焊接时应分层焊接，在坡口四周先对称点焊6点，焊接由两个焊工对称进行，焊接层数不得少于3层，层间焊皮要清理干净，焊缝应达到三级焊缝要求，焊接好的桩接头应自然冷却，冷却时间至少8min，严禁用水冷却。

1）沉桩控制标准

①沉桩前用水准仪确定地面高程，在每根桩的一侧用油漆画上长度标记，送桩过程中进行跟踪，动态检查运桩深度。送桩器下端设置桩垫，桩垫厚度均匀并与桩顶全断面接触。

②沉桩顺序，一般由一端向另一端连续进行，当桩位平面尺寸较大或桩距较小时，宜由中间向两端或四周进行，如桩埋置有深浅，宜先沉深的，后沉浅的；在斜坡地带，应先沉坡脚的。

2）停锤控制标准

①设计桩尖高程处为硬塑黏性土、碎石土、中密以上的砂土或风化岩等土层时，根据贯入度变化并对照地质资料，确认桩尖已沉入该土层，贯入度达到控制灌入度时，即可停锤。

②当贯入度已达到控制贯入度，而桩尖高程未达到设计高程时，应继续锤入10cm左右（或锤击30～40击），如无异常变化时，即可停锤；若桩尖高程比设计高程高得多时，应报有关部门研究确定。

③设计桩尖高程处为一般黏质土或其他较松软土层时，应以高程控制，贯入度作为校核；当桩尖已达设计高程，而贯入度仍较大时，应继续锤击，使其贯入度接近控制贯入度。

④在同一桩基中，各桩的最终贯入度应大致接近，而沉入深度不宜相差过大，避免基础产生不均匀沉降；如因土质变化太大，致使各桩贯入度或沉入深度相差过大时，应报有关部门研究，另行确定停锤标准。对特殊设计的桩（如拱桥桥台桩等），桩尖设计高程有高有低时，按设计要求处理。

检查项目见表1-3。

预应力管桩质量检查项目表　　表1-3

检验项目	质量要求和容许偏差	检验频率	检验方法	备注
桩位	±10cm	抽查3%	经纬仪检查	纵横方向
第一节桩垂直度	≤0.4%	查施工记录	经纬仪测量	
后续桩垂直度	≤1%	查施工记录	经纬仪测量	
接桩时错位偏差	≤3mm	全部	尺量	
焊接层数	≥3层	全部	目测	
焊接点数	≥6点（对称位置）	全部	目测	
桩长度	≥设计要求	全部	锤球法测量	
桩头高程	±4%	抽查3%	水准仪测量	
桩身完整性	符合设计要求	10%	小应变检测	

5. 安全保障措施

1)用电安全

(1)一切电器设备、架空线路等安拆工作,必须由有证且熟悉电工操作的人员进行,任何其他人员一律不得擅自安拆。严禁各电路、分电、分器设备等超标用电,以杜绝由于超负荷引起的各种安全事故。

(2)露天的配电箱其箱底离地面应符合规范要求(60cm),装置牢固,配电箱应有防雨和漏电保护装置,金属外壳必须接地,经常性检查电器设备和线路,尤其是移动性电缆线,经检查无损伤后方可使用,在使用时也应注意保护,电器设备如闸刀、开关、插座、漏电装置等有损坏或失灵的必须停止使用,待修整后方可使用。

(3)加强用电管理,制订值班制度,每天24h内必须至少有一位持上岗证的熟练电工在工地值班,随叫随到,防止事故发生。电工操作应按操作规程施工,上岗时必须携带所需的防护用品,严禁带电操作,同时必须普及职工安全用电和触电抢救知识,清除隐患、杜绝事故。

2)施工安全

(1)认真贯彻"安全第一,预防为主"的方针,严格执行国家有关安全生产方面的法规、条例、规范、标准和本投标人有关的安全管理制度,保证职工在施工生产过程中的安全与健康。

(2)建立各级各类人员的安全生产责任制,形成完善的安全保证体系,建立健全各项安全管理制度,并经常对职工进行安全教育。

(3)严格执行安全操作规程,按照作业要求发放劳保用品,进入施工现场必须戴好安全帽,本工程施工作业必须戴好安全帽,桩机四周必须设安全标志,严禁违章指挥、违章作业。

(4)加强施工现场的安全防护设施,保持良好、安全、文明的施工条件,如交叉工程施工时设置必要的警示牌、警示灯等。

(5)严格实行逐级安全技术交底制度,开工前技术负责人将工程概况、施工方法、安全技术措施等情况向项目负责人、工长详细交底,项目负责人或工长向班组长进行书面安全技术交底,各级书面交底有交接人签字,并存档备查。

(6)施工过程中所使用的安全用品、工具和设施,以及电气、机械设备等要定期检查,建立严格的检查制度,如工地使用的中小型机械、起重设备的安全装置、限位装置等。

(7)加强安全生产检查,并和生产安排结合起来,加强日常的安全检查活动,发现安全隐患立即停止其作业。

3)机械安全

(1)各种机械设备操作人员必须持证上岗,按操作规程进行操作,严禁无证操作,且要定机定人操作。辅助作业人员必须经安全技术培训后上岗。

(2)中、小型机具等,整机安装要平衡牢固,轮轴要有防锈措施,工作场地排水良好,各种传动部分防护要齐全,传动离合器、制动器要灵活可靠,开关、机械操作手把绝缘必须良好,接地保护要安全、可靠,电源上均应安装漏电保护装置,机容要整洁。

4)治安安全

(1)全体施工人员必须严格遵纪守法,服从当地政府和公安部门的领导和管理,遵守当地政府的有关政策,协助落实有关规定。

(2)全体施工人员应协助搞好工地治安工作,做好防火、防盗工作,爱护国家和集体的公共财产。

6. 环保措施

(1)在施工现场周围设置醒目的文明施工标语,以取得行人和附近居民的谅解和支持。

(2)保证施工现场人行道畅通及工地沿线居民和单位出入通道畅通,并做到在施工中无管线事故,无重大工伤事故。

(3)车辆进出洒落的材料由值勤人员负责清扫干净,施工现场做到一天一清扫,完工一段,清理一段,始终保持干净、整洁,车辆运输砂石、垃圾、泥土用帆布遮盖,以免洒落。

(4)泥土、砂石严禁抛向施工场外,违者调离施工现场,并以经济手段处罚。

(5)施工场内道路畅通、平坦、整洁,排水良好,做到工完、料尽、场地清,有定期考核检查制度。建筑垃圾集中堆放,及时处理,不随意向外排放废、污水,应按指定地点排放。

(6)材料应严格按施工平面布置图分类堆放,堆放整齐,堆放不超标准,堆料场地不作他用。

(7)对所使用的各种机械设备,特别是大型机械设备进行定期保养,使各种机械设备运转正常,不发出各种异样的声音,以降低噪声,同时夜间21:00以后尽量不进行施工,以免影响周围单位人员的休息,根据实际情况必须在夜间加班施工的,应提前到环保部门办理有关手续,且在夜间施工时,应尽量避免产生大的施工噪声。

(8)多余的废料采用自卸汽车运出,自卸车的后斗挡板应关紧,并遮盖篷布以免沿途泄漏而污染环境,同时在出口处,垫好麻袋,防止车轮将泥土带出工地,雨天要特别注意。

(9)施工临时排水,严禁直接排水至附近河道,必须经过沉淀井沉淀后方可排入附近河道。

(10)生活污水及生活垃圾严禁乱倒。生活污水必须在现场设置三级化粪池处理后,采用水车运出排放,生活垃圾每天集中运出堆埋。

(11)每天施工结束后,及时清扫现场,使现场干净整洁,并及时将材料堆放整齐。

7. 确保工期的措施

(1)健全管理制度,采取合理的激励措施,提高员工的工作积极性。

(2)合理安排总体施工计划,做好施工项目工序的衔接工作。

(3)配备足够性能良好的机械设备和足够的工作人员。

(4)在施工过程中多总结施工经验,合理改进施工方法。

三、真空联合堆载预压施工专项施工方案

1. 编制说明

本施工形式是利用真空预压和堆载预压两种荷载同时作用,促使土体中的孔隙水加速排出,降低土中孔隙水压力,增加有效应力,从而使土体在较短时间内完成排水固结,更好地完成软土地基前期沉降,降低高速公路工后沉降,满足地基承载力要求。一般使用于填土较高、软土深厚的涵洞、通道路段和桥头路段。

2. 施工准备

(1)真空预压段塑料排水带已施工完成,通过监理检验合格后,按设计要求已埋设。

(2)真空预压所需的无纺土工膜、密封膜、排水滤管、真空泵、中细砂、黏土等材料已进场,

并已报监理检验合格。

(3)设备:施工设备采用水射泵,同时根据工程实际情况备用更换设备。设备进场运输拟采用东风 15t 载货汽车,配备汽车式起重机。

(4)人员配备:监测人员 5 人,施工班组 10 ~ 12 人。

(5)进度计划:进场,安装真空管、真空机,挖密封沟,铺密封薄膜等准备工作约需要 12d;试抽真空到 80kPa 需 12d,抽真空预压 90d,卸荷 30d,各工艺要求约 142d。

3. 工艺方法

1)真空预压设计要求

(1)真空预压的范围:根据工后沉降标准和纵向沉降变化率确定纵向处理;横向处理至两侧边坡坡脚外 1m。

(2)膜内真空度:最低膜内设计真空度必须大于等于 80kPa。

(3)平均固结度:加固区要求达到的平均固结度为 80% 以上。

(4)塑料排水带:布置形式与材料要求同塑料排水带处理方式。

(5)密封膜:为确保真空预压全过程的密封性,采用 2 层密封膜。密封膜是以聚(氯)乙烯薄树脂(PVC)为主要材料,经压延或吹塑制成薄膜后,由热板焊接或黏结而成的符合真空预压工艺要求的塑料薄膜。密封膜整体在工厂通过焊接或黏结加工完成,其黏缝强度不得低于膜体本身抗拉强度的 60% 。密封膜技术指标详见表 1-4。为防止密封膜被损坏、刺破,需在密封膜上下各铺设一层 300g/m^2 无纺土工布。无纺土工布技术指标:CBR 顶破强度要求大于等于 2.6kN,纵、横向断裂强度大于等于 15kN/m,纵、横向撕破强度大于等于 0.42kN/m;土工布铺设至坡脚外 1m,并且搭接宽度大于等于 20cm,以防漏铺。

密封膜性能指标 表 1-4

序号	项目	指标
1	厚度(mm)	0.12 ~ 0.16
2	拉伸强度(纵/横)(MPa)	≥18.0/16.0
3	断裂伸长率(%)	≥220
4	直角撕裂强度(纵/横)(N/mm)	≥60
5	刺破强度(N)	≤50
6	渗透系数(cm/s)	$\leq 5 \times 10^{-11}$
7	耐静水压(MPa)	≥0.2

(6)排水管:真空预压中排水管既起传递真空压力的作用,也起水平排水的作用,分主管和滤管两种。主管采用直径为 7.5cm 的管壁上无孔洞的硬 PVC 透水管(YTG75Z),管壁厚度 4mm,环刚度大于等于 4kN/m^2,在加固区内沿纵向布置 2 条。为便于在施工现场连接,滤管采用直径为 7.5cm 的硬 PVC 花管(YTG75L),管壁厚度 4mm,环刚度大于等于 4kN/m^2,要求滤管管壁按正三角形开孔,每隔 5cm 钻一直径 8 ~ 10mm 的小孔并且外包 250g/m^2 的透水滤布,滤管在加固区内沿横向布置,间距小于等于 6m。

(7)真空泵:真空泵采用射流真空泵。为确保真空预压法预压荷载分布均匀和连续预压,在开始抽真空压力上升和稳定初期,根据加固总面积,按每套 7.5kW 真空泵设备可控面积为

1 000 ~ 1 500m^{2}确定总的抽真空设备数量，施工中压力稳定一段时间后保证膜内最高真空度的前提下，可停一部分泵并采取各泵交替运转的方法，但停泵数不得大于总泵数的1/3 ~ 1/2。

(8)堆载预压设计：在实施真空预压和堆载预压联合加固时，为缩短时间，两者基本同步进行，即膜下真空度稳定在80kPa以上5 ~ 10d后，进行堆载预压，开始真空联合堆载预压。堆载采用等载预压，预压时间一般为6个月，在实际施工中可根据实测情况进行调整。

2)真空联合堆载预压施工工艺

为了确保地基在较短的预压时间内达到加固效果，其施工工艺流程如图1-2所示。

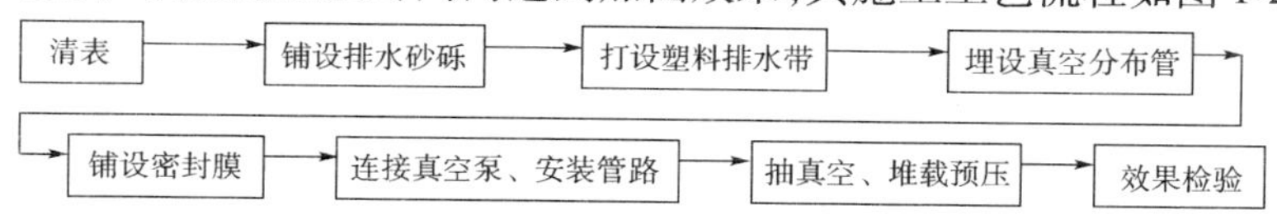

图1-2 真空联合堆载预压施工工艺流程图

(1)清表，场地平整。基本做到中间略高，四周稍低，一般高出1% ~2%即可，然后铺设30cm厚的砂砾层，打设塑料排水带，埋设观测仪器。

(2)滤管铺设。滤管布置采用双排鱼刺形，在保证真空预压(真空度大于等于80kPa)效果的前提下，布管方式可进行适当调整。滤管埋入砂砾垫层中，两相邻滤管之间应采用软接头并连接牢固，以适应抽真空作业过程中地基的变形和防止接头脱开。在滤管上铺设20cm砂砾覆盖层，并要防止尖利物露出砾面而刺穿密封膜。

(3)开挖密封压膜沟。密封沟可根据需要，选择机械挖沟或人工挖沟。密封沟必须超过加固区边线的可透水土层，一般情况可设置为1.5m以上。

(4)密封膜铺设。由于密封膜系大面积铺设施工，一般预压面积在1 000 ~2 500m^2。为避免局部热合不好、搭接不够及老化等问题，按先后顺序铺设一层无纺土工布、两层密封膜、一层无纺土工布。铺膜前应认真清理平整排水垫层，拣除贝壳及带有尖角的石子，填平打设塑料排水带时留下的孔洞，每层膜铺好后应认真检查，及时补洞，待其符合要求后再铺下一层。密封膜的铺设应在白天进行，按顺风向铺设，且风力不宜超过5级。铺设时密封膜的展开方向应与包装标明的方向一致。密封膜长和宽应超过加固区两侧边线，且每边不少于3m。密封膜应埋入密封沟内不透水的黏土层中。密封沟的回填料应采用不含杂物的黏土，且应回填密实。

(5)真空泵安装、管路安装。射流泵在安装前应进行试运检查，空抽时必须达到98kPa以上的真空吸力，安装时要保持平稳，且与滤管连接牢固后才可接通电源。

真空管路：实际加固区与射流真空泵间连接的管路，不仅向膜内传递真空压力，而且是排水的主要通道。因此，要求真空管路应具有满足总排水量需要的过水断面，能承受径向压力，真空管路间的各连接点需严格进行密封处理，以保证真空度在管内不损失，并使排水畅通。另外，为避免膜内真空度在停泵后很快降低，在真空管路中应设置止回阀和阀门，当预报停泵时间超过24h，则应关闭阀门。

(6)真空预压压力稳定至设计要求值以上5 ~ 10d后开始堆载，加载时第一层填土的松铺厚度不宜小于40 cm，不得强振碾压，再加上其下土质较软等原因，密实度要求不能过高，一般要求压实度为85% ~90%。

(7)构造物路段在预压期满后二次开挖，再进行构造物施工。

3)真空联合堆载预压施工监测

由于在真空预压加固中的荷载是靠降低膜下的大气压力来实现的，而该荷载与常规的实物荷载相比有很大的不同，具有很大的可变性，不容易保持稳定，荷载会随时发生变化，必然影响加固效果。因此施工监测是加固过程中必不可少的重要环节，其中包括对真空度的监测、变形观测。

真空度监测包括对泵、膜内真空度、塑料排水带内真空度和土体真空度四个组成部分，以综合控制真空预压加固效果。

(1)真空泵监测

对真空度的监测，要随时注意泵的运转情况及其真空效率，应保证真空度大于96kPa，当泵的真空度小于93kPa时，应进行检查和维修。

(2)膜内真空度

膜内真空度的量测有助于了解膜下真空压力随时间的变化情况，可以得到真空荷载随时间的变化过程线。在一块加固面积上，膜下真空度测头最少放置5个，四个角和中心各放1个，若面积较大，则适当增加。在抽气开始阶段，测读频率为2h 1次，以便准确地测出真空压力上升过程，并有利于检查密封情况；当真空压力达到要求后且变化较小时，每4～6h测读1次，需要时可根据真空度的变化情况，调整测读密度。

(3)塑料排水带内真空度

在塑料排水带内预埋真空度测头时，首先按预定深度将测头布置在排水带内。一般在同一排水带内只安装1个测点，在不改变排水带工作性能的情况下，也可以将几个不同深度的测点置于同一垂直排水体内。测点间距以2～3m为宜，排水带深度大时取大值，反之取小值。

在抽气的开始阶段，排水带真空度应每2h测读1次；当真空压力达到要求后且变化较小时，每4～6h测读1次，需要时可根据真空度的变化情况，调整测读密度。

(4)土体真空度

在土体中设置真空度测头时，平面位置应保证测头位于排水带布置的几何形心上，深度与塑料排水带中的测点位置相对应。埋深一般应钻孔到设计高程，钻孔的偏斜角度应不超过1°，然后将测头放置孔底，再将测头压入到设计位置，并用膨润土球封孔。

在抽气的开始阶段，排水带真空度应每2h测读1次；当真空压力达到要求后且变化较小时，每4～6h测读1次，需要时可根据真空度的变化情况，调整测读密度。

4)变形观测

变形观测包括地表沉降观测、土层深部水平位移观测。

(1)地表沉降观测采用埋设沉降板的方法，观测方法同一般沉降观测。

(2)土层深部水平位移观测主要是量测土体再加固过程中的侧向(水平)位移情况，判断侧向位移对土体垂直变形的影响。测试仪器采用国产活动应变式测斜仪，长25cm。一个加固区设置两个测斜管，测斜管距离加固区两边边缘大于5m。埋设时采用钻孔法。一般在加固前多测几次，确定加固前土体侧向变形的初始值，以保证测点数据的稳定性，待真空抽气后每天测试1次。

5)真空联合堆载预压加固停泵控制标准

在保持土体真空度不降低的前提下，实测地面沉降速率连续5～10d的平均沉降量不大于2mm/d，达到此要求后可安排停泵。

4. 质量保证措施

真空联合堆载预压的关键技术在于保证密封膜下的真空度在预压期间始终维持在设计要求的范围内，即要求在施工过程中，注重做好每个施工环节，重点包括以下几个方面：

(1)塑料排水带打设完成后应将排水带头部及时埋入砂垫层中，清理砂垫层，清除贝壳及表面带有尖角的石子及硬物，填平打设排水带时留下的孔洞，将砂垫层表面整平。

(2)滤水管应用透水性较好的土工布包好，滤水管之间用软接头连接牢固，防止地基不均匀沉降使滤水管脱开，导致在负压作用下砂土进入滤水管中。

(3)周边密封沟应挖到黏土层，并进入该层0.6～0.8m，清理沟中杂物，使密封膜完整埋入软土中。

(4)铺膜作业时应组织严密并充分考虑气象条件，指挥人员应合理安排铺膜作业人员，防止铺膜过程中无序施工导致密封膜变形或撕裂。每层膜铺好后要认真检查、及时补洞，待符合要求后再铺下一层。

(5)真空泵安装前应逐台检查射流泵的工作效率，每台射流泵的真空吸力空抽时应达到98kPa以上，铺膜完成后应立即安装真空泵并开启，使密封膜尽早吸附在地基上。

(6)抽真空过程中应认真做好射流泵、膜下真空度以及各种检测仪器的检测记录，如出现异常，及时分析，采取相应措施，以免影响最终加固效果。当真空预压达到设计要求的技术指标后停止抽真空，进行加固效果的检验和评价。

5. 安全保障措施

(1)建立安全保证体系，项目部和各施工队设专职安全员，专职安全员由安全科管理，在项目经理的领导下，履行保证安全的一切工作。

(2)利用各种宣传工具，采用多种教育形式，使职工树立安全统一的思想，不断强化安全意识，建立安全保证体系，使安全管理制度化，教育经常化。

(3)各级领导在下达生产任务时，必须同时下达安全技术措施检查工作，必须总结安全生产情况，提出安全生产要求，把安全生产贯彻到施工的全过程。

(4)认真执行定期安全教育、安全讲话、安全检查制度，设立安全监督岗，支持和发挥群众安全人员的作用，对发现事故隐患和危及工程人身安全的事项，要及时处理，作出记录，及时改正，落实到人。

(5)施工中临时结构必须向员工进行安全技术交底。对临时结构须进行安全设计和技术鉴定，合格后方可使用。

(6)架板、起重、高空作业的技术工人，上岗前接受身体检查和技术考核，合格后方可操作。高空作业必须按安全规范设置安全网，拴好安全绳，戴好安全帽，并按规定佩戴防护用品。

(7)项目部机务科对工地所有机械统一定期进行安全检查，发现问题及时解决，消除不安全因素。

(8)工地修建的临时房、架设照明线路、库房，都必须符合防火、防电、防爆炸的要求，配置足够的消防设施，安装避雷设备。

(9)建立健全各级各部门的安全生产责任制，责任落实到人。各项经济承包有明确的安全指标和包括奖惩办法在内的保证措施。有劳务使用和机械租用安全生产协议书。

(10)建立定期安全检查制度。有时间、有要求，明确重点部位、危险岗位。安全检查有记录。对查出的隐患应及时整改,做到定人、定时间、定措施。

(11)班组开展"三上岗、一讲评"活动:班组在班前须进行上岗交底、上岗检查、上岗记录的"三上岗"和每周一次的"一讲评"安全活动。对班组的安全活动,要有考核措施。

6. 确保工期的措施

(1)项目部应根据实际施工需要加大投入,做好工、料、机的全面配套保障工作,确保工程施工顺利进行。

(2)做好各方面的协调工作,防止因技术方案问题、安全问题、地方政策等影响工程施工。

(3)项目部加强对现场工程质量的控制管理,建立健全质量保证体系及质量管理体系,完善内部自检体系,使工程质量始终处于良好的受控状态,做到"好中求快,稳中求快"。

7. 环境保护措施

成立环境保护小组,专门负责环境保护工作,制订环境保护规划并严格执行。

1)粉尘控制措施

(1)现场定期洒水,减少灰尘对周围环境的污染。

(2)严禁在施工现场焚烧有毒、有害、有恶臭气味的物质。

(3)装卸或清理有粉尘的材料时,提前在现场洒水。

(4)严禁向现场周围抛掷垃圾。

2)噪声控制

(1)加强机械设备的维修保养工作,确保机械运转正常,降低噪声。

(2)夜间施工时,监督职工不得敲打钢管等,尽量减小噪声,施工时严禁大声喧哗。

8. 文明施工

1)做好现场施工平面布置的管理

施工现场各种材料及设施按平面图布置,做到整齐美观,保证场区道路畅通。

2)现场文明施工

(1)组建以项目经理为组长的现场文明施工管理小组,建立岗位责任制,制订文明施工规划及奖罚措施。文明施工管理小组每周进行一次全面检查,奖优罚劣。

(2)施工现场分区设卫生负责人,派专人进行管理,责任到人。生产及生活区垃圾分区堆放并及时清运。

3)施工现场食堂等卫生管理

(1)宿舍区设食堂,确保符合卫生标准。生、熟食分开,禁止使用塑料制品作熟食容器,食堂工作人员通过健康检查后上岗。

(2)生活区垃圾由专人清理,做到日产日清。

(3)施工现场设电开水炉随时供应开水,防止职工中暑及食物中毒。

四、塑料排水板专项施工方案

1. 准备工作

1)图纸审核

在塑料排水板开工前,应组织技术人员对设计图纸进行详细审查。审查内容分以下几个方面:

(1)设计图纸施工工艺、流程有何规定、要求,并根据要求合理安排施工计划。

(2)设计图纸中对塑料排水板等原材料有何要求,并根据要求安排原材料进场。

(3)对设计图纸中塑料排水板的平面布置图进行详细审核,如有疑问及时与设计部门联系,并争取设计部门在开工前下发勘误后的图纸。

(4)对设计图纸中的工程量(主要指塑料排水板的根数)进行详细复核,如有疑问及时与设计部门联系,并争取设计部门在开工前下发勘误后的图纸。同时将复核后的工程量报项目部材料部门,以利控制施工成本。

2)机械设备检查

对即将进场的塑料排水板机进行全面的安全与性能检查,对于有安全隐患的设备在未解决隐患之前严禁进入施工现场。

3)原材料试验

对塑料排水板等原材料进行试验工作,试验内容主要为:宽度、厚度、纵向通水量、侧压力、滤膜渗透系数、滤膜有效孔径、复合体抗拉强度、滤膜抗拉强度等。

4)进度计划安排

根据项目部总体施工进度计划,以及现场施工的难易程度来确定施工总体计划,再将总的工程量细分成每月应当完成的工程量。

5)人力资源安排

为确保塑料排水板施工的安全、质量与进度,项目部应安排有软基处理经验的管理人员与业务骨干组成精干、高效的施工管理组,并选用施工经验丰富的施工队伍进行施工。

(1)管理人员

①施工科:主要负责执行、实施施工组织设计、图纸的有关要求,编制月施工计划;负责班组技术交底、现场技术指导、测量放线、现场试验等工作。

②质检科:负责对施工现场的质量进行全程有效的控制。

③机料科:负责编制材料计划,对机械的调配,材料的采购。

④安全保卫科:负责制订施工安全的规定、制度、交底,对施工现场的安全进行监督、检查,在施工全程进行安全施工的有效控制。

(2)施工人员

根据塑料排水板的施工特点、总体计划,确定施工组织与劳动力安排:项目部划分为三个施工科,每个施工科设两个施工作业组,每个施工科塑料排水板作业组的具体人员如表1-5所示。

塑料排水板作业班组人员配备表 表1-5

序号	工种	人数	施工任务
1	塑料排水板机	2	负责粉喷钻机的驾驶及控制喷灰量等主要工作
2	塑板工	4	指挥塑板机确定桩位,切割塑板等
3	电工	1	负责现场施工用电的安全与正常
4	机修	1	负责现场施工机械的安全与正常
5	现场施工调度	1	负责现场塑板、机械的临时调度

续上表

序号	工种	人数	施工任务
6	技术质检	2	负责现场塑板的施工质量与技术指导及施工原始记录
7	测量	2	负责现场塑板桩位的确定及塑板深度的测量
8	试验	2	负责现场施工材料检验、检测
9	施工负责	1	负责现场施工进度、质量等总体安排

6)机械材料安排

根据设计要求,结合总体计划,合理安排机械设备与材料及时进场。

(1)原材料:塑料排水板。

(2)机械设备:机械设备及用途如表1-6所示。

塑料排水板设备配备表 表1-6

序号	设备名称	数量	用途
1	塑料排水板机	2台	塑料排水板的施打
2	塑板深度检测仪	2台	检测塑板施打深度
3	装载机	1辆	临时装运设备、塑板等
4	全站仪	1套	对桩位进行测量放样
5	发电机	2台	对现场设备供电

(3)其他材料:竹胶板、雨布、电线等。

2. 施工流程与施工工艺

1)施工流程

塑料排水板施工工艺流程如图1-3所示。

2)施工工艺

(1)去除表土、淤泥

清除地表附着物或挖除非适用材料后进行整平、压实,并修筑一定的横坡以利于排水。

(2)自检压实度、平面尺寸

对已碾压好的原地表进行压实度检测,对达不到要求的路段进行重新碾压,或报监理工程师以确定处理方案,平面尺寸以能保证塑板施工要求或设计要求为准。

(3)施工测量放样

对已清理并验收的塑料排水板路段按设计要求放出铺砂砾的边界线,并做好保护桩,以便在破坏时可以及时、准确地恢复。

(4)砂砾垫层底层铺设

按设计要求选定符合要求的砂砾,并根据已放出的边界线进行铺设,铺设时尽量采用倒退的顺序施工,并要求碾压密实,保证压实度,对边角部位采用人工整平、小型打夯机碾压的施工方法,以便为塑料排水板的顺利施工提供良好的工程场地。

(5)自检压实度、平面尺寸

对已铺设砂砾的路段进行压实度检测,对不满足要求的路段进行返工处理,同时对铺设砂砾的平面尺寸进行复核,对铺设厚度进行检测,对不符合要求的路段,及时进行有效处理。

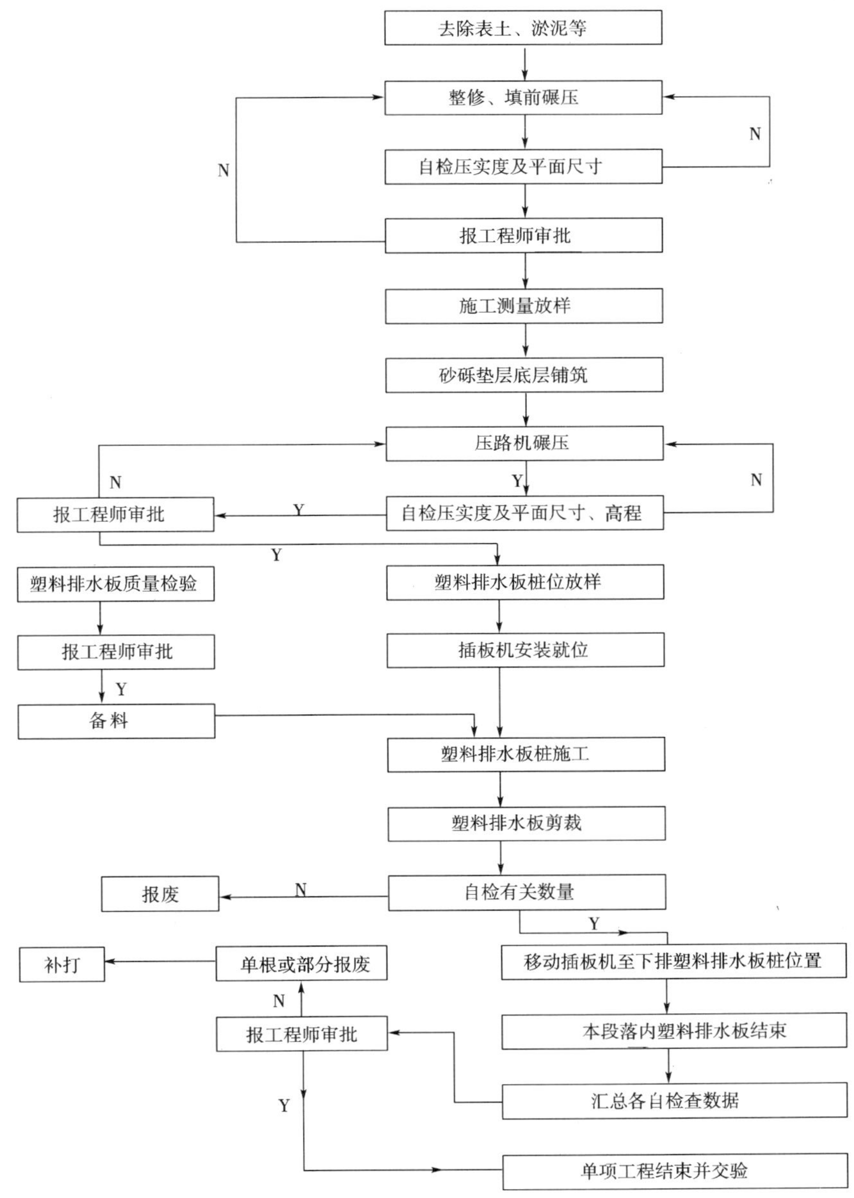

图 1-3　塑料排水板施工工艺流程图

(6)塑料排水板桩位放样

根据设计图纸要求，绘制各个段落的塑料排水板桩位布置图，经监理工程师批准后，再用全站仪进行现场放样。放样过程中应做好保护桩，以便在桩位破坏时能及时准确地恢复。

(7)塑料排水板插板机安装、就位

插板机或导管上应作好明显标记，以便控制打设深度，插入深度必须保证处理深度，插入深度 = 处理深度 + 回带长度 + 砂砾厚度。为保证塑板施打桩位的准确，需配备一名专门指挥员来指挥套管的就位。

（8）塑料排水板的施工

①首先连接板体中的两根铜丝，使其充分接触，形成回路。

②施工时严格按照图纸指出的位置、深度和间距设置塑料排水板，严格控制回带长度，回带率不大于5%，且回带长度不大于50cm。

③顶部预留应在砂砾垫层以上，打设完成后应及时弯贴埋设在砂砾垫层中，使之与砂砾排水层连为一体，保证排水情况良好。

④塑料排水板在插入地基的过程中应保证板不扭曲，透水膜无破损和不被污染。板底部应有可靠的锚固措施，以免在抽出保护套管时将其带出。

（9）塑料排水板剪截

剪截时要尽量使塑料排水板剪截口平齐，不能拉断铜丝，不能纵向撕裂滤膜。

（10）自检有关数据

对已施工完成的塑料排水板应进行深度检测，并及时记录相关数据。对部分没有施打到位的应重新进行施打。

3.施工质量和工期保证措施

（1）建立项目质量管理机构和保障体系。建立以项目经理为组长、总工程师为副组长、项目经理部各部门负责人、施工队队长为主要成员的质量管理领导小组。

（2）严格执行质量管理制度。实行科学管理，加强现场质量控制和检查，在项目施工中做到"三工教育"（工前教育、工中教育、工后教育），"三不交接"（无自检记录不交接、无施工记录不交接、无专职质检员签字不交接），"五不施工"（施工图纸未复核不施工、测量放样未复核不施工、材料未试验或无合格证不施工、技术未交底不施工、未检查签证不施工），同时按照合同文件和规范的规定，设立项目经理部中心实验室和工地实验室，配备满足检测、试验需要的测试仪器设备，对工程所用的各种材料、设备等各工序进行有效的检测控制，做好各种试验、检测工作，为施工提供准确可靠的各种数据，及时纠偏，从技术手段上保证质量始终处于良好状态，精心施工，收集整理工程质量和施工技术资料，及时总结、提供试验数据，确保工程施工一次达标。

（3）加强质保体系的正常运转，各负其责，严格遵守施工程序和要求，使施工处于正常受控状态，发现问题及时处理。

（4）虚心听取和接受监理工程师指导和监督，坚决执行监理工程师的各项指令。提供满足监理工程师在现场检测需要的人员、仪器设备等，与监理工程师配合工作，同心协力创造优质工程。

（5）放样：塑料排水板施工，严格按设计要求布置间距，绘制大样图，现场放出道路中心桩号，按大样图放出排水板的点位。间距误差小于15cm。

（6）钻机检查就位：塑料排水板插打机械，现场组装完成后，要严格检查钻机的安全使用，钻机钻架较高，施工过程中，振动力较大，要求钻架具有足够的稳定性，确保施工的安全。卷扬机钢丝绳、电路接线及电路保护装置要进行全面自检，合格后报安全监理工程师检查，验收合格后才能运转使用。施工现场在便道及机械施工的50m范围内设置警戒线，确保施工安全。钻机上挂好机械操作规程、安全警示牌和施工告示牌。

（7）设置深度控制标尺：施工前，准确丈量钻杆长度，在钻架上设置插打深度标尺，便于深度的控制。

(8)塑板桩在插入地基的过程中应保证板不扭曲，透水膜不破和不被污染，板的底部应有可靠的锚固措施，以免在抽出护套管时将塑排板带出；插好后应及时将露在垫层外的多余部分切断，并予以保护，以防在打桩机移动、车辆进出或下雨时受到损坏而降低排水效果。

(9)塑料排水板施工中提起导管时，塑料板被带出来，未达到设计深度时，则应紧靠原位补打；塑料排水板接长时，应采用滤膜内平搭方法。搭接长度不少于20cm。

(10)为保持碎石垫层良好的排水性能和塑料排水板滤膜的透水性，避免将插打过程中带出的泥浆被水冲入孔内，污染塑料排水板滤膜，或封堵在碎石垫层部位，影响碎石垫层排水。将泥土彻底清除，排除在路基以外。

(11)为保证塑料排水板设施的良好工作性能，塑料排水板打设完成后，应尽快铺设土工格栅及第二层砂砾垫层。碎石垫层铺设完毕后经整平并压实后报监理工程师检查，合格后进入下道工序进行施工。

4. 施工安全保障措施

强化“安全为了生产，生产必须安全”的意识，贯彻“安全第一、预防为主”的方针，依靠科学管理和技术进步，加强安全生产管理，控制人员伤亡事故的发生。

(1)加强安全教育，对全体施工人员，从思想上、技术知识上、规章制度上进行不间断教育，使全体施工人员从思想上重视，在技术上有保障，在行动上有约束。

(2)制订各项安全管理措施，在易发生事故的路段、施工设备处、施工工地附近设立安全标志，责任到人，奖惩分明。

(3)加强安全生产检查，及时发现和纠正违章，消除事故隐患。施工人员严格按操作规程作业，严禁违章。

(4)加强用电管理，施工现场均应配备足够的灭火工具，制订用电措施，用电必须符合安全规定。

(5)加强施工车辆管理，确保施工安全。

5. 环境保护措施

(1)在施工期间应始终保持工地的良好排水状态，要设置临时排水沟。施工表面应有横坡，保证路基无积水。

(2)建立废旧物品回收、保留和处理制度，施工过程中的废弃物，要在工程完工时及时清除干净。

(3)施工期间，施工物料应堆放整齐。

(4)施工机械要防止严重漏油，禁止机械在运转中产生的油污水与维修施工机械时的油污水未经处理就直接排放。

(5)尽量控制机械作业所产生的噪声、废气等的污染。夜间作业在靠近民居处，尽量不安排有噪声、振动的工序施工，避免噪声、振动干扰居民。

6. 文明施工措施

在路基软基处治施工时，做到“安全生产、文明施工”，具体要求是：

(1)参加施工的所有人员，严格遵守项目部制订的安全生产制度。

(2)严格遵守施工程序、操作规程，不得违反操作程序施工。

(3)施工路段要有明显的标牌,做到挂牌施工,施工人员佩戴胸牌上岗。

(4)施工路段材料堆放整齐,场面整洁,机械停放有序。施工段标尺拉线,要建成标准化施工的标化工地。

五、双向水泥浆液搅拌桩(钉型)专项施工方案

1.施工原理及适用范围

水泥浆液搅拌桩处理软基是用特制的机械设备将软土地基局部范围内(某一深度、某一直径)的软土柱体用水泥浆液改良、加固,形成具有整体性、水稳性和一定强度的加固土复合地基,从而提高地基承载力,减小地基沉降量,一般用于涵洞、通道路段和桥头路段。

2.准备工作

(1)清除地表下各种障碍物(包括人防工程、建筑垃圾、地下管线、电缆等),将施工场地填垫平整。

(2)保证进场临时道路畅通,施工用电采用发电机,开工前在现场打一定数量的大口井提供施工用水。

(3)组织材料进场,进场水泥必须具备出厂合格证,并经现场取样送试验室复检合格,存放场地要充分满足施工需要,现场布局合理。

(4)根据桩位平面图及主要轴线,用经纬仪定向,钢尺量距,确定桩位。

(5)测量现场地面高程,确定桩顶高程。

(6)进度计划安排。根据项目部总体施工进度计划,以及各软基路段水泥搅拌桩的施工实际情况,合理安排搅拌桩的进度计划,在确定水泥搅拌桩的施工工期以后,再将总的工程量细分成每月应当完成的工程量。

(7)人员、机械安排。根据设计要求,结合进度计划,合理安排施工人员及机械设备进场。

①人员配备。根据项目部总体情况及施工段落分布情况,选择水泥搅拌桩施工管理经验丰富的施工技术管理人员及业务骨干组成2~3支水泥搅拌桩施工队伍,每支队伍分若干个工作面同时进行施工,同时保证每个作业面每套钻机上安排操作6~8名工人。

②机械设备。施工机械采用大直径双向水泥搅拌桩机,根据每个施工段落工程量大小,配备1~2台钻机同时作业,同时每个施工作业点应相应配备发电机、灰浆搅拌机、输浆泵、电焊机、深度记录仪、流量计等相关配套设施。

(8)材料要求

水泥采用国产32.5普通硅酸盐水泥,所购置水泥应是国家免检产品,且在有效期内使用;严禁使用受潮、结块、变质的劣质水泥。对非免检水泥,应分批提供有关强度等级、安定性等试验报告。

①水灰比一般采用0.55~0.65,水泥掺入量大于等于15%(水泥掺入量实际数值由室内配合比试验确定)。

②室内配合比设计。室内试件的制模尺寸为70.7mm×70.7mm×70.7mm的立方体,试件可在振动台上振实,振动台频率为(3 000±200)次/min,负载振幅(0.35±0.05)mm,振实3min。加固处理土放入试模时应仔细分层填塞均匀,不得产生空气泡,上下两端面用刮刀刮平,盖上塑料布,以防水分蒸发,试块成型1~2d拆模,称重后放入养护室,分别进行各龄期的

养护。

室内抗压强度试验应采用控制应力试验方法。逐级加压并保持水平，量测垂直向变形，待变形稳定后加下一级荷载，直至破坏。

稳定标准：试件垂直变形速率小于0.5mm/min。

破坏标准：应力不变，变形不断发展，试件产生裂纹，应力不断下降。

每组试件不得小于3个，同时考虑室内配合比试验与现场施工条件的偏差，要求室内配合比试验28d无侧限抗压强度 $q_u \geq 1.0$MPa。

③现场质量检测要求。

28d取芯强度：$r_{28} \geq 0.8$MPa。

3.施工工艺方法

(1)桩机运至工地后，先进行安装调试，待内外钻杆旋转、浆泵及计量设施一切调试正常后，桩机移至桩位。

(2)将搅拌头中心对准桩位，启动电动机，叶片伸展到扩大头设计直径，使搅拌机沿导向架向下切土，同时开启灰浆泵向土体内喷水泥浆，两组叶片同时正反向旋转，切割搅拌土体，直到扩大头设计深度。

(3)改变内外钻杆的旋转方向，使叶片收缩至下部桩体设计直径，两组叶片同时正反向旋转，切割搅拌土体，直至设计深度，在桩底持续喷浆搅拌不少于10s。

(4)关闭灰浆泵，提升搅拌机，两组叶片同时正反向旋转搅拌水泥土体直至扩大头底面。

(5)改变内外钻杆的旋转方向，使叶片伸展到扩大头直径，开启灰浆泵，两组叶片同时正反向旋转搅拌水泥土体，直至地面，关闭灰浆泵，并检查搅拌叶片是否伸展到扩大头直径。

(6)开启灰浆泵，两组叶片同时正反向旋转搅拌水泥土体，直至扩大头设计深度。

(7)关闭灰浆泵，提升搅拌机，两组叶片同时正反向旋转搅拌水泥土体直至地面。

(8)移动设备，重复上述步骤，继续下一根桩的施工。

(9)人工修整捣实桩头。

施工工艺流程框见图1-4。

(10)施工质量检验。

①施工允许偏差。施工容许偏差检验包括：桩径、桩距、桩长、垂直度、单桩喷浆量(由水泥掺入量及水泥浆水灰比换算得出)和强度，详见表1-7。

施工容许偏差值及检验表　　表1-7

项次	项目	单位	容许偏差	检测方法和频数
1	桩距	cm	±15	抽查2%
2	桩长	m	不小于设计值	查施工记录
3	桩径	mm	不小于设计值	抽查2%
4	垂直度	%	<1.5	查施工记录
5	单桩喷浆量	kg	不小于设计值	查施工记录
6	桩体强度	MPa	不小于设计值	抽查1%

②水泥搅拌桩属地下隐蔽工程，施工质量受机具、施工工艺、施工人员的责任心等多种因素的影响，因而其质量控制要贯穿于施工的全过程，并坚持全方位的施工监理。

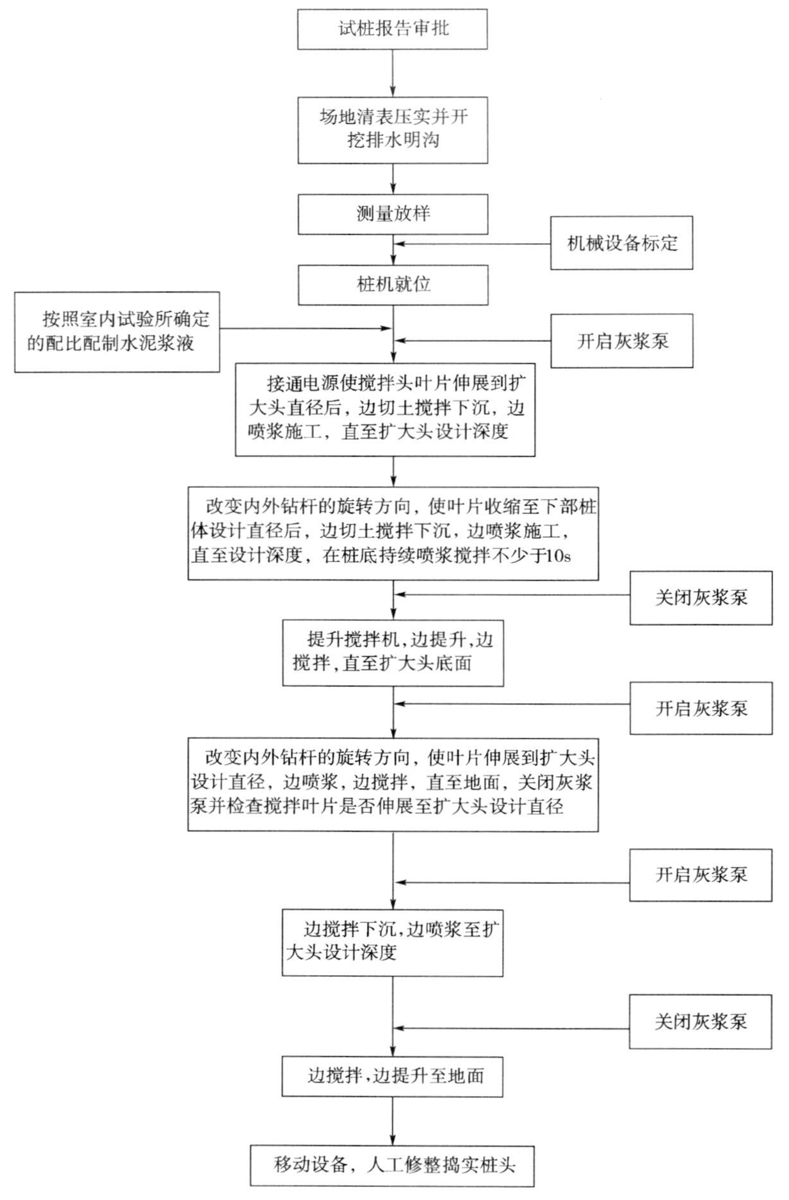

图1-4　施工工艺流程图

③施工过程中必须随时检查加固料用量、桩长、复搅长度及施工中有无异常情况，记录其处理方法及措施。

④成桩7d内浅部开挖桩头，其深度宜为1.5m，目测检查搅拌的均匀性，测量成桩直径。检查频率为1%。

⑤在成桩7d内采用轻便触探仪检查桩的质量，触探点应在桩径方向1/4处，抽检频率为1%。

⑥水泥搅拌桩成桩28d后，用钻孔取芯的方法检查其完整性、桩土搅拌均匀程度及桩的施

工长度。每根桩取出的芯样由监理工程师现场指定相对均匀部位，送实验室做（一组3个）28d龄期的无侧限抗压强度试验。钻孔取芯频率为1% ~1.5%。

⑦搅拌桩外观鉴定要求：a. 桩体圆匀，无缩颈和回陷现象。b. 搅拌均匀，凝体无松散。c. 群桩桩顶齐，间距均匀。

4. 工程质量保证措施

为保证施工质量，在施工中严格按设计要求和有关施工规范、规程进行。从原材料进场开始至搅拌桩施工结束的每一道工序都严把质量关。搅拌桩施工中尤其要注意以下方面的工作。

(1)水泥搅拌桩施工场地应事先平整，清除桩位处地上、地下所有障碍（包括大块石、树根和生活垃圾等）。场地低洼时应回填黏土，不得回填杂土。

(2)水泥浆液应严格按照室内试验所确定的配比进行拌制。制备好的浆液不得离析、不得停置时间过长（一般时间不超过2h）；浆液倒入储浆桶时应加筛过滤，以免浆内结块，损坏泵体。

(3)泵送浆液前，管路应保持潮湿，以利输浆。现场拌制浆液，应有专人记录每根桩水泥用量，并记录送浆开始、结束时间。

(4)根据成桩试验确定的技术参数进行施工。操作人员应记录每米下沉时间、提升时间、送浆时间、停浆时间等。

(5)供浆必须连续，拌和必须均匀。一旦因故停浆，为防止断桩和缺浆，应使搅拌机下沉到停浆面以下1.0m，待恢复供浆后再喷浆上升。如因故停浆超过3h，为防止浆液硬结堵管，应先拆除输浆管路，清洗后备用。

(6)为保证水泥搅拌桩桩端、桩顶及桩身质量，第一次提钻喷浆时应在桩底部停留10s，使浆液完全到达桩端。

(7)水泥搅拌桩的施工工艺根据设计要求的配比和实测的各项施工参数通过试桩来确定。通过试桩来确定钻进速度、提升速度、搅拌速度、喷浆时管道压力、单位时间喷浆量等。

(8)水泥搅拌桩施工机械必须具备良好及稳定的性能，所有钻机开钻之前应由监理工程师和项目经理部组织检查验收，合格后方可开钻。

(9)施工中发现喷浆量不足，应按监理工程师要求整桩复搅，复喷的喷浆量不小于设计用量。如遇停电、机械故障原因，喷浆中断时应及时记录中断深度。在12h内采取补喷处理措施，并将补喷情况填于施工记录内。补喷重叠段应大于100cm，超过12h应采取补桩措施。

(10)现场施工人员认真填写施工原始记录，记录内容应包括：施工桩号、施工日期、天气情况、喷浆深度、停浆高程、灰浆泵压力、管道压力、钻机转速、钻进速度、提升速度、浆液流量、每米喷浆量和外掺剂用量、复搅深度等。

5. 安全保证体系及安全生产保证措施

1)安全生产保证体系及管理制度

(1)安全生产保证体系

安全保证体系见图1-5。

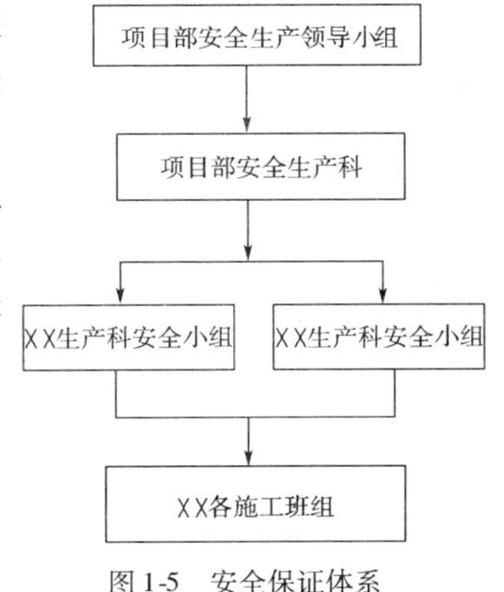

图1-5 安全保证体系

贯彻“安全第一、预防为主”的方针，针对本工程的施工特点，建立以项目经理为主的安全保证体系。经理部配备专职安全员，负责对整个工程实施过程进行监督检查。

(2)安全生产管理制度

遵守国家及地方关于安全生产的规定，为保证施工现场安全作业，避免发生安全事故，制订如下管理制度。

①安全生产负责制

在项目经理部领导下，安全员、机长、班组长、操作工人，逐级建立安全管理责任制度。分工明确、责任到人。管理者坚持安全生产“五到位”，即“健全机构到位，批阅安全文件到位，深入现场到位，检查到位，处理问题到位”。实行“四全”管理，即“全员、全过程、全方位、全天候”安全管理。

②建立安全教育制度

对所有进场的职工、民工进行入场安全教育，针对不同工种分别进行安全操作规程教育，建立安全教育卡片。需持证上岗的特殊工种工人首先经过培训考试，在取得有关部门颁发的合格证书后方能上岗。每天上岗前，由机长进行安全施工教育。

③坚持安全交底制度

技术人员在编制施工方案、技术措施时，同时编制详细的、有针对性的安全措施，并向操作人员进行书面交底。

④安全预防制度

在编制施工组织设计，制订施工方案和下达施工计划时，同时制订和下达施工安全技术措施。对机具设备经常进行保养和定期维修，消灭一切安全隐患。施工现场设安全标志。

⑤坚持安全检查制度

每周由项目副经理牵头对工地进行一次安全大检查，专职安全员每天进行检查。对检查出的问题做好文字记录，落实到人，限期整改，对危及人身安全的隐患立即整改，整改完毕后由安全员进行验证。

⑥安全事故处理制度

现场发生任何安全事故，都应本着“三不放过”的原则进行处理，查明事故原因、事故责任者。对事故的直接责任者进行处罚，达到警示教育的目的。制订整改及预防措施，避免以后再次发生类似事故。重大事故发生后及时向上级部门及地方有关部门汇报，积极配合和接受相关部门的调查和处理。

2)安全保证措施

(1)一般规定

①进入现场的人员一律佩戴安全帽，不准穿拖鞋、高跟鞋，不得赤脚作业。高空作业人员系好安全带，穿防滑鞋。施工时严禁嬉戏、打闹。

②进入施工现场的人员一律佩戴安全上岗证。

(2)施工用电安全

①所有电力线路和用电设备由持证电工安装。由专职电工负责日常检查和维修保养，禁止其他人员私自乱接、乱拉电线。

②现场施工用电线路一律采用绝缘导线。移动式线路使用胶皮电缆。使用时提前认真检

查,确保电缆无裸露现象。地上线路架空设置,以绝缘固定。

③现场所有电动机械设备使用前按规定进行检查、试运转,作业完成拉闸断电,锁好电闸箱,防止发生意外事故。

6. 确保工期的措施

(1)项目部将根据实际施工需要加大投入,做好工、料、机的全面配套保障工作,确保工程施工顺利进行。

(2)做好各方面的协调工作,防止因技术方案问题、安全、地方政策影响工程施工。

(3)项目部加强对现场工程质量的控制管理,建立健全质量保证体系及质量管理体系,完善内部自检体系,使工程质量始终处于良好的受控状态,做到"好中求快,稳中求快"。

7. 环境保护措施

成立环境保护小组,专门负责环境保护工作,制订环境保护规划并严格执行。

1)粉尘控制措施

(1)现场定期洒水,减少灰尘对周围环境的污染。

(2)严禁在施工现场焚烧有毒、有害、有恶臭气味的物质。

(3)装卸或清理有粉尘的材料时,提前在现场洒水。

(4)严禁向现场周围抛掷垃圾。

2)噪声控制

(1)加强机械设备的维修保养工作,确保机械运转正常,降低噪声。

(2)夜间施工时,监督职工不得敲打钢管等,尽量减小噪声,施工时严禁大声喧哗。

8. 文明施工

1)做好现场施工平面布置的管理

施工现场各种材料及设施按平面图布置,做到整齐美观,保证场区道路畅通。

2)现场文明施工

(1)建立以项目经理为组长的现场文明施工管理小组,建立岗位责任制,制订文明施工规划及奖罚措施。文明施工管理小组每周进行一次全面检查,奖优罚劣。

(2)施工现场分区设卫生负责人,派专人进行管理,责任到人。生产及生活区垃圾分区堆放并及时清运。

3)施工现场食堂等卫生管理

(1)宿舍区设一个食堂,确保符合卫生标准。生、熟食分开,禁止使用塑料制品作熟食容器,食堂工作人员通过健康检查后上岗。

(2)生活区垃圾由专人清理,做到日产日清。

(3)施工现场设电开水炉随时供应开水,防止职工中暑及食物中毒。

六、贫混凝土灌注桩专项施工方案

1. 准备工作

1)图纸审核

在贫混凝土灌注桩开工前,应组织技术人员对设计图纸进行详细审查。审查内容分以下几个方面。

(1)设计图纸施工工艺、流程有何规定、要求,并根据要求合理安排施工计划。

(2)设计图纸中对水泥、黄砂、钢筋等原材料有何要求,并根据要求安排原材料进场。

(3)对设计图纸中贫混凝土灌注桩的平面布置图、地质勘探资料进行详细审核,如有疑问及时与设计部门联系,并争取设计部门在开工前下发勘误后的图纸。

(4)对设计图纸中的工程量进行详细复核,如有疑问及时与设计部门联系,并争取设计部门在开工前下发勘误后的图纸;同时将复合后的工程量报项目部材料部门,以利控制施工成本。

2)机械设备检查

对即将进场的贫混凝土灌注桩、发电机、泥浆泵进行全面的安全与性能检查,对于有安全隐患的设备在未解决隐患之前严禁进入施工现场。

3)原材料试验

对需进场的水泥、黄砂、碎石、钢筋等原材料进行相应的试验工作,按设计要求完成混凝土的配合比设计。

4)进度计划安排

根据项目部总体施工进度计划,以及现场施工的难易程度来确定贫混凝土灌注桩的施工总体计划,再将总的工程量细分成每月应当完成的工程量。

5)人力资源安排

为确保贫混凝土灌注桩施工的安全、质量与进度,项目部应安排有桩基处理经验的管理人员与业务骨干组成精干高效的施工管理组,并选用施工经验丰富的施工队伍进行施工。

(1)管理人员

①施工科:主要负责执行实施施工组织设计、图纸的有关要求,编制月施工计划;负责班组技术交底、现场技术指导、测量放线、现场试验等工作。

②质检科:负责对施工现场的质量进行全程有效的控制。

③机料科:负责编制材料计划,对机械的调配,材料的采购。

④安全保卫科:负责制订施工安全的规定、制度、交底,对施工现场的安全进行监督、检查,对施工全程进行安全施工的有效控制。

(2)施工人员

根据贫混凝土灌注桩的施工特点、总体计划,施工组织与劳动力安排如下:项目部划分三个施工科,每个施工科设一个施工作业组,每个施工科贫混凝土灌注桩作业组的具体人员如表1-8所示。

贫混凝土灌注桩作业组人员配备表 表1-8

序号	工　种	人数	职　责
1	钻孔班	10名	负责钻孔,处理泥浆等
2	钢筋班	6名	负责钢筋笼的加工与安装
3	混凝土工班	4名	负责混凝土的浇筑
4	电工班	1名	负责现场电器设备的维修与安全
5	机修班	1名	负责现场机械的维修与安全

续上表

序号	工 种	人数	职 责
6	现场施工调度	2名	负责现场机械、材料的调度
7	技术质检	1名	负责现场技术指导与质量监督
8	测量	3名	负责桩位的确定与高程测量
9	资料	1名	现场施工原始记录的整理
10	试验	1名	负责材料的检测
11	施工负责	1名	负责现场管理与协调

6)机械材料安排

根据设计要求,结合总体计划,合理安排机械设备与材料及时进场。

(1)原材料:黄砂、碎石、水泥、钢筋等。

(2)机械设备:机械设备及用途如表1-9所示。

贫混凝土灌注桩设备配备表 表1-9

序 号	名 称	数 量	用 途
1	钻机	3台	钻贫混凝土桩孔
2	发电机100kW	1台	用于钻机供电
3	拌和楼	1套	集中拌混凝土
4	混凝土运输车	2辆	运输混凝土
5	电焊机	2台	加工钢筋笼
6	钢筋切断机	2台	加工钢筋笼
7	全站仪	1台	确定桩位
8	水准仪	3台	测量高程

(3)其他材料:料斗、电焊条、扎丝、木料等。

2. 施工流程与施工工艺

1)施工流程

贫混凝土桩施工工艺流程见图1-6。

图1-6 施工工艺流程图

2)施工工艺

(1)基底整平碾压

清除表土、腐殖土,整平并碾压密实,以提供施工场地。

(2)测量放样

按照设计图纸绘制贫混凝土桩的平面图,并以批复的平面布置图对桩位进行测量放样。对已放样桩位需做好保护桩。

(3)钻机作业

钻机就位前应对钻机的各项准备工作进行检查,包括场地布置与钻机坐落处的平整和加固,主要机具的检查与安装,配套设备的就位及水电供应的接通。钻机安装就位后,首先应检查钻机的钻杆中心是否与桩中心位置重合，底座和顶端应平稳，在钻进和运行过程中不应产生移动和沉降，开钻初期控制好钻进速度，做到轻压慢转并随时进行桩位复测，检查孔径、倾斜度以及钻机平稳程度，防止孔位偏斜。钻进过程中及时加水防止缩颈和坍塌，干取出来的钻渣及时运至路基范围以外，并保持场地整洁，当钻至设计桩底高程时，立即报请监理工程师验孔，包括孔位、孔深、孔径、垂直度等。监理工程师认可后方可进行下一道工序的施工。

在钻孔过程中，若发现钻孔处的地质情况与设计图纸描述有显著差异时，特别是终孔时，应及时请示监理工程师，待监理工程师批准后，方可进行下一步工作。

(4)钢筋制作及加工

所使用的钢筋必须有出厂质量保证书(或检验合格证)，进场钢筋必须进行自检、抽检，储存在地面以上0.5m的平台、垫木或其他支承上，并使其不受机械损伤及由于暴露于大气而产生锈蚀和表面破损。盘筋和弯曲钢筋采用冷拉方法调直，Ⅰ级钢筋的冷拉率不宜大于2%。钢筋按设计图纸进行弯曲，弯曲时采用冷弯。钢筋的焊接端应在垂直于钢筋的轴线方向切平，两焊接端面应彼此平行。焊渣必须清除。焊工必须持有焊工证。

(5)下放钢筋笼(托板)、灌注水下混凝土

浇筑采用导管法，导管直径为20cm，导管使用前做水密性试验和接头抗拉试验，并逐节进行编号。混凝土应具有良好的和易性，在运输和灌注过程中无显著离析、泌水现象，灌注时保持足够的流动性，其坍落度为18~20cm。首批混凝土的数量应满足导管首次埋深和填充导管底部间隙的需要($V \geq 1/4\pi D^2(H_1+H_2)+1/4\pi d^2 h_1$；其中：$V$为灌注首批混凝土所需数量，$D$为桩径，$H_1$为桩底至导管底端间距，一般为0.4m，$H_2$为导管初次埋深(不小于1m)，$d$为导管内径，$h_1$为桩孔内混凝土达到埋置深度$H_2$时，导管内混凝土柱平衡导管外压力所需的高度)。首批拌和物下落后应连续灌注。浇筑过程中随时测量导管埋深，导管的埋深一般控制在2~6m，防止出现埋管过长或拔空现象。为防止钢筋笼上浮，当灌注的混凝土顶面距钢筋笼底部1m时应降低灌注速度。当混凝土拌和物上升到骨架底口4m以上时提升导管，使其底口高于骨架底部2m以上，再恢复正常灌注速度。在灌注末期导管不要急于拆短，而要加大高度，以增加混凝土压力，条件允许时，可用插入振捣器将混凝土振实。为确保桩头混凝土质量，混凝土灌注高程与原地面高程齐平。当混凝土达到一定强度时开挖基坑，凿除桩头进行桩基检测，检测率及检测方法应满足规范的要求。

3. 工程质量保证措施

1)机构设置

项目经理部下设质检科，会同其他科室有关人员共同开展质检工作，施工段设质检组，施工作业组设质检小组，配备若干质检员进行具体自检工作，形成一个三级质检网络体系，严把质量关。其中各科室质量管理工作重点如下：

(1)质检科及时全面整理工程质量标准，监督检查质量标准的执行情况，对各类资料进行审查、核实。与监理保持接触，及时贯彻监理意图。

(2)试验室利用现场配备的试验仪器严控原材料质量、混凝土配合比，及时做好自检试验，定期进行常规试验。

(3)机料科严控材料关，确保采购优质原材料，及时提供性能优良的机械设备。

(4)工程科对生产工艺和操作程序进行现场质量控制。自检工作由质检人员进行。

2）开展质量教育及技术培训

积极组织工程施工、质检人员，认真学习图纸、规范、质量验收标准等，并做好质量意识宣传教育，使全体人员树立“质量第一、用户至上、预防为主、用数据说话”的质量意识，及时参加由各级单位组织的相关培训，提高个人素质和工作技能。

3）建立质量责任制

制订各部门、各岗位质量责任制度，使责任明确到人，从质量第一责任者项目经理到生产、技术质管人员（包括行政领导，技术人员、操作工）层层落实，使全体人员共同肩负质量责任，制订可操作的奖罚制度，并把质量管理业绩作为年度评比时一项重要考核指标。

4）质量检查制

（1）质量检查分三个层次：

①质检科进行监督。质检科每星期至少一次会同现场质检员对施工项目进行质量检查监督，每半个月组织质检员进行一次质检工作及质量问题讨论，交流形成文字，反馈给各部门，以提高工程质量。

②各班组工程技术人员进行自检。质检人员必须到现场对各自分管的每一道工序施工过程及成品进行检查，及时填写施工原始表、质检表，对检查中出现的不合格情况，立即指出并通知修补加强，甚至返工。

③对需监理共同参与检查的项目及时通知，共同进行检查，并对监理的指令严格执行。

（2）检测工作规范化、程序化：把材料标准、工程检测项目、方法、频率、数据标准以及是否需监理工程师审批等有关资料编印成册，发给每道工序负责人及各级质管人员，以此作为施工质量及工序交接验收的依据。

（3）首件验收制：严格实行首件验收制，对每一道工序每一个结构类型第一件成品或半成品进行详细测试，一旦发现问题及时纠正。

5）工程施工中质量控制措施

贫混凝土灌注桩的质量要求较高，可能影响桩的质量因素较多，需在施工操作、材料选用等各个方面严格把关，主要在如下几个方面加以注意：

（1）认真复核测量桩位，钻孔过程中根据保护桩进行复核。

（2）钻孔和灌注过程中，认真做好记录，并保证分班连续作业。

（3）灌注混凝土前导管做气密试验、水压承压试验和接头抗拉试验，防止导管漏气、漏水造成断桩和导管脱节等现象。

（4）配制混凝土的原材料必须符合技术规范及施工规范的要求。外加剂必须严格把关，材料出厂报告、材料试验报告、混凝土配比试验报告等取得监理工程师批复后，该材料方可被投入使用。在施工过程中混凝土坍落度控制在 18 ~ 20cm。

（5）在钻孔过程中，密切注视地层变化，发现异常情况立即停止挖孔，并报告监理工程师和设计单位，采取有效措施，保证安全施工。

（6）混凝土终浇面应与原地面高程齐平，以保证桩头质量。

（7）封口失败：拔出导管，空气吸泥机吸出已浇混凝土，检查导管接口是否严密牢固以及有无孔洞，重拼导管，再次灌注。

（8）导管气堵：适当上提导管，减少埋深，下料时偏向一方，迫使气流溢出。

(9)在施工过程中,应做好钻孔桩施工全过程的完整记录,并及时将记录送交监理工程师审查。

4.施工安全保障措施

1)安全生产一般规定

(1)组织保证

项目经理部设安全生产领导小组,项目经理任组长、各科室负责人和施工段负责人为领导小组成员,具体工作由安保科负责。施工段设安保组,施工段负责人任组长,各施工作业组组长、专职安保员为安保组成员,施工作业组设专职安保员,形成施工安全保证体系。

(2)认真贯彻"安全第一、预防为主"的方针,加强与当地政府有关部门的联系,努力取得他们的支持和配合,加强对员工的安保意识教育,形成健全的安保制度,提高员工的自我保护能力,确保人员设备安全。

(3)建立健全安全制度,实行由项目经理负责的各种安全生产责任制,设立专门的安全员,负责督促检查安全工作,根据工程特点,制订相应的安全制度,并加强施工现场的治安保卫工作,禁止无关人员进入施工现场。

(4)进入施工现场要求统一佩戴安全帽,对于高空作业,还需系好安全带,确保安全作业。

(5)加强用电、消防的管理工作,使职工把安全意识贯穿到整个生产、生活的过程中。

(6)严格实行逐级安全技术交底制度,开工前技术负责人将工程概况、施工方法、安全技术措施等情况向项目负责人和工长详细交底,项目负责人或工长向班组进行安全技术交底,各级书面交底由交接人签字,并存档备查。

(7)施工过程中所使用的安全用品、工具和设施,以及电气、机械设备等做到定期检查,建立严格的检查制度。对临时电气工程做到符合国家用电规定,装设漏电保护装置。

(8)对特种作业人员加强培训考核,实行持证上岗制,严禁无证人员从事特种作业。

(9)加强安全生产检查,并和生产安排结合起来,加强日常的安全检查活动。发现安全隐患,立即下达隐患通知书,限期改正,如有危及人身安全的紧急险情和重大隐患,立即停止其作业。

2)施工现场安全措施

(1)贫混凝土灌注桩钻机施工的安全措施

施工前应对施工现场、机具设备及安全防护设施等进行全面检查,确认符合安全要求后方可施工。在操作时要强调注意以下几点:

①打桩机和卷扬机应设专人操作。

②钻孔机械就位后,应对钻机及配套设备进行全面检查。钻机安设必须平稳、牢固;钻架应加设斜撑或揽风绳。

③钻机使用的电缆线要定期检查,接头必须绑扎牢固,确保不透水、不漏电;经常处于水泥浆浸泡处应架空搭设。挪移钻机时,不得挤压电缆线及风水管路。

④打桩架及起重工具,应经常检查维修。

5.确保工期的措施

为确保施工的总体计划,项目部应采取以下措施:

(1)项目部为了保证软基处理的阶段性目标,选派优秀的三个施工作业组施工,抽调经验丰富的技术人员配合施工作业组施工。

(2)制订科学的组织管理制度,努力提高管理水平,以总工期为前提,安排月、旬作业计划和分项工程施工计划。严格按总体计划进度的要求来安排材料、人员和机械设备的进场施工,同时进一步优化完善"工程进度计划图",充分利用有效资源。

(3)努力提高机械设备利用率,每一道工序都尽可能提前考虑,争取缩短每一道工序的时间,并且加强机械设备的维修、检修和保养工作。

(4)每天将工程量汇总,并与总体计划进度进行比较,发现问题及时采取措施,确保工期的按时或提前完成。

6. 环境保护措施

(1)对于各种生活、生产垃圾,集中堆放、集中处理。

(2)钻孔弃土先按规定地点堆放,然后集中运到监理认可的地点弃置整平。

(3)避免破坏农田排灌系统,在施工过程中,根据需要设临时水管、临时水渠等,保证排灌系统不间断。

(4)施工时尽量降低噪声,噪声较大的施工机械尽量避免夜间作业。

7. 文明施工措施

(1)参加施工的所有人员,严格遵守项目部制订的安全生产制度。

(2)严格按技术规范、安全生产要求施工,坚决杜绝违章施工、野蛮施工的事故发生。

(3)施工路段要有明显的标牌,做到挂牌施工,施工人员佩戴胸牌上岗。

(4)施工路段材料堆放整齐,场面整洁,机械停放有序。

(5)加强职工素质教育,加强职工的精神文明教育,认真学习国家的法律法规,提高职工的文明素养。

(6)施工现场主要出入口设置"工程施工通告牌",其他主要施工点、道路交叉口,根据实际情况设置必要的安全、宣传等标志牌。

七、砂砾垫层专项施工方案

1. 准备工作

1)图纸审核

在砂砾垫层施工前,应组织技术人员对设计图纸进行详细审查。审查内容分以下几个方面。

(1)设计图纸施工工艺、流程有何规定、要求,并根据要求合理安排施工计划。

(2)设计图纸中对砂砾等原材料有何要求,并根据要求安排原材料进场。

(3)对设计图纸中需进行砂砾垫层施工的段落进行详细审核,如有疑问及时与设计部门联系,并争取设计部门在开工前下发勘误后的图纸。

(4)对设计图纸中的工程量进行详细复核,如有疑问及时与设计部门联系,并争取设计部门在开工前下发勘误后的图纸。同时将复合后的工程量报项目部材料部门,以利控制施工成本。

2)机械设备检查

对即将进场的挖掘机、压路机、推土机等进行全面的安全与性能检查,对于有安全隐患的设备在未解决隐患之前严禁进入施工现场。

3）原材料试验

对现将采用的砂砾等原材料进行试验，砂砾可以采用天然砂砾，也可采用级配砂砾，但砂砾级配需满足设计与规范要求，砂砾垫层材料应由中砂、粗砂、砾石（或碎石）组成，最大粒径应小于53mm，含泥量不超过5%，含砂量不低于30%，用作排水垫层时，通过5mm筛孔的粒料应在20%～50%，小于0.074mm的细粒不大于5%，其不均匀系数应大于10，曲率系数为1～3，压实后的渗透系数应大于1×10^{-2}cm/s。砂砾材料可用砂砾筛分加工而成。

4）进度计划安排

根据项目部总体施工进度计划，以及现场施工的难易程度来确定砂砾垫层的施工总体计划，再将总的工程量细分成每月应当完成的工程量。

5）人力资源安排

为确保砂砾垫层施工的安全、质量与进度，项目部应安排有路基填筑经验的管理人员与业务骨干组成精干、高效的施工管理组，并选用施工经验丰富的施工队伍进行施工。

（1）管理人员

①施工科：主要负责执行实施施工组织设计、图纸的有关要求，编制月施工计划；负责班组技术交底、现场技术指导、测量放线、现场试验等工作。

②质检科：负责对施工现场的质量进行全程有效的控制。

③机料科：负责编制材料计划，对机械的调配，材料的采购。

④安全保卫科：负责制订施工安全的规定、制度、交底，对施工现场的安全进行监督、检查，在施工全程进行安全施工的有效控制。

（2）施工人员

根据砂砾垫层的施工特点、总体计划，确定施工组织与劳动力安排如下：项目部划分三个施工科，每个施工科设一个施工作业组，每个施工科砂砾垫层作业组的具体人员如表1-10所示。

砂砾垫层作业组人员配备表 表1-10

序号	工种	人数	职　　责
1	机械工	3名	负责挖机、压路机、推土机的驾驶
2	测量员	2名	负责现场平面位置放样、高程测量
3	现场施工调度	1名	负责现场机械、材料调配与指挥
4	质检员	1名	负责现场技术指导、质量控制
5	试验员	1名	负责现场试验检测
6	安全员	1名	负责现场安全
7	小工	5名	负责边线、角落机械无法施工部位整平

6）机械材料安排

根据设计要求，结合总体计划，合理安排机械设备与材料及时进场。

（1）原材料：砂砾。

（2）机械设备：机械设备及用途如表1-11所示。

砂砾垫层作业设备配备表 表1-11

序号	设备名称	数量	用　途
1	挖掘机	1台	负责推土机无法推料部位的整平
2	推土机	1台	负责推平砂砾
3	压路机	1台	负责碾压砂砾
4	运料车	10辆	负责拉运砂砾至现场
5	打夯机	2台	负责压路机无法碾压部位的压实

2. 施工流程与施工工艺

1)施工流程

砂砾垫层施工工艺流程见图1-7。

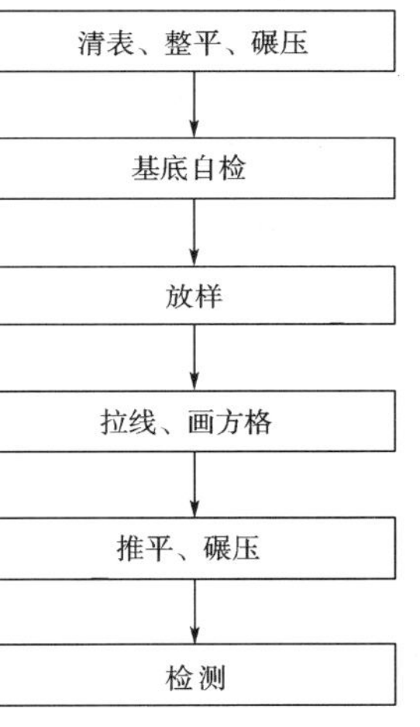

图1-7 砂砾垫层施工工艺流程图

2)施工工艺

(1)清表、整平、碾压

清除地表附着物或挖除非适用材料后进行整平、压实,并修筑一定的横坡以利于排水。

(2)基底自检

对已整平碾压好的路段进行高程、宽度测量,并对压实度进行检测,对不符合要求的路段需及时进行处理。

(3)放样

按照设计图纸,对砂砾边界线进行放样,并做好保护桩,以便在边界桩被破坏时能够及时准确地恢复。

(4)拉线、画方格

根据设计要求的砂砾铺设厚度及试验所得松铺系数,在边界桩上挂线控制砂砾的松铺厚度。为防止砂砾的浪费,在基底以2m长度为边长用石灰粉画方格,并计算每个方格的砂砾方数,以便卸料时控制砂砾数量。

(5)推平、碾压

现场铺设砂砾时采用倒退的方式施工,防止砂砾未碾压前运料车辆开到砂砾料顶上,造成砂砾料表面不平整及难以控制松铺厚度。

铺设过程中推土机推料时仅需推到距离边界线10~20cm即可,对于推土机和压路机无法施工的角落或边界线位置,采用人工整平、平板振夯实的方法施工。

(6)检测

对已推平碾压好的砂砾进行各项目的检测,检测项目主要包括压实度、平整度、宽度、厚度等。

3. 工程质量保证措施

1)机构设置

项目经理部下设质检科,会同其他科室有关人员共同开展质检工作,施工段设质检组,施工作业组设质检小组,配备若干质检员进行具体的自检工作,形成一个三级质检网络体系,严把质量关。其中各科室质量管理工作重点如下：

（1）质检科及时、全面整理工程质量标准，监督检查质量标准的执行情况，对各类资料进行审查、核实。与监理保持接触，及时贯彻监理意图。

（2）试验室利用现场配备的试验仪器严控原材料质量，及时做好自检试验，定期进行常规试验及不定期进行抽检。

（3）机料科严控设备、材料关，确保采购优质原材料，及时提供性能优良的机械设备。

（4）工程科对施工工艺和操作程序进行现场质量控制。自检工作由质检人员进行。

2）开展质量教育及技术培训

积极组织工程施工、质检人员，认真学习图纸、规范、质量验收标准等，并做好质量意识宣传教育，使全体人员树立“质量第一、用户至上、预防为主、用数据说话”的质量意识，及时参加由各级单位组织的相关培训，提高个人素质和工作技能。

3）建立质量责任制

制订各部门、各岗位质量责任制度，使责任明确到人，从质量第一责任者项目经理到生产、技术质管人员（包括行政领导，技术人员、操作工）层层落实，使全体人员共同肩负质量责任，制订可操作的奖罚制度，并把质量管理业绩作为年度评比时一项重要考核指标。

4）质量检查制

（1）质量检查分三个层次：

①质检科进行监督。质检科每星期至少一次会同现场质检员对施工项目进行质量检查监督，每半个月组织质检员进行一次质检工作及质量问题讨论、交流形成文字，反馈给各部门，以提高工程质量。

②各班组工程技术人员进行自检。质检人员必须到现场对各自分管的每一道工序施工过程及成品进行检查，及时填写施工原始表、质检表，对检查中出现的不合格情况，立即指出并通知修补加强，甚至返工。

③对需监理共同参与检查的项目及时通知，共同进行检查，并对监理的指令严格执行。

（2）检测工作规范化、程序化：把材料标准、工程检测项目、方法、频率、数据标准以及是否需监理工程师审批等有关资料编印成册，发给每道工序负责人及各级质管人员，以此作为施工质量及工序交接验收的依据。

（3）首件验收制：除正常的中间检查、竣工检查外，严格实行首件验收制，对每一道工序、每一个结构类型第一件成品或半成品进行详细测试，一旦发现问题及时纠正。

5）确保砂砾垫层的施工质量措施

（1）推土机、压路机等机械技术性能和指标应满足设计与施工要求。

（2）施工前放样准确，长度、宽度保证满足设计与规范要求。

（3）严格控制松铺厚度，确保压实后的厚度满足设计要求。

（4）严格控制砂砾料的级配，不合格材料严禁进入施工现场，对已进入施工现场的不合格材料及时作出处理。

（5）施工过程中严禁污染砂砾料，对施工车辆带入砂砾料的泥土、垃圾等需安排专人进行及时清理，从而保证砂砾的质量。

（6）施工过程中对于机械无法施工的角落需由专人进行人工整平、夯实。

4. 施工安全保障措施

1)组织保证

项目经理部设安全生产领导小组、项目经理任组长、各科室负责人和施工段负责人为领导小组成员,具体工作由安保科负责。施工段设安保组,施工段负责人任组长,各施工作业组组长、专职安保员为安保组成员,施工作业组设专职安保员,形成施工安全保证体系。

2)认真贯彻"安全第一、预防为主"的方针,加强与当地政府有关部门的联系,努力争取得到他们的支持和配合,加强对员工的安保意识教育,形成安保的健全控制,提高员工的自我保护能力,确保人员设备安全。

3)建立健全安全制度,实行由项目经理负责的各种安全生产责任制,设立专门的安全员,负责督促检查安全工作,根据工程特点,制订相应的安全制度,并加强施工现场的治安保卫工作,禁止无关人员进入施工现场。

(1)进入施工现场要求统一佩戴安全帽,防止机器组装过程中高空物体坠落,确保安全作业。

(2)加强用电、消防的管理工作,使职工把安全意识贯穿到整个生产、生活过程中。

(3)严格实行逐级安全技术交底制度,开工前技术负责人将工程概况、施工方法、安全技术措施等情况向项目负责人、工长详细交底,项目负责人或工长向班组进行安全技术交底,各级书面交底由交接人签字,并存档备查。

(4)施工过程中所使用的安全用品、工具和设施,以及电气、机械设备等,做到定期检查,建立严格的检查制度。对临时电气工程做到符合国家用电规定,装设漏电保护装置。

(5)对特种作业人员加强培训考核,实行持证上岗制,严禁无证人员从事特种作业。

(6)加强安全生产检查,并和生产安排结合起来,加强日常的安全检查活动,发现安全隐患立即下达隐患通知书,限期改正,如有危及人身安全的紧急险情和重大隐患立即停止其作业。

5. 确保工期的措施

(1)项目部组建一个强有力的砂砾垫层工作组,选派优秀的骨干来组织、协调好整个项目工程的施工。

(2)制订科学的组织管理制度,努力提高管理水平,以总工期为前提安排月、旬作业计划和分项工程施工计划。严格按总体计划进度的要求来安排材料、人员和机械设备的进场施工,同时进一步优化完善"工程进度计划图",充分利用有效资源。

(3)努力提高机械设备的完好率,并且加强机械设备的维修、检修和保养工作。

(4)做好前后场的协调工作,确保机械的最大利用率,保证施工现场作业的连续性。

(5)每天将工程量汇总,并与总体计划进度进行比较,发现问题及时采取措施,确保工期的按时或提前完成。

6. 环境保护措施

为保护环境,项目部根据本地区环境特点及施工要求,制订如下环保措施:

(1)对于各种生活、生产垃圾,集中堆放、集中处理。

(2)对于拉砂砾料的车,需经常性地检查料斗后挡板的完整性,保证在运输过程中不漏料。

(3)避免破坏农田排灌系统,在施工过程中,根据需要设临时水管、临时水渠等,保证排灌系统不间断。

(4)施工时尽量降低噪声,施工车辆在通过居民区、闹市区、学校等区域时严禁鸣喇叭。

7. 文明施工措施

(1)建立以项目经理为组长,各部门、班组负责人参加的文明施工管理组织。

(2)加强职工素质教育,加强职工的精神文明教育,认真学习国家的法律法规,提高职工的文明素养。

(3)驻地标准化建设,各种制度、图表均上墙,各办公室门前设置相应的铭牌。

(4)施工现场合理布局,有条不紊,井然有序,并布置必要的横幅、彩旗等。

(5)施工现场主要出入口设置"工程施工通告牌",其他主要施工点、道路交叉口,根据实际情况设置必要的安全、宣传等标志牌。

(6)保证施工现场人行出入畅通,在施工过程中,做好光缆、管道等公用设施的保护和处理工作。

(7)施工中如发现古文化遗址、文物等,立即停止施工,保护好现场,待妥善处理后再进行施工。

(8)严格按技术规范、安全生产要求施工,坚决杜绝违章施工、野蛮施工的事故发生。

(9)根据施工情况,制订施工方案,在取得监理工程师同意下避开居民正常休息的时段进行施工。

(10)认真处理与当地群众的关系,积极加强与当地群众的沟通,尊重当地风俗习惯,相互理解、相互尊重,和睦相处。

八、土工合成材料施工专项施工方案

1. 准备工作

(1)项目经理部应根据设计文件及施工条件确定施工方案,编制施工组织设计。

(2)施工前应解决水电供应、道路交通、办公生活用房、工棚仓库和消防等设施。

(3)施工前必须对预应力管桩材料进行抽样试验,并附检验单,经监理工程师批准后方可进场。

(4)根据图纸设计的桩帽混凝土强度提供混凝土配合比的试验数据。

(5)施工前应根据复测精度满足规范要求的导线点恢复路基中线,采取有效保护措施。校对设计单位提供的水准点,并根据工程需要加密增设临时水准点。导线点及水准点的测量精度应符合国家有关标准、规范的要求。

2. 施工方法

1)下承层施工

垫层分两次进行填筑,第一层土工材料铺设的位置在第一层垫层顶,如果有两层以上时,将其一层铺设在垫层顶以上20cm处。施工前先平整施工场地,采用自卸车将垫层材料运至施工区内用推土机和前置式装载机进行摊铺。要求摊铺表面平整,第一层垫层铺设厚度为20cm或25cm(塑排板路段)。垫层宽度应按照图纸要求进行加宽(并考虑路基加宽),垫层有污染的应及时处理。

2)土工合成材料的施工

(1)土工合成材料应符合《公路土工合成材料应用技术规范》(JTJ/T 019—98)的规定,并应有足够的抗拉强度,对土工织物还应有较高的刺破强度、顶破强度和握持强度等,具体规格如下。钢塑格栅:断裂延伸率小于等于2%,纵向抗拉强度大于等于60kN/m,横向抗拉强度大于等于60kN/m,连接点剪切强度大于等于1.5MPa。编织土工布:纵向抗拉强度大于60kN/m,横向抗拉强度大于50kN/m。土工膜:抗拉强度大于等于250N/5cm,圆球顶破强度大于等于280N,梯形断裂大于等于40N,渗透系数小于等于1.0E－10cm/s。

(2)根据土工合成材料的单幅宽度,在平整好的下承层上按路堤底宽全断面铺设,铺设时应拉平直顺,紧贴下承层,不得出现扭曲、褶皱、重叠现象。

(3)铺设土工合成材料,应在路堤每边各留足够的锚固长度,回折覆裹在压实的填料面上,平整顺适,外侧用路基填料覆盖,以免人为破坏。

(4)采用搭接法连接,搭接长度宜为20～90cm;采用缝接法时,缝接宽度应不小于5cm。

(5)现场施工中发现土工合成材料有破损时必须立即修补好。

(6)双层土工合成材料上、下层接缝应交替错开,错开长度不应小于0.5m。

3)土工合成材料上层施工

(1)土工合成材料施工完成后,采用后卸式货车沿铺设完成的土工合成材料两侧倾斜填料,以形成运土的交通要道,并将土工合成材料张紧。填料不允许直接卸在土工合成材料上面,必须卸在已摊铺完毕的土面上;卸土高度以不大于1m为宜,以避免造成局部承载力不足。卸土后立即进行摊铺,以免出现局部下陷。

(2)第一层填料采用推土机或轻型压路机具进行压实;只有当已填筑压实的垫层厚度大于60cm后,才能采用重型压路机压实。

(3)土工合成材料铺设时,应将强度高的方向置于路堤轴线方向。

(4)下承层表面平整,严禁有碎石块等坚硬凸出物;在距土工合成材料层8cm以内的路堤填料,其最大粒径不得大于6cm。

(5)土工合成材料摊铺以后应及时填筑上层填料,以避免其受阳光长时间的直接暴晒。

(6)填料不允许直接卸在土工合成材料上面,必须卸在已摊铺完毕的土面上;卸土高度以不大于1m为宜,以避免造成局部承载力不足。卸土后立即进行摊铺,以免出现局部下陷。

3. 工程质量保证措施

(1)严格执行层层报验的施工程序,满足自检频率的要求(包括桥涵构造物台背回填每层的压实度)。为确保路基填土高度、层次、横坡平整度等按设计要求准确施工,在图纸及规范规定的各区最后一层施工自检完毕后,书面报请驻地监理组复测后,方可进行下一步施工,与此同时,还要填报土方路基现场质量检验报告单,进行工程质量的自检评定。检验合格后的路基在雨后施工前,要进行复压,并报监理工程师检验,合格后方可填土。

(2)图纸会审:由总工程师主持,施工处、工程科、质检科参加设计文件会审,明确工程质量要求,发现设计问题及时上报,对返回的设计问题的答复和设计变更应立即由工程科组织上述人员进行学习、贯彻并存档。

(3)技术交底:工程科向各施工队队长进行技术交底,施工队长向各工种工人进行分类技术交底,使各工种工人明确职责和技术要求,加强全员质量意识,努力把好质量关。

(4)事前控制:施工适用图纸、施工顺序、质量要求、施工方案等应按设计要求,在各分部工程开工前上报监理工程师。

(5)事中控制:工作交接和质量互检制度,各施工队对工程质量应进行自检,交接班时两施工队进行书面互检(在施工日志里反映出来),认为上道工序不符合质量要求的,接班方有权拒绝接收,并由原施工队立即进行返修、纠正,直至达到质量要求。接收方认为上班合格的则由双方施工队长在对方施工日志相关栏中签字确认。

(6)建立资料分层审核制度:测量原始记录的计算部分必须有第二人进行复核并签字,以防差错。

(7)各部门、各施工队负责人、技术人员每天碰头,研究解决工程质量中的“多发病”和“疑难病”,找出病因,提出对策,付诸实施。

4.安全生产保障

1)用电安全

(1)一切电器设备、架空线路等安拆工作,必须由有证且熟悉电工操作的人员进行,其他人员一律不得擅自安拆。严禁各电路、分电、分器设备等超标用电,以杜绝由于超负荷引起的各种安全事故。

(2)露天的配电箱其箱底离地面应符合规范要求(60cm),装置牢固,配电箱应有防雨和漏电装置,金属外壳必须有接地装置,经常性检查电器设备和线路,尤其是移动性电缆线,经检查无损伤后方可使用,在使用时也应注意保护,电器设备如闸刀、开关、插座、漏电装置等有损坏或失灵的必须停止使用,待修整后方可使用。

(3)加强用电管理,制订值班制度,每天24h内必须至少有一位持上岗证的熟练电工在工地值班,随叫随到,防止事故发生。电工操作应按操作规程施工,上岗时必需随带所必需的防护用品,严禁带电操作,同时必须普及职工安全用电和触电抢救知识,清除隐患、杜绝事故。

2)施工安全

(1)认真贯彻“安全第一,预防为主”的方针,严格执行国家有关安全生产方面的法规、条例、规范、标准和本投标人有关的安全管理制度,保证职工在施工生产过程中的安全与健康。

(2)建立各级各类人员的安全生产责任制,形成完善的安全保证体系,建立健全各项安全管理制度,并经常对职工进行安全教育。

(3)严格执行安全操作规程,按照作业要求发放劳保用品,进入施工现场必须戴好安全帽,桩机四周必须设安全标志,严禁违章指挥、违章作业。

(4)加强施工现场的安全防护设施,保持良好、安全、文明的施工条件。如交叉工程施工时,设置必要的警示牌、警示灯等。

(5)严格实行逐级安全技术交底制度,开工前技术负责人将工程概况、施工方法、安全技术措施等情况向项目负责人、工长详细交底,项目负责人或工长向班组长进行书面安全技术交底,各级书面交底有交接人签字,并存档备查。

(6)施工过程中所使用的安全用品、工具和设施,以及电气、机械设备等做到定期检查,建立严格的检查制度,如工地使用的中小型机械、起重设备的安全装置、限位装置等。

(7)加强安全生产检查,并和生产安排结合起来,加强日常的安全检查活动,发现安全隐患立即停止其作业。

3)机械安全

(1)各种机械设备操作人员必须持证上岗,按操作规程进行操作,严禁无证操作,且要定机定人操作。辅助作业人员必须经安全技术培训后上岗。

(2)中、小型机具等,整机安装要平衡牢固,轮轴要有防锈措施,工作场地排水良好,各种传动部分防护要齐全,传动离合器、制动器要灵活可靠,开关、机械操作手把绝缘必须良好,接地保护要安全、可靠,电源上均应安装漏电保护装置,机容要整洁。

4)治安安全

(1)全体工地人员必须严格遵纪守法,服从当地政府和公安部门的领导和管理,遵守当地政府的有关政策,协助落实有关规定。

(2)全体工地人员应协助搞好工地治安工作,做好防火、防盗工作,爱护国家和集体的公共财产。

5. 确保工期的措施

(1)健全管理制度,采取合理的工作激励措施,提高员工的工作积极性。

(2)合理安排总体施工计划,做好施工项目工序的衔接工作。

(3)配备足够性能良好的机械设备和足够的工作人员。

(4)在施工过程中多总结施工经验,合理改进施工方法。

6. 环境保护措施

(1)在施工期间应始终保持工地的良好排水状态,要设置临时排水沟。施工表面应有横坡,保证路基无积水。

(2)建立废旧物品回收、保留和处理制度,施工过程中的废弃物,要在工程完工时即时清除干净。

(3)施工期间,施工物料应堆放整齐。

(4)施工机械要防止严重漏油,禁止机械在运转中产生的油污水与维修施工机械时的油污水未经处理就直接排放。

(5)尽量控制机械作业所产生的噪声、废气等污染。夜间作业在靠近民居处,尽量不安排有噪声、振动的工序施工,避免噪声、振动干扰居民。

第二节　挖方路基专项施工方案

一、土质路堑开挖专项施工方案

1. 施工前提条件

(1)现场安全质量保证体系已建立,明确了各工区施工负责人。

(2)详细复查设计文件所确定的路堑地段的工程地质资料及路堑边坡,根据其工程地质情况、工程量大小和工期,复查施工组织设计,核实(或编制)调整土石方调运图表。

(3)路基测量放样已完成,已设置桩标明轮廓,并经监理工程师复核批准。

(4)施工现场的征地、拆迁、清表等工作已完成。

(5)设计图纸及文件已审核,提出的问题已得到相关部门的回复,并对技术员及班组进行了详细的技术交底。

(6)对沿线拟利用土质已进行检测试验。

(7)截水沟、排水沟等临时排水设施已做好,并已贯通至桥涵或沟渠顺利排出。

(8)分项工程开工报告已得到批复,施工现场的劳动力、施工机械满足施工进度及质量的要求。

2. 施工工序

挖方施工工序见图1-8。

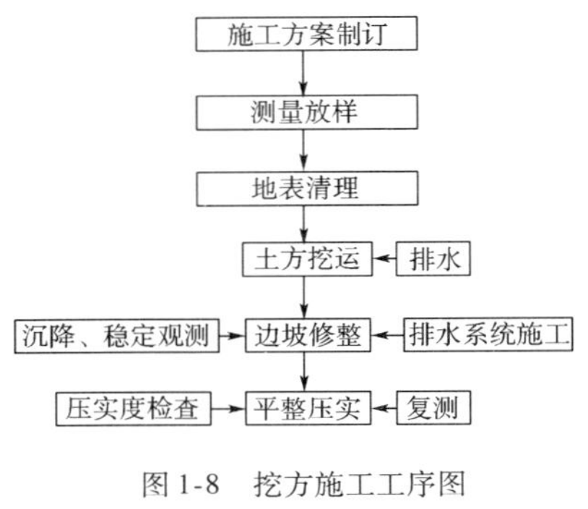

图1-8 挖方施工工序图

3. 施工技术与工艺

(1)应严格按照设计坡度施工,若边坡实际土质与设计勘探的地质资料不符,特别是土质较设计图纸松散时,应及时向有关方面提出修改设计的意见,经批准后实施。

(2)土方开挖不论开挖工程量和开挖深度大小,均应自上而下进行,严格分层开挖,开挖坡面一次性成型,且应开挖一级防护一级,防止边坡失稳产生滑塌等灾害,对有可能产生滑塌的边坡,应先施作锚固等加固措施进行防护,方可进行下级边坡开挖。不得乱挖超挖,严禁掏洞取土。

(3)在高路堑边坡地段一般山体含水率大,在渗水量大的部位应及时、有针对性地按设计要求设置泄水管。为确保高路堑地段路基稳定,应在边沟底设置复式渗沟,防止山体水渗入路基,产生隐患。

(4)开挖面高度每3~4m,在挖掘机作业高度范围内应对开挖坡面进行一次整修,按设计坡率、线形及平台设置进行修整,同时应对已开挖边坡进行测量复测,确保开挖坡面不欠挖或超挖,才可继续施工。

(5)现场施工技术人员应配备坡比架、卷尺等,随时对开挖边坡坡率进行检查,以便指挥机械操作员进行施工。

(6)如果在制订设置弃土场的地方不能满足堆积弃方数量时,应停止开挖,重新选择弃土位置并相应修改施工方案,提交监理工程师批准。

(7)沿溪及山坡不能横向弃置废方的开挖路段,应选择可行的措施,防止造成废方侵占良田、河道,损害民房及用地范围以外的其他构造物。

(8)因气候原因挖出的土方无法按照要求用于填筑路基时,应停止开挖,直到气候条件转好。路基开挖时,如遇特殊土质时,是否改良利用或废弃应得到监理工程师的批准。

(9)土方路堑开挖时,对短而深的路堑,可采用横挖法施工;对较长的路堑,可采用纵挖法施工;对路线纵向长度和挖深超过20m的路堑,宜采用混合式开挖法。

(10)土方路堑开挖时,应设不少于3%的纵、横向排水坡,待开挖贯通后,再从线位较低处起纵向整修路槽。

(11)修筑路拱、整修边坡、平整路基顶面时,应采用机械作业,人工配合。

4. 施工质量

(1)路基表面平整,边线直顺,曲线圆滑。路基边坡坡面平顺、稳定,不亏坡,曲线圆滑。

(2)取土坑、弃土堆、护坡道、碎落台的位置适当,外形整齐、美观,防止水土流失。

(3)实测项目质量要求参见《公路工程质量检验评定标准》(JTG F80/1—2004)。

二、石质路堑开挖专项施工方案

1. 施工前提条件

(1)详细复查设计文件所确定的路堑地段的工程地质资料及路堑边坡，根据其工程地质情况、工程量的大小和工期复查施工组织设计，核实(或编制)调整土石方调运图表。

(2)路基测量放样已完成，已设置桩标轮廓，并经监理工程师复核批准。

(3)施工组织设计文件已批复，施工组织文件应含设备(须配备潜孔钻)投入，人员配备，爆破方案及炮位、炮孔深度，炮孔直径，装药结构设计等。

(4)施工现场的征地、拆迁、清表等工作已完成。

(5)设计图纸及文件已审核，提出的问题已得到相关部门的回复，并对技术员及班组进行了详细的技术交底。

(6)截水沟、排水沟等临时排水设施已做好，并已贯通至桥涵或沟渠顺利排出。

(7)分项工程开工报告已得到批复，施工现场的劳动力、施工机械满足施工进度及质量的要求。

(8)爆破器材的存放地点、数量、警卫、收发、安全等措施，已按《公路工程施工安全技术规程》(JTJ 076—95)等要求落实，报监理工程师批准后并经地方相关部门批准。

2. 爆破法施工工序

爆破法施工工序见图1-9。

3. 施工工艺与工艺

(1)凡是石质边坡均要采用光面爆破技术，降低爆破对边坡稳定性的影响，视山体稳定性、裂隙发育程度，确定是否设置坞工砌体防护工程。

(2)开挖拉槽应自拉槽的两端中部首先起爆，形成数个临空面，然后采用深孔梯段爆破，向拉槽中部推进，拉槽施工必须采用竖孔爆破方式，严禁采用平孔爆破的方式施工。在距设计坡面3～5m范围内必须采用光面爆破。光面爆破要求竖孔炮眼的间距不大于1m。

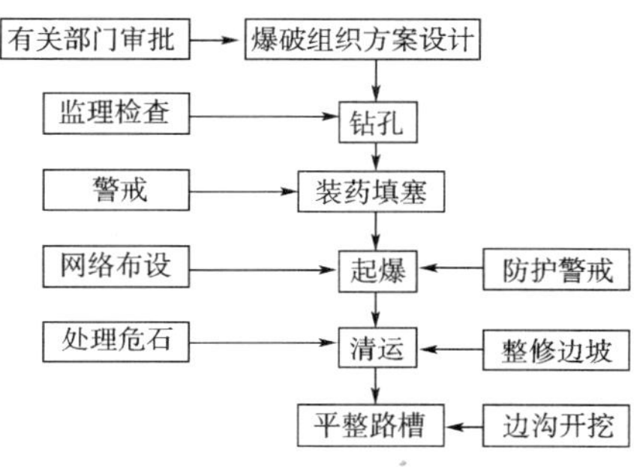

图1-9　爆破法施工工序图

(3)爆破法开挖的路段，如空中有缆线，应查明其平面位置和高度；还应调查地下有无管线，应查明其平面位置和埋设深度；同时应调查开挖边界线外建筑物结构的类型、完好程度、距开挖界距离，然后制订爆破方案，必须确保空中缆线、地下管线和施工区边界处建筑物的安全。

(4)根据设计的炮位、直径和孔深打眼，原则上应使用潜孔钻钻孔，当工程量小，工期允许时，可采用人工打眼，但必须得到监理工程师书面批准。

(5)光爆后，应清刷边坡，从开挖线往下分级清刷边坡，下挖2～3m时，应对新开挖边坡刷坡，对于软质岩石边坡可用人工或机械清刷，对于坚石和次坚石，可使用炮眼法、裸露药包法爆破，边坡上不得有松石、危石，松动部分的岩石必须清除。如因过量超挖，应用浆砌片石衬砌超挖的坑槽。

(6)石质路堑路床顶面宜使用密集小型排炮施工，炮眼底高程宜低于设计高程10～15cm，装药时宜在孔底留5～10cm空眼，装药量按松动爆破计算。

（7）石质路床有裂隙水时，应采用渗沟连通，渗沟宽不宜小于30cm，渗沟底略低于坑洼地，坡度不宜小于6%，使可能出现的裂隙水或地表水由浅坑渗入深坑洼，并与边沟连接。如渗沟低于边沟，则应在路肩下设纵向渗沟，沟底应低于深坑洼底至少10cm，宽不宜小于60cm；纵向渗沟由填方路段引出。渗沟应填碎石，并与路床同时碾压到规定的要求。

（8）石方路堑的路槽底面高程应符合图纸要求，如过高应辅以人工凿平，过低应以开挖的石屑或碎石填平并碾压密实稳固，严禁用土整平。

4. 施工质量

（1）上边坡不得有松石，路基边线直顺，曲线圆滑。

（2）竖孔炮眼残留率不得低于85%，对于中硬质岩石，凸出于设计边坡线的石块，其凸出尺寸不应大于20cm，超爆凹进部分尺寸也不应大于20cm。对于软质岩石，凸出及凹进尺寸均不应大于10cm。

（3）实测项目质量要求参见《公路工程质量检验评定标准》（JTG F80/1—2004）。

5. 挖方路基非适用材料的处理

（1）路基挖方至设计断面后，如仍留有非适用材料，应按监理工程师要求的宽度和深度继续挖除，用批准的材料回填，并压实到图纸或施工规范规定的压实度。在回填前，应测量必要的断面报监理工程师批准。

（2）除非监理工程师另有许可，在暴露出的挖方是适用材料和非适用材料相混杂的地方，应把适用材料独立地挖出来，以供填方使用，且不得被非适用材料污染。已污染的材料应按弃方处理。

（3）在填方区挖除低于原地表面的非适用材料时，其挖除深度及范围应由监理工程师确定。在挖除前，应测量必要的断面报监理工程师批准。

（4）凡经监理工程师批准，在路基挖方或填方区挖除的非适用材料，适用于种植草皮的表土应储存于指定地点，否则应按弃方要求处理。

6. 质量保证措施

1）建立健全质量自检体系

建立由项目总工程师负责，包括质检、试验、工程施工、材料等各部门人员参加的全方位质量自检机构。

2）建立质量责任制

制订各部门、岗位质量责任制，明确规定各部门以及每个员工在质量管理中必须完成的任务、承担的责任和赋予的权限。

3）建立一个完善的试验室

设项目中心试验室，配备能满足要求本工程各项试验需要的试验仪器设备、人员及制度，以确保对各种原材料和施工过程中的质量检验和质量控制。

4）建立技术攻关和交底制度

建立以项目总工程师为首的技术保证体系。负责对每个分项工程施工方案、施工工艺、防范措施的研究和落实，在关键工艺上进行QC攻关，并着重做好技术交底工作。

5）建立严格的质量检查制度

建立以施工班组自检为主、互检为辅及施工员、质检员、试验员巡回检查相结合的质量检查制度,并安排足够多的现场专职质检员实行旁站监督,防患于未然。

项目经理部每月进行大检查三次,并不定期随时抽检,发现问题及时整改,奖惩措施同时跟上。

6)加强质量教育及技术培训

认真组织学习招标文件、技术规范、操作工艺、质量标准和监理规程,加强对施工技术人员和作业人员的培训学习,使之进一步提高质量管理意识和水平。

7)建立质量事故报告制度和质量奖罚制度、严肃对待质量事故

一旦发生质量事故,按招标文件规定及时向有关部门汇报,并按照"三不放过"(即事故原因不明不放过、不分清责任不放过、没有改进措施不放过)的原则,严肃认真地处理质量事故。对造成质量事故的有关责任人按公司有关奖罚办法规定处罚,对于在工程质量方面作出贡献的个人和集体予以重奖。

质量保证体系框图如图1-10所示。

7.安全保证措施

(1)由经理部统一领导,制订各项措施,建立以项目经理为首的安全生产领导小组,并安排专职安全员,建立专职施工安全保证体系。

(2)认真贯彻"安全第一,预防为主"的方针,严格执行国家有关安全生产方面的法规、条例、规范、标准和有关的安全管理制度。

(3)建立各级各类人员的安全生产责任制,建立健全各项安全管理制度,并经常对职工进行安全教育。

(4)严格执行安全操作规程,按照作业要求发放劳保用品,进入施工现场必须戴好安全帽,高空作业必须系安全带,严禁违章指挥、冒险违章作业。

(5)加强施工现场的安全防护设施 ,保持良好、安全、文明的施工条件。

(6)单项工程的施工组织设计或施工方案附有安全技术措施,对特殊和危险性较大的工程,单独编制安全技术措施。

(7)严格实行逐级安全技术交底制度,各级书面交底有交接人签字,并存档备查。

(8)施工过程中所使用的安全用品、工具和设施,以及电气、机械设备等,做到定期检查,并建立严格的检查制度。临时电气工程做到符合国家用电规定,设置漏电保护装置。

(9)对特种作业人员加强培训考核,实行持证上岗制。

(10)加强日常安全生产检查,发现安全隐险立即下达隐患通知书,限期改正。

(11)加强与气象部门的联系,及时掌握气温变化、台风及汛情等预报,做好防范工作。

8.确保工期的措施

(1)精心组织施工,实行动态网络管理,及时调整各项工程的计划进度及劳力、机械,确保工程按时完工。

(2)优化机械设备的组合,提高机械化作业程度,保证机械设备完好率,提高设备利用率。

(3)积极采用新工艺、新技术、新材料,加快施工进度。

(4)编制施工组织设计及工程进度计划,优化施工技术方案,紧紧抓住关键工序和关键路线。

(5)做好材料、机械、设备、队伍的各项保障工作,同时狠抓施工管理,做到文明、科学、安

全施工。

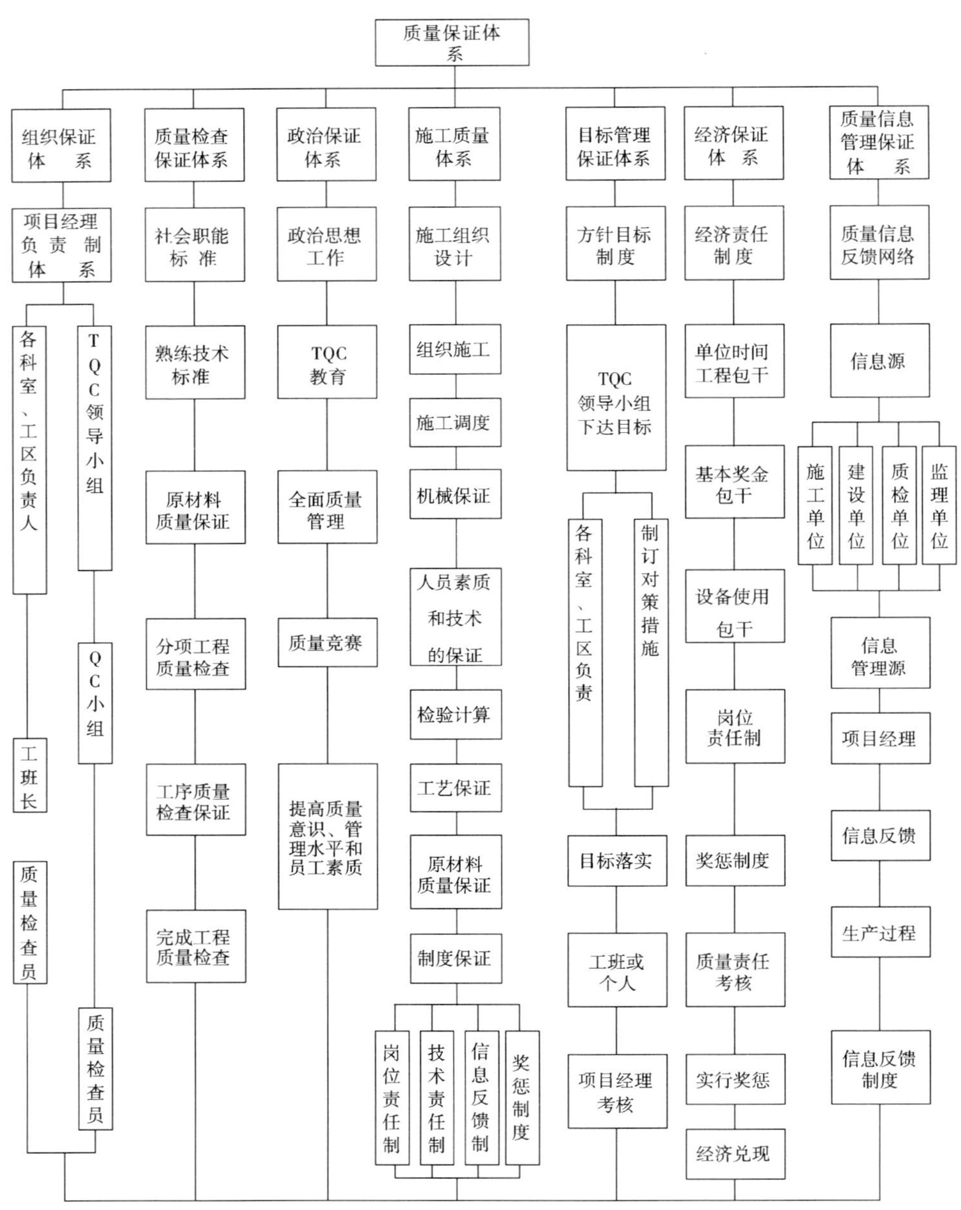

图 1-10　质量保证体系框图

(6)根据施工总进度计划及施工控制点,下达日、旬、月施工进度计划,与实际进展情况相对照,一旦发现滞后现象,及时、果断地采取弥补措施。

(7)加强施工生产调度,合理地安排各项目、各工种、各工序,合理安排机械设备、施工材料、人力,最大限度地发挥各职能部门的作用。

9. 环境保护措施

(1)建立环境保护责任制度,采取有效措施,防止生产建设过程中产生的废水、废渣、粉尘、恶臭气体、噪声等对环境产生的污染和危害。

(2)建立环境保护机构。项目经理部成立环境保护工作小组,由项目经理任主任,各科室领导及工区主任任成员,全面负责施工期间的环境保护工作。

(3)建立学习教育制度。开工前和施工中,结合技术交底,组织全体员工认真学习《环境保护法》等一系列政策法规。达到人人关心环保事业,做到自觉而主动地保护环境。

(4)避免破坏农田排灌系统。在施工过程中,根据需要设临时水管、临时水渠等,保证排灌系统不间断。

(5)生活污水和垃圾处理要妥当。垃圾集中堆放,定期运送到指定的垃圾堆场;污水作处理,经检验符合标准后再排放。

(6)施工时尽量降低噪声。拌和场地选择远离居民区,噪声较大的施工机械尽量避免夜间作业。

(7)所有工程用地,防止尘土飞扬,波及四周,并配备洒水汽车,定时洒水,减少灰尘。

第三节　填方路基专项施工方案

一、填土路基专项施工方案

1. 施工前提条件

(1)施工前做好伐树、挖根和清表处理,并按规定整平,碾压密实,基底压实度不得小于90%。

(2)地表横坡不陡于1:5时,清除地表面的所有树木、树根、表层土或非适用土经压实后直接在天然地面上填,原地面应挖台阶,台阶宽度应满足摊铺和压实设备操作的需要,且不应小于2m,并挖成3%的向内倾斜的坡度;当基岩面上原覆盖层较薄时,宜先清除覆盖层再挖台阶,相反则保留。地面自然横坡陡于1:2.5时,必须验算路堤整体沿基底下软弱层滑动的稳定性,抗滑系数不得小于1.3,否则应采取改善基底条件或设置支挡结构物等防滑措施。

(3)对于水田、山坳路段,应首先开挖纵横向排水沟,疏平地表水。对于有地下水露头处应视出水量情况,设置永久性排水设施。在开挖纵横向排水沟自然排水有困难的路段,应设置集水坑,采取人工强制排水。

(4)做好原地面临时排水设施,并与永久排水设施相结合。排走的雨水,不得流入农田、耕地,也不得引起水沟淤积和路基冲刷。

(5)路基基底为耕地或松土时,应先清除有机土、种植土,平整后按规定要求压实。在深耕路段,必要时将松土翻挖,土块打碎,然后回填、填平、压实。路堤基底原状土的强度不符合要求时,必须进行换填,换填深度不小于30cm,并予以分层压实。

(6)当路堤稳定度受到地下水位影响时,应在路堤底部填以水稳定性优良、不易风化的砂、砂砾、碎石等材料或采用无机结合料(生石灰粉、水泥等固化材料)进行加固处理,使基底形成水稳性好、厚约30cm的稳定层。

(7)路堤填料应优先选用级配较好的砾类土、砂类土等粗粒土作为填料,不得使用淤泥、沼泽土、冻土、有机土、含草皮土、生活垃圾、含有树根和腐朽特质的土。

(8)对液限大于50,塑性指数大于26的土,以及含水率超过规定的土,不得直接作为路基填料。需要应用时,必须采取满足设计要求的技术措施,经检查合格后方可使用。

(9)做好路基填土试验段工作,并总结试验结果。现场试验应进行到能有效地使该种填料达到规定的压实度为止,试验时应记录压实设备的类型、最佳组合方式,碾压的含水率及碾压速度、遍数、工序,每层材料的松铺厚度,材料的含水率等,试验结果报经批准后,可作为该种填料施工时控制的依据。

(10)平地机等机械设备已备好,填土路基开工报告经批准。

(11)进行现场施工测量放样工作,用白灰撒好边线。

(12)路基填方材料,应经野外取土试验,符合表1-12的规定时,方可使用。

填土路基填料最小强度和最大粒径及压实表 表1-12

路床顶面下深度(cm) \ 项目分类		填料最小强度(CBR)	填料最大粒径(cm)	填土路堤重型压实度(%)
填方路基	路床(0~30)	8	10	≥96
	路床(30~80)	5	10	≥96
	上路堤(80~150)	4	15	≥94
	下路堤(>150)	3	15	≥93
零填及挖方路基	路床(0~30)	8	10	≥96
	路床(30~80)	5	10	≥96

2.施工工序

路堤基底碾压→填方、推土机推平→含水率检测→平地机分层整平→振动式压路机碾压(分层)→承包人质量自检(压实度)→填报质量检验报告单→监理抽检→进行下道工序。

3.施工技术

(1)土方路堤应分层填筑压实,用透水性不良的土填筑路堤时,应控制其含水率在±2%之内。当填筑路堤下层时,其顶部应做成对4%的双向横坡;如填筑上层时,不应覆盖在由透水性较好的土所填筑的路堤边坡上。

(2)土方路堤,必须根据设计断面,分层填筑、分层压实。分层最大松铺厚度不应超过30cm,填筑在路床顶面最后一层的最小压实厚度不应小于8cm。

(3)路堤填土宽度每侧应大于设计宽度30cm,压实宽度不得小于设计宽度;最后削坡。

(4)路堤填土宜采用水平分层填筑法施工,即按横断面全宽分成水平层次逐层向上填筑,如原地面不平,应由最低处分层填起,每填一层,经过压实符合规定要求之后,再填上一层。

(5)横坡陡峻地段的半填半挖路基,必须在山坡上从填方坡脚向上挖成向内倾斜的台阶,台阶宽度不应小于1m。其中挖方一侧,在行车范围之内的宽度不足一个行车道宽度时,则应挖够一个行车道宽度,其上路床范围之内的原状土应予以挖除,并按上路床填方的要求施工。

(6)不同性质的土应分层、分段填筑,不得混填,每种填料层累计总厚不宜小于0.5m。

(7)零填挖路床及路堑0~80cm范围内土,应全部翻松后再压实,并应先进行地表土试验检测，如原状土不符合路床要求时，应及时上报监理工程师，按程序进行变更处理。

(8)高填方路堤受水浸淹部分，应采用水稳性高及渗水性好的填料，其边坡比应符合图纸要求，且不宜小于1∶2。

(9)高填方路堤必须进行沉降和位移观测。

4. 施工工艺

(1)路基每层填料铺设前，下一层底面必须石灰打格，并且挂线，以控制施工层铺厚度及宽度。

(2)若填方分几个作业段施工，两段交接处不在同一时间填筑，则先填地段应按1∶1分层留台阶。若两个地段同时填，则应分层相互交叠衔接，其搭接长度不得小于2m。

(3)机械作业时，应根据工地地形、路基横断面形状和土方调配图等，合理地规定机械运行路线。土方集中工点，应有全面、详细的机械运行作业图。

(4)压路机进行路基压实作业行驶速度在4km/h以内为宜，压实路线，直线段宜先两侧后中间，小半径曲线段由内侧向外侧，纵向进退进行；横向接头，对振动压路机重叠0.4～0.5m，对三轮压路机重叠轮宽的1/2，前后相邻两区段宜纵向重叠1.0～1.5m，使路基各点都得到压实，避免土基产生不均匀沉陷。

5. 质量保证措施

1)建立健全质量自检体系

建立由项目总工程师负责，包括质检、试验、工程施工、材料等各部门人员参加的全方位质量自检机构。

2)建立质量责任制

制订各部门、岗位质量责任制，明确规定各部门以及每个员工在质量管理中必须完成的任务、承担的责任和赋予的权限。

3)建立完善的试验室

设项目中心试验室，配备能满足要求本工程各项试验需要的试验仪器设备、人员，制订相应制度，以确保对各种原材料和施工过程中的质量检验和质量控制。

4)建立技术攻关和交底制度

建立以项目总工程师为首的技术保证体系。负责对每个分项工程施工方案、施工工艺、防范措施的研究和落实，在关键工艺上进行QC攻关，并着重做好技术交底工作。

5)建立严格的质量检查制度

建立以施工班组自检为主、互检为辅及施工员、质检员、试验员巡回检查相结合的质量检查制度，并安排足够多名现场专职质检员实行旁站监督，防患于未然。

项目经理部每月进行大检查三次，并不定期随时抽检，发现问题及时整改，奖惩措施同时跟上。

6)加强质量教育及技术培训

认真组织学习招标文件、技术规范、操作工艺、质量标准和监理规程，加强对施工技术人员和作业人员的培训学习，使之进一步提高质量管理意识和水平。

7)建立质量事故报告制度和质量奖罚制度，严肃对待质量事故

一旦发生质量事故，按招标文件规定及时向有关部门汇报，并按照“三不放过”(即事故原

因不明不放过、不分清责任不放过、没有改进措施不放过）的原则，严肃认真地处理质量事故。对造成质量事故的有关责任人按公司有关奖罚办法规定处罚，对于在工程质量方面作出贡献的个人和集体予以重奖。

6. 安全保证措施

（1）由经理部统一领导，制订各项措施，建立以项目经理为首的安全生产领导小组，并安排专职安全员，建立专职施工安全保证体系。

（2）认真贯彻“安全第一，预防为主”的方针，严格执行国家有关安全生产方面的法规、条例、规范、标准和有关的安全管理制度。

（3）建立各级各类人员的安全生产责任制，建立健全各项安全管理制度，并经常对职工进行安全教育。

（4）严格执行安全操作规程，按照作业要求发放劳保用品，进入施工现场必须戴好安全帽，严禁违章指挥、冒险违章作业。

（5）加强施工现场的安全防护设施，保持良好、安全、文明的施工条件。

（6）严格实行逐级安全技术交底制度，各级书面交底由交接人签字，并存档备查。

（7）施工过程中所使用的安全用品、工具和设施以及电气、机械设备等做到定期检查，并建立严格的检查制度。临时电气工程做到符合国家用电规定，设置漏电保护装置。

（8）加强日常安全生产检查，发现安全隐险立即下达隐患通知书，限期改正。

7. 确保工期的措施

（1）精心组织施工，实行动态网络管理，及时调整各项工程的计划进度及劳力、机械，确保工程按时完工。

（2）优化机械设备的组合，提高机械化作业程度，保证机械设备完好率，提高设备利用率。

（3）积极采用新工艺、新技术、新材料，加快施工进度。

（4）编制施工组织设计及工程进度计划，优化施工技术方案，紧紧抓住关键工序和关键路线。

（5）做好材料、机械、设备、队伍的各项保障工作，同时狠抓施工管理，做到文明、科学、安全施工。

（6）根据施工总进度计划及施工控制点，下达日、旬、月施工进度计划，与实际进展情况相对照，一旦发现滞后现象，及时、果断地采取弥补措施。

（7）加强施工生产调度，合理地安排各项目、各工种、各工序，合理安排机械设备、施工材料、人力，最大限度地发挥各职能部门的作用。

8. 环境保护措施

（1）建立环境保护责任制度，采取有效措施，防止生产建设过程中产生的废水、废渣、粉尘、恶臭气体、噪声等对环境产生的污染和危害。

（2）建立环境保护机构。项目经理部成立环境保护工作小组。由项目经理任主任，各科室领导及工区主任任成员，全面负责施工期间的环境保护工作。

（3）建立学习教育制度。开工前和施工中，结合技术交底，组织全体员工认真学习《环境保护法》等一系列政策法规。达到人人关心环保事业，做到自觉而主动地保护环境。

（4）避免破坏农田排灌系统。在施工过程中，根据需要设临时水管、临时水渠等，保证排灌系统不间断。

(5)生活污水和垃圾处理要妥当。垃圾集中堆放,定期运送到指定的垃圾堆场;污水作处理,经检验符合标准后再排放。

(6)施工时尽量降低噪声。拌和场地选择远离居民区,噪声较大的施工机械尽量避免夜间作业。

(7)所有工程用地,防止尘土飞扬波及四周,并配备洒水汽车,定时洒水,减少灰尘。

二、填石路基专项施工方案

1. 施工前提条件

(1)填石路堤不适用于路床区。特殊情况下须通过专题研究后,方可予以使用。

(2)膨胀性岩石、易溶性岩石、崩解性岩石和盐化岩石不得用于路堤填筑。

(3)配备大功率推土机及重型压实机具(压路机静重应在25t以上,最大激振力在40t以上),做好填石路堤的试验段工作,根据试验段总结确定填筑厚度、压实工艺以及质量控制压实质量标准,见表1-13。

石料压实质量控制标准表 表1-13

岩石分类单轴饱和抗压强度(MPa)	路床顶面以下深度(cm)	摊铺层厚(mm)	最大粒径(mm)	压实干容重(kN/m^2)	孔隙率(%)
硬质石料≥60	80~150	≤400	小于层厚2/3	试验确定	≤23
	<150	≤600	小于层厚2/3	试验确定	≤25
中硬石料30~60	80~150	≤400	小于层厚2/3	试验确定	≤22
	>150	≤500	小于层厚2/3	试验确定	≤24
软质石料5~30	80~150	≤300	小于层厚	试验确定	≤20
	>150	≤400	小于层厚	试验确定	≤22

(4)填石路基开工报告(含试验段总结)得到批准。

(5)进行施工测量放样工作,用白灰撒好边线。

2. 施工工序

路基基底碾压→上料、推土机推平→重型压路机分层碾压→人工用细石块、石屑找平不平处→试验检测→填报质量检验报告单→监理检查→进行下道工序。

3. 施工技术

(1)用大型推土机按其松铺厚度摊平,个别不平处人工找平,在整修过程中发现有超粒径的石块应予以剔除,做到粗颗粒分布均匀,避免出现粗颗粒集中现象。

(2)填石路堤应进行边坡码砌,边坡码砌石料强度要求不低于30MPa,码砌石块最小尺寸不小于30cm,石块须规则。填高小于5m的填石路堤,边坡码砌厚度不小于1m;填高5~12m的填石路堤,边坡码砌厚度不小于1.5m填高大于12m的填石路堤,边坡码砌厚度不小于2m。

(3)应分层填筑、分层压实,分层摊铺厚度最大粒径见表1-13。过渡层填料最大厚度不大于40m,粒径小于15m,其中小于4.75mm的细粒含量不应小于30%,当上层为细粒土时,应设置土工布作为隔离层。

(4)填石路堤的填料如其岩性相差较大,特别是岩石强度相差较大时,应将不同岩性的填料分层或分段填筑。

4.施工工艺

(1)填石路堤逐层填筑时,应安排好石料运输路线,专人指挥,按水平分层,先低后高,先两侧后中央上料,并用大功率推土机摊平。个别不平处应配合细石块、石屑找平。

(2)当石块级配较差、料径较大、填层较厚、石块间空隙较大时,可在每层表面的空隙里扫入石渣、石屑、中粗砂,再以压力将砂冲入下部,反复数次,使空隙填满。

(3)人工铺填石料时,应先铺填大块石料,大面向下,小面向上,摆平放稳,再用小石块找平,石屑塞缝,最后压实。

(4)填石路堤压实时应先两侧(即靠路肩部分)后中间,压实路线应纵向互相平行,反复碾压。行与行之间应重叠40~50cm,前后相邻区段应重叠1.0~1.5m。

5.质量保证措施

1)建立健全质量自检体系

建立由项目总工程师负责,包括质检、试验、工程施工、材料等各部门人员参加的全方位质量自检机构。

2)建立质量责任制

制订各部门、岗位质量责任制,明确规定各部门以及每个员工在质量管理中必须完成的任务、承担的责任和赋予的权限。

3)建立完善的试验室

设项目中心试验室,配备能满足要求本工程各项试验需要的试验仪器设备、人员,制订相应制度,以确保对各种原材料和施工过程中的质量检验和质量控制。

4)建立技术攻关和交底制度

建立以项目总工程师为首的技术保证体系。负责对每个分项工程施工方案、施工工艺、防范措施的研究和落实,在关键工艺上进行QC攻关,并着重做好技术交底工作。

5)建立严格的质量检查制度

建立以施工班组自检为主、互检为辅及施工员、质检员、试验员巡回检查相结合的质量检查制度,并安排足够多名现场专职质检员实行旁站监督,防患于未然。

项目经理部每月进行大检查三次,并不定期随时抽检,发现问题及时整改,奖惩措施同时跟上。

6)加强质量教育及技术培训

认真组织学习招标文件、技术规范、操作工艺、质量标准和监理规程,加强对施工技术人员和作业人员的培训学习,使之进一步提高质量管理意识和水平。

7)建立质量事故报告制度和质量奖罚制度,严肃对待质量事故

一旦发生质量事故,按招标文件规定及时向有关部门汇报,并按照"三不放过"(即事故原因不明不放过、不分清责任不放过、没有改进措施不放过)的原则,严肃认真处理质量事故。对造成质量事故的有关责任人按公司有关奖罚办法规定处罚,对于在工程质量方面作出贡献的个人和集体予以重奖。

6. 安全保证措施

(1)由经理部统一领导,制订各项措施,建立以项目经理为首的安全生产领导小组,并安排专职安全员,建立专职施工安全保证体系。

(2)认真贯彻“安全第一,预防为主”的方针,严格执行国家有关安全生产方面的法规、条例、规范、标准和有关的安全管理制度。

(3)建立各级各类人员的安全生产责任制,建立健全各项安全管理制度,并经常对职工进行安全教育。

(4)严格执行安全操作规程,按照作业要求发放劳保用品,进入施工现场必须戴好安全帽,严禁违章指挥、冒险违章作业。

(5)加强施工现场的安全防护设施,保持良好、安全、文明的施工条件。

(6)严格实行逐级安全技术交底制度,各级书面交底由交接人签字,并存档备查。

(7)施工过程中所使用的安全用品、工具和设施以及电气、机械设备等做到定期检查,并建立严格的检查制度。临时电气工程做到符合国家用电规定,设置漏电保护装置。

(8)加强日常安全生产检查,发现安全隐险立即下达隐患通知书,限期改正。

7. 确保工期的措施

(1)精心组织施工,实行动态网络管理,及时调整各项工程的计划进度及劳力、机械,确保工程按时完工。

(2)优化机械设备的组合,提高机械化作业程度,保证机械设备完好率,提高设备利用率。

(3)积极采用新工艺、新技术、新材料,加快施工进度。

(4)编制施工组织设计及工程进度计划,优化施工技术方案,紧紧抓住关键工序和关键路线。

(5)做好材料、机械、设备、队伍的各项保障工作,同时狠抓施工管理,做到文明、科学、安全施工。

(6)根据施工总进度计划及施工控制点,下达日、旬、月施工进度计划,与实际进展情况相对照,一旦发现滞后现象,及时、果断地采取弥补措施。

(7)加强施工生产调度,合理地安排各项目、各工种、各工序,合理安排机械设备、施工材料、人力,最大限度地发挥各职能部门的作用。

8. 环境保护措施

(1)建立环境保护责任制度,采取有效措施,防止生产建设过程中产生的废水、废渣、粉尘、恶臭气体、噪声等对环境产生的污染和危害。

(2)建立环境保护机构。项目经理部成立环境保护工作小组。由项目经理任主任,各科室领导及工区主任任成员,全面负责施工期间的环境保护工作。

(3)建立学习教育制度。开工前和施工中,结合技术交底,组织全体员工认真学习《环境保护法》等一系列政策法规。达到人人关心环保事业,做到自觉而主动地保护环境。

(4)避免破坏农田排灌系统。在施工过程中,根据需要设临时水管、临时水渠等,保证排灌系统不间断。

(5)生活污水和垃圾处理要妥当。垃圾集中堆放,定期运送到指定的垃圾堆场;污水作处理,经检验符合标准后再排放。

(6)施工时尽量降低噪声。拌和场地选择远离居民区,噪声较大的施工机械尽量避免夜间作业。

(7)所有工程用地,防止尘土飞扬,波及四周,并配备洒水汽车,定时洒水,减少灰尘。

三、填土石方(宕渣)路堤专项施工方案

1. 施工前提条件

(1)膨胀性岩石、易溶性岩石、崩解性岩石和盐化性岩石不得用于路堤填筑。

(2)压路机等机械设备已备好,填土路基开工报告经批准。

(3)进行现场施工测量放样,用白灰撒好边线。

(4)配备大功率推土机及重型压实机具(压路机静重应在25t以上,最大激振力在40t以上),做好路基填土试验段工作,并总结试验结果。现场试验应进行到能有效地使用该种填料达到规定的压实度为止,试验时应记录压实设备的类型、最佳组合方式;碾压的速度、遍数、工序;每层材料的松铺厚度等,试验结果报经批准后,可作为该种填料施工时控制的依据。根据试验段总结确定填筑厚度、压实工艺以及质量控制标准压实质量标准,见表1-14。

填土石路基压实质量控制标准表　　表1-14

宕渣岩石分类单轴抗压强度(MPa)	路床顶面以下深度(cm)	摊铺厚度(mm)	最大粒径(mm)	压实干容重(kN/m^2)	宕渣路堤固体体积率(%)
	0~80	≤300	10	试验确定	87
硬质石料≥60	80~150	≤400	小于层厚2/3	试验确定	85
	>150	≤400	小于层厚2/3	试验确定	83
中硬石料20~60	80~150	≤400	小于层厚2/3	试验确定	85
	>150	≤400	小于层厚2/3	试验确定	83
软质石料5~20	80~150	≤300	小于层厚	试验确定	85
	>150	≤400	小于层厚	试验确定	83

2. 施工工序

路基基底碾压→上料、推土机推平→重型压路机分层碾压→人工用细石块、石屑找平不平处→试验检测→填报质量检验报告单→监理检查→进行下道工序。

3. 施工技术

(1)用大型推土机按其松铺厚度摊平,个别不平处人工找平,在整修过程中发现有超粒径的石块应予以剔除,做到粗颗粒分布均匀,避免出现粗颗粒集中现象。

(2)土石路堤不得采用倾填方法,均应分层填筑、分层压实。分层摊铺厚度最大粒径见表1-14。过渡层填料最大厚度不大于30cm,粒径小于15cm。

(3)压实后渗水性差异较大的土石混合填料应分层或分段填筑,不宜纵向分幅填筑。如确需纵向分幅填筑,应将压实后渗水良好的土石混合料填筑与路堤两侧。

(4)当土石混合料来自不同路段,其岩性或土石混合比相差较大时,应将不同岩性的填料分层或分段填筑。如不能分层或分段,应将含硬质石块的混合料铺于填筑层的下面,且石块不得过分集中或重叠,上面再铺含软质石料混合料,然后整平压实。

4. 施工工艺

(1)路基每层填料铺设前,下一层底面必须石灰打格,并且挂线,以控制施工层厚度及宽度。

(2)填土石从底层逐层填筑时,应安排好填料运输路线,专人指挥,按水平分层,先低后高,先两侧后中央上料,并用大功率推土机摊平。个别不平处应配合细料找平。

(3)当宕渣石块级配较差、料径较大、填层较厚、间空隙较大时,可在每层表面的空隙里扫入石渣、石屑、中粗砂,再以压力将砂冲入下部,反复多次,使空隙填满。

(4)若填方分几个作业段施工,两段交接处不在同一时间填筑,则先填地段应按1:1分层留台阶。若两个地段同时填,则应分层相互交叠衔接,其搭接长度不得小于2m。

(5)土石料混合填料中,当石料含量超过70%时,应先铺填大块石料,且大面向下,放置平稳,再铺小块石料、石渣或石屑嵌缝找平,然后碾压,当石料含量小于70%时,土石可混合铺填,但应避免硬质石块(特别是尺寸大的硬质石块)集中。

(6)机械作业时,应根据工地地形、路基横断面形状和土石方调配图,合理地规定机械运行路线,施工集中工点,应有全面、详细的机械运行作业图。

(7)压路机进行路基压实作业行驶速度在4km/h以内为宜,压实路线,直线段宜先两侧后中间,小半径曲线段由内侧向外侧,纵向进退式进行;横向接头,对振动压路机重叠0.4~0.5m,对三轮压路机重叠轮宽的1/2,前后相邻两区段宜纵向重叠1.0~1.5m,使路基各点都得到压实,避免土基产生不均匀沉陷。

5. 质量保证措施

1)建立健全质量自检体系

建立由项目总工程师负责,包括质检、试验、工程施工、材料等各部门人员参加的全方位质量自检机构。

2)建立质量责任制

制订各部门、岗位质量责任制,明确规定各部门以及每个员工在质量管理中必须完成的任务、承担的责任和赋予的权限。

3)建立完善的试验室

设项目中心试验室,配备能满足要求本工程各项试验需要的试验仪器设备、人员,制订相应制度,以确保对各种原材料和施工过程中的质量检验和质量控制。

4)建立技术攻关和交底制度

建立以项目总工程师为首的技术保证体系。负责对每个分项工程的施工方案、施工工艺、防范措施的研究和落实,在关键工艺上进行QC攻关,并着重做好技术交底工作。

5)建立严格的质量检查制度

建立以施工班组自检为主、互检为辅及施工员、质检员、试验员巡回检查相结合的质量检查制度,并安排足够多名现场专职质检员实行旁站监督,防患于未然。

项目经理部每月进行大检查三次,并不定期随时抽检,发现问题及时整改,奖惩措施同时跟上。

6)加强质量教育及技术培训

认真组织学习招标文件、技术规范、操作工艺、质量标准和监理规程,加强对施工技术人员和作业人员的培训学习，使之进一步提高质量管理意识和水平。

7）建立质量事故报告制度和质量奖罚制度、严肃对待质量事故

一旦发生质量事故，按招标文件规定及时向有关部门汇报，并按照“三不放过”（即事故原因不明不放过、不分清责任不放过、没有改进措施不放过）的原则，严肃认真处理质量事故。对造成质量事故的有关责任人按公司有关奖罚办法规定处罚，对于在工程质量方面作出贡献的个人和集体予以重奖。

6.安全保证措施

（1）由经理部统一领导，制订各项措施，建立以项目经理为首的安全生产领导小组，并安排专职安全员，建立专职施工安全保证体系。

（2）认真贯彻“安全第一，预防为主”的方针，严格执行国家有关安全生产方面的法规、条例、规范、标准和有关的安全管理制度。

（3）建立各级各类人员的安全生产责任制，建立健全各项安全管理制度，并经常对职工进行安全教育。

（4）严格执行安全操作规程，按照作业要求发放劳保用品，进入施工现场必须戴好安全帽，严禁违章指挥、冒险违章作业。

（5）加强施工现场的安全防护设施，保持良好、安全、文明的施工条件。

（6）严格实行逐级安全技术交底制度，各级书面交底由交接人签字，并存档备查。

（7）施工过程中所使用的安全用品、工具和设施以及电气、机械设备等做到定期检查，并建立严格的检查制度。临时电气工程做到符合国家用电规定，设置漏电保护装置。

（8）加强日常安全生产检查，发现安全隐险立即下达隐患通知书，限期改正。

7.确保工期的措施

（1）精心组织施工，实行动态网络管理，及时调整各项工程的计划进度及劳力、机械，确保工程按时完工。

（2）优化机械设备的组合，提高机械化作业程度，保证机械设备完好率，提高设备利用率。

（3）积极采用新工艺、新技术、新材料，加快施工进度。

（4）编制施工组织设计及工程进度计划，优化施工技术方案，紧紧抓住关键工序和关键路线。

（5）做好材料、机械、设备、队伍的各项保障工作，同时狠抓施工管理，做到文明、科学、安全施工。

（6）根据施工总进度计划及施工控制点，下达日、旬、月施工进度计划，与实际进展情况相对照，一旦发现滞后现象，及时、果断地采取弥补措施。

（7）加强施工生产调度，合理地安排各项目、各工种、各工序，合理安排机械设备、施工材料、人力，最大限度地发挥各职能部门的作用。

8.环境保护措施

（1）建立环境保护责任制度，采取有效措施，防止生产建设过程中产生的废水、废渣、粉尘、恶臭气体、噪声等对环境产生的污染和危害。

（2）建立环境保护机构。项目经理部成立环境保护工作小组。由项目经理任主任，各科室领导及工区主任任成员，全面负责施工期间的环境保护工作。

(3)建立学习教育制度。开工前和施工中,结合技术交底,组织全体员工认真学习《环境保护法》等一系列政策法规。达到人人关心环保事业,做到自觉而主动地保护环境。

(4)避免破坏农田排灌系统。在施工过程中,根据需要设临时水管、临时水渠等,保证排灌系统不间断。

(5)生活污水和垃圾处理要妥当。垃圾集中堆放,定期运送到指定的垃圾堆场;污水作处理,经检验符合标准后再排放。

(6)施工时尽量降低噪声。拌和场地选择远离居民区,噪声较大的施工机械尽量避免夜间作业。

(7)所有工程用地,防止尘土飞扬,波及四周,并配备洒水汽车,定时洒水,减少灰尘。

四、填挖交界处路基专项施工方案

1. 施工前提条件

(1)挖方区为土质时,应有限采用渗水性好的材料填筑。

(2)有关的试验段报告及开工报告得到批准。

2. 施工工序

基底清表处理→挖台阶→填方、摊铺整平→振动压路机碾压(分层)→进行下道工序。

3. 施工技术

(1)半填半挖路基的填料应综合设计,当挖方区为土质时,应优先采用渗水性好的材料填筑,同时对挖方区路床80cm范围内土体进行超挖回填碾压密实,并在填挖交界处上下路床面上铺设土工格室;当挖方区为坚硬岩石时,宜采用填石路堤。

(2)填方区填筑从低处往高处进行,每层挖成台阶,台阶宽度不小于2m,再进行分层填筑摊铺碾压,做到填挖交界处的拼接密实无拼缝,并采用冲击碾压或强夯进行增强补压,以消除路基填挖间的差异变形。施工时严禁直接利用爆破崩塌填筑路基。

(3)半填半挖路段的开挖,必须待下半填断面的原地面处理好并经检验合格后,方可开挖上挖方断面。对挖方中非适用材料必须废弃,严禁填在半填断面内。

(4)若图纸对半填半挖路基采用土工合成材料加筋时,则土工材料的设置部位、层数和材料规格、质量要求应符合有关规定。

(5)根据地下水出露情况和岩石性质,设置完善的地下水排水系统,除在边沟下设置纵向渗沟外,在填挖之间设置横向或纵向渗沟。

(6)纵向填挖交界处应设置过渡段,土质地段过渡段宜采用填石路堤。

4. 质量保证措施

1)建立健全质量自检体系

建立由项目总工程师负责,包括质检、试验、工程施工、材料等各部门人员参加的全方位质量自检机构。

2)建立质量责任制

制订各部门、岗位质量责任制,明确规定各部门以及每个员工在质量管理中必须完成的任务、承担的责任和赋予的权限。

3)建立完善的试验室

设项目中心试验室,配备能满足要求本工程各项试验需要的试验仪器设备、人员,制订相应制度,以确保对各种原材料和施工过程中的质量检验和质量控制。

4)建立技术攻关和交底制度

建立以项目总工程师为首的技术保证体系。负责对每个分项工程的施工方案、施工工艺、防范措施的研究和落实,在关键工艺上进行QC攻关,并着重做好技术交底工作。

5)建立严格的质量检查制度

建立以施工班组自检为主、互检为辅及施工员、质检员、试验员巡回检查相结合的质量检查制度,并安排足够多名现场专职质检员实行旁站监督,防患于未然。

项目经理部每月进行大检查三次,并不定期随时抽检,发现问题及时整改,奖惩措施同时跟上。

6)加强质量教育及技术培训

认真组织学习招标文件、技术规范、操作工艺、质量标准和监理规程,加强对施工技术人员和作业人员的培训学习,使之进一步提高质量管理意识和水平。

7)建立质量事故报告制度和质量奖罚制度、严肃对待质量事故

一旦发生质量事故,按招标文件规定及时向有关部门汇报,并按照"三不放过"(即事故原因不明不放过、不分清责任不放过、没有改进措施不放过)的原则,严肃认真处理质量事故。对造成质量事故的有关责任人按公司有关奖罚办法规定处罚,对于在工程质量方面作出贡献的个人和集体予以重奖。

5. 安全保证措施

(1)由经理部统一领导,制订各项措施,建立以项目经理为首的安全生产领导小组,并安排专职安全员,建立专职施工安全保证体系。

(2)认真贯彻"安全第一,预防为主"的方针,严格执行国家有关安全生产方面的法规、条例、规范、标准和有关的安全管理制度。

(3)建立各级各类人员的安全生产责任制,建立健全各项安全管理制度,并经常对职工进行安全教育。

(4)严格执行安全操作规程,按照作业要求发放劳保用品,进入施工现场必须戴好安全帽,严禁违章指挥、冒险违章作业。

(5)加强施工现场的安全防护设施,保持良好、安全、文明的施工条件。

(6)严格实行逐级安全技术交底制度,各级书面交底由交接人签字,并存档备查。

(7)施工过程中所使用的安全用品、工具和设施以及电气、机械设备等做到定期检查,并建立严格的检查制度。临时电气工程做到符合国家用电规定,设置漏电保护装置。

(8)加强日常安全生产检查,发现安全隐险立即下达隐患通知书,限期改正。

6. 确保工期的措施

(1)精心组织施工,实行动态网络管理,及时调整各项工程的计划进度及劳力、机械,确保工程按时完工。

(2)优化机械设备的组合,提高机械化作业程度,保证机械设备完好率,提高设备利用率。

(3)积极采用新工艺、新技术、新材料,加快施工进度。

(4)编制施工组织设计及工程进度计划,优化施工技术方案,紧紧抓住关键工序和关键路线。

(5)做好材料、机械、设备、队伍的各项保障工作,同时狠抓施工管理,做到文明、科学、安全施工。

(6)根据施工总进度计划及施工控制点,下达日、旬、月施工进度计划,与实际进展情况相对照,一旦发现滞后现象,及时、果断地采取弥补措施。

(7)加强施工生产调度,合理地安排各项目、各工种、各工序,合理安排机械设备、施工材料、人力,最大限度地发挥各职能部门的作用。

7. 环境保护措施

(1)建立环境保护责任制度,采取有效措施,防止生产建设过程中产生的废水、废渣、粉尘、恶臭气体、噪声等对环境产生的污染和危害。

(2)建立环境保护机构。项目经理部成立环境保护工作小组。由项目经理任主任,各科室领导及工区主任任成员,全面负责施工期间的环境保护工作。

(3)建立学习教育制度。开工前和施工中,结合技术交底,组织全体员工认真学习《环境保护法》等一系列政策法规。达到人人关心环保事业,做到自觉而主动地保护环境。

(4)避免破坏农田排灌系统。在施工过程中,根据需要设临时水管、临时水渠等,保证排灌系统不间断。

(5)生活污水和垃圾处理要妥当。垃圾集中堆放,定期运送到指定的垃圾堆场;污水作处理,经检验符合标准后再排放。

(6)施工时尽量降低噪声。拌和场地选择远离居民区,噪声较大的施工机械尽量避免夜间作业。

(7)所有工程用地,防止尘土飞扬,波及四周,并配备洒水汽车,定时洒水,减少灰尘。

五、结构物回填专项施工方案

1. 施工前提条件

(1)结构物达到图纸或规范规定的强度,隐蔽工程验收合格。

(2)符合要求的回填材料已准备。除设计文件另有规定外,应采用内摩擦角大的砾(角砾)类土和砂类土等透水性材料填筑。

(3)回填所需的小型夯实机械已准备好。

2. 施工工序

隐蔽工程验收→分层、对称上料→分层压实→下一工序。

3. 施工技术

(1)桥涵填土的范围必须严格按照设计文件执行。

(2)结构物的填土应分层填筑,严禁向坑内倾倒,每层松铺厚度不宜超过150mm,与路堤交界处应挖台阶,台阶宽度不小于1m。

(3)台背填土的顺序应符合设计要求。拱桥台背回填土宜在主拱圈安装或砌筑以前完成;梁式桥的轻型桥台台背填土,宜在梁体安装完成后,涵洞应在盖板安装或浇筑后,在两侧平衡地进行;柱、肋式桥台台背填土,宜在台帽施工前,柱、肋侧对称、平衡地进行。

(4)涵洞顶面填土压实厚度大于50cm,时,方可通过重型机械和汽车。

(5)压实度大于等于96%,最大粒径不大于10cm。

4. 施工工艺

(1)结构物回填前应在台背回填应油漆画好每一层的松铺厚度标志线,分层回填压实。

(2)涵洞缺口填土,应在两侧对称均匀分层回填压实。如使用机械回填,则涵台胸腔部分及检查井周围应先用小型压实后,方可用机械进行大面积回填。

(3)填土过程中,应防止水的侵害,回填结束后,顶部应及时封闭。

(4)在涵洞两侧缺口填土未完成前,不得进行涵顶高程以上的填方施工。

5. 质量保证措施

1)建立健全质量自检体系

建立由项目总工程师负责,包括质检、试验、工程施工、材料等各部门人员参加的全方位质量自检机构。

2)建立质量责任制

制订各部门、岗位质量责任制,明确规定各部门以及每个员工在质量管理中必须完成的任务、承担的责任和赋予的权限。

3)建立完善的试验室

设项目中心试验室,配备能满足要求本工程各项试验需要的试验仪器设备、人员,制订相应制度,以确保对各种原材料和施工过程中的质量检验和质量控制。

4)建立技术攻关和交底制度

建立以项目总工程师为首的技术保证体系。负责对每个分项工程的施工方案、施工工艺、防范措施的研究和落实,在关键工艺上进行QC攻关,并着重做好技术交底工作。

5)建立严格的质量检查制度

建立以施工班组自检为主、互检为辅及施工员、质检员、试验员巡回检查相结合的质量检查制度,并安排足够多名现场专职质检员实行旁站监督,防患于未然。

项目经理部每月进行大检查三次,并不定期随时抽检,发现问题及时整改,奖惩措施同时跟上。

6)加强质量教育及技术培训

认真组织学习招标文件、技术规范、操作工艺、质量标准和监理规程,加强对施工技术人员和作业人员的培训学习,使之进一步提高质量管理意识和水平。

7)建立质量事故报告制度和质量奖罚制度、严肃对待质量事故

一旦发生质量事故,按招标文件规定及时向有关部门汇报,并按照“三不放过”(即事故原因不明不放过、不分清责任不放过、没有改进措施不放过)的原则,严肃认真处理质量事故。对造成质量事故的有关责任人按公司有关奖罚办法规定处罚,对于在工程质量方面作出贡献的个人和集体予以重奖。

6. 安全保证措施

(1)由经理部统一领导,制订各项措施,建立以项目经理为首的安全生产领导小组,并安排专职安全员,建立专职施工安全保证体系。

(2)认真贯彻“安全第一,预防为主”的方针,严格执行国家有关安全生产方面的法规、条

例、规范、标准和有关的安全管理制度。

(3)建立各级各类人员的安全生产责任制,建立健全各项安全管理制度,并经常对职工进行安全教育。

(4)严格执行安全操作规程,按照作业要求发放劳保用品,进入施工现场必须戴好安全帽,严禁违章指挥、冒险违章作业。

(5)加强施工现场的安全防护设施,保持良好、安全、文明的施工条件。

(6)严格实行逐级安全技术交底制度,各级书面交底由交接人签字,并存档备查。

(7)施工过程中所使用的安全用品、工具和设施以及电气、机械设备等做到定期检查,并建立严格的检查制度。临时电气工程做到符合国家用电规定,设置漏电保护装置。

(8)加强日常安全生产检查,发现安全隐险立即下达隐患通知书,限期改正。

7. 确保工期的措施

(1)精心组织施工,实行动态网络管理,及时调整各项工程的计划进度及劳力、机械,确保工程按时完工。

(2)优化机械设备的组合,提高机械化作业程度,保证机械设备完好率,提高设备利用率。

(3)积极采用新工艺、新技术、新材料,加快施工进度。

(4)编制施工组织设计及工程进度计划,优化施工技术方案,紧紧抓住关键工序和关键路线。

(5)做好材料、机械、设备、队伍的各项保障工作,同时狠抓施工管理,做到文明、科学、安全施工。

(6)根据施工总进度计划及施工控制点,下达日、旬、月施工进度计划,与实际进展情况相对照,一旦发现滞后现象,及时、果断地采取弥补措施。

(7)加强施工生产调度,合理地安排各项目、各工种、各工序,合理安排机械设备、施工材料、人力,最大限度地发挥各职能部门的作用。

8. 环境保护措施

(1)建立环境保护责任制度,采取有效措施,防止生产建设过程中产生的废水、废渣、粉尘、恶臭气体、噪声等对环境产生的污染和危害。

(2)建立环境保护机构。项目经理部成立环境保护工作小组。由项目经理任主任,各科室领导及工区主任任成员,全面负责施工期间的环境保护工作。

(3)建立学习教育制度。开工前和施工中,结合技术交底,组织全体员工认真学习《环境保护法》等一系列政策法规。达到人人关心环保事业,做到自觉而主动地保护环境。

(4)避免破坏农田排灌系统。在施工过程中,根据需要设临时水管、临时水渠等,保证排灌系统不间断。

(5)生活污水和垃圾处理要妥当。垃圾集中堆放,定期运送到指定的垃圾堆场;污水作处理,经检验符合标准后再排放。

(6)施工时尽量降低噪声。拌和场地选择远离居民区,噪声较大的施工机械尽量避免夜间作业。

(7)所有工程用地,防止尘土飞扬,波及四周,并配备洒水汽车,定时洒水,减少灰尘。

六、冲击增强补压专项施工方案

1. 施工前提条件

(1)冲碾路段要求路基填土高度大于2m,填土平面长或宽不小于80m,且冲击碾压深度2m内无涵洞或其他构造物。砂性土及含水率高的黏性土不适宜采用冲击增强碾压。

(2)常规压实已完成并通过检测,统计每段路的填筑高度、层次。

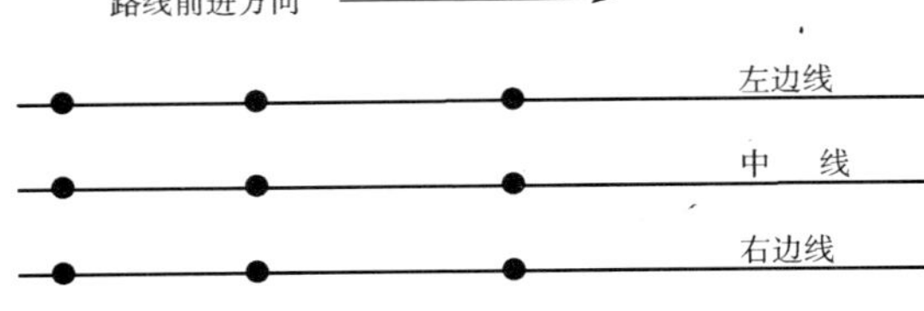

图1-11　测点布置图

(3)测点布置:按每20m一个横断面,每一横断面布置3个测点,分别是路基中线、距离左、右外侧边线(含加宽部分)1m处并测出所布每个测点的高程。测点布置如图1-11所示。

(4)冲碾试验段工作已完成,试验段成果已得到批准认可。

2. 试验工序

收集填筑资料、布设测点→检测测点高程→冲压碾压规定遍数→洒水整平碾压。

3. 施工技术

(1)冲击碾压不得代替常规压实,路基冲击碾压前必须经检验(压实度、平整度)合格,并进行高程检测。

(2)原则上路基每填高2m冲击碾压一次,每次为20遍,并通过试验确定,路基96区(挖方段为石方的路段除外)顶面倒数第二层顶面全线冲击碾压一次。

(3)对填土路基,冲碾后应对表层30cm厚范围内进行重新洒水整平碾压,压实度应符合要求。

4. 施工工艺

(1)冲击碾式压路机最大瞬间冲击功率不小于25kW,轮重为16t,动力不小于298.3kW(400马力),行走时速不小于12km/h。

(2)冲碾时注意避免对涵洞或其他构造物的损坏。

5. 质量保证措施

1)建立健全质量自检体系

建立由项目总工程师负责,包括质检、试验、工程施工、材料等各部门人员参加的全方位质量自检机构。

2)建立质量责任制

制订各部门、岗位质量责任制,明确规定各部门以及每个员工在质量管理中必须完成的任务、承担的责任和赋予的权限。

3)建立完善的试验室

设项目中心试验室,配备能满足要求本工程各项试验需要的试验仪器设备、人员,制订相应制度,以确保对各种原材料和施工过程中的质量检验和质量控制。

4)建立技术攻关和交底制度

建立以项目总工程师为首的技术保证体系。负责对每个分项工程的施工方案、施工工艺、防范措施的研究和落实,在关键工艺上进行QC攻关,并着重做好技术交底工作。

5)建立严格的质量检查制度

建立以施工班组自检为主、互检为辅及施工员、质检员、试验员巡回检查相结合的质量检查制度,并安排足够多名现场专职质检员实行旁站监督,防患于未然。

项目经理部每月进行大检查三次,并不定期随时抽检,发现问题及时整改,奖惩措施同时跟上。

6)加强质量教育及技术培训

认真组织学习招标文件、技术规范、操作工艺、质量标准和监理规程,加强对施工技术人员和作业人员的培训学习,使之进一步提高质量管理意识和水平。

7)建立质量事故报告制度和质量奖罚制度、严肃对待质量事故

一旦发生质量事故,按招标文件规定及时向有关部门汇报,并按照“三不放过”(即事故原因不明不放过、不分清责任不放过、没有改进措施不放过)的原则,严肃认真处理质量事故。对造成质量事故的有关责任人按公司有关奖罚办法规定处罚,对于在工程质量方面作出贡献的个人和集体予以重奖。

6. 安全保证措施

(1)由经理部统一领导,制订各项措施,建立以项目经理为首的安全生产领导小组,并安排专职安全员,建立专职施工安全保证体系。

(2)认真贯彻“安全第一,预防为主”的方针,严格执行国家有关安全生产方面的法规、条例、规范、标准和有关的安全管理制度。

(3)建立各级各类人员的安全生产责任制,建立健全各项安全管理制度,并经常对职工进行安全教育。

(4)严格执行安全操作规程,按照作业要求发放劳保用品,进入施工现场必须戴好安全帽,严禁违章指挥、冒险违章作业。

(5)加强施工现场的安全防护设施,保持良好、安全、文明的施工条件。

(6)严格实行逐级安全技术交底制度,各级书面交底由交接人签字,并存档备查。

(7)施工过程中所使用的安全用品、工具和设施以及电气、机械设备等做到定期检查,并建立严格的检查制度。临时电气工程做到符合国家用电规定,设置漏电保护装置。

(8)加强日常安全生产检查,发现安全隐险立即下达隐患通知书,限期改正。

7. 确保工期的措施

(1)精心组织施工,实行动态网络管理,及时调整各项工程的计划进度及劳力、机械,确保工程按时完工。

(2)优化机械设备的组合,提高机械化作业程度,保证机械设备完好率,提高设备利用率。

(3)积极采用新工艺、新技术、新材料,加快施工进度。

(4)编制施工组织设计及工程进度计划,优化施工技术方案,紧紧抓住关键工序和关键路线。

(5)做好材料、机械、设备、队伍的各项保障工作,同时狠抓施工管理,做到文明、科学、安全施工。

(6)根据施工总进度计划及施工控制点,下达日、旬、月施工进度计划,与实际进展情况相对照,一旦发现滞后现象,及时、果断地采取弥补措施。

(7)加强施工生产调度,合理地安排各项目、各工种、各工序,合理安排机械设备、施工材料、人力,最大限度地发挥各职能部门的作用。

8. 环境保护措施

(1)建立环境保护责任制度,采取有效措施,防止生产建设过程中产生的废水、废渣、粉尘、恶臭气体、噪声等对环境产生的污染和危害。

(2)建立环境保护机构。项目经理部成立环境保护工作小组。由项目经理任主任,各科室领导及工区主任任成员,全面负责施工期间的环境保护工作。

(3)建立学习教育制度。开工前和施工中,结合技术交底,组织全体员工认真学习《环境保护法》等一系列政策法规。达到人人关心环保事业,做到自觉而主动地保护环境。

(4)避免破坏农田排灌系统。在施工过程中,根据需要设临时水管、临时水渠等,保证排灌系统不间断。

(5)生活污水和垃圾处理要妥当。垃圾集中堆放,定期运送到指定的垃圾堆场;污水作处理,经检验符合标准后再排放。

(6)施工时尽量降低噪声。拌和场地选择远离居民区,噪声较大的施工机械尽量避免夜间作业。

(7)所有工程用地,防止尘土飞扬,波及四周,并配备洒水汽车,定时洒水,减少灰尘。

第四节　路基石方爆破专项施工方案

1. 准备工作

(1)项目经理部应根据设计文件、地质勘探报告及施工条件确定施工方案,编制施工组织设计。

(2)施工前应解决水电供应、道路交通、办公生活用房、工棚仓库和消防等设施。

(3)施工前必须对需进行石方爆破施工路段的工程数量进行复核,如果有出入,应及时上报。

(4)施工前应根据复测精度满足规范要求的导线点放出路基中线,采取有效保护措施,并根据工程需要加密增设临时水准点。导线点及水准点的测量精度应符合国家有关标准。

2. 施工程序

爆破设计方案→报公司审批→报当地公安部门审批、备案→报监理工程师审批→人员进场→爆破材料及设备进场→现场进行安全防护→实施爆破施工→清理现场。

3. 施工方法及质量控制要点

1)爆破方案设计

路基石方爆破工程,是直接在岩体中进行的,所以爆破与地质有密切关系。进行爆破设计首先要研究与爆破关系较密切的地质条件,包括:①地形;②岩性;③地质构造;④水文地质;⑤特殊地质。设计前应进行现场踏勘,了解地形,查看由设计单位提供的地质勘探报告。

工程实践中最普通的是用岩石的坚硬系数f值(表1-15)作为岩石工程分级的依据。

$$f=\frac{P}{100}$$

式中：P——岩石的极限抗压强度，MPa。

普式岩石分级表　　表 1-15

等级	坚实程度	岩石名称	密度（kg/m^3）	极限抗压强度（MPa）	f值
Ⅰ	非常坚实	最坚实、致密、强韧的石英岩及玄武岩、非常坚实的其他岩类	2 800 ~ 3 000	200	20
Ⅱ	很坚实	很坚实的花岗岩类、石英斑岩、硅质真岩、石英岩、最坚实的砂岩、石灰岩	2 600 ~ 2 700	150	15
Ⅲ	坚实	致密的花岗岩和花岗岩类，很坚实的砂岩和石灰岩、石英矿脉，坚实的砾岩，很坚实的铁矿	2 500 ~ 2 600	100	10
Ⅲa	坚实	石灰岩（坚实），不坚实的花岗岩、坚实的砂岩，坚实的大理石、白云岩、黄铁矿	2 500	80	8
Ⅳ	尚坚实	普通砂岩、铁矿	2 400	60	6
Ⅳa	尚坚实	砂质真岩、页状砂岩	2 300	50	5
Ⅴ	中等	坚实的砂质页岩，不坚实的砂岩和石灰岩、软的砾岩	2 400 ~ 2 800	40	4
Ⅴa	中等	各种页岩（不坚实），致密的泥灰岩	2 400 ~ 2 600	30	3
Ⅵ	尚软	软质页岩、极软石灰岩、白垩、岩盐、石膏、冻土、破碎砂岩，胶结的卵石与砾石、石质土壤	2 200 ~ 2 600	15 ~ 20	2
Ⅵa	尚软	碎石土壤、破碎页岩、卵石与碎石的交互层，硬化黏土	2 200 ~ 2 400		1.5
Ⅶ	软	黏土（致密）：黏土类土壤	2 000 ~ 2 200		1.0
Ⅶa	软	轻型砂质土：黄土、碎石	1 800 ~ 2 000		0.8
Ⅷ	土质	腐殖土：泥炭、软砂黏土、湿砂	1 600 ~ 1 800		0.6
Ⅸ	松软	砂、砂堆、小砾石、填筑土、挖出的石煤	1 400 ~ 1 600		0.5
Ⅹ	游动	游动土、沼泽土、稀薄的黄土及其他稀薄土壤			0.3

根据爆破对象、周边环境及施工要求，为确保安全爆破及爆破后产生的飞石、冲击波对周边影响较小，便于机械作业，路基石方爆破常采用浅孔爆破的爆破方案，这也是目前工程爆破的主要方法之一。

浅孔爆破的炮孔直径小于 50mm，孔眼深在 5m 以内。浅孔爆破法适用范围广泛，设备、工艺简单，方便灵活，只要严格掌握药量计算，并根据岩性调整爆破参数，就很容易达到目标要求。

公路路堑开挖爆破也用到深孔爆破，深孔爆破法，孔眼半径在 50mm 以上，孔眼深度在 5m 以上。现就如下情况作出爆破方案设计。

某高速公路山体石方需要爆破，岩性为坚硬的红砂岩，其坚固系数 $f=8\sim12$。两处山体石方爆破地点均位于山区，各个爆破点周围 300m 范围之内均无民房和通信、电视光缆等重要设施，施爆区环境较好，有利于施工。根据爆破对象、周边环境及施工要求，决定采用浅孔爆破方案。

2)爆破参数

(1)炮孔间距 $a=1.5\sim1.8\text{m}$。

(2)炮孔排距 $b=1.0\sim1.2\text{m}$。

(3)炮孔深度 $L=1\sim4\text{m}$。

(4)最小抵抗线 $w=0.8\sim1.0\text{m}$。

(5)堵塞长度 $L_d>1/3$ 炮孔深度。

(6)炸药单耗 $q=0.3\sim0.4\text{kg/m}^3$(含二次爆破用药)。

(7)单孔装药量 $Q=qabL=0.5\sim2.6\text{kg}$。

3)布孔方式

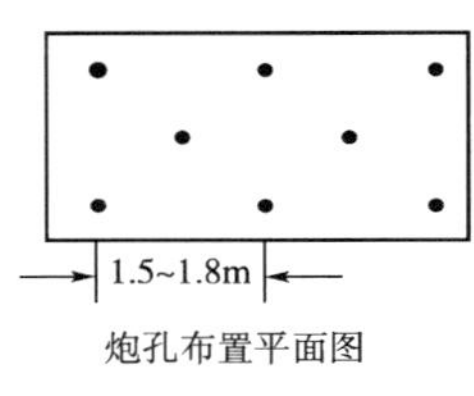

炮孔布置平面图

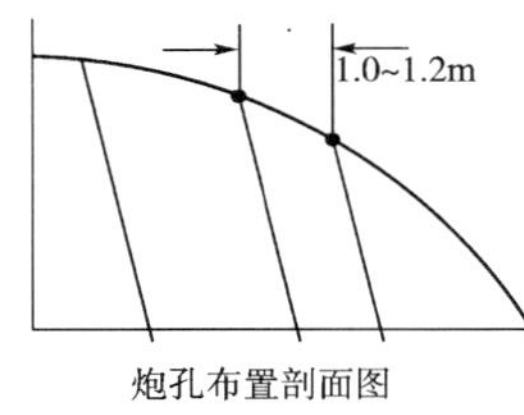

炮孔布置剖面图

图 1-12　炮孔布置图

采用梅花形倾斜布孔,有些地形根据现场实际布置,采用衢州凿岩机厂生产的 YO-18 型气腿式凿岩机钻孔(图 1-12)。

4)起爆网络

结合工程实际,采用非导电爆管毫秒微差起爆网络。一般微差时间选取 50 ~ 100ms。单响药量值控制在安全范围内。采用 2 ~ 3 排为一次,孔内毫秒延期(选用 1 段、3 段、5 段非电雷管),导爆管四通全闭合连接,火雷管击发起爆,详见图 1-13a)。

装药结构一般采用硝胺炸药连续装药结构,孔内有水时用 ϕ32mm 乳化炸药进行防水处理,详见图 1-13b)。

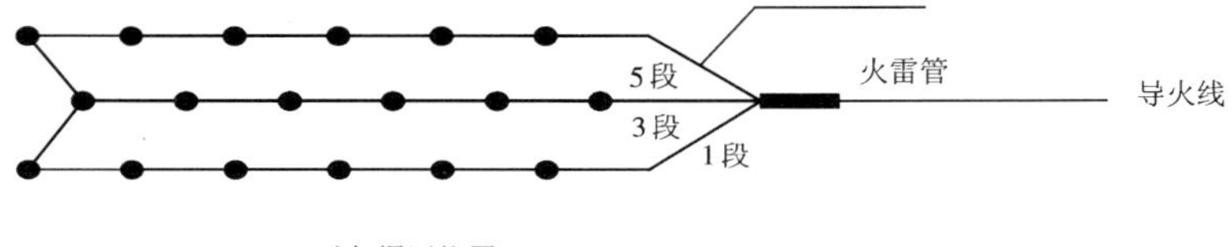

a)起爆网络图

b)炮孔装药结构图

图 1-13　炮孔装药结构图

5）安全校核

（1）爆破振动安全距离

$$R=\left(\frac{K}{v}\right)^{1/\alpha}Q^{m}$$

式中：R——爆破振动安全距离，m；

Q——最大段起爆药量，kg；

v——振动安全速度，cm/s；

m——药量指数，取 1/3；

K、α——地形、地质系数及衰减系数，取 $K=200$，$\alpha=1.5$。

根据国家标准《爆破安全规程》（GB 6722—2003）的规定，一般砖房安全振动速度为 3cm/s，从现场来看，设计最大一段起爆药量为 18kg，代入上式得 $R=42.6$m，即在爆破区域 42.6m 以外的建（构）筑物是安全的，而爆破区周围 300m 范围之内并无任何房屋。

（2）爆破冲击波安全距离

$$R_K=K\sqrt{Q}$$

式中：R_K——空气冲击波安全距离，m；

K——安全系数，取 $K=2.0$；

Q——设计最大一段起爆药量，kg；取 $Q=18$kg。

代入得 $R_K=5.2$m。可见爆破空气冲击波的影响范围是较小的。

（3）爆破飞石安全距离

$$R_r=20Kn^2W$$

式中：R_r——飞石安全距离，m；

K——安全系数，取 $K=1.0$；

n——爆破作用指数，取 $n=1.0$；

W——最小抵抗线，m；取 $W=0.8$m。

代入得 $R_r=16$m。

对个别飞石采取的防护措施：①严格按设计进行施工；②保证堵塞长度和堵塞质量；③布孔时尽量避开节理发育的岩石；④对地质断层要进行装药调整；⑤爆破时所有人员及机械设备必须全部撤出危险区域。

6）安全防护

（1）建立爆破领导小组，制订专人负责日常的施工组织工作，分工明确，责任到人。制订具体的岗位责任制，并监督落实。

（2）采用微差爆破技术，达到控制爆堆塌散方向、范围，使之避开被保护物和降低大块率，并能按不同要求控制单响起爆药量的大小，降低振动效应。

（3）施工过程中，钻孔、装药、堵塞、连接网络、警戒、起爆等关键性的工艺流程，应根据现场变化及时调整，严格要求每项工艺的施工质量。采用导爆管四通连接网络时，方法要正确，操作人员要熟练。

(4)起爆网络采用复式起爆网络的连接方法,确保准确起爆,以免产生拒爆。为保证爆破效果,每孔采用两个起爆炸药,做到双保险。

(5)现场设立安全生产标语和警戒标志,施工前进行安全技术交底,使职工增强安全意识。在每次爆破时应根据爆破规模,确定安全范围,并在道边、危险区边界、路口派出岗哨,只有在确保安全的状态下,才能发出起爆信号起爆,见图1-14。

(6)爆破作业中,所有进行爆破的人员必须经过培训,考试合格后取得爆破员上岗证,才能进行爆破操作,其他无关人员一律撤出爆破施工现场。爆破器材的领用应严格遵守规章制度和《中华人民共和国民用爆炸物品管理条例》,严禁违章。

(7)合理组织开挖顺序,控制现场施工变化因素,及时协调解决钻爆场地与挖运清渣的矛盾。

4. 人员进场

(1)凡从事爆破作业的人员均要经过公安部门培训,取得合格证且从事爆破作业经历在一年以上,并持证上岗。

(2)在项目经理部的统一领导下,设置专门承担爆破施工的爆破作业组。

(3)破作业组由下列人员组成:

组长:1名,持有爆破工程技术人员安全作业证,中级以上;

爆破员:2名以上,持有爆破员证;

安全员:1名,持有爆破工程技术人员安全作业证,初级以上;

押运员:2名,持有爆破器材安全员证;

保管员:1名,持有保管员证。

爆破组织机构见图1-15。

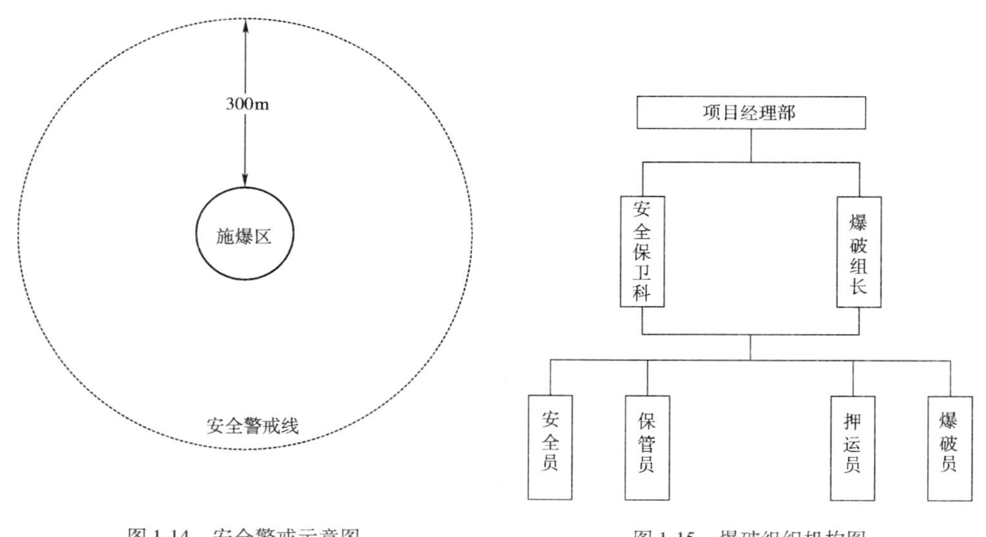

图1-14　安全警戒示意图

图1-15　爆破组织机构图

(4)人员的职责。

①爆破工程技术人员职责:

a. 负责爆破工程的设计和总结,指导施工,检查质量。

b. 制订爆破安全的技术措施，检查实施情况。

c. 负责制订盲炮处理的技术措施，进行盲炮处理的技术指导。

d. 参加爆破事故的调查和处理。

②爆破员职责：

a. 按爆破设计规程进行爆破作业。

b. 安全使用爆破器材，爆炸物品不得乱放、遗失或转交、赠送他人，不得擅自销毁或挪作他用。

c. 爆破后认真检查现场，发现盲炮和其他不安全情况及时上报。

d. 爆破结束后，剩余的爆破器材及时清点交回爆破器材库，不准私自保存。

③安全员职责：

a. 安全员必须认真学习和严格执行《民用爆炸物品管理条例》、《爆破安全生产操作规程》、《治安管理处罚条例》，必须对工作人员开展经常性的安全生产教育。

b. 安全员必须熟悉爆破器材性能、特点。

c. 安全员必须尽职尽责，对爆破器材在购买、运输、储存、保管、使用、领取和清退等环节中认真履行安全职责，行使监督权力。

d. 安全员必须协助爆破员在放炮前进行细致的安全检查，监督爆破作业现场在炮眼打钻至装药放炮等操作全过程，纠正违章，确保安全，并认真负责地做好警戒工作。

e. 安全员必须承担爆破事故的安全责任，不论发生何种事故，必须坚持"一抢救、二汇报、三总结"的工作原则。

f. 安全员因违反《安全法》、《民用爆破物品管理法》、《爆破安全生产操作规程》造成后果的，依照国家相关法律处罚，情节严重者，依法追究刑事责任。

④保管员职责：

a. 执行并监督实行按需领用，专人保管。

b. 严格按规定手续发放爆破器材。

c. 按规定进行爆破器材出入检查、现场耗用登记。

d. 按规定堆放爆破器材。

e. 及时报告各种安全隐患，发现爆破器材短少、丢失、被盗等情况，必须及时报告单位领导和公安机关。

⑤押运员职责：

a. 严格按国家规定的运输工具进行安全押运。

b. 检查物品包装牢固情况，严禁爆破器材和其他物品混装。

c. 检查督促装卸人员的安全操作，督促驾驶员严禁将危险物品装载车辆停放在人烟稠密和桥梁等处。

d. 严格入库前清点工作，发现爆破器材丢失、被盗等情况，立即向当地公安机关报告。

5. 爆破材料及设备进场

1）爆破工程设备器材

爆破工程设备材料明细见表1-16。

爆破工程设备器材明细表 表1-16

名 称	型 号	单 位	数 量
凿岩机	YT24	台	2
硝胺、乳化炸药	ϕ32mm	kg	6 000
大雷管	8 号	发	1 000
非电毫秒雷管	2.5m 脚线	发	20 000
导火线		m	1 200

2)民用爆炸物品安全操作规程

(1)购买爆炸物品

①审批爆炸物品时,必须如实申报库存数量。

②购买爆炸物品数量加上库存数量不得超过规定限额。

(2)押运爆炸物品

①押运爆炸物品必须由押运员押运。

②性质相抵触的爆破器材不得同车混装。

③按公安机关制定的日期、路线、行车速度行驶。

④押运的爆炸物品直接送至仓库存放,当面清点登记。

⑤发现爆炸物品短少、被盗,应立即报告公安机关。

(3)领用爆炸物品

①领用爆炸物品凭字据齐全的领料单领取。

②领用爆炸物品必须由爆破员、安全员同时领取、签字,性质相抵触的爆炸物品分员领取。

③领用的爆炸物品存放到现场保管箱(双人双锁)内。

(4)使用爆炸物品

①在爆破现场,爆炸器材存放在现场保管箱内,并专人负责看管。

②爆破人员随身佩证上岗。

③接触爆炸器材时不得使用明火或吸烟。

④在爆破现场实施爆破警戒区。

⑤认真填写安全监爆日记。

(5)清退爆炸物品

①当天剩余的爆炸物品必须由爆破员、安全员退库。

②退库的爆炸物品认真清点、登记。

③现场保管箱必须退回仓库存放。

3)爆破器材管理制度

根据《爆破安全规程》(GB 6722—2003),为了防止爆破物品的变质、自燃、爆炸、被盗、丢失等情况,加强爆破器材库区的设置、存放、收发、使用、运输管理,特制订管理制度如下。

(1)爆破器材库的设置管理

①爆破器材库的位置、结构和设施等的设置,要符合《爆破安全规程》(GB 6722—2003)的规程和要求,经主管部门审定,并报当地县(市)公安局批准。

②库区要避开有山洪、滑坡和有地下水活动危害的地方,应尽量利用山丘等天然屏障,库

房多时，相邻库房不得长边相对布置。

③雷管库应布置在库存的一端。在库区周围应设铁丝网或围墙。

④库区办公室、生活服务性建筑应布置在安全的地方。

（2）爆破器材的存放管理

①爆破器材的存放必须符合《爆破安全规程》的规定。

②爆破器材必须储存在专用的仓库，指定专人看管，不准任意存放，严禁将爆破器材分发给个人保管。

③装硝化甘油类炸药、各种雷管和继爆管的箱（袋）应放在垫木上，架、堆相互之间的通道宽度不小于1.3m。

④在架上堆放硝化甘油类炸药和雷管时，禁止叠放。

⑤爆破器材箱（袋）距上层架板的间距不得小于4cm，架宽不超过两箱（袋）的宽度。

⑥货架（堆）与墙壁的距离不小于20cm。

⑦堆放导火索、导爆索和硝铵类炸药等的货架（堆）高度不超过1.6m。

⑧每个库房的储量不得超过其设计容量；库内必须整洁、防潮和通风良好，要杜绝鼠害。性质相抵触的爆破器材必须分库储存，库房内严禁存放其他物品。

⑨严禁穿铁钉鞋和易产生静电的化纤衣服进入库房和发电间。开箱应使用不产生火花的工具，并在专设的发放间内进行。严禁无关人员进入库区；严禁在库区内吸烟用火；严禁在库区内住宿和进行其他活动。

⑩必须经常测定库房的温度和湿度，并经常检查库房的情况。发现硝化甘油类炸药箱渗油、冻结和硝酸铵类炸药吸潮结块，应及时处理。

⑪运至爆破地点的爆破器材要有专人看管。

⑫作业地点只准堆放当班作业所需要的爆破器材；大爆破时，可存放本次工程所需的炸药，雷管或起爆体不得和炸药放在一起。

⑬爆破器材临时在露天场地堆放时，要经单位安全保卫部门和当地县（市）公安机关批准，并遵守下列规定：

a. 堆放场选择在安全的地方，并严加看管，昼夜有警卫巡逻。

b. 堆放爆破器材的场地不得堆放任何杂物；炸药堆与雷管的距离不小于25m；严禁混放。

c. 爆破器材应堆放在垫木上，禁止直接堆放在地上，在爆破器材堆上，应覆盖帆布或搭简易的帐篷。

d. 距堆放场周边100m范围内严禁烟火。

⑭发现爆破器材丢失、被盗，必须及时向主管部门和当地公安机关报告。

（3）爆破器材的收发管理

①对新购进的爆破器材应逐箱（袋）检查包装情况，并按规定进行性能检查。

②建立爆破器材流水账、三联单或领用单和退料单制度，定期核对账目，做到账物相符。

③爆破器材的发放应在单独发放间（发放硐室）里进行，严禁在储存爆破器材的库房、硐室里发放。

④严禁穿铁钉鞋和易产生静电的化纤衣服进入库房和发电间。开箱应使用不产生火花的工具，并在专设的发放间内进行。

⑤变质的和性能不详的爆破器材，不得发放使用。

⑥爆破器材应按其出厂时间和有效期的先后顺序发放使用。严禁用爆破器材换取其他物品。

(4)爆破器材的使用管理

①使用爆破器材必须经有关部门审查同意，并持说明使用爆破器材的地点、品名、数量、用途等向所在地县、市公安局申请领取“爆炸物品使用许可证”，方准使用。

②爆破作业必须由经过考核合格的爆破员担任。

③进行爆破作业时，遵守爆破安全操作规程，要有专人负责指挥，在危险区的边界，设置警戒岗哨和标志；在爆破前发出信号，待危险区的人员撤至安全地点后，始准爆破。爆破后，必须对现场进行检查，确认安全后，才能发出解除警戒信号。

④进行大型爆破作业，或在城镇与其他居民聚居的地方、风景名胜区和重要工程设施附近进行控制爆破作业，必须事先将爆破作业方案，报县、市以上主管部门批准，并征得所在地县、市公安局同意，方准爆破作业。

⑤用爆破器材，必须建立严格的领取、清退制度。爆破员领取爆破器材，必须经班组长或现场负责人批准，领取数量不得超过当班使用量，剩余的要当天退回。

⑥严禁非爆破人员进行爆破作业。严禁使用爆破器材炸鱼、炸兽。

(5)爆破器材的运输管理

①用汽车、轮船和畜力运输时，必须遵守《爆破安全规程》的规定和国家有关运输规则的安全要求。

②用人工搬运时，要遵守下列规定：

a. 装卸爆破器材时，应尽量在白天进行，要有专人负责组织和指导安全操作。装卸人员必须懂得装卸爆破器材的安全常识；装卸现场，应当设置警戒岗哨，禁止无关人员进入。

b. 在夜间或井下搬运，应随身携带完好的矿用蓄电池灯或绝缘手电筒。

c. 炸药与雷管要分别放在两个专用背包(木箱)内，禁止装在衣袋里。

d. 领用爆破器材后，要直接送到爆破地点，严禁乱丢乱放。

e. 不得提前班次领取爆破器材，不得携带爆破器材在人群聚集的地方停留。

f. 一人一次运送的爆破器材数不得超过如下数量：

同时搬运炸药和起爆器	10kg
拆箱(袋)搬运炸药	20kg
背运原包装炸药	1 箱(袋)
挑运原包装炸药	2 箱(袋)

(6)爆破器材的检验管理

①对新入库的爆破器材应抽样进行性能检验。对超过储存期、出厂日期不明和质量可疑的爆破器材，必须进行严格的检验，以确定其能否使用。爆破器材的检验应由库房保管和试验员进行。爆炸性能的检验，应在安全的地方进行。

②经过检验，确认失效及不符合技术要求或国家标准的爆破器材，都应销毁。销毁爆破器材时，必须登记并编写书面报告，按规定批准后方可执行。

6. 安全保证措施

(1)由项目部联系派出所对从事爆破作业人员的合法证件进行检查，并组织工程部安全人员对爆破作业人员进行岗前安全技术再培训。

(2)设立爆破队伍专职警戒人员、专职起爆人员、工地负责人,每一次爆破作业前,警戒人员手拿信号旗,哨子按200m半径圈在四周和路口处警戒,防止非作业人员进入,同时工地负责人检查爆区安全情况发出第一次警报,当确认安全后发出第二次点炮信号,起爆人员方可进行点炮。爆破后爆破员检查爆破现场,确认所有炸药均已引爆,没有事故隐患后,发出解除警戒信号。

(3)项目经理部设立爆破领导人和专职爆破工程师,定期对爆破施工队进行安全技术指导,深孔爆破要有一名爆破作业领导人现场指挥。

(4)项目经理部安全、公安人员定期和不定期检查各爆破作业施工队的领用、使用、储存是否依照《爆破安全规程》执行,剩余少量火工品是否分类存放于项目经理部设置的炸药库。

(5)项目经理部建立有效的奖惩机制,对检查违章作业的事和人员严格处罚,强令其整改,整改无效的队伍、人员应清退出场。对严格按《爆破安全规程》作业的施工队伍和人员应予以奖励。

(6)起爆药包和预裂孔药窜的制作,应按《爆破安全规程》和爆破设计的要求进行制作。

(7)盲炮和瞎炮处理按《爆破安全规程》规定的办法由有经验的爆破员进行处理。

对于浅孔采取如下措施:

①经检查确认炮孔起爆线路完好的,可以重新起爆;

②距盲炮和瞎炮孔口不小于0.3m位置平行打眼装药起爆;

③用木制或竹制工具,轻轻将炮眼内大部分填塞物掏出并浇水,使炸药效能失效,但必须采取措施回收雷管;

④用聚能药包诱爆,如果炸药是抗水硝铵炸药则用聚能药包诱爆。

对于深孔采取如下措施:

①经检查起爆网络完好,且最小抵抗线无变化的,可重新连线起爆;

②距盲炮或瞎炮炮孔口不小于10倍炮孔直径处另打平行孔装药起爆,爆破参数由爆破工作领导人确定;

③所用炸药为非抗水硝铵炸药,且孔壁完好者,可部分取出填塞物,向孔内灌水,使之失效,然后作进一步处理。抗水硝铵类炸药用聚能药包诱爆。

(8)恶劣天气或夜晚照明条件不好时,不允许爆破作业。遇到雷雨时,应迅速撤离危险区,对使用一般电雷管起爆的作业段,应测试杂散电流情况,如果超过允许值,应用抗杂散电雷管或非电雷管起爆。

(9)爆破作业现场四周设置警示牌,严禁烟火。严禁使用不合格的火工品。电力起爆器箱钥匙应有专人保管,专人使用,不得交其他人使用。火工品严禁借让、私藏、转卖。

第五节　深路堑、高边坡路基专项施工方案

1.准备工作

1)图纸审查

(1)组织技术人员全面熟悉设计文件并进行现场核对和施工调查。

(2)核实工程量,按工期要求及施工难易程度组织人员、设备、材料。

(3)编制实施性的施工组织设计,报监理工程师和业主批准,提出开工报告。

(4)修建生活和工程用房,解决通信、电力和水的供应,修建临时便道、便桥,确保施工设备、材料、生活用品的供应;设立必要的安全标志。

2)施工测量

(1)路基开工前对导线、中线、水准点进行复测,对横断面进行检查与补测,增设水准点。

(2)根据路线中桩、设计图、施工工艺和有关规定订出路基用地界桩和路堤坡脚、路堑堑顶、边沟、取土坑、护坡道、弃土堆等的具体位置桩。

3)清理场地

(1)路基用地范围内的树木、灌木丛等砍伐或移植清理,树根全部挖除并将坑穴填平夯实。

(2)原地面进行表面清理,整平后采用振动夯实机碾压夯实,压实度≥93%。

4)填料试验

(1)对取自挖方、借土场、料场的路堤填料进行取样试验。

(2)试验项目:

①液限、塑限、塑性指数、天然稠度或液性指数。

②颗粒大小分析试验。

③含水率试验。

④相对密度试验。

⑤密度试验。

⑥土的击实试验。

⑦土的强度试验(CBR 值)。

⑧有机质含量试验及易溶盐含量试验。

5)进度计划安排

根据项目部总体施工进度计划,将全标段划分成若干个作业组分别承担相应的路基施工任务,每个作业组再根据各自承担的工作量分成每月应当完成的工作量。

6)人员安排

(1)管理人员

①施工技术组:主要负责执行实施性施工组织设计、图纸的有关要求,编制月施工计划;负责班组技术交底、现场技术指导、测量放线、现场试验等工作。

②安质组:负责制订保证施工质量及安全的规定、制度,并对施工现场的质量及安全进行有效的控制,最终达到质量及安全的目标。

③后勤组:编制材料计划,采购各种材料,保证工程施工顺利进行,并对现场各种材料的使用、保管、堆放进行管理。负责机械的调配、维修和管理,为工程的顺利实施做好保障工作。负责日常事务、治安和保卫工作,负责职工生活等工作。

(2)施工人员

项目部将全标段的路基工程划分为若干工段,2~3km 为一段,设一个作业组负责施工,每个作业组设立组长 1 名,技术员 1 名,现场施工员 2 名,安全员 1 名,挖掘机驾驶员、装载机驾驶员、推土机驾驶员、翻斗车驾驶员、压路机驾驶员根据机械的台数配备。

7)每作业组配备机械

挖掘机2台,装载机2台,推土机2台,压路机2台,翻斗车5台以上。

2. 施工流程与施工工艺

1)施工流程

(1)挖方路基施工

①土质路堑开挖一般施工流程见图1-16。

②石方爆破开挖一般流程见图1-17。

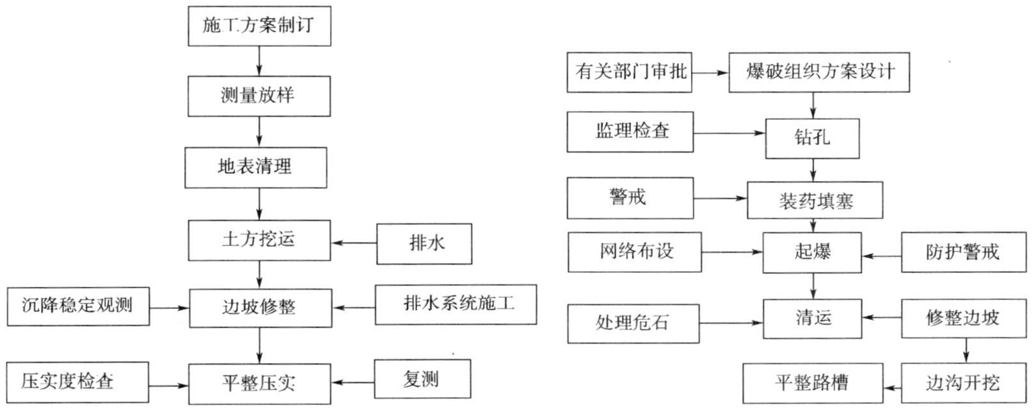

图1-16　土质路堑开挖一般施工流程

图1-17　石方爆破开挖一般流程

(2)填方路基施工

①填土路基一般施工流程见图1-18。

②填石路基一般施工流程见图1-19。

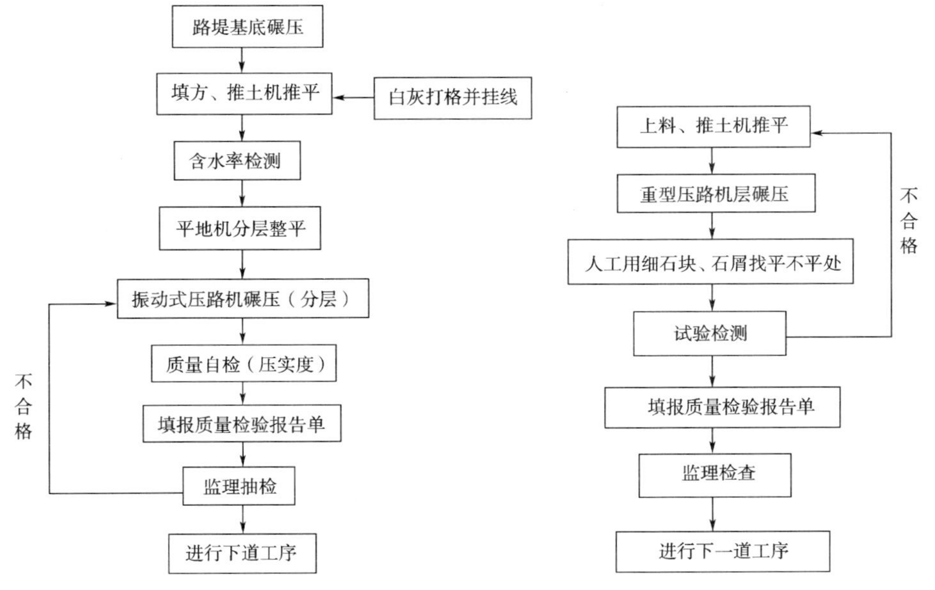

图1-18　填土路基一般施工流程

图1-19　填石路基一般施工流程

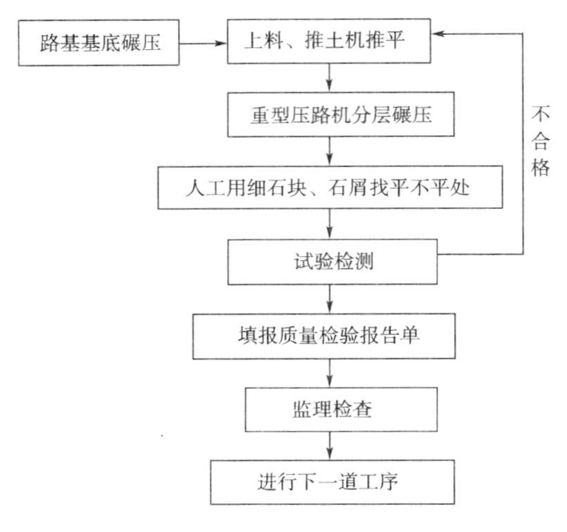

图1-20　填土石路基一般施工流程

③填土石路基一般施工流程见图1-20。

2)施工方法

(1)深路堑的施工

路堑边坡高度等于或大于20m时称为深路堑。

①土质路堑

a. 严格按照设计坡度施工,若边坡实际土质与设计勘探的地质资料,特别是土质较设计松散时,应及时向有关方面提出修改设计的意见,经批准后实施。

b. 土方开挖不论工程量和开挖深度大小,均应自上而下进行,严格分层开挖,开挖坡面一次性成型,且应开挖一级防护一级,防止边坡失稳产生滑塌等灾害,对有可能产生滑坍的边坡,应先采取加固措施,并进行稳定性验算,满足稳定系数大于1.25后,方可进行下级边坡开挖。不得乱挖超挖,严禁掏洞取土。

c. 在深路堑边坡地段一般山体含水率大,在渗水量大的部位应及时、有针对性地按设计要求设置泄水管。为确保深路堑地段路基稳定,应在边沟底设置复式渗沟,防止山体水渗入路基产生隐患。

d. 开挖面高度每3~4m在挖掘机作业高度范围内应对开挖坡面进行一次修整,按设计坡率、线形及平台设置进行修整,同时应对已开挖边坡进行测量,确保开挖面不欠挖、不超挖,才可继续施工。

e. 现场施工技术人员应配备坡比架、卷尺等随时对开挖边坡坡率进行检查,以便指挥机械操作员进行施工。

f. 如果在指定设置弃土场的地方不能满足堆积弃方数量时,应停止开挖,重新选择弃土位置,相应修改施工方案,并提交监理工程师批准。

g. 土方路堑开挖时,对短而深的路堑,可采用横挖法施工;对较长的路堑,可采用纵挖法施工;对路线纵向长的深路堑,宜采用混合式开挖法。

h. 土方路堑开挖时,应设不少于3%的纵、横向排水坡,待开挖贯通后,再自线位较低处起纵向整修路槽。

i. 修筑路拱、整修边坡、整平路基顶面时,应采用机械作业,人工配合。

j. 沿溪及山坡不能横向弃置废方的开挖路段,应选择可行措施,防止废方侵占良田、河道,损害民房及用地范围以外的其他构造物。

②施工质量

a. 路基表面平整,边线直顺,曲线圆滑。路基边坡坡面平顺稳定,不亏坡,曲线圆滑。

b. 取土坑、弃土堆、护坡道、碎落台的位置适当,外观整齐美观,防止水土流失。

c. 实测项目质量要求参见《公路工程质量检验评定标准》(JTG F80/1—2004)。

③石质路堑

采用爆破法施工,参见“路基石方爆破专项施工方案”。

(2)高边坡的施工

水稻田或常年积水地带,用细粒土填筑路堤高度在6m以上,其他地带填土或填石路堤高度在20m以上时,称为高填方路堤。

边坡坡率:填方边坡高度小于8m时,边坡坡率为1:1.5;当边坡高度大于8m且小于20m时,上部8m取1:1.5,下部边坡取1:1.75,两级之间设2m宽的平台;当边坡高度大于20m时,上部8m取1:1.5,中部边坡取1:1.75,两级之间设2m宽的平台,下部边坡取1:2.0,两级之间设4m宽的平台。

公路用地界为填方路段坡脚外缘以外5.6m。

①填土路基

a.路堤填料的选择

(a)应优先选用级配较好的砾类土、砂类土作为填料,不得使用淤泥、沼泽泥、冻土、有机土、含草皮土、生活垃圾、含有树根和腐朽特质的土。

(b)对液限大于50,塑限指数大于26的土,以及含水率超过规定的土,不得直接作为路基填料。需要应用时,必须采取满足设计要求的技术措施,经检查合格后方可使用。

(c)填土路基填料最小强度和最大粒径及压实度必须符合表1-17的规定。

填土路基填料及压实度要求　　表1-17

路床顶面下深度(cm) \ 项目分类		填料最小强度(CBR)	填料最大粒径(cm)	填土路堤重型压实度(%)
填方路堤	路床(0~30)	8	10	≥96
	路床(30~80)	5	10	≥96
	上路堤(80~150)	4	15	≥94
	下路堤(>150)	3	15	≥93
零填及挖方路基	路床(0~30)	8	10	≥96
	路床(30~80)	5	10	≥96

b.土方路堤应分层填筑压实,用透水性不良的土填筑路堤时,应控制其含水率在最佳压实含水率±2%之内。当填筑路堤下层时,其顶部应做成4%的双向横坡;如填筑上层时,不应覆压在由透水性较好的土所填筑路堤边坡上。

c.土方路堤必须根据设计断面分层填筑,分层压实。分层最大松铺厚度不应超过30cm,填筑在路床顶面最后一层的最小压实厚度不应小于8cm。

d.路堤填土宽度每侧应宽于填层设计宽度30cm,压实度不得小于设计宽度,最后削坡。

e.填筑路堤宜采用水平分层填筑法施工,即按横断全宽分成水平层次逐层向上填筑,如原地面不平,应由最低处分层填起,每填一层,经过压实符合规定要求之后,再填上一层。

f.横坡陡峻地段的半填半挖路基,必须在山坡上从填方坡脚向上挖成内倾斜的台阶,台阶宽度不应小于1m。其中挖方一侧,在行车范围之内的宽度不足一个行车宽度时,则应挖够一个行车道宽度,其上路床范围之内的原状土应予以挖除,并按上路床填方的要求施工。

g.不同性质的土应分层、分段填筑,不得混填,每种填料层累计总厚不宜小于0.5m。

h.高填方路填受水浸淹部分,应采用水稳性高及渗水性好的填料,其边坡应符合图纸要求,且不宜小于1:2。

i. 高填方路堤必须进行沉降和位移观测。

(a)沉降与稳定观测的项目、目的、仪表见表1-18。

沉降与稳定观测　　表1-18

观测项目	仪具名称	观测目的
地表水平位移量及隆起量	地表水平位移桩(边桩)	用于稳定监控,确保路堤施工安全和稳定
地下土体分层水平位移量	地下水平位移计(测斜管)	用于稳定监控和研究,掌握分层位移量,推定土体剪切破坏位置,必要时采用
路堤顶沉降量	地表型沉降计(沉降板或桩)	用于工后沉降监控,预测之后沉降趋势,确定路面施工时间

(b)观测点的位置、数量及埋设按设计或合同文件要求执行。

(c)在施工期间应严格按设计或合同文件要求同步进行沉降和稳定的跟踪观测。一般要求施工期每三天观测一次,雨季期间加密,施工结束后前3个月,每周观测一次,雨季期间加密。三个月以后每月观测一次。在观测过程中,如出现异常情况,应立即进行检查,处理完毕后,方能继续观测。观测成果及时整理,第一年内的观测成果将作为工程验收的资料。

j. 施工工艺

(a)路基每层填料铺设前,必须石灰打格,并且挂线,以控制施工层铺的厚度及宽度。

(b)若填方分几个作业段施工,两段交接处不在同一时间填筑,则先填地段应按1:1分层留台阶。若两个地段同时填,则应分层相互交叠衔接,其搭接长度不得小于2m。

(c)压路机进行路基压实作业,行驶速度在4km/h以内为宜。压实路线,直线段宜先两侧后中间,小半径曲线段由内侧向外侧、纵向进退式进行;横向接头,对振动压路机重叠0.4~0.5m,对三轮压路机重叠轮宽的1/2。前后相邻两区段宜纵向重叠1.0~1.5m,使路基各点都得到压实,避免路基产生不均匀沉陷。

②填石路堤

a. 需配备大功率推土机及重型压实机具(压路机静重应在25t以上,最大激振力在40t以上)。

b. 做好填石路堤的试验段工作,根据试验段总结确定填筑厚度、压实工艺以及质量控制标准(表1-19)。

填石路堤质量控制标准　　表1-19

岩石分类单轴和抗压强度(MPa)	路床顶面以下深度(cm)	摊铺厚度(mm)	最大粒径(mm)	压实干重度(kN/m^2)	孔隙率(%)
硬质石料≥60	80~150	≤400	小于层厚2/3	试验确定	≤23
	>150	≤600	小于层厚2/3	试验确定	≤25
硬质石料30~60	80~150	≤400	小于层厚2/3	试验确定	≤22
	>150	≤500	小于层厚2/3	试验确定	≤24
软质石料5~30	80~150	≤300	小于层厚	试验确定	≤20
	>150	≤400	小于层厚	试验确定	≤22

c. 用大型推土机按其松铺厚度推平，个别不平处人工找平，在整修过程中发现有超粒径的石块应予以剔除，做到粗颗粒分布均匀，避免出现粗颗粒集中现象。

d. 填石路堤应进行边坡码砌，边坡码砌石料强度要求不低于30MPa，码砌石块最小尺寸不小于30cm，石块须规则，填高小于5m的填石路堤，边坡码砌厚度不小于1m；填高5~12m的填石陆地，边坡码砌厚度不小于1.5m；填高大于12m的填石路堤，边坡码砌厚度不小于2m。

e. 应分层填筑、分层压实，分层摊铺厚度最大粒径见表1-19，过渡层填料最大厚度不大于40cm，粒径小于15cm，其中小于4.75mm的细粒含量不应小于30%，当上层为细粒土时，应设置土工布作为隔离层。

f. 填石路堤的填料如其岩性相差较大，特别是岩石强度相差较大时，应将不同岩性的填料分层或分段填筑。

g. 施工工艺：

(a)填石路堤逐层填筑时，应安排好石料运输路线，有专人指挥；按水平分层，先低后高，先两侧后中央上料，并用大功率推土机摊平。个别不平处应配合细石块、石屑找平。

(b)当石块级配较差、料径较大、填层较厚、石块间空隙较大时，可在每层表面的空隙里扫入石渣、石屑、中粗砂，再以压力将砂冲入下部，反复数次，使空隙填满。

(c)人工铺填石料时，应先铺填大块石料，大面向下，小面向上，摆平放稳，再用小石块找平，石屑塞缝，最后压实。

(d)填石路堤压实应先两侧(即靠路肩部分)后中间，压实路线对于轮碾应纵向平行，反复碾压。行与行之间应重叠40~50cm，前后相邻区段应重叠1.0~1.5m。

③填土石(宕渣)路堤

a. 设备配备：需配备大功率推土机及重型压实机具(压路机静重在25t以上，最大激振力在40t以上)。

b. 做好路基填筑试验段工作，并总结试验结果。现场试验应进行到能有效地使该种填料达到规定的压实度为止，试验时应记录压实设备的类型，最佳组合方式，碾压的速度、遍数、工序，每层材料的松铺厚度等。试验结果经批准后，可作为该种填料施工时控制的依据。

质量控制标准，压实质量标准见表1-20。

填土石路基压实质量控制标准表 表1-20

宕渣岩石分类单轴抗压强度(MPa)	路床顶面以下深度(cm)	摊铺厚度(mm)	最大粒径(mm)	压实干重度(kN/m^2)	宕渣陆地固体体积率(%)
硬质石料≥60	0~80	≤300	10	试验确定	87
	80~150	≤400	小于层厚2/3	试验确定	85
	>150	≤400	小于层厚2/3	试验确定	83
中硬石料20~60	80~150	≤400	小于层厚2/3	试验确定	85
	>150	≤400	小于层厚2/3	试验确定	83
软质石料5~20	80~150	≤300	小于层厚	试验确定	85
	>150	≤400	小于层厚	试验确定	83

c. 用大型推土机按其松铺厚度摊平，个别不平处人工找平，在整修过程中发现有超粒径的

石块应予以剔除，做到粗颗粒分布均匀，避免出现颗粒集中现象。

d. 土石路堤不得采用倾填方法，均应分层填筑，分层压实。分层摊铺厚度及最大粒径见表1-20。过渡层填料最大厚度不大于30cm，粒径小于15cm。

e. 压实后渗水性差异较大的土石混合料应分层或分段填筑，不宜纵向分幅填筑。如确需纵向分幅填筑，应将压实后渗水良好的土石混合料填筑于路堤两侧。

f. 当土石混合填料来自不同路段，其岩性或土石混合比相差较大时，应将不同岩性的填料分层或分段填筑。如不能分层或分段，应将含硬质石块的混合料铺于填筑层的下面，且石块不得过分集中或重叠，上面再铺含软质石料混合料，然后整平压实。

g. 施工工艺：

(a)路基每层填料铺设前，下一层底面必须石灰打格并且挂线，以控制施工层铺设厚度及宽度。

(b)填土石路堤逐层填筑时，应安排好填料运输路线，有专人指挥；按水平分层，先低后高，先两侧后中央上料，并用大功率推土机推平，个别不平处应配合细料找平。

(c)当宕渣石块级配较差、料径较大、填层较厚、间空隙较大时，可在每层表面的空隙里扫入石渣、石屑、中粗砂，再以压力将砂冲入下部，反复数次，使空隙填满。

(d)若填方分几个作业段施工，两段交接处不在同一时间填筑，则先填筑地段应按1:1分层留台阶。若两个地段同时填，则应分层相互交叠衔接，其搭接长度不得小于2m。

(e)土石混合填料中，当石料含量超过70%时，应先铺填大块石料，且大面在下，放置平稳，再铺小块石料、石渣或石屑，最后碾压；当石料含量小于70%时，土石可混合铺筑，但应避免硬质石块(特别是尺寸大的硬质石块)集中。

(f)机械作业时，应根据工地地形、路基横断面形状和土石方调配图等，合理地规定机械运行路线。施工集中点，应有全面、详细的机械运行作业图。

(g)压路机进行路基压实作业，行驶速度在4km/h以内为宜。压实路线，直线段宜先两侧后中间，小半径曲线段由内侧向外侧、纵向进退式进行；横向接头，对振动压路机重叠0.4~0.5m，对三轮压路机重叠轮宽的1/2。前后相邻两区段宜纵向重叠1.0~1.5m，使路基各点都得到压实，避免路基产生不均匀沉陷。

第六节　高挡墙、高边坡防护工程专项施工方案

一、编制依据

(1)《建设工程安全生产管理条例》(中华人民共和国国务院令第393号)。

(2)《公路桥涵施工技术规范》(JTG/T F50—2011)。

(3)《公路路基施工技术规范》(JTG F10—2006)。

(4)《公路工程施工安全技术规程》(JTJ 076—95)。

(5)施工图及相关文件。

二、施工技术方案

1. 深挖路段路基施工方案

(1)在施工前详细复查深挖路堑地段的工程地质资料，包括土石界限、岩层风化厚度及破

碎程度，岩层的构造特征等。根据现场考察及设计要求，编制详细的施工组织设计，报监理工程师审批后实施。

（2）根据设计横断面的边坡坡率、台阶宽度，精确计算路堑堑顶的开挖线。采用全站仪放样，根据现场坡口高程放出路堑坡口桩。

（3）根据坡口桩放出路堑开挖线，进行清表、清杂等。

（4）开挖中如发现有较大地质变化时，停止施工，重新进行工程地质补充勘探工作，并根据新的地质资料修正施工方案，报监理工程师审批后实施。因深挖路堑工程量大、施工环境复杂，技术要求高，施工难度大，是控制工程进度的关键工程，所以必须精心组织，科学施工。

（5）石方开挖。

石方开挖根据岩石类别、风化程度和节理发育程度，确定开挖方法。对于软石和强风化岩石能用机械开挖的采用机械开挖，不能用机械直接开挖的石方，采用爆破作业开挖。在石方爆破作业前，根据地形地质、开挖断面及施工机械配备等情况，编制实施性爆破设计施工方案，报请监理工程师批准，并严格按照监理工程师的指令执行。

石质部分采用深孔多排微差爆破法开挖。路堑采用横向分层分段开挖，使弃渣落入山坡坡脚，再用运输车运至弃渣场。对风化破碎岩体，为保证施工中边坡的稳定和边坡防护的施工作业，采用阶梯式进行开挖，按设计要求的高度设置平台，形成阶梯边坡。开挖时，边坡预留2～3m采用光面爆破或预裂爆破作业，人工刷坡。

（6）边坡控制方案。

为确保边坡的稳定，不产生超挖和欠挖，边坡采用光面爆破，节理裂隙较发育地段及某些特殊地段采用预裂爆破。深挖路堑的施工遵守分级开挖、分级防护、及时防护的原则，开挖一级防护一级，在下一级开挖时，上一级已做好保护措施。高挡墙砌筑、边坡防护应注意：

①砂浆采用重量法控制计量，并采用机械拌和，砌筑采用坐浆法分层按规范砌筑。

②将大块较平整的片石人工加工凿平，用来砌筑护面墙的外露面，并加工好砌筑沉降缝的角石，角石加工整齐，要有两个面相互垂直。

③高挡墙、护坡的沉降缝按设计图纸要求设置，砌筑沉降缝采用角石加工整齐，以保证沉降缝砌筑后垂直于水平面并且宽度上下一致。

④砌筑过程中和砌筑完工后7～14d内，随时对已砌筑砌体养生，保持其表面湿润。

⑤锚杆护坡施工时在岩石边坡上尽量垂直于岩层倾角，用凿岩机钻孔至稳定岩层区，将锚杆插入，用水泥砂浆锚固，使坡面岩体和有下滑可能的岩石与基岩连成整体。

⑥锚杆钻孔前根据设计要求及坡面岩石情况定出孔位并作标记，锚杆孔距误差不超过15cm，预应力锚索孔距误差不超过20cm，预应力锚索的钻孔轴线与设计轴线的偏角不大于3°，水泥砂浆锚杆孔深度误差不大于+50cm，水泥砂浆锚杆孔径大于杆体直径15mm，树脂锚杆和快硬水泥卷锚杆孔径直径为42mm，其他锚杆符合设计要求。

⑦水泥锚杆杆体平直，除锈、去污，采用中细砂，粒径不大于2.5mm，使用前过筛砂浆配合比：水泥：砂=1：1～1：2（质量比），水灰比为0.38～0.45。

⑧注浆开始或中途停止超过30min时，用水或稀水泥浆润滑注浆罐及其管路，注浆时，注浆管插至距孔底5～10cm处，随砂浆的注入缓慢匀速拔出。

⑨锚索严格按设计尺寸下料，表面无损伤，除锈去污。每股隔离钢丝或钢绞线沿锚索轴线

方向平直、头齐。按设计要求设置隔离架或内芯管,锚索体用非镀锌材料捆扎牢固。

⑩锚杆防护施工前认真检查和处理锚喷作业区的危石,确保施工队人员的安全,坡面破碎严重时采用先喷后锚,喷射厚度不小于5cm,喷射作业时设专人跟随观察坡面情况,锚杆施工在喷射混凝土终凝3h后进行,施工用电线路、开关设防触电设施,针对施工机械操作制订安全操作规程,对施工人员进行安全教育,非施工人员不得进入施工区,施工用的工作平台牢固可靠并设安全护栏。

2. 高填路堤施工方案方法

为了保证高填路堤的填筑质量及边坡稳定,特制订如下施工方案:

(1)根据设计横断面及规范要求的超填宽度,精确放出路堤坡脚。

(2)清除表土后,及时进行压实,使其压实度达到90% 以上,如地基强度达不到规范要求,请示监理工程师及时进行处理。

(3)地面横坡较陡时,按路基纵向、横向衔接部设计图组织施工,以防止路基填筑产生纵、横向裂缝。

(4)在填土时,严格控制好每层的松铺厚度,使其不大于30cm,控制最佳含水率偏差为±2%,严格按照试验路得出的压实方法进行压实。如填料来源不同,其性质相差较大时,分层填筑,不分段或纵向分幅填筑,且不同材料的填筑层厚不小于50cm。

(5)严格控制填料质量,对于透水性不良的材料不用于路基填筑,且严禁用于路基底部填筑。

(6)填筑时,全断面分层填筑,连续压实,强振碾压,以防止路基不均匀沉降、开裂。下层经监理工程师验收合格后,方可进行上一层填筑。

3. 一般施工安全技术措施

石方爆破作业以及爆破器材的管理、加工、运输、使用、检验和销毁等工作必须严格遵守国家现行的《爆破安全规程》,主动接受当地公安部门的监督管理。光面爆破应严格控制钻眼间距和炸药量。施工机械作业时,除按规范操作外,并应按事先设计的行走路线进行,其工作位置应平坦稳固,并应有专人指挥,指挥人员不得进入机械作业范围内。

挖方高边坡实行"随开挖、随加固、随防护",施工时严格按照设计方案进行施工。高边坡施工人员必须戴好安全帽,系好安全带,绑挂安全带的绳索应牢固地拴在可靠的安全桩上,绳索应垂直,不得在同一个安全桩上拴2根及以上安全绳或在一根安全绳上拴2人以上。高边坡施工应设置安全通道;开挖工作面应与装运作业面相互错开,严禁上、下交叉作业。边坡上方有人工作时,边坡下方不准有人停留或通行。清理边坡上突出的块石和整修边坡时,应从上而下顺序进行,坡面上的松动土、石块必须及时清除。严禁在危石下方作业、休息和存放机具。

施工中如发现山体有滑动、崩坍迹象危及施工安全时,应立即停止施工,撤出人员和机具,并报告监理办和指挥部处理。滑坡地段的处理,应从滑坡体两侧向中部自上而下进行,严禁全面拉槽开挖。施工中要设专人观察,严防塌方。遇有大雨、大雪、大雾及六级(含六级)以上大风等恶劣天气时,应停止作业。高边坡路堤下方有道路的,施工时应设置警示标志。

施工机械靠近路堤边缘作业时,应根据路堤高度留有必要的安全距离,并应有专人指挥,指挥人员不得进入机械作业范围内。弃土下方和有滚石危及范围的道路,应设警告标志,作业时下方禁止车辆、行人通行。弃渣时,应有专人指挥机械的运输车辆,运输车辆不得直接在坡顶边缘卸渣，应在坡顶边缘一定安全距离的位置卸渣，再由推土机或装载机将弃渣推出边缘。

4.安全专项施工措施

(1)须按设计规范施工。

(2)作业要严格操作规程。

(3)路基施工准备。

①机械设备的配备：挖掘机、装载机、推土机、平地机、压路机、自卸翻斗车、电缆线、照明设备、漏电保护器。

②安全防护品的配备：口哨、安全帽、红绿旗、警示牌、标志、红色警示灯、铁丝网。

(4)开工前检查：

挖掘机、装载机、推土机、平地机、压路机、自卸翻斗车是否处于良好状态，各项制动是否有效，电缆线有无裸露情况。

(5)施工安全注意事项：

①在公路、街道、交通繁华的道路上或附近施工，须有专人警戒。

②车辆通过较多的便道，弯道半径小于15m，特殊地段小于10m须挂红黄绿旗及警示牌。

③施工便道急弯处及陡坡地段须挂标志警示牌。

④严禁穿硬底、带钉、易滑、高跟、拖鞋或赤脚进入施工现场。

⑤施工现场材料、设备摆放有序、整齐。

⑥现场施工人员须戴防尘口罩。

⑦施工翻斗车不能行车载人及超载超速。其余各施工机械不能超速及违章作业。前后两车(机械)间距不应小于10m。

⑧路堑开挖严禁采取掏底开挖(忌挖神仙洞)，以免坍塌。

⑨严禁在松动危石下、未熄火的大型机械旁作业和休息。

⑩弃土场的选址需避免泥石流沟。

⑪严禁在山坡上同一地段的上下同时作业。

⑫人工挖掘作业人员横向间距不应小于2m，纵向间距不应小于3m。

⑬滑坡地段开挖，须从两侧向中部自上而下开挖。禁止全面拉槽开挖。

⑭根据设计横断面及规范要求的超填宽度，精确放出路堤坡脚。地面横坡较陡时，按路基纵向、横向衔接部设计图组织施工，以防止路基填筑产生纵、横向裂缝。

⑮严格控制好每层的松铺厚度，使其不大于30cm，控制最佳含水率偏差为±2%，严格按照试验路得出的压实方法进行压实。如填料来源不同，其性质相差较大时，分层填筑，不分段或纵向分幅填筑，且不同材料的填筑层厚不小于50cm。

⑯断面分层填筑，连续压实，强振碾压，以防止路基不均匀沉降、开裂。

⑰根据坡比变化，每填筑好一级后，及时修坡防护，以防止雨水对边坡的冲刷。在雨季施工时，注意排水工作，在路基顶面做成2%～4%的双向横坡，防止积水，边坡上做临时泄水槽，排泄路基顶面积水，防止冲刷边坡。在填挖交界处，挖一些临时排水沟，以便雨水集中排出，避免雨水对整个边坡的冲刷，雨季过后，对于被水冲毁的部分边坡，及时填土夯实，以避免边坡进一步坍塌。

三、危险因素及应对措施

1. 重大危险源的识别

高边坡的施工因地形和地质水文条件的复杂,从业人员的素质较低,因此它是高风险和易发生安全事故的施工作业。从人、机、料、方法、环境等因素综合分析,识别确认有 4 个可能造成人员伤害、财产损失的危险源为:

(1)机械伤害。

(2)爆破伤害。

(3)触电伤害。

(4)坍塌和滑坡。

2. 对重大危险源的评价

(1)机械伤害:机械运转工作时,因机械意外故障或违规操作可能造成人身伤害或机械损害。

(2)爆破伤害:爆破施工时,因违规操作而引起的人员和财产损害。

(3)触电伤害:工程外侧边缘距外电高压线路未达到安全距离,用电设备未做接零或接地保护,保护设备性能失效,移动或照明使用高压,违规使用和操作电气设备,对人身造成伤害或损害。

(4)坍塌和滑坡:路基开挖时因施工方法不当,机械使用不当,造成的坍塌和滑坡,对人身或机械造成伤害或损害。

3. 预防措施

1)危险源的综合预防、控制措施

(1)对重大危险要采取"两个控制",即前期控制,施工过程控制。

前期控制:工程开工前在编制施工组织设计或专项施工方案时,针对工程的各种危险源,制订出防控措施。施工过程控制:在工程施工过程中,严格按照各项操作规程和专项安全施工方案施工和监督检查,认真落实整改。

(2)加强安全生产的综合管理。

认真落实各级安全生产责任制,建立健全各项管理制度,杜绝一切人为事故的发生。加强对员工队伍人员的安全教育,提高作业人员素质和安全生产自我保护意识。增强各级管理人员安全责任意识,加强安全专业知识培训。严格加强各种危险源预防管理工作,结合工程特点,针对确认的危险源实施相应的预防控制措施。

(3)切实加强安全交底制度的落实

交底必须在施工作业前进行,任何项目在没有交底前不准施工作业。交底工作一般在施工现场项目部实施。交底必须履行交底人和被交底人的签字模式,书面交底一式二份,一份交底给被交底人,一份附入安全生产台账备查。被交底者在执行过程中,必须接受项目部的管理、检查、监督、指导,交底人也必须深入现场,检查交底后的执行落实情况,发现有不安全因素,应马上采取有效措施,杜绝事故隐患。

2)对危险源的具体预防措施

(1)预防机械伤害事故的防护措施

为保证作业人员的安全,防止机械对人体的伤害事故,制订本措施。

所有各种机械设备进场后,必须由设备部负责人会同安全员和使用机械的人员共同对该机械设备进行进场验收,经验收发现安全防护装置不齐全或有其他故障的,应退回设备保障部门进行维修和安装。使用前要对设备使用人员进行必要的安全技术交底和教育工作,使用人员必须严格执行交底要求及按操作规程操作。使用中应经常对设备进行维修保养,停止使用后切断电源并锁好电闸箱。

各种机械设备必须专人专机,凡属特种设备,其操作负责人要按规定每周对施工现场的所有机械设备进行检查,发现问题及隐患及时解决处理,确保机械设备的完好,防止机械伤害事故的发生。

(2)坍塌和滑坡事故的防护措施

为防止高边坡开挖出现坍塌和滑坡事故,特制订本防护措施。

施工的过程中,对施工开挖的地质情况、施工情况等信息进行动态监测,对地质有出入的应联系设计部门进行相应设计修改。

高边坡监测:用于稳定性监测的位移边桩设置,一般纵向每隔 50 ~ 100m 设置一个观测断面,对一些特殊情况可酌情增设观测断面。

预应力锚固监控:由于预应力锚固工程属于岩土隐蔽工程,影响锚固效果的因素很多,在设计时很难将岩土性质等情况全部了解清楚,因此预应力锚固工程应对预应力锚索(杆)的工作情况和锚固效果进行施工期和永久运营期的原位监测。

加强滑坡的监测监控,点位有变化时应立即停止现场的施工,加密观测次数,仔细分析点位的变动原因,及时将观测结果上报监理、业主和设计院,应会同监理、业主和设计分析滑坡产生的原因并确定具体处理方法。待按照处理方法进行处理完毕,经再次观察坡面无异动时才能继续开始路基的挖方施工。充分考虑季节性气候对高边坡施工的影响,尽量避免安排在雨季施工。所有高边坡的施工必须提前做好截水沟和排水沟,截断山体水流。排水设施必须与实际地形和临近的沟渠顺接,确保雨季排水畅通,不积水。为防止水流下渗和冲刷,截水沟进行严密的防渗和加固,地质不良地段和土质松软、透水性较大或裂隙较多的岩石路段,对沟底纵坡较大的土质截水沟及截水沟的出水口,均采用加固措施防止渗漏和冲刷沟底及沟壁。严格执行分级开挖,分级防护,对不稳定的边坡采取开挖和防护相结合,避免开挖边坡暴露时间过长,使边坡松弛范围变大,造成新病害。

如有地下水出露,应将地下水排出引入排水系统,不可堵死。严格按照批准的施工方案施工,特别是爆破施工,必须严加控制,严禁有大药量爆破现象出现,并按照要求做好各种飞石措施。严格实行奖罚制度,对违反高边坡施工安全的各种行为必须严加惩处。

(3)爆破施工的安全防护措施

①施工管理

建立以项目部为指导的爆破作业指挥部,设立爆破总负责人,各工区负责人为现场负责人、工区专职安全员和专业爆破员。

建立爆破作业器材集中收发制度,按工作量发料。多余的爆破材料在当班施工完成后,应及时上交给发放人员回收,做到集中发料,统一制作、统一回收、集中保管,严格登记手续,避免爆破器材流入社会。安排好作业时间、爆破时间并将爆破时间告示于周围居民。爆破总负责人负责施工组织、人员调配、生产安排，并对安全、生产负全责。专职安全员负责现场安全检查，布置检查爆破警戒。

②施工组织

本项目采用专业作业法施工，即专业班组专职从事爆破作业工作，负责钻眼、清孔、装药、连线、爆破、处理瞎炮和哑炮。

③安全技术措施

严格按照技术交底中的爆破技术要求施工，针对不同地区、地质情况、岩层倾向、裂隙和周围情况采取不同的爆破方案。爆破药量根据实际爆破效果逐步进行调整。在离工棚或周围房屋比较近的爆破区域，必须采取切实有效的防飞石措施。

爆破在装药时，应特别注意防漏电；在装药前，孔桩内所有的电器设备应提升至地面。在装药时，雷管的脚线应短接，连接爆破母线时应保证接头具有良好的绝缘性，严禁拖地接触泥水。雷雨天气应停止爆破作业。

瞎炮的处理：在爆破作业完成后，检查人员应下到工作面检查瞎炮情况，并及时按爆破作业规程进行处理。另外，在清查时发现瞎炮，应及时报告项目部安排专业人员处理，禁止非专业人员私下处理。

爆破器材的安全管理措施：爆破器材属于危险物品，应进行严格管理。严格爆破器材的领用、发放、使用及回收制度。现场爆破器材应该分门别类，分别用木箱盛装，专人上锁保管，严禁混装。使用、运输时应轻拿轻放，严禁碰撞；雷管在连母线前应短接，避免接触带电体。

④预防触电事故的防护措施

根据国家《施工现场临时用电安全技术规范》(JGJ 46—2005)规定，为了加强施工现场用电管理，保障施工现场用电安全，防止触电事故发生，施工现场专用的中性点直接接地的供电线路必须实行 TN-SR 接零保护系统，同时必须做到三级控制，两级保护，电箱为标准电闸箱，并采取防雨、防潮措施。

电气设备应根据地区或系统要求，做保护接零，或做保护接地，不得一部分设备做保护接零，另一部分设备做保护接地。必须由持有合格证件的专职电工，负责现场临时用电的管理及安拆。对新调入工地的电气设备，在安装使用前，必须进行检验测试，经检测合格后方能投入使用。

专职电工对现场电气设备每月进行巡查，项目部每月对施工用电系统、漏电保护器进行一次全面系统的检查。配电箱设在干燥通风的场所，周围不得堆放任何妨碍操作、维修的物品，并与被控制的固定设备距离不得超过3m。安装和使用按“一机、一闸、一箱、一漏”的原则，不能同时控制两台或两台以上的设备，否则容易发生误操作事故。配电箱应标明其名称、用途，并做出分路标志，门应配锁，现场停止作业 1h 以上时，应将开关箱断电上锁。

照明专用回路设专用漏电保护器，灯具金属外壳做接零保护，室内线路及灯具安装高度低于 2.5m 的应使用安全电压。潮湿和易触及带电体的照明电源必须使用安全电压，电气设备架设或埋设必须符合要求，并保证绝缘良好。任何场合均不能拖地。线路过道应按规定进行架空或地埋，破皮老化线路不准使用。使用移动电气工具和进行混凝土振捣作业时，必须按规定穿戴绝缘防护用品。凡是从事与电有关的施工作业时，必须实行电工跟班作业。

四、安全管理措施

1. 安全生产目标

安全生产目标：坚决杜绝重特大安全责任事故，施工人员伤亡率小于0.25%，重伤率小于0.05%。

2. 安全施工组织机构与保证体系

1）安全施工组织机构

本施工标段工程项目部实行项目经理负责制，对承建的工程项目安全负全面责任。项目经理是本项目的安全生产第一责任人，全面负责本项目的安全生产工作。

2）安全施工保证体系

本项目部在工程施工前按《施工现场安全生产保证体系》（DBJ 08-903—98）的要求建立安全施工保证体系，安全施工保证体系分组织保证、工作保证、制度保证三个方面。影响因素有人为因素、客观因素。保证范围分人身安全保证、结构安全保证、施工安全保证。工程安全施工保证体系见《安全施工保证体系框图》。同时认真编制安全施工保证计划和各项专项施工组织设计，并严格按保证计划和专项施工的要求进行管理、实施。

第二章　路面工程专项施工方案

第一节　路面底基层、基层专项施工方案

一、施工准备工作

1. 路基交验

1)路基交验程序

路基交验时必须由监理单位、路基和路面施工单位的技术负责人及设计代表同时参加。复测过程中发现问题,应按规范要求处理到位。路基交验合格资料必须经路基施工单位、路面施工单位、监理单位三方当场书面确认,并及时归档。

2)路基交验内容及要求

路基交验分为两部分,第一部分为挖方和填方路基的交验,第二部分为桥梁(含通道等)的交验。

(1)填、挖路基交验

①线形和外形尺寸。线形控制应根据设计提供的导线点,在加密后用全站仪检测路基中桩是否偏位;对主线及主线渐变段、互通区匝道按每10m一处检测几何尺寸是否合格。

②纵面高程。严格控制路基顶面高程,水准点高程应闭合,精度必须满足规范要求。单幅路基每20m检测一个断面,每个断面每5m检测一处,主线渐变段、互通区匝道高程检测频率应加密。

③平整度、横坡。平整度用三米直尺按规范要求逐段检测;对填方路基、主线弯道路段、互通区匝道的横坡及边坡坡率应重点检测。

④弯沉值。弯沉检测前,应对全线路基进行一次全面检查,“弹簧”路段必须进行换填。凡是路基弯沉值超标的路段,必须由路基施工单位进行处理,经重新检测合格后方可交验。

⑤压实度。路面施工单位在检测路基压实度之前,要求独立做标准密度试验,并按规范及设计要求进行压实度检测。对压实度达不到要求的路段,要求路基施工单位进一步碾压,直至达到要求。

⑥路基排水。要对路基排水系统设置情况进行检查,特别是对挖方路段及隧道进出口边沟深度、超高路段横向排水及中央分隔带排水情况进行重点检查,确保排水通畅。

⑦桥台台背填筑。台背填筑应采用透水性材料,填筑与碾压要求同上路床,对于缺少透水性材料、压实困难的台背,应采用固化结合料进行填筑、碾压。

在填挖路基交验完成后,要对路基、路面排水系统的衔接进行检查,并提出建议,确保路面

层间水顺利排出。

(2)桥梁(含通道)交验

桥梁(含通道)交验时,总体质量应符合设计及规范要求,并重点检查桥面系质量。

①平整度。平整度用三米直尺检测,平整度达不到要求的部位,必须进行抛丸或打磨至合格为止。

②纵面高程。主要检测搭板及桥面的纵断高程。

③横坡。对水泥混凝土桥面的横坡,主线弯桥、互通区匝道桥应重点检测。

④水泥混凝土铺装层。

a. 铺装层厚度及混凝土强度应满足规范及设计要求。

b. 路基、路面施工、监理单位必须对桥面铺装裂缝情况进行逐跨步行检查,对长度超过50cm或宽度超过0.2mm的裂缝应进行取芯分析原因并进行相应处理(对浅表性的收缩裂缝,应进行环氧树脂灌缝处理,裂缝情况严重路段要求返工处理),对进行过返工处理的桥梁必须重新进行交验工作;桥面连续设置应满足规范和设计要求。

c. 铺装层混凝土表面要求进行抛丸处理,以确保与沥青面层联结成整体。

⑤整体式连续箱梁。对不设水泥混凝土桥面铺装层的整体式连续箱梁,交验时应对桥面平整度、横坡、排水系统进行重点检查,达不到设计要求的须制订专题处理方案进行处理。顶板混凝土表面同样要求进行抛丸处理,以确保与沥青面层连接成整体。

⑥桥面排水。桥面排水系统应完善,铸铁管泄水孔顶高程应略低于水泥混凝土铺装层,超高路段中分带泄水孔应考虑排除沥青路面层间水,并注意靠近伸缩缝处的排水情况,对于不符合要求的应进行处理。交验过程中应加强桥面积水情况的检查。

⑦伸缩缝预留槽。应对伸缩缝预埋钢筋位置、间距、高度、数量、规格进行全面检查,及时将伸缩缝槽区部位及板缝内的杂物清理干净,在板缝内填塞泡沫板,铺垫1~2层土工布,以防止混凝土浆液渗入板缝;为防止因梁板伸缩造成混凝土起拱,槽区两侧也应垫泡沫板,泄水孔用土工布包裹碎石进行填实,伸缩缝预留槽及时用低强度等级的混凝土浇筑至水泥桥面同样高程,浇筑前不得压弯预埋钢筋。

2. 原材料要求

(1)水泥。普通硅酸盐水泥、矿渣硅酸盐水泥、火山灰质硅酸盐水泥都可用于拌制水泥稳定碎石混合料,但应选用初凝时间3h以上和终凝时间较长(宜在6h以上)的水泥,宜采用R32.5的强度等级,快硬、早强和受潮变质水泥不得使用,水泥质量指标应符合表2-1的规定。

(2)碎石。宜采用反击式破碎机轧制的碎石,进场后按标化工地的要求分档堆放,并满足表2-2的质量要求。

水泥稳定碎石用水泥质量要求　　　　表2-1

项目	细度	凝结时间		安定性	抗压强度	
		初凝	终凝		3d	28d
单位	%	h	h		MPa	MPa
质量要求	≤10	≥3	≥6	必须合格	≥11	≥32.5

基层、底基层碎石质量要求　　　表 2-2

项目	压碎值	针片状		小于 0.075mm 颗粒含量		密度	砂当量	吸水率	坚固性
		大于 9.5mm	4.75 ~ 9.5mm	2.36mm 以上	0 ~ 2.36mm				
单位	%	%	%	%	%	t/m^3	%	%	%
质量要求	≤25	≤15	≤25	≤2.0	石灰岩≤15 其他≤10	>2.5	≥50	≯3	≯12

(3)凡是饮用水(含牲畜饮用水)皆可使用,遇到可疑水源,应委托有关部门化验鉴定。

(4)消石灰的质量应符合《公路路面基层施工技术规范》(JTJ 034—2000)表 2.2.2 规定的Ⅱ级及以上消石灰的技术要求(有效钙加氧化镁含量≥60%)。石灰要分批进场,并消解充分,做到既不影响施工进度,又不过多存放,应尽量缩短堆放时间,如存放时间较长应采取封存措施,妥善保管。施工前应对消石灰进行过筛处理。

(5)粉煤灰中 SiO_2、Al_2O_3 和 Fe_2O_3 总含量应大于 70%,烧失量不应超过 20%,比表面积宜大于 2 500cm^2/g(或 90% 通过 0.3mm 筛孔,70% 通过 0.075mm 筛孔)。

石灰、粉煤灰表面均应进行覆盖,避免污水对环境造成污染。

(6)原材料堆放和质量管理。

①应采取有效措施,按原材料质量管理程序进行检验,不合格材料不得进入料场。

②不同规格砂石材料要严格分档、隔离堆放,严禁混堆。各档材料间应设置高于 2m 的硬分隔墙;分隔墙顶面高度应高于料堆坡脚至少 50cm 以上,料堆形状为梯形。砂石材料堆放时应防止离析。

③基层 4.75mm 及以下集料须设雨棚或覆盖防雨油布,袋装水泥应在室内架空堆放。

3. 施工设备

配备足够的拌和、运输、摊铺、压实等施工设备和配件,开工前做好保养、试机工作,尽量避免在施工期间发生有碍施工进度和质量的故障。水泥稳定碎石和二灰碎石基层、底基层施工的主要机械设备配备要求如下。

(1)拌和楼。应配置符合合同要求的拌和楼,并与实际摊铺能力相匹配。为使混合料拌和均匀,拌缸要满足一定长度。要求至少有 5 个进料仓,料仓上口必须安装钢筋网盖,筛除超出粒径规格的集料及杂物。拌和楼的用水应配有大容量的储水箱。料斗、水箱、罐仓都要求装配高精度电子动态计量器,电子动态计量器应经有资质的计量部门进行计量标定后方可使用。

(2)摊铺机。应根据路面底基层、基层的宽度、厚度,选用合适的摊铺机械。施工时应采用两台摊铺机梯队作业。要求两台摊铺机功能一致,以保证路面基层厚度一致,完整无缝,平整度好。

(3)压路机。压路机的吨位和台数必须与拌和楼及摊铺机生产能力相匹配,一般配备 12 ~ 15t 压路机 1 ~ 2 台,18 ~ 20t 的稳压用压路机 2 ~ 3 台和轮胎压路机 1 ~ 2 台,使从加水拌和到碾压终了的时间不超过 2h。

(4)自卸汽车、装载机、洒水车。其数量应与拌和设备、摊铺设备、压路机相匹配。

(5)水泥钢制罐仓。由拌和楼生产能力决定其容量(1 个 80 ~ 100t 或 2 个 50t),罐仓内应配有水泥破拱装置,以免水泥起拱停流。

以上设备数量至少应满足每个工点、每日连续正常生产及工期要求。

(6)检测仪器。基层工地试验室主要检测仪器配备标准见表2-3。

基层工地试验室主要检测仪器配备标准 表2-3

检测室	仪器设备名称	数量	仪器规格		
			测量范围	分度值	准确度
集料室	电子天平	2台	0~5kg	0.1g	0.1g
	标准筛	1套	—	—	—
	三或四片叶轮搅拌器	1台	转速可调,最高达(600±60)r/min,直径(75±10)mm,定时精度1s		
	烘箱	2台	0~300℃	1℃	1℃
	游标卡尺	1台	0~150mm	—	—
	压碎值试验仪	1台	—	—	—
	台秤	1台	50kg	—	—
	浸水天平	1台	0~3kg	0.1g	0.1g
水泥室	负压筛析仪	1台	负压可调范围为4~6kPa		
	水泥净浆搅拌机	1台	—		
	标准法维卡仪	1台	—		
	雷氏夹膨胀测定仪	1台	标尺最小刻度为0.5mm		
	胶砂搅拌机	1台	—		
	振实台	1台	—		
	水泥抗折抗压试验机	1台	—		
无机结合料室	重型击实仪	1台	—	—	—
	压力机(或路面材料强度试验仪)	1台	最大荷载不大于200 kN		
	反力框架	1台	400 kN以上		
	脱模器	1台	—		
	测钙仪或滴定设备	1套	—	—	—
	振动压实成型机	1台	—	—	—
养生室	养护室控制器	1台	50℃	0.1℃	1℃
现场检测室	取芯机	1台	功率不小于4kW		
	灌砂仪	2套	灌砂筒直径≥15cm		
	电子台秤	2	0~30kg	—	5g

开工前要求加强对拌和楼、检测仪器等设备的标定工作,确保拌和及检测数据真实可靠。施工过程中应加强对拌和楼、检测仪器等设备的检修、维护,以便能及时发现设备出现的问题。对拌和楼筛网应经常进行检查,发现堵塞和破损现象应及时清理和更换,以控制配合比。基层集料加工场的石料破碎机必须配备振动预筛喂料装置(筛网长度不小于2m),以减少集料中的含泥量。

4. 拌和场地

(1)拌和场要选在空旷、干燥、交通便利，并远离工厂、居民区、经济农作物及畜牧业集中的区域，避免对当地居民的生产、生活和居住环境带来不利影响。

(2)拌和场地的面积要根据项目工程量、拌和设备的型号、施工工期、材料供应速度经过计算确定，拌和场占地面积应满足施工需要，并将生活区及工作区分开。

(3)拌和场地要有良好排水、防水措施。分隔仓内应纵向每隔5~10m，横向每隔15~20m设盲沟，坡度不小于0.5%，盲沟应与场地排水明沟相连，在堆料仓前后应设置排水明沟，保持排水通畅，场地内不允许积水。

(4)要求对基层堆料场地用水泥混凝土或水稳结合料进行硬化(厚度不小于20cm)，防止产生弹簧、翻浆现象。要求设专人每天对拌和场、场区道路等及时进行洒水清扫，减少灰尘对集料的二次污染。

(5)拌和场地内应设有安全防护措施，配备消防设备。

(6)拌和场地按有关原材料及混合料报验制度的规定设立原材料标识牌，注明材料品名、用途、规格、产地、检验时间、检验结果；在拌和设备前设混合料配合比标牌，并严格按施工配合比施工。

5. 混合料组成设计

1)水泥稳定碎石

(1)水泥稳定碎石应满足表2-4的技术要求(基层试件要求采用振动成型)。

水泥稳定碎石技术要求　　表2-4

项　目	设计强度(MPa)	水泥剂量(%)	
		最大	最小
底基层	1.5~2.5	3.5	2.0
基层	3~5	5.0	3.0

(2)取工地实际使用的、符合前述要求的碎石，分别进行水洗筛分，按颗粒组成进行计算，确定各种碎石的组成比例和合成级配，建议基层与底基层的级配要求范围如表2-5和表2-6所示。

水泥稳定碎石基层级配范围要求　　表2-5

筛孔尺寸(mm)		31.5	26.5	19	9.5	4.75	2.36	0.6	0.075
通过率(%)	上限	100	100	89	67	49	35	22	7
	下限	100	90	72	47	29	17	8	0

水泥稳定碎石底基层级配范围要求　　表2-6

筛孔尺寸(mm)		37.5	31.5	19	9.5	4.75	2.36	0.6	0.075
通过率(%)	上限	100	100	90	68	50	38	22	7
	下限	100	90	67	45	29	18	8	0

(3)取符合要求的水泥和确定的合成级配碎石，按不同水泥剂量(按设计要求，分别选取5个剂量)，用重型击实法分别确定各剂量混合料的最佳含水率和最大干密度。

(4)以不同水泥剂量，分别根据重型击实法确定的最佳含水率和计算所得的干密度，拌制水泥稳定碎石混合料,并制备规定数量试件,在标准条件下养生6d,浸水24h后取出,测定不同水泥剂量下混合料的无侧限抗压强度。

(5)水泥稳定碎石7d浸水无侧限抗压强度代表值$R_{代}$不小于设计值。

(6)取符合强度要求的最佳配合比作为水泥稳定碎石的生产配合比,经监理审批进行试验路段铺筑。

(7)配合比设计注意事项。

①为减少基层裂缝,应做到三个限制:在满足设计强度的基础上限制水泥用量;在合成级配满足要求的同时限制细料、粉料用量(合成级配中小于0.075mm颗粒含量宜不大于3%);根据施工时气候条件限制含水率。

②在规定的水泥剂量范围内,强度如达不到设计要求,应采取调整级配和更换料源等措施,不得单纯采用提高水泥剂量的方法。设计水泥剂量如超出规定范围,必须报建设单位审批。

③生产配合比调试时,应根据施工时的气候条件,通过试验确定混合料拌制用水量。

2)二灰稳定碎石

(1)二灰稳定碎石应满足表2-7的技术要求。

二灰稳定碎石技术要求 表2-7

项目	设计强度(MPa)	石灰:粉煤灰	石灰粉煤灰:碎石
底基层	≥0.6	1:2~1:4	20:80~15:85
基层	0.8~1.1	1:2~1:4	20:80~15:85

二灰稳定碎石混合料的现场实测强度宜不大于设计强度的150%。

(2)取工地实际使用并具有代表性的、满足上述要求的石灰和粉煤灰,按不同的配合比制备至少5组混合料,确定各自的最佳含水率和最大干密度,确定同一龄期和同一压实度试件的抗压强度,选用强度最大时的石灰粉煤灰比例。

(3)取工地实际使用的、符合前述要求的碎石,分别进行水洗筛分,按颗粒组成进行计算,确定各种碎石的组成比例和合成级配,建议基层与底基层的级配要求范围如表2-8和表2-9所示。

二灰稳定碎石基层级配范围要求 表2-8

筛孔尺寸(mm)		31.5	19	9.5	4.75	2.36	1.18	0.6	0.075
通过率(%)	上限	100	98	70	50	38	27	20	7
	下限	100	81	52	30	18	10	6	0

二灰稳定碎石底基层级配范围要求 表2-9

筛孔尺寸(mm)		31.5	19	9.5	4.75	2.36	1.18	0.6	0.075
通过率(%)	上限	100	90	68	50	38	27	20	7
	下限	90	72	48	30	18	10	6	0

(4)根据确定的石灰粉煤灰比例和集料合成级配,按不同集料用量比例(选取4~5个比

例),用重型击实法分别确定各比例混合料的最佳含水率和最大干密度。

(5)以不同集料用量,分别根据重型击实法确定的最佳含水率和98%的最大干密度,拌制二灰稳定碎石混合料,并制备试件,在标准条件下养生6d,浸水24h后取出,测定不同集料用量下混合料的无侧限抗压强度。

(6)二灰稳定碎石7d浸水无侧限抗压强度代表值$R_{代}$不小于设计值。

(7)取符合强度要求的最佳配合比作为二灰稳定碎石的生产配合比,经监理审批后铺筑试验路段。

(8)配合比设计注意事项。

①为减少基层裂缝,应做到三个限制:在满足设计强度的基础上限制二灰用量;在合成级配满足要求的同时限制细料、粉料用量(合成级配中小于0.075mm颗粒含量宜不大于3%);根据施工时气候条件限制含水率。

②在规定的二灰用量范围内,强度如达不到设计要求,应采取调整级配和更换料源等措施,不得单纯采用提高石灰剂量的方式。设计石灰剂量如超出规定范围,必须报建设单位审批。

③生产配合比调试时,应根据施工时的气候条件,通过试验确定混合料拌制用水量。当石灰、粉煤灰、集料中总的含水率超过或接近按最佳含水率计算所得的混合料总用水量时,不得进行生产配合比调试,应通过晾晒或换料等方式降低原材料中的含水率,直至拌和时能准确稳定地加入拌和用水为止。

二、基层(底基层)施工

1.试验段施工

试验段应选择在经验收合格的路基(底基层)上进行,其长度为300~600m,拌和楼拌和,两台摊铺机梯队摊铺,一次碾压密实。拌和、摊铺、碾压各道工序的要求按现行《公路路面基层施工技术规范》(JTJ 034—2000)进行。

试验路段主要明确以下工作内容:

(1)验证用于施工的混合料配合比。

①调试拌和楼,分别称出拌缸中不同规格的碎石、水泥、水的重量,测量其计量的准确性。

②调整拌和时间,保证混合料的均匀性。

③检查混合料含水率、碎石级配、水泥(二灰)剂量、7d无侧限抗压强度。

(2)确定铺筑的松铺厚度和松铺系数。

(3)确定标准施工方法。

①混合料配比的控制方法。

②混合料摊铺方法和适用机具(包括摊铺机的行进速度、摊铺厚度的控制方式、梯队作业时摊铺机的间隔距离)。

③含水率的增加和控制方法。

④压实机械的选择和组合,压实的顺序、速度和遍数,至少应选择两种确保能达到压实标准的碾压方案。

⑤拌和、运输、摊铺和碾压机械的协调和配合。

⑥确定每一碾压作业段的合适长度（一般建议 50 ~ 80m）。

⑦严密组织拌和、运输、碾压等工艺流程，缩短拌和到碾压完成时间。

⑧质量检验内容、检验频率及检验方法。

（4）试铺路面质量检验结果。

检验标准按规范及设计文件执行，其中，试验路段的检验频率应是标准中规定生产路面的2 ~ 3 倍。当使用的原材料和混合料、施工机械、施工方法及试验路段各检验项目的检测结果都符合要求，可按以上内容编写《试验路段总结报告》（报告中应明确混合料试件 7d 无侧限抗压强度的上下限、水泥用量上下限），经监理审批后即可作为申报正式路面施工开工的依据。《试验路段总结报告》经批准后，混合料级配、水泥剂量不得进行改变，因特殊原因需要调整时，应重新进行混合料组成设计和试验路段验证，并报经监理单位审批。

2. 施工准备

（1）拌和机的校定：拌和机在使用前应进行校定，即根据试验配合比的比例确定各种规格的碎石在单位时间内的出料量。各料仓出料速率调整好后，即可进行混合料试拌，试拌后及时进行筛分和含灰量试验，合格后方可进行正式生产。

（2）底基层施工前，应进行路基质量检查。每一层基层施工前，应检查下一结构层施工质量（高程、中线偏位、宽度、横坡度、平整度、反射裂缝、压实度、月沉降速率等），外观检查中，有松散、严重离析等路段，应进行返工处理。对于裂缝应作相应封闭处理。

（3）清除下一结构层表面的浮土、积水等，将作业面表面洒水湿润。

（4）摊铺前测量放样，按摊铺机宽度与传感器间距，一般在直线上间隔为 10m，在平曲线（匝道）上为 5m，作出标记，并打设好厚度控制线支架，根据松铺系数算出松铺厚度，决定控制线高度，挂好控制线。用于摊铺机摊铺厚度控制线钢丝的拉力应不小于 800N。

（5）下层基层施工结束至少 7d 并达到设计强度后，方可进行上层半刚性基层的施工，或在下层分段摊铺和碾压密实后，在不采用重型振动压路机碾压时，立即摊铺上层。

（6）施工时，应合理安排施工顺序和计划，同一路段左右幅施工时间尽可能错开，避免养生期间通车现象的发生。养生完成的路段也应对施工车辆的通行进行控制。

（7）正常路段的底基层、基层每天应连续施工，尽量减少施工接缝，桥头施工要求一次成型。

3. 混合料的拌和

（1）开始拌和前，拌和场的备料应至少能满足 3 ~ 5d 的摊铺用料。

（2）每天开始搅拌前，应检测场内各处集料的含水率，计算当天的施工配合比，外加水与天然含水率的总和要比最佳含水率略高。同时，在充分估计施工富余强度时要从缩小施工偏差入手，不得以提高水泥（二灰）用量的方式提高路面基层强度。

（3）每天开始搅拌之后，按规定取混合料试样检查级配和水泥（二灰）剂量；随时检查配比、含水率是否变化。高温作业时，早晚与中午的含水率要有区别，要按温度变化及时调整。

（4）拌和楼出料不允许采取自由跌落式的落地成堆、装载机装料运输的办法。一定要配备带活门漏斗的料仓，成品混合料先装入料仓内，由漏斗出料装车运输，装车时车辆应前后移动，分三次装料，避免混合料离析。

(5)底基层表面高出设计高程部分应予刮除,并将刮下的稳定碎石扫出路外;局部低于设计高程之处,不能进行贴补,必须将其挖除重铺。

4. 混合料的运输

(1)运输车辆在每天开工前,要检验其完好情况,装料前应将车厢清洗干净。运输车辆数量一定要满足拌和出料与摊铺需要,并略有富余。

(2)应尽快将拌好的混合料运送到铺筑现场。车上的混合料应覆盖,以减少水分损失。如运输车辆中途出现故障,必须立即以最短的时间排除;当车内水泥稳定混合料不能在水泥初凝时间内运到工地摊铺压实,必须予以废弃。拌和好的二灰混合料不得过夜,应当天碾压成型。

5. 混合料的摊铺

(1)摊铺前应将下结构层表面洒水湿润。

(2)摊铺前应检查摊铺机各部分运转情况,而且每天坚持重复此项工作。

(3)调整好传感器臂与控制线的关系,严格控制基层厚度和高程。基层(或底基层)压实厚度大于25cm时,要求分两层摊铺,且需对下一结构层表面的浮尘、积水进行处理后才允许施工,并保证路拱横坡度满足设计要求。

(4)摊铺机宜连续摊铺。如拌和楼生产能力较小,应采用最低速度摊铺,禁止摊铺机停机待料。摊铺机的摊铺速度一般宜为2~3m/min。

(5)应采用两台摊铺机梯队作业,应保证其摊铺速度、摊铺厚度、松铺系数、路拱坡度、摊铺平整度、振动频率等一致,两机摊铺接缝平整。

(6)摊铺机的螺旋布料器应有2/3埋入混合料中。

(7)摊铺机在安装、操作时应采取混合料防离析措施,如降低布料器前挡板的离地高度。在摊铺机后面应设专人消除离析现象,应该铲除局部粗集料“窝”,并用新拌混合料填补。

6. 混合料的碾压

(1)每台摊铺机后面,应紧跟三轮或双钢轮压路机、振动压路机和轮胎压路机进行碾压,一次碾压长度一般为50~80 m。碾压段落必须层次分明,设置明显的分界标志,有专人指挥。

(2)碾压程序和碾压遍数应通过试验路段确定。碾压应遵循试验路段确定的程序与工艺,驱动轮朝向摊铺机方向,由路边向路中、先轻后重、先下部密实后上部密实、低速碾压的原则,避免出现推移、起皮和漏压的现象。压实时,遵循初压(遍数适中,压实度达到90%)→轻振动碾压→重振动碾压→稳压的程序,压至无轮迹为止。注意初压要充分,振压不起浪、不推移。碾压过程中,可用核子仪初查压实度,不合格时,重复再压(注意检测压实时间)。碾压完成后用灌砂法检测压实度。

(3)压路机碾压时应重叠1/2轮宽。

(4)压路机倒车应自然停车,无特殊情况,不许制动;换挡要轻且平顺,不要拉动(底)基层。在第一遍初步稳压时,倒车后应原路返回,换挡位置应在已压好的段落上,在未碾压的一端换挡、倒车,位置要错开,要成齿状,出现个别拥包时,应进行铲平处理。

(5)压路机碾压时的速度,第1~2遍为1.5~1.7km/h,以后各遍应为1.8~2.2km/h。压路机须增设限速装置。

(6)压路机停车要错开,相隔间距不小于3m,应停在已碾压好的路段上。

(7)严禁压路机在刚完成的或正在碾压的路段上掉头和紧急制动。

(8)碾压宜在水泥初凝前及试验确定的延迟时间内完成,达到要求的压实度,无明显轮迹。

(9)为保证水泥(二灰)稳定碎石基层边缘压实度,要求在基层边缘用方木或型钢模板支撑,且应有一定超宽(碾压到边缘30cm范围,以10cm/次向外推进)。

7. 横缝设置

(1)水泥稳定碎石混合料摊铺时,应连续作业,如因故中断时间超过2h,则应设横缝;每天收工之后,第二天开工的接头断面也要设置横缝;要特别注意桥头搭板前水泥稳定碎石的碾压质量。

(2)横缝应与路面车道中心线垂直设置,接缝断面应是竖向平面。其设置方法如下。

①压路机碾压完毕,沿端头斜面开到下承层上停机过夜。

②第二天将压路机沿斜面开到前一天施工的基层上,用三米直尺纵向放在接缝处,定出基层面离开三米直尺的点作为接缝位置,沿横向断面垂直挖除坡下部分混合料,清理干净后,摊铺机从接缝处起步摊铺。

③压路机沿接缝横向碾压,由前一天压实层上逐渐推向新铺层,碾压完毕再纵向正常碾压。

④碾压完毕,接缝处纵向平整度应符合规范规定。

8. 养生及交通管制

(1)每一段碾压完成后应立即进行质量检查,并开始养生。

(2)养生方法:应将透水无纺土工布湿润,然后人工覆盖在碾压完成的基层顶面。覆盖2h后,再用洒水车洒水。在养生期内应保持基层处于湿润状态。养生结束后,应将覆盖物清除干净。

(3)用洒水车洒水养生时,洒水车的喷头要用喷雾式,不得用高压式喷管,以免破坏基层结构。每天洒水次数应视气候而定,整个养生期间应始终保持基层表面湿润。

(4)半刚性基层(底基层)养生期不应少于7d。

(5)在养生期间应采取硬隔离措施封闭交通,严格禁止施工车辆通行。

(6)养护完成的半刚性基层(底基层)上禁止一切超载车辆通行,同时应采取措施避免车辆集中快速行使,以保护基层(底基层)骨料不受破坏。

三、质量管理及检查验收

(1)试验室对各种原材料进行抽样、送检试验(按规范标准),现场施工要及时,认真、准确、完整地做好原始施工记录,质检人员要按部颁标准对各工序进行检查。

(2)水稳碎石基层水泥剂量的测定用料应在拌和楼拌和后取样,并立即(一般规定小于10min)送到工地试验室进行滴定试验。

(3)水泥(二灰)用量每天应进行总量控制检测。记录每天的实际水泥(二灰)用量、碎石用量和实际工程量,对比计算水泥(二灰)剂量的一致性。

(4)半刚性基层(底基层)的质量应满足规范及设计文件要求。要注重对基层表面裂缝的检查,掌握裂缝的位置、数量和长度,并按要求进行处理。

第二节 沥青混凝土路面专项施工方案

一、准备工作

1. 材料

1）粗集料

粗集料选择与试验应符合《公路沥青路面施工技术规范》（JTG F40—2004）表4.8.2的要求。应采用石质坚硬、清洁、不含风化颗粒的碎石，粒径大于2.36mm，宜采用玄武岩等黏附性较好的集料。集料质量应从源头抓起，对不合格的集料不得装车、装船，对进场粗集料每5 000t检验一次。

（1）粗集料应由具有生产许可证的采石场生产或项目部自行加工。

（2）粗集料应洁净、干燥、表面粗糙，质量应符合沥青混合料用粗集料质量技术要求。

（3）粗集料均需经过反击式破碎机的二次加工。

（4）作路面抗滑表层的粗集料的磨光值应大于等于42。

（5）粗集料在使用前均应按粗集料质量要求进行抽检，不符合要求时不得使用，并报试验监理工程师鉴认，保留记录。

高速公路、一级公路上面层用粗集料质量技术要求见表2-10。

高速公路、一级公路上面层用粗集料质量技术要求 表2-10

指标		单位	技术要求		试验方法
压碎值	≤	%	常温	高温	T 0316
			26	28	
洛杉矶磨耗率	≤	%	28		T 0317
表观相对密度	≥	—	2.60		T 0304
吸水率	≤	%	2.0		T 0304
对沥青的黏附性	≥	级	5（潮湿区）		T 0616 T 0663
坚固性	≤	%	12		T 0314
细长扁平颗粒含量（混合料）	≤	%	15		T 0312
其中粒径大于9.5mm	≤		12		
其中粒径小于9.5mm	≤		18		
水洗法 <0.075mm	≤	%	1.0		T 0310
软石含量	≤	%	3		T 0320
磨光值	≥	BPN	42（潮湿区）		T 0321

2）细集料

细集料选择与试验应符合《公路沥青路面施工技术规范》（JTG F40—2004）表 4.9.2 的要求。

（1）细集料可采用天然砂、机制砂及石屑，细集料必须由具有生产许可证的采石场、采砂场生产。

（2）细集料应洁净、干燥、无风化、无杂质，其质量应符合规范要求。

（3）细集料在使用前均应按其质量要求进行抽检，不符合要求时不得使用，并报试验监理工程师鉴认，保留记录。采用坚硬、洁净、干燥、无风化、无杂质并有适当级配的人工轧制的玄武岩、辉绿岩、闪长岩或石灰岩细集料，且不得含有泥土杂物，不能采用山场的下脚料。对进场的细集料每 200t 检验一次。

细集料质量技术要求见表 2-11。

上面层用细集质量技术要求　　表 2-11

指　　标		单　　位	技术要求	试验方法
表观相对密度	≥	—	2.50	T 0328
坚固性（大于 0.3mm 部分）	≤	%	12	T 0340
含泥量		%	3	T 0333
砂当量	≥	%	60	T 0334
亚甲蓝值	≤	g/kg	25	T 0346
棱角性（流动时间）	≥	s	30	T 0345

3）填料

宜采用石灰岩碱性石料经磨细得到的填料。填料必须干燥清洁，拌和楼回收粉料均全部弃掉，以确保沥青上面层的质量。每 100t 矿粉均要按规范进行一次视密度、含水率、粒度范围、外观，亲水系数等项目的检验，不符合要求时不得使用。

填料质量技术要求见表 2-12。

填料质量技术要求　　表 2-12

指　　标		单　　位	技术要求
表观密度	≥	t/m^3	2.5
含水率	≤	%	1.0
粒度范围	<0.6mm	%	100
	<0.15mm	%	90 ~ 100
	<0.075mm	%	75 ~ 100
外观		—	无团粒结块
亲水系数		—	<1
塑性指数		—	<4
加热安定性		—	实测记录

4)抗剥落剂

应选用有较强抗老化性能、耐热、耐水、长期性能好,与沥青配伍性能良好,符合环保性能的产品,用量为沥青质量的0.4%。若以消石灰粉代替填料,消石灰粉宜采用干法生产,用量不宜超过50%填料用量,消石灰粉的有效钙镁含量应控制在70%以上。

5)稳定剂

采用优良的原生木材生产的絮状木质素纤维,掺加比例为沥青混合料总量的0.3%~0.4%。絮状木质素纤维技术指标应满足表2-13的要求。

木质素纤维技术指标　　表2-13

试验项目	质量要求
筛分析: 方法A:冲气筛分析,纤维长度(mm) 通过0.15mm筛(%) 方法B:普通筛分析,纤维长度(mm) 通过0.85mm筛(%) 通过0.425mm筛(%) 通过0.106mm筛(%)	 <6 70±10 <6 85±10 65±10 30±10
灰分含量(%)	18±5,无挥发物
pH值	7.5±1.0
吸油率　≥	纤维质量的5倍
含水率　≤	5(以质量计)

2.施工设备

路面项目应配备齐全的施工机械和配件,做好开工前的保养、调试和试机,并尽量避免在施工期间发生有碍施工进度和质量的故障。沥青面层应采用单幅全宽机械化连续摊铺作业,对于单幅双车道面层,应实施两摊铺机梯队作业,以确保铺面的质量。

(1)应采用间歇式沥青混合料拌和楼,全部生产过程由计算机自动控制,并有打印装置。拌和楼应配备良好的二级除尘装置(施工SMA路面时须有木质纤维素添加装置)。

(2)满足合同要求的沥青混合料摊铺机2台。

(3)中上面层施工时,应配备非接触式平衡梁装置两套(4只)。

(4)压路机:25t以上轮胎压路机2台,8~13.5t双钢轮压路机4台,另配小型手扶振动压路机1台。

(5)载质量15t以上的自卸汽车不少于20辆。

3.检测仪器

必须配备性能良好、精度符合规定的质量检测仪器,并配备足够的易损部件。

面层工地试验室主要检测仪器配备标准见表2-14。

开工前要求加强对拌和楼、检测仪器等设备的校验和标定工作,确保拌和及检测数据真实可靠。施工过程中应加强对拌和楼、检测仪器等设备的检修、维护,以便能及时发现设备出现的问题。对拌和楼筛网等配件应经常检查,发现堵塞和破损现象应及时进行清理和更换,以便更好地控制配合比。

面层工地试验室主要检测仪器 表 2-14

检测室	仪器设备名称	数量	仪器规格		
			测量范围	分度值	准确度
集料室	电子天平	2 台	0 ~ 5kg	0.1g	0.1g
	标准筛	1 套	—	—	—
	烘箱	2 台	300℃	1℃	1℃
	游标卡尺	1 把	0 ~ 150mm	—	—
	三或四片叶轮搅拌器	1 台	转速可调最高达(600 ± 60) r/min,直径(75 ± 10) mm,定时精度 1s		
	压碎值试验仪	1 台	—	—	—
	台秤	1 台	50kg	—	—
	浸水天平	1 台	0 ~ 3kg	0.1g	0.1g
	灌砂仪	2 套	灌砂筒直径≥15cm		
	电子台秤	2 台	0 ~ 30kg	—	5g
沥青混合料室	沥青混合料电动搅拌机	1 台	容积大于 10L,控温精度 2℃		
	电子天平	2 台	5kg	0.1g	0.1g
	浸水天平	1 台	0 ~ 3kg	0.1g	0.1g
	数显恒温水浴箱	1 台	10 ~ 100℃	1℃	—
	真空理论密度仪	1 台	能达 4kPa 负压		
	马歇尔稳定度仪	1 台	最大荷载不下于 25kN,准确度 100N,加载速率能保持(50 ± 5) mm/min,自动绘制荷载—位移曲线,建议采用进口的自动马歇尔稳定度测定仪		
	脱模器	1 台	—	—	—
	马歇尔击实仪	1 台	自动计数准确,击实功准确、稳定,仪器性能稳定(建议采用进口设备)		
	烘箱	2 台	300℃	1℃	1℃
	抽提仪	1 台	矿料与沥青分离充分,抽提液中的矿分分离干净,建议采用进口回流式沥青混合料抽提仪(或燃烧法沥青含量测定仪)		
	旋转压实仪(适用于 Superpave 结构)	1 台	进口		
沥青室	沥青针入度	1 台	0 ~ 10mm	0.1mm	0.1mm
	沥青软化点	1 台	全自动红外线采集数据,控温精度 0.5℃,建议采用进口的软化点仪		
	沥青低温延伸度仪	1 台	膨胀	0.1cm	—
	冰柜	1 台	—	—	—
	低温恒温槽	1	容量 > 10L	—	0.1℃
	精密温度计	2 支	0 ~ 50℃	—	0.1℃

续上表

检测室	仪器设备名称	数量	仪器规格		
			测量范围	分度值	准确度
现场检测室	路面渗水仪	1台	新型,配压重块		
	平整度仪	1台	连续式平整度仪或颠簸累积仪		
	摆式摩擦系数测定仪	1台	—	—	—
	取芯机	1台	功率不小于4kW		
	构造深度仪	1台	—	—	—

4. 沥青混合料配合比设计

1)配合比设计组成

(1)热拌沥青混凝土下面层配合比设计由马歇尔试验设计、浸水马歇尔试验残留稳定度检验等组成。

(2)热拌沥青混凝土中上面层配合比设计由马歇尔试验设计、浸水马歇尔残留稳定度与冻融劈裂水稳性检验、车辙试验抗车辙能力检验和小梁弯曲试验极限弯拉应变检验四部分组成。

(3)Superpave 沥青混合料配合比设计采用 Superpave 混合料设计方法设计,设计成果用马歇尔试验方法进行试验和设计检验。

(4)改性沥青混合料动稳定度不应小于 3 000 次/mm,小梁低温抗裂试验的弯曲破坏应变 >2 500με。

2)热拌沥青混凝土配合比设计

(1)目标配合比设计阶段(必须使用检验合格并与施工现场保持一致的原材料)

①确定混合料的设计级配范围:密级配沥青混合料按各自项目工程设计文件提供的设计级配范围选用(如没有设计级配范围,可以在规范规定的级配范围基础上,参照以前的施工经验予以确定,确定后的级配范围,上报监理同意后作为设计级配范围)。SMA 混合料的设计级配范围按《公路沥青路面施工技术规范》(JTG F40—2004)表 5.3.2-3 直接套用。

②矿料配合比设计:从施工现场分别取各类矿料进行筛分,求得各档规格料的级配。在工程设计级配范围内用计算机或图解计算各矿料的用量,求得 3 组粗细不同的配合比,绘制设计级配曲线,3 条曲线分别位于工程设计级配范围的上方、中间及下方,确定各矿料的组成比例。设计合成级配应接近一条顺滑的曲线,不得有太多的锯齿形交错,且在 0.3 ~ 0.6mm 范围内不出现"驼峰"。

③矿料级配选定:根据实践经验选择适宜的沥青用量,分别制作 3 条级配曲线的马歇尔试件,测定 VMA,经过比较,初选一条满足或接近设计要求的级配作为设计级配。

④马歇尔试验:利用初选的级配,以预估的沥青用量为中值,按一定的间隔取 5 个或 5 个以上的不同沥青用量分别成型马歇尔试件,按马歇尔设计方法计算体积指标(其中道路石油沥青混合料的最大理论相对密度采用真空法测得,改性沥青混合料的最大理论相对密度采用计算法求得),进行马歇尔试验测定马歇尔稳定度及流值。

⑤确定最佳沥青用量:根据混合料的毛体积密度、空隙率、VMA、VFA、稳定度、流值与沥青用量的关系,分别绘图求得 OAC1 和 OAC2,最后确定最佳沥青用量 OAC。

⑥计算有效沥青用量和检验最佳沥青用量时的粉胶比和有效沥青膜厚度。

⑦配合比的设计检验：按确定的矿料级配和最佳沥青用量成型试件，测定马歇尔试验指标、浸水马歇尔残留稳定度指标。对中上面层混合料还需成型试件检测冻融劈裂残留强度比、车辙试验动稳定度、低温弯曲破坏应变和试件渗水系数。SMA 混合料还必须进行谢伦堡析漏试验和肯特堡飞散试验。

⑧配合比设计报告：根据设计成果单独整理形成报告，报告应由两部分组成：第一部分为工程设计级配范围选择、材料品种选择的文字说明与原材料试验结果总结；混合料选定的级配、最佳沥青用量以及马歇尔试验成果、配合比设计检验结果等配合比设计成果。第二部分为原材料、混合料的相关试验资料附件。

(2)生产配合比设计阶段

①密级配沥青混合料

a. 冷料流量试验：分别对各档规格冷料输送带不同转速、下料口不同开口程度的流量进行测定，将目标配合比选定的冷料级配比例转换为冷料输送带进料速度、下料口开口程度的参数，供拌和楼操作使用。

b. 确定各种热料仓矿料和矿粉的用量。必须从二次筛分后进入各热料仓的矿料取样进行筛分，根据筛分结果，通过计算，确定各热料仓的供料比例，使矿质混合料的级配接近目标配合比确定的级配(波动范围按规范规定的施工允许波动范围控制)，供拌和楼控制室使用。

c. 确定最佳油石比。取目标配合比设计的最佳油石比 OAC 和 OAC ±0.3%，以及生产配合比级配的矿质混合料，用试验室的小型拌和楼拌制沥青混合料进行马歇尔试验，综合确定生产配合比的，由此确定的最佳沥青用量与目标配合比设计的结果相差不宜相差 ±0.2%。

②SMA 混合料

a. 冷料流量试验：分别对各档规格冷料输送带不同转速、下料口不同开口程度的流量进行测定，将目标配合比选定的冷料级配比例转换为冷料输送带进料速度、下料口开口程度的参数，供拌和楼操作使用。

b. 确定各种热料仓矿料和矿粉的用量。必须从二次筛分后进入各热料仓的矿料取样进行筛分，根据筛分结果，通过计算，确定各热料仓的供料比例，使矿质混合料的级配接近目标配合比确定的级配(波动范围按规范规定的施工允许波动范围控制，并特别注意使 0.075mm、4.75mm和 9.5mm 的筛孔通过量控制接近目标配合比设计级配)，供拌和楼控制室使用。

c. 确定最佳油石比。取目标配合比设计的最佳油石比 OAC 和 OAC ±0.3% 三个油石比，取以上计算的矿质混合料，用试验室的小型拌和楼拌制沥青混合料，制备马歇尔试件，计算试件的 VMA、VCA_{mix}、VV 和 VFA，按目标配合比设计方法，选定适宜的最佳油石比。

(3)生产配合比验证阶段

用生产配合比进行试拌，沥青混合料的技术指标合格后铺筑试验段。取试铺用的沥青混合料检验混合料的沥青用量、矿料级配、马歇尔或旋转压实试验；试铺现场成型混合料进行空隙率、压实度等检验。由此确定正常生产用的标准配合比。对确定的标准配合比宜再次进行水稳定性和车辙动稳定度(适用时)检验。

本阶段完成后，编写配合比设计报告：配合比设计报告由必要的文字说明、目标配合比设计成果、生产配合比设计成果、试拌试铺检验结果和试验资料附件组成，单独成册。

5. 拌和场地的选择与设置

1）拌和场的选择

（1）拌和场地的面积应与施工规模相适应，场地不宜太小。

（2）拌和场地应远离居民区，其位置的选择应符合国家有关环境保护、消防、安全等规定。

（3）拌和厂应设置在空旷、干燥、运输条件良好的地方，场地要预先用宕渣处理平整。

（4）拌和场地应有良好的排水设施，并能有防洪、防台的天然屏障或有利条件。

2）拌和场地的设置

（1）拌和搂的设置应综合考虑，一方面要节约土地，另一方面要有利于施工及交通。

（2）拌和厂应配备试验室，并配置足够的仪器设备。

（3）拌和厂应有可靠的电力供应，条件允许时，可配一个大型发电机，以防万一。

（4）沥青应分品种、分标号密闭储存，各种矿料应分别堆放，矿粉、石灰等填料不得受潮，石屑、黄砂应进仓或用油布覆盖。

二、热拌沥青混合料路面的施工

1. 下承层的检查

（1）热拌沥青混合料路面在摊铺以前，一定要对其下承层的各项实测指标进行严格检查。尤其对其平整度、高程、弯沉值等的检查。

（2）下承层平整度的好与坏，直接影响沥青路面厚度的均匀性，也是影响施工成本的主要因素之一。在沥青路面施工前，要验收下承层的平整度，其应在允许偏差之内；否则，应考虑沥青下面层的摊铺厚度及计量方法（计量以实际发生计量），然后才可进行下一步的工作。

（3）下承层的高程检测，是下一步施工工作的主要依据，也是施工用料的控制点。在高程检测时，要对下承层按整桩横断面上不少于六点的频率检测，如图 2-1 所示。在检测中，要注意是否有路拱的存在，即 A、B、C 和 D、E、F 是否位于同一条直线上。如有路拱的存在，应满足设计要求，若超出规范要求，则要对下承层进行修整，直至满足要求；或在摊铺沥青下面层时，以不等厚度摊铺，并且计量时要监理工程师考虑沥青混合料多消耗的部分。

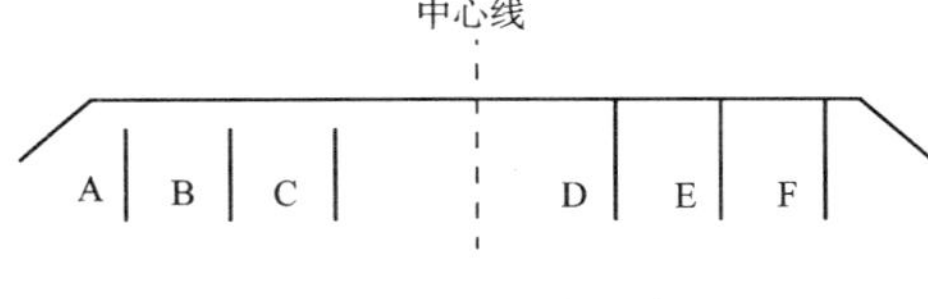

图 2-1　下承层高程检测

（4）沥青路面的破坏大部分是由于下承层强度不足而引起的，因此在下承层交接时对下承层松散、强度不足部分必须无条件修整、补强甚至返工，以免留下质量隐患。

（5）其他压实度、宽度、厚度、横坡等也应按规范要求进行检查，并且保留监理工程师签认的原始记录。

2. 下封层的施工

（1）在做下封层前，必须用空压机把下承层（基层）的表层灰尘和杂物等清除干净。

（2）按材料试验指导书的要求进行石料、沥青、乳化沥青的检验，符合要求后，方可进行下一道工序作业。

（3）对道路人工构造物及各种管、井盖座、侧平石、路缘石及人行道路面等，除与沥青接触面需洒油外，其余部分施工时应加以遮盖，防止污染。

（4）采用单层式沥青表面处理作为下封层，首先洒布 0.9～1.0kg/m^2 的乳化沥青，紧接着

(乳液未破乳之前即进行)洒布5～8m^3/1 000m^2 规格为S14小碎石,压路机静压3～4遍,要求如下。

①乳化沥青中沥青含量不小于50%。

②洒布小碎石时,集料应覆盖路面,厚度应一致,集料不应重叠,也不应露出沥青。

③乳化沥青应用乳化沥青车洒布,乳化沥青洒布应均匀,不得有空白、缺边以及沥青积聚;否则,应修补或采用其他办法处理。

④压路机应选用6～8t的双钢轮光轮压路机,应从路边向路中心碾压,碾压时应重叠轮迹30cm,速度不应超过2km/h,而且应静压。

(5)在施工结束,乳化沥青破乳,水分蒸发并基本成型后,方可通车。

①通车时要限制车速不超过20km/h,通行的车辆应在路面全宽度内均匀行驶。

②下封层施工结束后,严禁畜力车及铁链车行驶。

(6)初期养护:当发现有泛油时,应在泛油处均匀补撒小碎石,如有其他地方出现被黏起、空白等情况时,应及时按原来的方法进行修补。

(7)当天施工情况,包括石料用量、乳液用量等要记录在册,及时填写质检报告单。

3.施工前的放样

(1)在沥青路面摊铺前,要对下承层中线进行复测工作。

(2)在施工放样时,全线都要采取仪器(全站仪或经纬仪)进行中桩、边桩放样。

(3)在放样时,要保证路面线形的美观,要把沥青路面的中线平面偏位控制在允许误差之内。

4.混合料的拌和

(1)拌和楼冷料仓的料斗隔板应加高,避免不同规格集料发生串料现象;装载机从底部垂直装料,装料应尽量均匀,以确保生产配合比的准确性。混合料的拌制采用间歇式拌和机拌制。

(2)间歇式拌和机配置自动记录设备,采用电脑控制,按输入的生产配合比,通过冷料仓初步计量后,进入加热滚筒进行加热,自动控制其加热温度,并在拌和过程中逐盘打印沥青及各种混合料的用量和拌和温度。

(3)沥青采用导热油炉加热。加热过程中严格控制加热温度,一般控制在155～165℃。集料的加热温度应控制在165～175℃。

(4)沥青混合料的拌和时间应经试拌确定。间歇式拌和楼每盘的生产周期,普通沥青混合料不宜少于45s(其中干拌时间不少于5s),改性沥青混合料的拌和时间不宜少于60s(其中干拌不少于10s)。沥青混合料拌和应调整沥青、矿料添加的延迟时间,确保沥青先与集料接触,添加沥青中途才开始添加矿粉,使所有集料颗粒全部裹覆沥青结合料,并确保沥青混合料的拌和均匀。

(5)拌和机的筛网尺寸及筛孔应根据混合料级配要求选用,并应与反击式破碎机的筛网尺寸相对应。

(6)拌和出来的混合料应均匀一致、无花白料、无结团成块或严重的粗细料分离现象。拌和出来的混合料温度应控制在145～165℃,当超过195℃时,混合料应予废弃。

(7)拌和好的混合料不立即铺筑时,可放入成品仓中储存。如放在运输车上或储料仓中无保温设备时，允许的储料时间应符合摊铺温度要求，有保温设备的储料仓储料时间，普通沥青不宜超过72h（改性沥青不宜超过24h）。

（8）拌和楼控制室要逐盘打印沥青及各种矿料的用量和拌和温度，并定期对拌和楼的计量和测温进行校核（沥青计量设备的标定每月不少于两次）；出厂的混合料要逐车用地磅称重，并逐车检测其温度。如温度过高或过低，超出上述要求应予以废弃。

5. 混合料的运输

（1）混合料的运输应采用大吨位载质量（不得小于15t）的自卸汽车。

①在运输前要检查各辆汽车的制动性能，保证自卸车在运输中性能良好。

②在运输时，为防止沥青混合料与车厢板黏结可在车厢侧板和底板涂一层油水（柴油与水的比例为1:3）混合液，并不得有余液积聚在车厢底部。

③车厢应清扫干净，不得有积水。应特别注意的是雨后施工，在装混合料前，运料车驾驶员应把车厢顶起来，消除车厢内的积水现象。

④每一辆自卸车，都应具有大小适宜的覆盖篷布，以起到保温、防雨、防污染的作用。

⑤自卸车的数量应根据运距、拌和能力、摊铺能力及速度确定。

要尽量避免停机待料情况。一般情况下，摊铺机前的运料车不少于5辆，运料车数量应满足沥青拌和楼拌和能力的要求。

（2）在从储料仓向运料车装料时，应多次挪动汽车位置，以防止混合料产生粗细料离析现象，同时应特别注意防止混合料掉在地上。

（3）在摊铺机前应配备一名熟练的工人来指挥自卸车的卸料，自卸车不得有撞击摊铺机的情况，在卸料中自卸车要挂空挡，靠摊铺机推动前进，防止混合料倒在摊铺机前头。

（4）自卸车运输过程中要特别注意行车安全。

6. 混合料的摊铺

（1）在沥青混合料摊铺以前，要保证下承层平整、干净、密实，并按规定洒布透层、黏层或下封层。

（2）混合料的摊铺均采用机械摊铺。在正式施工之前，要检查摊铺机械的性能，并在一定空旷位置试铺一段，从而掌握摊铺机、压路机械的使用状态。

（3）使用的摊铺机应具有符合《公路沥青路面施工技术规范》（JTG F40—2004）中对摊铺机的要求，并且在具体施工中要注意：

①低温天气施工，熨平板的加热温度一定要达到要求，即不得低于低温天气摊铺的最低温度110℃。

②摊铺机起步加热时，要留足够的预拱度，摊铺粗粒式（7～9cm）沥青混凝土时，预拱度的高度约1.5cm（与摊铺机的宽度有关）；摊铺中粒式沥青混凝土（4～5cm）时，预拱度的高度为1.0cm。

③摊铺机的振动频率及使用状态在摊铺同一规格混合料时要一致。

（4）在摊铺过程中，摊铺机的螺旋送料器应不停顿地转动，两侧应保持有不少于送料器高度2/3的混合料。

①摊铺机在摊铺下面层时，要用两侧拉钢丝找平的方法来控制摊铺厚度，即为下承层的高程与下面层设计高程的差值乘以松铺系数可求得。

②在摊铺下面层两侧拉钢丝时，在已拉好的两侧钢丝确定的同一横断面上，要全部用延线拉过，并检查路面中间点的厚度，使其厚度不得小于下面层厚度的代表值×松铺系数，如果低于这个数值，则缓慢抬高两侧钢丝绳的位置，从而保证厚度。

③在摊铺过程中，时刻检查钢丝绳的情况，要保证钢丝绳在摊铺中始终处于拉紧，并不得有脱落的现象。

④在摊铺机走钢丝的过程中，不要随意调整钢丝绳的高度，即使要调整也要在一定范围内缓慢调整，不得使下面层高程在某一点上有大幅度变化，从而影响平整度。

(5)在摊铺中面层时，如果下面层在摊铺过程中，高程没有很大变化，即完全按着实测厚度摊铺，那么，中面层的摊铺可采用浮动基准梁进行摊铺。

在摊铺之前，要检测下面层接缝处的平整度，如果平整度值在允许误差内，可全部进行浮动基准梁摊铺；反之，则在接缝处拉钢丝找平。

(6)在摊铺上面层时，全线采用浮动基准梁进行摊铺，在接缝处必要时也要拉钢丝找平。

(7)不论上、中、下面层，在摊铺机起步时，都要拉钢丝找平。

(8)在摊铺过程中，遇到桥梁构造物等，也要在桥头拉钢丝。

(9)在摊铺完每一个施工段以后，技术员要紧跟其后进行检测。在检测中对其平整度、高程、横坡度等要进行记录，不合格处要进行修整。

(10)在摊铺过程中，根据天气等外界因素的实际情况，依据《公路沥青路面施工技术规范》(JTG F40—2004)中表5.2.2-2的温度，确定摊铺温度、碾压温度。

在低温天气里施工，一定要做好熨平板加热、运料车保温、压路机及时碾压等工作。

(11)在采用浮动基准梁摊铺中，要有一名技术员在摊铺机后面，不断地用插尺测摊铺厚度，以便根据情况来调整摊铺厚度。

(12)混合料松铺系数的测定要根据《公路沥青路面施工技术规范》(JTG F40—2004)的要求确定。

在松铺系数确定时，技术员也要每天掌握混合料及摊铺机械、压路机具的情况，如有变动，马上进行调整，从而保证路面厚度。

(13)技术员在每天的施工段完成以后，要根据统计用料、统计摊铺长度来反算厚度，从而更精确地掌握全线路面厚度。

(14)在摊铺过程中，尽量避免人工作业。在特殊情况下，要用人工修补的地方，一定要有技术人员来指导进行。

①在运料中要减少粗细集料的离析，采用铁锹扣料，不得扬料。

②在修平时，由熟练工人手拿刮尺慢慢刮平。

③在修补时，尽量减少工人在混合料上面的走动。

④要及时碾压，不要因温度过低出现粗细集料离析。

⑤在修整时，技术员要拿三米直尺不断量其平整度，以掌握修整尺度。

7.混合料的碾压

(1)沥青混合料的压实是保证沥青面层质量的重要环节，应选择合理的压路机组合方式及碾压工艺。高速公路铺筑双车道沥青路面的压路机数量应满足现场施工要求；为保证压实度和平整度，初压应在混合料不产生推移、开裂等情况下尽量在摊铺后较高温度下进行。改性沥青SMA混合料的初压、复压宜用钢轮振动压路机碾压，碾压应遵循紧跟、慢压、高频、低幅、少水的原则进行；混合料摊铺后必须紧跟着在尽可能高温状态下开始碾压，不得等候；不得在低温状态下反复碾压，防止磨掉石料棱角，压碎石料，破坏石料嵌挤；碾压温度应符合规范要求；必须有足够数量的压路机，初压和复压均不宜少于两台；碾压段的长度初压控制在20～30m，复压及终压为50～80m为宜。SMA混合料严禁使用轮胎式压路机进行碾压。

(2)压路机应以缓慢而均匀的速度碾压，压路机的适宜碾压速度随初压、复压、终压及压路机的类型而定，按规范要求选用。SMA混合料复压过程中，宜采用同类压路机并列成梯队压实，不宜采用首尾相接的纵列方式；采用振动压路机压实SMA混合料路面时，压路机轮迹的重叠宽度不应超过20cm；当采用静载压路机时，压路机的轮迹应重叠1/4～1/3碾压宽度；对松铺厚度、碾压顺序、碾压遍数、碾压速度及碾压温度应设专岗检查并记录；SMA混合料路面应严格控制碾压遍数，在压实度达到马歇尔密度的98%以上，或者路面现场空隙率不大于6%后，不再作过度碾压；如碾压过程中发现有马蹄脂上浮或石料压碎、棱角明显磨损等过碾压的现象，应停止碾压。

(3)为避免碾压时混合料推挤产生拥包，碾压时应将驱动轮朝向摊铺机，从外侧向中心碾压，在超高路段则由低向高碾压，在坡道上应将驱动轮从低处向高处碾压。碾压路线及方向不应突然改变；压路机启动、停止必须减速缓行，不准制动。压路机折回不应处在同一横断面上。

(4)在当天碾压、尚未冷却的沥青混凝土层面上，不得停放压路机或其他车辆，并防止矿料、油料和杂物散落在沥青层面上。

(5)要对初压、复压、终压段落设置明显标志，便于驾驶员辨认。对松铺厚度、碾压顺序、压路机组合、碾压遍数、碾压速度及碾压温度，路面施工单位和监理单位都须设专岗管理和检查，使面层做到既不漏压也不超压。

(6)应向压路机轮上喷洒或涂刷含有隔离剂的水溶液，推荐采用非石油基质的隔离剂或水，喷洒应呈雾状，数量以不黏轮为度。

8. 施工接缝的处理

(1)纵向施工缝。采用两台摊铺机成梯队联合摊铺方式的纵向接缝，应采用热接缝。在前部已摊铺混合料部分留下10～20cm宽暂不碾压，作为后铺路面高程的基准面，并有5～10cm的摊铺层重叠，以热接缝形式在最后作跨接缝碾压以消缝迹。如果两台摊铺机相隔距离较短，也可做一次碾压。上下层纵缝应错开15cm以上，且应尽量避开车道轮迹带。

(2)横向施工缝。全部采用平接缝，用三米直尺沿纵向位置，在摊铺段端部的直尺呈悬臂状，以摊铺层与直尺脱离接触处定出接缝位置，用锯缝机割齐后铲除；继续摊铺时，应将摊铺层锯切时留下的灰浆擦洗干净，涂上少量黏层沥青，摊铺机熨平板从接缝处起步摊铺，摊铺前熨平板应提前0.5～1h预热至不低于100℃，并将原压实部位进行预热甚至软化；碾压时用钢筒式压路机进行横向压实，从先铺路面上跨缝逐渐移向新铺面层，以每次20cm宽度为宜，直至全部在新铺面上为止。改为纵向碾压时，不要在横接缝上垂直碾压，以免引起新旧层错台。碾压完毕后要对平整度作专门测量，如不符合要求要及时处理，确保接缝平整。相邻两幅及上下层的横向接缝均宜错位1m以上。

(3)路面表面层横向施工缝应远离桥梁伸缩缝20m以上，不许设在伸缩缝处，以确保伸缩缝两边路面表面的平顺。

9.路面交通的开放

(1)刚刚摊铺过的路面,不得有车辆通行。当需要通车时应等混合料表面低于50℃后方可开放交通。

(2)对已摊铺完的路面,要防止柴油、机油等油类的污染。

三、质量管理与验收

(1)原材料的质量检查,包括改性沥青、粗集料、细集料、填料、纤维稳定剂等。

(2)混合料的质量检查,包括油石比、集料级配、稳定度、流值、空隙率,混合料出厂温度、运到现场温度、摊铺温度、初压温度、碾压终了温度,混合料拌和均匀性。

(3)上面层质量检查,包括厚度、平整度、宽度、横坡度、压实度、偏位,摊铺的均匀性;同时还应进行构造深度和摆式摩擦系数的跟踪检测。

(4)渗水系数合格率宜不少于90%,当合格率小于90%时,应加倍频率检测;如检测结果仍小于90%时,应分析原因,并采取相应措施进行处理。

(5)试验检测工作:

①要保证实验数据的真实、可靠,试验方法的准确性,试验检测仪器必须定期进行标定,试件制作必须从施工现场直接取样。

②所有试验人员必须持证上岗,并通过省交通运输厅质量监督机构的路面试验检测培训。

(6)现场检测频率:

①沥青混合料施工温度量测,出厂温度每车应不少于1次,摊铺温度、碾压温度应随时检测。

②沥青混合料矿料级配的检测,每日应不少于2次。

③沥青混合料沥青用量检测,每日应不少于2次(抽提试验)。

④沥青混合料的马歇尔各项技术指标测试(包括稳定度、流值、空隙率),每日应不少于2次。

⑤沥青混合料碾压过程中应随时进行外观检查(混合料均匀无离析,无花白料、油团,碾压完成后无明显轮迹、推挤、裂缝、油包、油汀等)。

⑥路面平整度(最大间隙)应采用3m直尺随时对接缝处进行检测。

⑦路面压实度、厚度、平整度(标准差)、渗水系数应每层进行检测。中面层施工结束后,建议用探地雷达对中下面层总厚度进行检测,以利路面总厚度控制。

⑧路面面层抗滑构造深度、纵断面高程应及时检测。

(7)验收:

①热拌沥青混合料路面的验收要满足《公路工程质量检验评定标准》(JTG F80/1—2004)中各实测项目的标准。

②沥青路面施工应根据全面质量管理的要求,建立健全有效的质量保证体系,对施工各工序的质量进行检查评定,达到规定的质量标准,确保施工质量的稳定性。

③加强施工过程质量控制,实行动态质量管理,关键工序及重要部位宜拍摄照片或进行录像,作为实态记录及保存资料的一部分。

四、环境、职业安全

(1)沥青拌和场地要选择在远离居住区的地方,沥青主要为夏秋季施工,注意当地的风向。

(2)施工废水要经处理并检测合格后才能排出。

(3)工作人员进入工作场地应佩戴安全帽、口罩,施工现场应注意防暑工作。

(4)沥青拌和楼布袋要经常检查、更换,以控制拌和楼扬尘。

(5)技术人员应节约用纸,施工放样时油漆使用要控制,杜绝乱涂乱画现象,节约油漆使用。

(6)沥青施工现场要注意人体直接接触混合料,避免烫伤及减少沥青对人体的伤害。

(7)废料处理应按项目部管理方法实施。

(8)内场要经常洒水,减少铲车、料车行驶过程中产生的灰尘。

(9)施工时,噪声较大的机械避免在夜间施工;非施工的噪声都应尽力避免,并通过有效的管理和技术手段将噪声控制到最低限度。

(10)施工材料采用覆盖运输,以防洒漏、污染公路设施。

(11)自卸车辆倒车卸料时应有专人指挥,避免机械伤人事件发生。

(12)钢丝绳在使用前应检查,是否存在易断处。

第三节　集料自加工专项施工方案

一、准备工作

(1)开采场地的要求:开采料场的岩性须满足要求,岩石各项物理力学指标满足公路施工要求。

首先应对矿山的岩性进行勘测及辨别,该石料是否符合设计规定的类别和强度,石质应均匀,不易风化,无裂纹,石料强度及石料的其他技术指标均需满足规范及设计图纸的要求,植被较少,表面覆盖层及局部全风化层较薄或大部分为基岩出露,料场储量基本能满足工程需求。符合要求方可进行开采及使用。料场开采结束后,对料场进行整治,破碎带用混凝土进行覆盖封闭,边坡喷射素混凝土封闭。

(2)根据工程项目要求编制粗集料、细集料的需求计划。

(3)机械设备。常用设备有高风压露天潜孔钻车、挖机、自卸车、振动喂料机、反击式破碎机、整型机、吸尘器、振动筛网、发电机组、装载机等。

(4)料场布置。

①施工道路:由料场至加工场地修筑满足运输要求的施工道路,可直接由采料场用汽车运回破碎场地。

②弃渣场:覆盖层剥离料除部分用于施工道路的修筑外,多余废料按要求弃除。在采料场附近就近设置弃渣场,满足山皮、强风化石料的弃渣要求。

二、方案选定

(1)根据现场情况和集料加工要求设计料场布置图。

(2)风、水、电系统。

风:根据开采能力设置相应供风能力的空压机站,采用 DN150mm 钢管向施工现场附近供风,场内采用高压软管向钻机供风。

水:在料场附近高处设立临时水池,然后用塑料水管从临时水池取水送往各用水工作面。

电:从变压器下线接电源,架设供电线路向供风站和现场照明供电。

(3)场内排水:为保护开挖边坡免受雨水冲刷,在料场开采前,结合料场区周边地形情况和边坡治理,规划开采区域内外的临时截排水系统。开采之前,首先进行开挖区域外截排水系统的施工,在施工区及各施工平台设排水沟将雨水导出施工场地之外。施工过程中,尽量保持场地平整,下雨天气,局部积水及时用水泵排出,特别是保持破碎带附近不得有积水。

(4)爆破试验:根据所需各种石料的质量要求,结合现场实际地形、地质情况进行爆破试验。

①试验目的:

a. 确定合理的爆破参数,包括台阶高度、孔排距、底盘抵抗线、单耗药量等。

b. 确定合理的起爆网路。

c. 确定合理的装药结构。

d. 振动测试:测试爆破振动对周围建筑物和料场边坡的影响。

e. 宏观调查和安全评估。通过对爆破试验后的地形、地貌、边坡危岩、裂缝变化的调查进行爆破安全评估,以指导后续爆破作业。

②试验步骤:

a. 按经监理批准的爆破试验大纲及爆破设计施工。

b. 爆后进行爆堆形状和岩块外观分析。

c. 选择代表性区域采运需用量到筛分试验点进行筛分试验。

d. 确定最优爆破参数。

③钻孔爆破方案及参数初选:

根据所需各种石料的质量要求,结合现场实际地形、地质情况,拟采用深孔梯段松动爆破方案,非电毫秒雷管孔外微差起爆网路,电雷管激发,卷状或散装铵锑炸药。YQ100 型钻机和全液压钻机造孔。

在完成施工准备后(风、水、电系统),从施工便道进入施工现场。植被采用人工配合反铲进行清理;覆盖层(含无用层)剥离,采用人工配合手风钻、反铲进行剥除。渣料由反铲配自卸车运至弃料场。

首先利用手风钻或 YQ100 型钻钻孔,采用小规模爆破,修建施工平台。形成平台后,即可在平台进行深孔梯段爆破试验,梯段高度 10m,边坡以塌滑体滑移面为界,临近边坡采取缓冲孔减弱装药的松动爆破控制技术;然后根据爆破试验取得的符合集料加工要求的爆破参数,进行石料开采。

石料开采采取从上至下分层单侧推进的开挖方式,采取宽孔距、小抵抗线的布孔工艺,孔外微差起爆网路，以降低最大单响药量，减小爆破振动危害。根据石料质量要求和边坡安全评估，部分开采区域将实行单孔单响，以最大限度地降低爆破振动。

钻孔采用液压钻和YQ100型快速钻，孔径90mm，塑料导爆管毫秒微差非电雷管网路，电雷管引爆。

开采料用1.6m^3反铲，3.8m^3正铲挖掘机，配20t自卸汽车运至砂石加工地点或主坝填筑筑部位。用D85、D155推土机集渣并平整、清理工作面。

三、石料开采

1. 开采方法

料场开采按自上而下分层开采的方式，先剥离覆盖土后开采毛料，先揭顶后边帮的施工程序进行。爆破作业流程：爆破设计→测量放样→钻孔→验孔→装药、联网→爆破→出渣→效果分析。

(1)覆盖土剥离：全风化带主要采用推挖配合直接装运的凿裂法施工，强风化带以下采用钻孔爆破法施工。经试验后确定爆破参数。

(2)毛料开采：采用分梯段开采，梯段高度12m，每梯段爆破2万~3万m^3。根据料场岩石性质，分别用孔间微差爆破、多段顺序碰撞挤压爆破、宽孔距爆破V形起爆等施工方法，以控制毛料的块径，减少大块率。

2. 质量控制、安全防护措施及环保

(1)质量控制措施

建立健全的质量监督保证体系，并制订生产质量及试验检测制度，从料场开采、破碎、筛分各生产环节实行全面生产质量监督控制，按规定进行取样试验检测。各质检责任人职责分工明确，生产运行期间要求质检人员坚持每天进行一次取样试验检测，发现砂石料质量问题及时停产进行整改。

①爆破之前，必须将表面覆盖层彻底清理干净，并运至指定的堆渣料场。防止石料被污染。

②优化石料开采的爆破参数。料场开采通过爆破试验优选石料开采的爆破参数，开采的石料粒径满足坝体不同填筑部位对填筑料的要求，用于制备砂石料和碎石垫层料的开采石料粒径满足砂石生产系统粗碎车间的进料要求。

③严格作业工艺。按照经监理工程师批准的爆破设计方案进行布孔、装药、联网，实施爆破作业，钻孔开孔误差不能大于15cm，孔斜误差不能大于10cm，孔深误差不大于10cm，加强施工过程的质量检查。

④开采过程中若遇断层、破碎带或夹泥层等不良地质段，及时上报监理，并在监理、设计工程师的指导下调整爆破参数或专门爆破清除，作弃料处理，严禁将不合格料混入成品料中。

⑤对于超径大石，尽可能在石料场处理，用手风钻钻孔爆破解小。在装料时用反铲剔除。

⑥料种标识。对不同块径的石料利用爆破试验取得的爆破参数采取分区的方法开采，爆破后在各料区设置醒目的料种标识牌，挖装运输设备上挂标识牌，防止混料。

⑦按照相关设计及规范要求，定期进行筛分试验，并根据筛分结果调整爆破参数，确保石料级配满足设计要求。

(2)开采作业安全管理措施

①建立料场开采组织管理机构,制定严密的安全管理制度及制度落实办法,严格岗位责任制,责任到人。

②爆破作业严格遵守《爆破安全规程》,加强火工品的管理。

③合理规划爆破工作面和作业顺序,控制爆破规模。

④在料场开挖线外侧设置截排水沟,防止山坡流水冲刷开挖边坡。

⑤及时进行开挖边坡的支护。

⑥采取松动爆破技术,控制起爆方向,控制爆破飞石。成立专门的安全小组负责公路的安全警戒和个别飞石清理,确保公路的畅通。为防止钻爆作业时个别石块滚落,设计在开采区外围附近设置护栏,同时加强安全警戒管理,在公路上设置警戒哨,用对讲机与料场工作面联系。

⑦采用非电毫秒微差爆破网路,控制最大单响药量和爆破振动。边坡附近采取不装药的隔振孔工艺,孔深为10~12m,孔距为1.0~1.5m,孔径$d=90$mm,隔振孔与主爆破同时实施钻孔。以减轻爆破对边坡的危害。

⑧在爆破开采之前,根据具体的开挖特性,结合生产,有针对性地进行爆破试验,并提交正式报告经审批后作为钻爆施工的指导性文件和依据。同时在施工过程中,根据岩体条件的变化,在监理及设计工程师的指导下,不断优化爆破参数,减轻爆破对保留岩体的影响,确保岩体的稳定和安全。

⑨边坡开挖前,详细调查边坡岩石的稳定性,包括设计开挖线外对施工有影响的坡面和岸坡等;对设计开挖线以内不安全的边坡进行处理和采取相应的防护措施,山坡上危石及不稳定岩体均应撬挖排除。爆破开采作业过程中在边坡适当位置设置位移观测计和爆破振动观测计,加强观测并做好记录,发现异常及时上报监理,以预防事故的发生。如开采施工过程中发现不稳定边坡,在监理工程师的指导下应先作稳定处理,然后继续开采。

⑩雷雨季节须采用非电起爆。

(3)机械作业安全管理

①结合实际情况制订周密的机械操作程序,严格要求操作手、驾驶员按程序操作,严禁违章和酒后操作机械设备。

②钻孔前,对机械进行全面检查,排除一切不利因素。加强设备的检修保养。

③夜间施工要有足够的照明。

④车辆限速行驶,道路旁设置醒目的安全警示标志。

⑤冬季施工,车辆注意防滑,必要时,安装防滑链。

四、集料加工

宜采用反击式破碎机轧制的碎石,粗集料应采用石质坚硬、清洁、不含风化颗粒、近立方体颗粒的块石。

1.石料的生产工艺

(1)块石先经过PE600×900(90机1台)破碎。

(2)由输送带输送到反击式破碎机(PF1214型1台)二次破碎。

(3)再由输送带输送到整型机(VI5000型1台)整型。

(4)整好型之后,由输送带输送到振动筛网上,由不同规格的筛网进行筛分(筛网的规格由购货商提供),再由不同规格筛网下的皮带将成品料输送到各个成品料仓(成品料仓需设立隔墙,地面需硬化处理)。

(5)对超出最大规格筛网上的石料由输送带输入到整型机里再次整型,然后同重复步骤(4)。

(6)反击式破碎机下料口、整型机下料口、振动筛下料口处均接有钢管道直接通于吸尘机器里,这三处的粉尘均经过钢管道直接吸入到吸尘器里,然后由吸尘器将粉尘排出。排出的粉尘直接进行报废处理。

(7)成品料达到一定数量后,用装载机装入料车,再由料车运送到料场。

2. 集料堆放和质量管理

(1)项目经理部要采取有效措施,按原材料质量管理程序进行检验。不合格材料不得进入料场。

(2)不同规格砂石材料要严格分档、隔离堆放,严禁混堆。各档材料间应设置高于2m的硬分隔墙,2m以上部分可采用软隔离;分隔墙顶面高度应高于料堆坡脚至少50cm以上,料堆形状为梯形。砂石材料堆放时应防止离析。

(3)基层4.75mm及以下集料须设雨棚或覆盖防雨油布。面层4.75mm及以下集料必须设防雨棚,防雨棚仓储面积至少大于2 000m^2并满足实际施工需要;面层4.75mm以上集料宜覆盖防雨油布。

第三章　桥梁工程专项施工方案

第一节　下部结构专项施工方案

一、钻孔灌注桩施工方法

1. 准备工作

工作内容包括搭建钻机平台、制作和埋设护筒、制备泥浆三个项目。

钻机平台的平面尺寸按桩基设计的平面尺寸、结合钻机底座平面尺寸、钻机移位要求、施工方法及其他机具设施布置等情况确定。钻机场地为陆地时，平整场地，清除杂物，夯打密实，防止钻机产生不均匀沉陷。场地为陡坡时，用枕木或木排架搭设坚固稳定的工作平台。在水中钻孔时，搭设水上工作平台，首先利用打桩船将临时钢管桩打入就位，然后搭设临时钻机工作平台，平台确保能支承钻孔机械、护筒加压、钻孔操作、吊放钢筋笼以及灌注水下混凝土时可能产生的重量，并有足够的刚度，保持稳定。

栈桥搭设，可根据实际情况采用木桩或者钢管等材料进行，栈桥设计需满足施工要求。

2. 制作和埋设护筒

护筒是钻孔灌注桩施工的重要环节之一，先固定桩位，安设导向钻头，隔离地面水并保证孔内水头高出施工水位一定高度，形成静水压力，以保证孔壁不致坍塌。在施工过程中往往由于护筒埋设不规范，发生坍孔、偏位等事故，造成不必要的损失。因此要将护筒的制作和埋设作为钻孔灌注桩施工中的重点项目来抓。

1）护筒的材料和制作

旱地及浅水钻孔桩一律采用钢护筒，深水钻孔桩采用钢筋混凝土护筒和钢护筒相结合。护筒内径比钻孔桩设计直径大20～40cm，每节护筒的高度，一般为1.5～3m，视具体情况确定。两节或多节护筒相接时，采用电焊加密水性材料连接，确保护筒有足够的刚度并不漏水。

2）导向架

根据合同段水文地质情况，护筒下沉长度在5m左右。为保证钻孔桩的施工精度不超出允许误差范围，首先要保证护筒的下沉精度。为此，护筒采用导向架导向下沉。

3）护筒的埋设

（1）陆上部分：

①先精确放样定准，设立保护桩后，用人工开挖。

②护筒就位，复核对中无误后，回填黏土并夯实。护筒顶面要求高出地面0.3m。

（2）水中部分：

①先精确放样，设立保护桩。

②护筒就位，对中无误后用振动锤把护筒压入隔土中不少于1m，并能保证在钻孔时，不会产生管涌，并保证水头在1.5m以上。

③下沉混凝土护筒过程中，护筒接长用预埋的角铁顺直焊接，企口缝埋设防水条。下沉后的护筒要进行平面位置和倾斜度复测，确定没有超出允许误差范围时，才能进行钻机就位，进行钻孔作业，护筒顶面高出河面水位2.0m，护筒顶部利用平台的定位桩予以固定。开钻前对护筒再一次复核，确保桩位正确。

3. 制备泥浆

泥浆具有排除钻渣、稳固孔壁和冷却钻具的作用。

制备泥浆的黏土，应选择水化快、造浆能力强、黏度大的膨润土，但尽量就地取材。经野外鉴定，具有下列特征的土，符合上述要求时，可作为制备泥浆的原料。

(1)自然风干后，用手不易掰开捏碎。

(2)干土破碎时，断面有坚硬的尖锐棱角。

(3)用刀切开时，切面光滑，颜色较深。

(4)水浸湿后有黏滑感，加水和成泥膏后，容易搓成直径1mm的细长条，用手揉捻，感觉砂粒不多。浸水后能大量膨胀。

(5)胶体率不低于95%。

(6)含砂率不大于4%。

(7)制浆能力不低于2.5L/kg。

泥浆的循环和净化系统，当在陆地施工时，可设置制浆池、储浆池、沉淀池，并用泥浆槽连接。外周挖一条环流沟，避免对周围环境的污染，一套循环系统，可供2～3座桥墩共用。

深水墩泥浆循环和净化，可配两艘驳船，轮流补充泥浆。用驳船作储浆池及沉淀池。储浆池和沉淀池应隔开。由于驳船的沉淀池容积有限，为加速泥浆净化，可用振动筛或旋流除渣器等清除钻渣，再配以两艘机动运输船将废弃的泥浆送至工程师指定的废弃点及适宜的地方。

4. 钻孔

根据现场及以往相同地质的施工经验，选择性能良好的JPS-1500钻机及JPS-2000钻机钻孔。

钻机就位前，应对钻孔前的各项准备工作进行检查，包括机具设备的检查和维修。根据地质资料，每墩绘制钻孔地质剖面图，挂在钻机台上，以便对每个钻孔的不同土层选用适当的钻头、调整钻进速度和合适的泥浆。钻机就位后，应认真调平对中，要求转盘中心同钻架上的起吊滑轮在同一铅垂线上。在钻进过程中要经常检查，如稍有倾斜或位移，应及时纠正，使成孔后的铅垂度不超过1/100。

在钻孔过程中要严格控制和保持孔内水头稳定，高出地下水位或施工水位2m以上，以增加0.2kg/cm^{2}以上的静水压力，保护孔壁稳固。这样，可以降低护壁泥浆液比重，减少泥浆消耗，并能提高钻孔进尺速度。根据试验资料和钻孔实践经验，正循环钻孔，泥浆液比重采用1.15，反循环钻孔，泥浆液比重采用1.1时，可以使钻孔桩施工获得满意的结果。

成孔注意事项：

(1)开钻时应低挡慢速，缓慢加快。

(2)在易塌方的地层，水头控制在1.8m以上，并适当加大泥浆比重，并经常检查孔内水位和泥浆比重。

(3)钻进过程中,起落钻头不宜过猛或骤然变速,防止撞孔,为保证成孔的垂直度,钻杆不能全部放松,任钻头自由转动,就始终保持20%～30%的拉力。

(4)淤泥质黏土、亚黏土及粉土采用不同的钻速、钻压和泥浆比重。

(5)钻孔过程中,应经常检查孔内有无异常情况,钻架有无倾斜,各部连接是否松动。

(6)钻孔完成之后,对孔径、孔深进行检查,孔底锅形部分不计入孔深。合格之后进行清孔。主要采用换浆法清孔,用新鲜的泥浆换除孔内含有沉渣的泥浆,以确保孔内沉淀小于容许范围,不允许以加深孔深的办法代替清孔。

5. 清孔

为保证钻孔桩质量和提高支承能力,在灌注桩体混凝土之前,对已钻成的桩孔必须进行清孔。

清孔工作要及时,当钻孔终孔后,应立即进行。在清孔过程中,仍要提高孔内水头,保持静水压力不变,保护孔壁稳固。

清孔采用两种方法:抽浆法和换浆法。当用反循环钻孔法终孔时,可采用抽浆法清孔;当用正循环钻孔法终孔时,可采用换浆法。但清孔后的泥浆性能指标及孔底沉淀物厚度应符合设计及规范要求。

6. 插放钢筋笼

清孔完毕,经测深、孔径和竖直度检查符合要求后,即进行插放钢筋笼。

钢筋笼的尺寸、制作、电焊质量严格按设计图纸和技术规范的要求执行。

钢筋笼在岸上集中分节预制,每节长度7～8m,设专人负责,确保钢筋骨架的几何尺寸和绑扎质量。为保证在运输过程中不变形,钢筋笼内用十字支撑加固。钢筋笼用汽车吊或钻机吊入孔内,在孔内焊接接长,并保持上下节在一条轴线上。钢筋笼下到设计高程后,用钢筋将其与护筒或平台连接牢固,防止钢筋笼发生掉笼或浮笼现象。

插放钢筋笼要认真对中,保证桩壁混凝土保护层的厚度及钢筋笼高程符合设计要求。

7. 灌注水下混凝土

水下混凝土的水灰比不大于0.5,每立方米混凝土水泥含量不小于350kg,坍落度取18～22cm。

钢筋笼插放完毕,经测深检查孔底沉淀物符合要求后,即进行水下混凝土灌注工作。

灌注水下混凝土采用直升导管法,隔水采用拔球法。导管在使用前要对其规格、质量和拼接构造进行闭水和承压试验。要求闭水试验时的压力应不小于灌注混凝土时导管壁可能承受的最大压力。经试验15min,管壁无变形,接头不漏水,检验合格,可供施工应用。

灌注混凝土时,在漏斗颈部设置一个隔水木球栓,下面垫一层塑料布,球栓由细钢丝绳拴住挂在横梁上,当混凝土在漏斗内储存满时,即把木球栓向上拔出,此时混凝土压着塑料布垫层与水隔绝,并挤走导管内的水,使漏斗内的混凝土顺利地通过导管并从导管底部流出,向四周和上面挤开,减少了混凝土与水的接触,以保证水下混凝土的质量。

导管插入钻孔内,下口离孔底约40cm,上口通过提升机挂在专设的型钢横梁上并与储存混凝土的漏斗连接,形成一条灌注水下混凝土的作业线。漏斗用钢制,漏斗加储料槽的大小应能满足在孔底将导管埋入混凝土大于1m高的容量。

混凝土的初存量按下式计算：

$$V = h_1 \frac{H\pi d^2}{4} + \frac{H_c \pi D^2}{4}$$

$$h_1 = \frac{H_w H \gamma_w}{\gamma_c}$$

式中：V——混凝土初存量，m^3；

h_1——初次混凝土灌注后导管内混凝土柱与导管外水压平衡所需高度，m；

H_w——孔内水面至初次混凝土灌注后混凝土面高度，m；

γ_w——孔内水或泥浆密度，t/m^3；

γ_c——混凝土拌和物密度，t/m^3；

H_c——钻孔桩初次灌注需要的混凝土面至孔底的高度，即导管初次埋深 h_2 加间距 h_3，h_2 至少为 1.0m，h_3 为 0.3～0.4m，当孔底有沉淀时，应将 h_3 值适当加大，m；

D——钻孔桩直径，m，有扩孔时，应按扩孔后的直径；

d——导管直径，m。

当混凝土数量备足后，及时剪球封底。灌注应连续进行，不得间断。

混凝土的运送采用混凝土输送车或输送泵送到桩位，进行水下混凝土的灌注时，必须连续进行，不得中途中断，导管接头不得漏水或进空气；提升导管时，不得摇动，要维持孔内静水状态，要保证导管底部埋入混凝土不少于2m，并不得进水。灌注完成后的钻孔桩桩顶应比设计高度至少高出50cm，以便截除桩头软弱层混凝土后，能保证截面处混凝土有良好的质量。浇筑过程中，孔内溢出的泥浆引流至泥浆池内，经处理再利用，废浆按要求运到废弃地点及适宜地方。

二、立柱的施工方案及方法

立柱施工紧跟钻机作业，做到完成一个墩的桩基，经检测合格后立即接着施工立柱，形成环环相扣的流水作业面。立柱模板采用钢模板，模板外侧用型钢加固，立柱施工的关键是控制高程、定位和断面尺寸，型钢加固则防止混凝土浇筑过程中模板变形。

（1）桩基施工完成并验收合格后，进行立柱中心放样，经复核无误后进行钢筋加工。

（2）立柱施工顺序：

施工准备→绑扎钢筋→立模→浇筑混凝土→养护。

①施工准备。

经过试验，对拟用于立柱施工的钢筋、水泥、黄砂、碎石进行检验，并经工程师的批准，积极采用混凝土外加剂，改善混凝土的和易性等。

②绑扎钢筋。

钢筋笼在钢筋场地内加工制作，先根据设计总长度分好段，为减少钢筋接头，最大分段长度取12m。钢筋笼分段成型时，按设计尺寸做好加劲圈，在主筋和加强筋上用石笔相互标出位置，平地上摆直主筋，扶正加强筋，并用直角板校正垂直度，点焊牢，转动骨架，依此法全部焊好后，架起主筋，套入螺旋筋，绑扎于主筋上，点焊牢，成型的钢筋笼挂牌编号待检。钢筋笼检验合格后，用平车运至立柱施工现场，利用汽车吊将其吊起。为保证钢筋笼不变形，使用两点吊装，吊直骨架后，缓慢放置立柱于桩基接头处，直到钢筋笼不在左右摆动为止并将其焊牢。高墩立柱则另加4条缆风绳将其纵横固定再对接下一节钢筋笼。钢筋严格按设计加工，相邻钢筋接头位置错开并符合规范要求。

③立模。

立柱模板由5mm厚钢板加工成型，用汽车吊起吊安装，钢筋与模板间用混凝土垫块固定以确保混凝土保护层厚度。混凝土垫块根据钢筋保护层厚度预制。用4条揽风绳将其纵横固定，用砂浆把模板底密封。

④混凝土浇筑。

a. 混凝土浇筑前，要检查模板接缝，模板连接螺栓及底脚楔子，模板支立必须牢固可靠。模板的连接螺栓必须全部连接到位，严禁擅自减少螺栓现象。

b. 混凝土拌和。

混凝土拌和在自动计量拌和站进行，水泥、砂石料、外加剂及拌和用水的各项性能指标均符合规范要求。在拌和过程中，注意混凝土的用水量，并严格控制水灰比，随时检查混凝土坍落度，若出现异常情况立即查明原因并予以纠正。

c. 混凝土运输。

混凝土拌和后采用混凝土输送车直接送到立柱的施工位置，用汽车吊或汽车泵将混凝土用料斗送入立柱模板内。

d. 混凝土浇筑。

浇筑混凝土用20～25cm直径的溜筒，挂至距孔底2m位置，中心布置，使混凝土在中心处自由下落，并一次浇筑完成，混凝土全部用振捣器分层振捣密实。在浇筑过程中，要随时检查模板加固情况，漏浆处及时堵塞。

e. 养护。

混凝土达到一定强度后进行拆模，拆模后立即检查成品混凝土的外观质量，发现问题及时处理，检验合格后用土工布或塑料薄膜包裹养护。夏季施工时，拆模后及时用土工布包住墩身并洒水养护；冬季施工时，模板尽量晚拆，拆除后用塑料薄膜包裹加以保温养护，必要时用小太阳灯烘烤，防止产生混凝土裂缝。

(3)质量控制。

立柱检查项目确保符合表3-1的要求。

立柱检查项目　　表3-1

项次	检查项目	规定值或容许偏差	检查方法
1	混凝土强度(MPa)	在合格标准内	按《公路工程质量检验评定标准》附录D检查
2	相邻间距(mm)	±20	尺量或全站仪测量(顶、中、底)3处
3	竖直度(mm)	0.3%H且不大于20	吊垂线或经纬仪，检查2点
4	柱(墩)顶面高程(mm)	±10	水准仪：测量3点
5	轴线偏位(mm)	10	全站仪或经纬仪：纵、横各检查2处
6	断面尺寸(mm)	±15	尺量：检查3个断面

三、盖梁的施工方案及方法

(1)立柱施工完成并验收合格后，进行盖梁中心放样。

(2)用双抱箍抱住立柱搭设盖梁施工平台,在平台上搭设盖梁的底模,再安装预制好的盖梁钢筋骨架,最后安装侧模并浇筑混凝土。施工过程中,管理人员必须严格把关,所有工序必须按照《公路桥涵施工技术规范》(JTG/T F50—2011)规定执行。

(3)盖梁施工顺序:

施工准备→立盖梁底模→绑扎钢筋→立盖梁侧模→浇筑混凝土→养护。

①施工准备。

经过试验,对拟用于盖梁施工的钢筋、水泥、黄砂、碎石进行检验,并经工程师的批准,积极采用混凝土外加剂,改善混凝土的和易性等。

②立盖梁底模。

盖梁施工平台搭设好后,开始立底模,底模由5mm厚钢板加工成型,用汽车吊起吊安装,并加强立模尺寸量测,控制好成型盖梁的尺寸与精度,使其满足设计及规范要求。

③绑扎钢筋。

钢筋严格按设计加工,在钢筋加工场对骨架片和箍筋半成品加工,用平车运至施工现场,用汽车吊起吊并在盖梁底模上安装成型。相邻钢筋接头位置错开并符合规范要求,钢筋与模板间用混凝土垫块固定以确保混凝土保护层厚度,混凝土垫块根据钢筋保护层厚度预制。特别是墩身插入盖梁部位的钢筋要格外重视。

④立盖梁侧模。

侧模由5mm厚钢板加工成型,用汽车吊起吊安装,并加强立模尺寸量测,控制好成形盖梁的尺寸与精度,使其满足设计及规范要求。

⑤混凝土浇筑。

a. 混凝土浇筑前,要检查模板接缝、拉杆螺栓、模板连接螺栓及底脚楔子,模板支立必须牢固可靠。

b. 混凝土拌和。

混凝土拌和在自动计量拌和站进行,水泥、砂石料、外加剂及拌和用水的各项性能指标均符合规范要求。在拌和过程中,注意混凝土的用水量,并严格控制水灰比,随时检查混凝土坍落度,若出现异常情况立即查明原因并予以纠正。

c. 混凝土运输。

混凝土拌和后采用混凝土输送车直接送到盖梁的施工位置,用汽车吊将混凝土用料斗送入盖梁模板内。

d. 混凝土灌注。

混凝土必须从盖梁的一端循序进展至另一端并分层浇筑。灌注时下料应均匀连续,不宜集中猛投而发生挤塞。混凝土灌注过程中,要随时检查模板加固情况,漏浆处及时堵塞。对钢筋密集部位注意加强振捣,防止漏振。

⑥养护。

混凝土达到一定强度后进行拆模,拆模后立即检查成品混凝土的外观质量,发现问题及时处理,检验合格后用土工布或塑料薄膜包裹养护。夏季施工时,拆模后及时用土工布包住墩身并洒水养护;冬季施工时,模板尽量晚拆,拆除后用塑料薄膜包裹加以保温养护,必要是用小太阳灯烘烤,防止产生混凝土裂缝。

(4)质量控制。

盖梁检查项目确保符合表3-2的要求。

盖梁检查项目　　表3-2

项次	检查项目		规定值容许偏差	检查方法
1	断面尺寸(mm)		±20	检查3个断面
2	轴线偏位(mm)		10	用经纬仪检查,纵、横向各2处
3	支座处顶面高程(mm)	简支梁	±10	用水准仪每支座测量1点
		连续梁	±5	
		双支座连续梁	±2	
4	支座位置(mm)		5	用尺量
5	预埋件位置(mm)		5	用尺量

四、安全施工保证措施

(1)建立严格的安全教育制度,坚持人员入场三级教育,坚持定期召开安全教育会议。

(2)加强对工程施工的安全管理工作,遵守标书、合同和政府有关安全生产的规章制度,严格安全生产合同,施工负责人对本单位的安全工作负责,要做到有针对性的详细安全交底,提出明确安全要求,并认真监督检查。对违反安全规定冒险蛮干的要勒令停工,严格执行安全一票否决制度。

(3)加强机械设备安全技术管理,机械设备的操作人员和起重指挥人员做到经过专门训练,并考试合格取得主管部门颁发的特殊工种操作证后方可独立操作。

(4)设备安全防护装置做到可靠有效,起重机械严格执行“十不吊”规定和安全操作规程。所有吊索具确保满足6倍以上安全系数,捆绑钢丝绳确保满足10倍以上安全系数。禁止在6级以上大风、暴雨、雷、电、大雾等恶劣天气下从事吊装作业。

(5)施工现场有健全的电气安全管理责任制度和严格的安全规程。电力线路和设备的选型需按国家标准限定安全载流量,所用电气设备的金属外壳具备良好的接地或接零保护,所有的临时电源和移动电具安装有效的漏电保护装置,做到经常对现场的电气线路、设备进行安全检查,检查电气绝缘、接零电阻和漏电保护器是否完好,指定专人定期测试。

(6)施工现场应设置安全警告牌,进入施工现场须戴好安全帽,上、下沟槽有扶梯,过沟槽设有扶栏的走道板。

(7)建立安全检查制度,项目部专职安全员负责对现场施工人员进行安全生产教育和对安全制度的学习,组织定期安全检查,发现问题及时整改,执行按季评比,增强全体职工安全意识和自我保护观念。

(8)吊机行走道路应夯实,确保吊机工作可靠,安全施工。

(9)针对本工程特点,施工外部和内部环境以及业主的有关要求,制订各工序具体的安全技术交底,并履行签字手续,下达作业计划的同时,下达安全防护要求。

(10)在施工区域和生活区域及道路上设置照明系统,保证夜间照明和生活用电。

(11)为了防止高空坠物伤人,在桥梁架桥机和门式支架支顶上部沿线设置安全网,上部边缘设置安全护栏。焊接期间,安全网顶铺垫石棉瓦,以防意外发生。

(12)现场施工的坑、洞、危险处,设防护设施和明显的警示标志,不任意移动。

(13)搭设施工脚手架、支撑要按照设计严格执行并加挂检查验收牌,对重要的承重型或支撑结构要经设计验算后确定。

(14)加强工地临时施工便道的保养工作,教育驾驶员遵守交通规则,文明驾驶,并加强车辆的维修保养工作。

(15)易燃易爆物品应远离现场和居住区,油库通过具体考察后决定其位置。施工区域内按照有关防火要求布置临时设施,配备足够数量的消防器材,并设立明显的防火标志。

(16)加强同气象部门的联系,注意气象预报,及时掌握气候变化情况,搞好预防措施,避免恶劣天气造成人员伤亡和财产损失。

五、环保、水保措施

环保和水保是为了保护和改善生活环境、生态环境,防止污染和其他公害,保障人体健康,促进生产,因此,必须把环保和水保工作纳入工作计划,建立环保、水保责任制度,采取有效的措施,防止生产建设过程中产生的废水、废渣、粉尘、噪声等对环境的污染和危害。

(1)钻孔桩施工中排污及弃渣处理,将采取如下措施:

将钻孔时的钻渣先用泥浆泵或直接排入泥浆池,泥浆池外围挖环流沟以免泥浆溢出,污染环境。泥浆池泥浆沉淀滤水后,装运至经监理工程师同意的地点弃置,水中施工的泥浆直接运至工程师同意的地点弃置。

(2)水泥和其他易飞扬的细颗粒散体材料必须封闭包扎并覆盖,不得沿途泄漏遗洒,卸运时采取有效的防止扬尘的措施。

(3)生产和生活中的废水和废物,经检查符合环保标准后弃置到工程师指定地点,检验不符合环保要求,送至垃圾场弃置。

(4)施工过程中燃油料的储蓄和使用应符合有关方面的要求,防止出现跑、冒、滴、漏现象,避免污染地方道路和地下水体。

(5)施工便道经常洒水,以防止灰尘飞扬,影响农作物生长和周围居民的生活。

(6)施工使用的打夯机、空压机、风镐、搅拌机、电锯、压路机等高噪声和高振动的施工机械,尽量避免夜间在居住区和生活区施工作业,并采取消声、防振措施,使噪声和振动达到环境保护标准。

(7)利用每周安全学习后的时间,增加环境保护条例、知识的宣传,提高全体职工的环保意识。

第二节　高桥墩专项施工方案

一、编制依据

(1)《建设工程安全生产管理条例》(中华人民共和国国务院令第393号)。

(2)《公路桥涵施工技术规范》(JTG/T F50—2011)

(3)《公路工程施工安全技术规程》(JTJ 076—95)。

(4）两阶段施工设计图。

二、施工技术方案

1.施工便道修筑

因为高墩所处位置接近河床，所以施工便道沿河床右岸边坡进行修筑。便道宽度设计为6m，坡度不大于10%，便道修筑至各墩位处，以便于施工材料、施工设备到位。

2.高墩钢筋制安

在高墩柱桩基及承台(系梁)施工完毕后，进行墩柱身钢筋制作安装。其中实心墩竖向钢筋采用卷扬机通过事先搭设好的双排脚手架运输至安装高程进行制作与安装，其余结构钢筋在钢筋加工场加工好后，采用50t吊机吊至作业面，再进行安装。圆形立柱钢筋则在钢筋加工场加工成钢筋笼后，再运至作业面用50t吊机进行吊装。

3.模板安装

(1)实心墩模板安装:本工程桥墩高度达50m，施工难度大。高桥墩施工采取连续翻模施工方法，就是将桥墩竖直分为若干节段，每节6m(模板每块1.5m高，每节4块)，分段进行浇筑。先浇筑第一段，待混凝土强度达到70%后，拆除下面4块模板，以最上面还未拆除的第5块模板作为支撑面，将已拆除的3块模板翻到第二节段进行立模。如此反复直到设计高程。模板采用6mm厚钢板作面板，以确保模板刚度和强度。模板翻转采用50t吊机进行提升。有关模板设计计算书附后。

(2)圆形立柱模板安装:立柱模板采用两个半圆形的钢模组合拼装。钢模采用钢板在专用模板生产厂家定制。模板采用50t吊机进行吊装，在特殊陡坡、起吊设备无法到位处，采用1.5m高模板，人工借助5t导链进行安装。为保证安装好模板的稳定性，在顶端从三个方向用钢丝绳进行固定。

4.混凝土浇筑

(1)混凝土拌和:由下部结构混凝土拌和厂集中拌和。

(2)混凝土水平运输:用混凝土运输车运送至现场。

(3)混凝土垂直运输、入仓:实心墩采用混凝土输送泵进行运输入仓，圆形立柱则采用吊机、$1m^3$ 吊斗进行垂直运输入仓。混凝土输送泵管与施工脚手架进行可靠固定。

5.盖梁施工

(1)实心墩盖梁:采用两根 $d=95$mm 热轧无缝钢棒穿入事先预埋好的 $\phi108$mm 孔内，用以支撑上部的贝雷梁片，贝雷片采用4排3片。其钢筋由50t吊机进行吊装;模板采用定制钢模板，由50t吊机进行吊装，混凝土采用 $1m^3$ 吊斗，由50t吊机入仓浇筑。实心墩盖梁支架设计计算书附后。

(2)圆形立柱盖梁:采用抱箍法，用以支撑上部的贝雷梁片，其余工序同实心墩施工方法。

6.作业平台施工

本标段高墩柱施工作业平台采用双排脚手架进行搭设，其搭设方法、安全注意事项详见《高墩脚手架施工方案》及其计算书。

三、危险因素及其应对措施

1. 重大危险源的识别

桥梁高墩柱的施工因地形和地质、水文条件复杂，加之作业人员的素质较低，因此属高风险和易发生安全事故的施工作业。从人、机、料、方法、环境等因素综合分析，识别确认以下几个危险源。

(1)高处坠落伤害：由于高墩施工属高空作业，如何防止坠落是此项安全生产活动中预防的重点。

(2)物体打击伤害：在高空作业过程中，所使用的材料及工器具有可能跌落而击伤处在下面的作业人员。

(3)模板胀裂坍塌：在施工过程中，由于模板使用不当，支撑失效，而导致胀裂、坍塌伤及作业人员。

(4)触电伤害：包括两部分触电伤害。一部分是由于临时用电线路损坏及未按规范要求使用临时用电而造成触电；另一部分是由于在雷雨季节未能在雷雨来临前撤离而导致雷击。

(5)脚手架坍塌：没有按要求进行脚手架搭设或在使用过程中没有对其基础、扣件、支撑进行及时检查而发生坍塌，伤及作业人员。

(6)机械伤害：是指在桥梁下部结构施工中，大型起吊设备在钢筋、模板、混凝土的起吊、安装、浇筑过程中引起的人身伤害。

2. 六个危险源的预防措施

对重大危险源采用前期控制和施工过程控制。前期控制是针对各种危险源制定预防措施；施工过程控制指在施工过程中严格按照各项操作规程和施工方案监督检查，发现问题及时认真落实整改。

1)高处坠落

(1)在作业平台四周设置有效的安全防护网。作业平台按要求满铺脚踏板。在脚手架设计中要搭设人行爬梯，在作业平台下方设置安全底网。

(2)要求作业人员严格按要求使用安全绳、安全帽等安全防护用品。

(3)严禁具有恐高症、身体状况不良、年龄不符合要求的作业人员上岗作业。

2)物体打击

(1)高处作业人员应严格控制所使用工具的使用和存放，使其不至于坠落。

(2)在其作业处下面一定范围内设置围栏，拒绝非施工人员进入。

(3)涉及上下作业时，应有安全人员实施监督施工。

3)模板胀裂坍塌

(1)模板在进场后使用前应严格检查其是否按图制作，并检查其焊缝、螺栓是否满足要求。

(2)模板在安装过程中，应严格按要求施工，特别是模板连接使用的螺栓数量及拉杆数量应确保，并且确保所以缆绳要拉紧，固定到位。

(3)在混凝土浇筑过程中，浇筑速度不宜过快。圆形立柱浇筑高度不宜大于6m。混凝土入仓时，应控制好混凝土下料速度。

(4)定期检查模板所有焊缝是否有损坏、裂缝。对于已损坏的螺栓应及时进行更换。

4)触电伤害

(1)对于临时用电线路应严格按操作规程进行设置，并且在使用过程中应经常进行检查，适时进行整改。

(2)所有用电操作均由电工进行作业。

(3)及时检查用电设备的漏电情况，发现问题及时检修。

(4)对于雷雨季节应防雷电击伤，脚手架应有避雷电措施，作业人员应及时撤离。

5)脚手架坍塌

(1)脚手架在搭设过程中应严格按要求进行搭设，特别是基础、扫地杆、剪刀撑等重要部位应有专人监督施工。搭设完成的脚手架应经专业人员检查，确保没有问题后才能使用。

(2)在使用过程中应该经常检查其安全性能，尤其是其基础是否牢固、扣件是否有松动，风缆绳是否可靠等。

6)机械伤害

(1)施工便道要满足机械行走安全的需要。

(2)起吊设备支腿支撑处基础应满足支撑力及稳定性要求。

(3)设备应经常检查其性能，特别是液压系统及起吊绳。

(4)起吊重量应符合相应起吊角度和高度要求。

(5)高处起吊应掌握风力情况，当风力大于5级时，应停止起吊作业。

四、安全管理措施

(1)建立安全组织机构和安全保证体系。

(2)加强对作业人员的安全教育培训，特别是进场后的“三级”安全教育和作业人员的持证上岗培训，均应做到100%。

(3)建立健全安全管理制度，落实安全生产管理责任制。

(4)进一步提高从业人员的安全生产意识，开展经常性教育，严格操作规程，坚决制止违章操作。

(5)加强对现场文明施工的管理。施工现场做到材料堆放整齐、标志标牌齐全，规章制度、操作规程上墙。

(6)做好对分部分项工程的安全技术交底工作，逐级交底，直到每一个施工人员。

五、附件

(1)墩身4.5m×2.4m模板计算书。

(2)圆形立柱模板计算书(ϕ2m)。

(3)实心墩盖梁支架设计。

(4)高墩脚手架施工方案。

附件一

墩身 4.5m × 2.4 m 模板计算书

本标段墩身截面尺寸为 4 500 mm × 2 400mm。墩身模板为大块钢模，面板采用 $\delta = 5$mm 钢板，竖向小肋采用 ∠75mm × 50mm × 8mm，间距 $s = 400$mm，横向仅在顶部和底部设 ∠75mm × 50mm × 8mm 角钢，横向大肋采用 2 根槽钢组合 2[16，间距 900mm，平面相邻模板间采用 ϕ20mm 拉杆固定，肋间满焊，面板与肋双面焊如图 3-1 和图 3-2 所示。

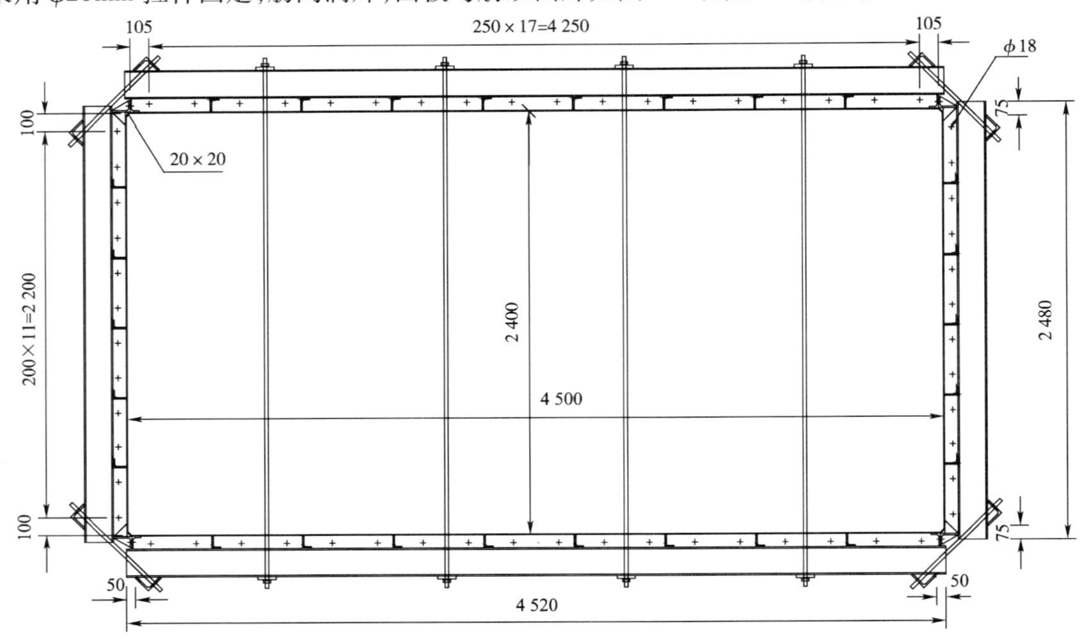

图 3-1 墩身模板俯视图（尺寸单位：mm）

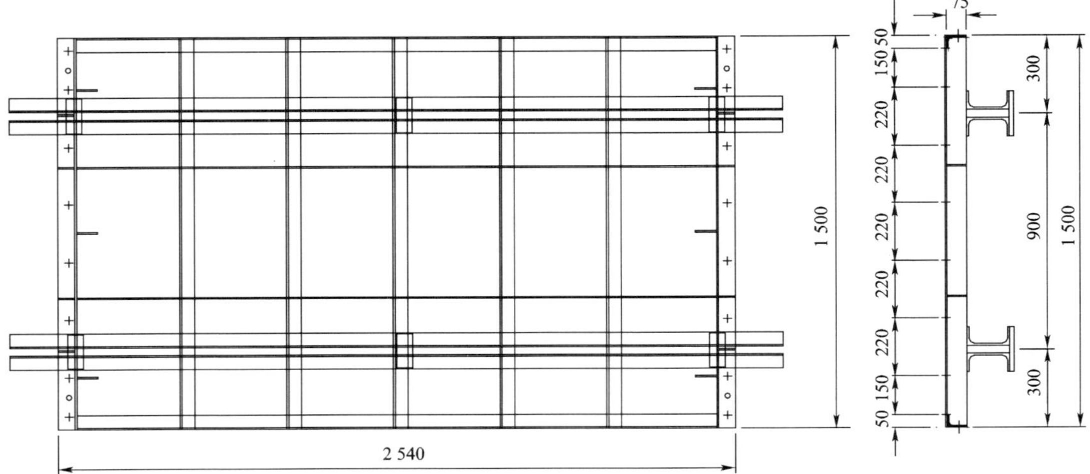

图 3-2 墩身模板分块图（尺寸单位：mm）

1　大模板计算参数

1.1　计算目的

确定模板所用材料、规格、尺寸，在新浇混凝土和施工操作等荷载的作用下，具有足够的强度、刚度。因 4 500mm × 1 500mm 一侧中间设有 4 道对拉杆，间距为 990 mm，小于 2.4m，所以只要计算 2 400mm × 1 500mm 模板强度即可。

1.2　确定荷载

取大模板的最大侧压力 $P_{MAX}=50kPa$。

2　面板计算

竖向小肋采用∠75mm × 50mm × 8mm，间距 $s=400mm$，横向仅在顶部和底部设∠75mm × 50mm × 8mm 角钢。

面板厚度：$\delta=5mm$

竖肋间距：$l_1=400mm$

横肋小肋间距：$l_2=1\ 500mm$

$\frac{l_2}{l_1}=\frac{1\ 500}{400}=3.75>2$，按单向板计算

计算跨径 $l=l_2=400mm$

板宽取 1m 计，则：

$$q=p\cdot b=50\times1=50kN/m$$

考虑板的连续性，其强度和刚度计算如下：

$$M_{max}=\frac{1}{10}\cdot q\cdot l^2=\frac{1}{10}\times50\times40^2\times10^{-4}=0.8kN\cdot m$$

$$W=\frac{1}{4}\cdot b\cdot h^2=\frac{1}{4}\times100\times0.5^2=6.25cm^3$$

$$\sigma_{max}=\frac{M_{max}}{W}=\frac{0.8}{6.25\times10^{-3}}=128MPa<[\sigma_w]=181MPa$$

$$f_{max}=\frac{ql^4}{128EI}=\frac{50\times40^4}{128\times2.1\times10^6\times\frac{100\times0.5^3}{12}}=0.3mm$$

$\frac{f_{max}}{l}=\frac{0.3}{400}=\frac{1}{1\ 200}<\frac{1}{500}$，满足要求。

面板的刚度和挠度满足要求。

3　竖肋计算

竖向小肋采用∠75mm × 50mm × 8mm，间距为 400mm，支撑在大肋上，根据大模板设计方法，当最大侧压力 $P=50kN/m^2$ 时，在 2.1m 以上按三角形分布，2.1m 以下按矩形分布。矩形荷载 $q=P\times s=50\times0.4=20kN/m=20N/mm$，∠75mm × 50mm × 8 的截面系数 $W_x=39.7\times103cm^3$，惯性矩 $I_x=198.3\times104mm^4$，竖肋为两端带有悬臂的五跨连续梁，最大弯矩 $M_{max}=1kN\cdot m$。

3.1　强度计算

$\sigma_{max}=\frac{M_{max}}{W}=\frac{1\times10^6}{39.7\times10^3}=25.2MPa<330MPa$，满足要求。

3.2　挠度计算

悬臂部分挠度：

$$\omega=\frac{ql^4}{8EI}=\frac{20\times300^4}{8\times2.1\times10^5\times198.4\times10^4}=0.004\text{mm}$$

$$\frac{\omega}{l}=\frac{0.004}{300}=\frac{1}{133\ 333}<\frac{1}{500}$$，满足要求。

跨中部分挠度：

$$\omega=\frac{ql^4}{384EI}(5-24\lambda^2)=\frac{20\times900^4}{384\times2.1\times10^5\times198.4\times10^4}\left[5-24\times\left(\frac{300}{900}\right)^2\right]=0.19\text{mm}$$

$$\frac{\omega}{l}=\frac{0.019}{900}=\frac{1}{47\ 368}<\frac{1}{500}$$，满足要求。

4　横向大肋计算

横向大肋采用2[16，两端采用斜向拉杆为支撑点，$W=2\times97.4\times10^3\text{mm}^3$，$I_x=2\ 728.2\times10^4\text{mm}^4$。

$$q=pl_1=50\times0.9=45\text{kN/m}$$

大肋为简支梁，其弯矩为：

$$M=\frac{ql^2}{8}=\frac{45\times2.4^2}{8}=32.4\text{kN}\cdot\text{m}$$

4.1　强度计算

$$\sigma_{\max}=\frac{M_{\max}}{W}=\frac{32.4\times10^6}{195\times10^3}=166\text{MPa}<330\text{MPa}$$，满足要求。

4.2　挠度计算

跨中部分挠度：

$$\omega=\frac{ql^4}{384EI}=\frac{45\times2\ 400^4}{384\times2.1\times10^5\times2\ 728.4\times10^4}=0.69\text{mm}$$

$$\frac{\omega}{l}=\frac{0.69}{2\ 400}=\frac{1}{3\ 478}<\frac{1}{500}$$，满足要求。

5　拉杆计算

横肋的支点反力为：$R=q\times l_1\times l=50\times0.9\times2.4/2=54\text{kN}$

拉杆为 $\phi=20\text{mm}$，其截面面积 $A=314.16\text{mm}^2$。

5.1　强度计算

拉杆的容许拉力为：$[N]=[\sigma]\times A=330\times314.16=103\ 672\text{N}=103.7\text{kN}$

拉杆轴力为：$N=54\text{kN}\times\sqrt{2}=76.4\text{kN}<[N]=103.7\text{kN}$，强度满足要求。

5.2　伸长量计算

拉杆工作时受力长度为600mm。

拉杆伸长量 $\Delta l=\frac{Nl}{EA}=\frac{76.4\times10^3\times600}{2.1\times10^6\times314.16}=0.08\text{mm}$

由于拉杆的伸长，模板向外的位移量为 $0.08\div2\div\sqrt{2}=0.028\text{mm}$，满足要求。

6 挠度组合

面板与竖肋组合:$\omega = 0.3 + 0.19 = 0.49\text{mm} < 3\text{mm}$

面板与横肋组合:$\omega = 0.3 + 0.69 = 0.99\text{mm} < 3\text{mm}$

均满足施工对模板的要求。

7 结论

通过验算,本模板具有足够强度、刚度,满足施工要求。

附件二

ϕ2 000mm × 18.5m 柱模设计

ϕ2 000mm 立柱单节最大高度为 18.5m,故最高浇筑高度按 18.5m 进行计算(ϕ1 800mm、ϕ1 600mm 模板配置的型钢材料相同,故按 ϕ2 000mm 直径模板进行计算即可)。

1 荷载计算

1.1 柱模自重

1.1.1 圆筒钢板质量

$$W_1 = 200\pi \times 0.6 \times 1\,850 \times 7.85 = 5\,475\text{kg}$$

1.1.2 法兰钢板质量

$$W_2 = (230^2 - 201.2^2)\pi \times 1.4 \times 7.85 \times 6/1\,000 = 2\,573\text{kg}$$

1.1.3 槽钢柱箍质量

$$W_3 = (2.012 + 0.091)\pi \times 10 \times 25 \doteq 1\,652\text{kg}$$

1.1.4 垫板质量

$$W_4 = 5 \times 5 \times 1 \times 7.85 \times 186/1\,000 = 37\text{kg}$$

1.1.5 连接螺栓质量

$$W_5 = 0.304/2 \times 72 + 0.459/2 \times 186 = 53.6\text{kg}$$

1.1.6 连接螺母与垫圈质量

$$W_6 = 61.91/1\,000 \times 72 + 111.9/1\,000 \times 186 + 24.71/1\,000 \times 72 + 34.51/1\,000 \times 186 = 4.46 + 20.8 + 1.8 + 6.42 = 33.5\text{kg}$$

1.1.7 纵向槽钢质量

$$W_7 = (18\,500 - 14 \times 6)/1\,000 \times 10 \times 20 = 3\,683.2\text{kg}$$

1.1.8 柱模总质量

$$
\begin{aligned}
W &= W_1 + W_2 + W_3 + W_4 + W_5 + W_6 + W_7 \\
&= 5\ 475 + 2\ 573 + 1\ 652 + 37 + 53.6 + 33.5 + 3\ 683.2 \\
&= 13\ 507.3\text{kg}
\end{aligned}
$$

1.1.9 柱模自重

$$(13\ 507.3 \times 9.8)/(2\pi \times 18.5) = 1.139\text{kN/m}^2$$

大于国家规定的 1.1kN/m^2。

1.2 新浇筑混凝土对柱模内侧周边的压力

$$F = 0.22\gamma_c t_o \beta_1 \beta_2 \sqrt{V}$$

$$\gamma_c = 2.45\text{t/m}^3$$

$$
\begin{aligned}
t_o &= 200/(t+15) \\
&= 200/25 \\
&= 8
\end{aligned}
$$

$$
\begin{aligned}
V &= 25/l^2\pi \\
&= 7.96\text{m/h}
\end{aligned}
$$

所以有：

$$
\begin{aligned}
F &= 0.22\gamma_c t_o \beta_1 \beta_2 V \sqrt{V} \\
&= 0.22 \times 2.45 \times 8 \times 1.2 \times 0.85 \times \sqrt{7.96} \\
&= 12.41\text{t/m}^2
\end{aligned}
$$

1.3 倾倒混凝土时产生的荷载标准值

取 $6\text{kN/m}^2 = 0.612\text{t/m}^2$。

1.4 振捣混凝土时产生的水平荷载标准值

取 $4.0/\text{kN/m}^2 = 0.408\text{t/m}^2$。

2 柱模合模对拉螺栓荷载校核

2.1 柱模荷载设计值

$$
\begin{aligned}
F_{设} &= 1.2 \times 12.41 + 1.4 \times 0.612 + 1.4 \times 0.408 \\
&= 16.32\text{t/m}^2
\end{aligned}
$$

2.2 柱模合模对拉杆螺栓荷载

$$
\begin{aligned}
f_{对拉} &= (16.32 \times 2\pi \times 18.5)/(2 \times 186) \\
&= 5.1\text{t/根}
\end{aligned}
$$

M24 螺栓的许用荷载为 5.8t/根。

所以柱模合模对拉螺栓采用 M20×50 螺栓(8.8 级高强螺钉)共 186 只。

2.3 柱模刚度校核

假定柱模为均布荷载,则其最大挠度为：

$$f_{max} = 5ql^4/384EI$$

这里：

$$
\begin{aligned}
I &= \pi(D^4 - d^4)/32 \\
&= \pi[(2.012 + 0.2)^4 - 2^4]/32 \\
&= 0.779\ 6\text{m}^4
\end{aligned}
$$

所以有：

$$
\begin{aligned}
f_{\max} &= 5ql^4/384EI \\
&= (5 \times 16.32 \times 18.5)^4/(384 \times 2.1 \times 10^7 \times 0.7796) \\
&= 1.52 \times 10^{-3}\text{m} \\
&= 1.52\text{mm} < 2000/500 = 4\text{mm}(\text{国家规定值})
\end{aligned}
$$

所以符合建筑工程模板技术规程要求。

附件三

实心墩盖梁支架设计

1 概述

盖梁支架处在45m以上的实心墩上，要求支架稳固，强度满足要求，建议采用穿销式配合贝雷片来稳定支架盖梁模板。具体施工方案为：在如图3-3所示的尺寸上预先埋入2根236cm，ϕ108mm，壁厚4mm的热轧无缝钢管两根（两端用软木塞塞紧，以防漏浆）。待盖梁施工时再穿入$d=95$mm，长480cm的热轧无缝钢管两根，用于支撑上部的贝雷梁片。贝雷片采用4排3片，顶端采用4排1片组合结构，贝雷梁片上根据实际需要垫上枕木即可。

2 钢筋弯曲

如图3-3所示。

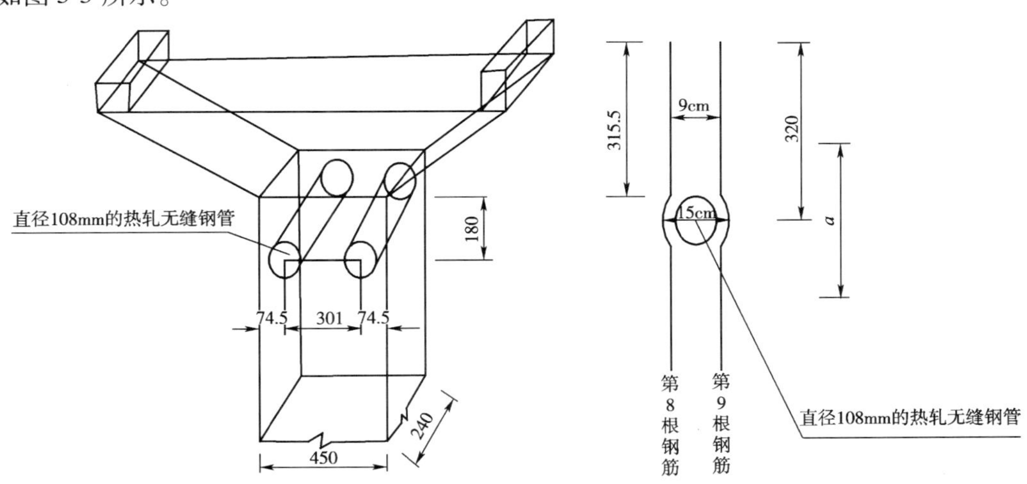

图3-3 示意图（尺寸单位：cm）

3 各种指标验算

3.1 盖梁质量

$$[1058 + 3857.6 + 1283.5 + (1.13 + 53.07) \times 2.45] = 138.99\ \text{t}$$

3.2 盖梁模板质量

$$81.44\text{m}^2 \times 0.008\ \text{m} \times 7.85\text{t}/\text{m}^3 \times 1.3 = 6.65\text{t}$$

3.3 贝雷梁质量

$$115\text{kg/m} \times 4 \times 21\text{m} = 9.66\text{t}$$

3.4　每根无缝钢管承受质量

$$(138.99\times1/2+6.65+9.66)\div4=21.45\text{t}$$

3.5　无缝钢管剪应力验算

$$21.45\times1\,000\div(\pi\times47.52)\times9.807=29.687\text{MPa}$$

考虑冲击力、振动力以及不均匀系数0.7，则：

$\tau_{max}=29.687\div0.7=42.41\text{MPa}<[\tau_o]=125\text{MPa}$（安全系数为3），满足要求。

3.6　贝雷梁的强度验算

剪应力：

$$\rho_{max}=1.38\times3+6.65\times1/3+138.99\times1/3=52.686\text{t}$$

$\tau_{max}=52.683\times1\,000/(4\times0.7\times25.48)=738.44\text{kg/cm}^2<[\tau_o]=2\,080\text{kg/cm}^2$（安全系数2.8），满足要求。

3.7　刚度验算（按集中荷载在顶端处来考虑）

$f_{max}=(P\,L^3)/(48EI)$

$=52.686\times9.807\times300^3/(48\times2.1\times104\times577\,450\times8\times0.7)$

$=0.004\text{ cm}$

$f_{max}/L=0.004/300=1/75\,000<1/400$，满足要求。

4　说明

若D6 a10×10箍筋或穿销孔发生干扰时，应上下移开或剪断。

附件四

高墩脚手架施工方案

1　方案总体说明

1.1　ϕ180cm和ϕ200cm立柱最高达50m，立柱最高达30m，均采用双架进行搭设。本方案中只考虑50m高墩的脚手架设计计算。

1.2　脚手架的搭设和拆除工艺

1.2.1　落地脚手架搭设工艺

场地平整、夯实→定位，设置通常立杆垫板→排放纵向扫地杆→竖立杆→将纵向扫地杆与立杆扣接→安装横向扫地杆→安装纵向水平杆→安装横向水平杆→安装剪刀撑→扎安全网→作业层铺脚手架板。

施工时，双排架宜先立内排立杆、后立外排立杆。每排立杆先立两头的，再立中间的，应互相看齐后，立中间部分立杆。立杆接长时，宜先立外排，后立内排。

1.2.2　脚手架拆除工艺

拆架程序应遵守由上而下，先搭后拆的原则。拆除顺序为：安全网→栏杆→脚手板→剪刀撑→横向水平杆→纵向水平杆→立杆。

不得在立面拆架或上、下两步同时进行拆架，做到一步一清，一杆一清。拆立杆时，要先抱住立杆再拆最后两个扣件。拆除纵向水平杆、斜剪刀撑时，应先拆中间扣件，然后托住中间，再拆端头扣件。

2　脚手架搭设安全措施

2.1　材质及其使用安全措施

扣件的紧固程度不小于40N·m,且不应大于65N·m。对接扣件的抗拉承载力为3kN。扣件上的螺栓应保持适当的拧紧度。

对接扣件安装时其开口应向内,以防雨水进入,直角扣件安装时开口不得向下,以保证安全。

钢管有严重锈蚀、压扁或裂纹的禁用。禁止使用有脆裂、变形、滑丝等现象的扣件。

2.2　安全技术措施

脚手架的基础必须经过夯实处理满足承载力要求,做到不积水、不沉陷。

搭设过程中应画出工作标志区,禁止行人进入,统一指挥,上下呼应,动作协调,严禁在无人指挥下作业。当解开与另一人有关的扣件时必先告诉对方,并得到允许,以防坠落伤人。

脚手架必须配合施工进度搭设。在搭设过程中应由安全员、架子班长等进行检查、验收。每两步验收一次。

2.3　施工作业安全技术措施

结构施工阶段,外脚手架每支架每支搭一层完毕后,经项目部安全员验收合格后方可使用。任何班组长和个人,未经同意不得任意拆除脚手架部件。

严格控制施工荷载,不得任意拆除脚手架部件。脚手板不得集中堆料,施工荷载不得大于$2kN/m^2$,确保较大安全储备。

定期检查脚手架,发现问题和隐患,在施工作业前及时维修加固稳定,确保施工安全。

2.4　脚手架拆除的安全技术措施

拆架前,全面检查待拆脚手架,根据检查结果,拟订出作业计划,报请批准,进行技术交底后才准许工作。

架体拆除前,必须察看施工现场环境,包括架空线路、外脚手架、地面的设施等各类障碍物、地锚、缆风绳、附件、电气装置情况,凡能提前拆除的尽量拆除掉。

拆架时应划分作业区,周围设绳绑围栏或竖立警戒标志,地面应设专人指挥,禁止非作业人员进入。

拆除时要统一指挥,上下呼应,动作协调。当解开与另一人有关的扣件时,应通知对方采取防范措施,以防坠落。

在拆架时,不得中途换人,如必须换人时,应将拆除情况交代清楚后方可离开。

3　应注意问题

3.1　基础采用碎石土回填,并夯实。若在软弱层上时,应进行挖除,并浇筑混凝土基础墩。

3.2　每根立杆底部应设置垫板,相邻立杆的对接扣件不得在同一高度内。

3.3　扣件拧紧力矩不应小于40N·m,且大于65N·m。

3.4　脚手架使用时间较长,应及时进行检查,发现基础下沉、杆件弯曲变形等问题时要及时解决。

3.5　剪刀撑在外立面整个长度和高度连续设置,接长采用搭接,长度不应小于1m,应等间距设置3个旋转扣件固定。

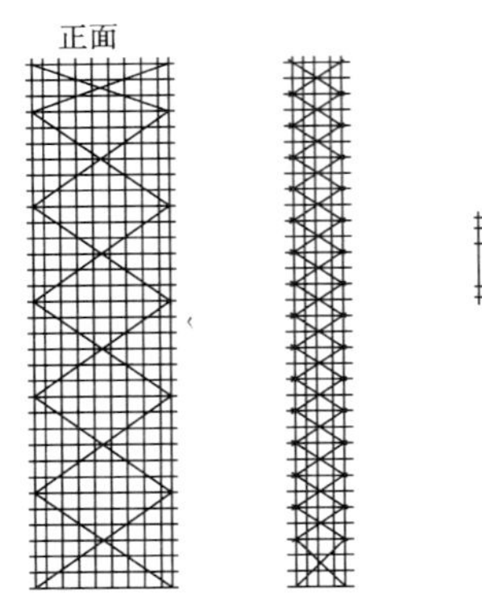

图 3-4　平面布置图

3.6　作业平台脚手架应铺满,并设置扶手。

4　荷载计算

4.1　自重 G 计算

4.1.1　立柱、盖梁施工脚手架布置情况见图 3-4。

4.1.2　从图 3-4 可知:脚手架搭设高度为 50m;纵向钢管布置为 40 根;脚手架横向布置为 1.8m/档;横向钢管全长 92m;钢管单位质量为 4.338 kg /m;扣件及斜撑钢管的附加力考虑 20% ,则,脚手架纵向钢管自重:

$$g_1 = 50\text{m} \times 4.338\text{kg/m} \times 9.81\text{N/kg} \times 1.2 = 2\ 553.3\text{N}$$

脚手架横向钢管传递给每根纵向钢管自重:

$$g_2 = (50/1.8 \times 92 \times 4.338)/40 \times 1.2 \times 1.2 \times 9.81 = 3\ 915.1\text{N}$$

注:公式中的两个 1.2 系数分别表示扣件及斜撑的附加力和纵向钢管受力的不均匀系数。

脚手架钢管底部截面所承受的自重压力:

$$G = g_1 + g_2 = 2\ 553.3 + 3\ 915.1 = 6\ 468\text{N}$$

4.2　施工荷载 P 计算

4.2.1　吊装模板时吊装重量考虑 1 000kg = 10 000N;吊装贝雷钢架时吊装重量考虑 300kg = 3 000N ;吊装钢筋时吊装重量考虑 500kg = 5 000N ;吊装人员最多时为 8 人,重量考虑 8 人 × 80kg/人 = 640kg = 6 400N。

4.2.2　荷载组合:考虑模板吊装时吊装重量最大,故荷载组合采用模板 + 人员;考虑冲击系数为 1.2,施工总荷载为:(10 000 + 6 400) × 1.2 = 19 680N

分摊到每根竖向钢管的施工荷载:$P = 19\ 680/40 \times 0.7 = 703\text{N}$

注:式中 0.7 为受力不均匀系数。

5　竖向钢管底部截面的截面承载力应力验算

竖向钢管底部截面承受最大压力:

$$N = P + G = 703 + 6\ 468 = 7\ 171\text{N}$$

单根钢管截面面积:

$$A = (D^2 - d^2) \times 3.142/4 = 489\text{mm}^2$$

钢管截面轴向容许应力为:

$$[\sigma] = 140\text{MPa}$$

本脚手架钢管截面所承受的最大承压应力验算:

$$\sigma = N/A = 7\ 171\text{N} / 489\text{mm}^2 = 14.66\text{MPa}$$

钢管轴向应力折减系数 θ 计算:

考虑两端铰支,取长度系数 $\mu = 1$;

惯性矩计算　$I = \{3.142(D^4 - d^4)\}/64 = 121\ 883\text{mm}^4$

$$I = \sqrt{I/A} = \sqrt{121\ 883/489} = 15.788\text{mm}$$

$$\lambda = \mu L/I = 1 \times 1\ 800/15.788 = 114$$

查表求得:$\theta = 0.469 + (0.422 - 0.469)(114 - 110)/(120 - 110) = 0.450$

$$\theta[\sigma] = 0.45 \times 140 = 51.3\text{MPa}$$

因为 A3 钢管轴向容许应力 $\theta[\sigma]$ = 51.3MPa > σ = 14.66MPa，所以脚手架钢管截面所承受的最大承压应力满足施工要求

6　脚手架竖向钢管稳定性验算

6.1　惯性矩计算

$$I = \{3.142(D^4 - d^4)\}/64 = 121\ 883\text{mm}^4$$

已知条件：钢管截面面积 A = 489 mm^2；所承受最大应力 σ = 14.66MPa；横向钢管最大间距为 2m；考虑两端铰支，取长度系数 μ = 1；长度 L = 2m = 2 000mm

6.2　稳定性计算

脚手架单根钢管所承受的临界力：

$$P_{cr} = (3.1422EI)/(\mu L)2 = (3.142\ 2\times2\times105\times121\ 883)/(1\times2\ 000)2$$
$$= 60\ 127\text{kN}$$

通过计算脚手架单根钢管施工过程中所承受的实际荷载为 7171N < P_{cr} = 60 127N，所以脚手架按此布置满足施工过程中应力及稳定性的要求。

7　扣件抗滑力计算

经计算横向钢管传递到单根纵向钢管的作用力 R = 3.915kN < R_C = 8.5 kN 直角扣件、旋转扣件抗滑移承载力设计值。

8　支垫枕木承载力核算

本脚手架钢管底部截面支撑在 5cm × 5cm × 5mm 的钢板上，承压应力验算：

$$\sigma = N/A = 7\ 171\text{N}/2\ 500\ \text{mm}^2 = 2.868\text{MPa}$$

已知枕木容许压应力 $[\sigma]$ = 10MPa < σ = 2.868MPa 脚手架单根钢管施工过程中所承受的实际最大承压应力，所以枕木满足钢管的承压应力施工要求。

9　地基对枕木（钢管）承压应力的计算

脚手架施工布置过程中，实际单根枕木最多承受两根竖向钢管的荷载：N = 2 × 7 171 = 14 342N

枕木与地面接触面积计算：

$$A = 2\ 500\times1\ 600 = 4\ 000\ 000\text{mm}^2$$

$$\sigma = N/A = 14\ 342/4\ 000\ 000 = 0.003\ 6\text{MPa} < \text{地基容许承载力}\ [\sigma] = 0.1\text{MPa}$$

所以地基承载力满足施工过程中最大承载力的要求。

第三节　梁板预制专项施工方案

一、梁板预制准备工作

（1）根据征地范围进行预制场的选取，采取必要的排水措施，平整、夯实场地，结合施工实际情况，特别对先张法要考虑在台座上设置反拱。

（2）在预制场上制作与构件配套的台座，确保台座坚固，无沉陷。台座设置要考虑经济、工效，并对纵梁横梁进行应力验算。

（3）按图纸的要求选取材料，进行机具设备的校验及模板的加工验算。

(4)试验室进行各种材料的性能试验,设计出合理的混凝土配合比。

二、梁板的预制

1.梁板预制施工顺序

(1)一般梁板施工顺序:模板安装→钢筋加工及安装→混凝土浇筑→出坑。

(2)先张法预应力梁板施工顺序:钢绞束的张拉→钢筋加工及安装→模板安装→混凝土浇筑→放松预应力筋→出坑。

(3)后张法预应力梁板施工顺序:模板安装→钢筋加工及安装→混凝土浇筑→钢绞束的张拉→孔道压浆→出坑。

2.后张法梁板施工

1)模板安装

使用标准化、系列化和通用化的组合式钢模,模板及其配件按设计图纸加工,成品经检验合格后使用。在浇筑混凝土之前,在模板上涂刷脱模剂。模板与钢筋安装工作配合进行,妨碍绑扎钢筋的模板应待钢筋安装完毕后安设。以T梁模板为例,先立好半边梁的模板,然后进行钢筋骨架的安装,最后进行另一边模板的安装。安装侧模板时,应考虑防止模板移位和凸出。基础侧模所在模板处设立支撑固定,墩台、梁的侧模可设拉杆固定。固定在模板上的预埋件和预留孔洞须安装牢固,位置准确。

2)钢筋加工与安装

(1)钢筋的保护及储存

①钢筋应储存于地面以上0.5m的平台、垫木或基地支座上,并加以覆盖。

②钢筋表面洁净,无灰尘、锈蚀、锈皮、油蜡或其他杂质。

③钢筋应分批验收,分别堆放,并设立标识牌。

(2)钢筋调直截断及弯曲

①钢筋表面洁净、平直、无局部弯折。采用冷拉方法调直钢筋时,Ⅰ级钢筋的冷拉率不宜大于2%;Ⅱ级、Ⅲ级钢筋的冷拉率不宜大于1%。

②钢筋应按图纸所示的形状进行弯曲。

(3)钢筋的安装

①所有的钢筋应准确安设,用支承将钢筋牢固地固定。钢筋交叉点均应绑扎,两个方向中距均小于300mm时,可隔一交叉点进行绑扎。

②用于固定钢筋的预制混凝土垫块,其强度与相邻混凝土一致,纵横向间距不宜大于1.2m,在竖向不应有±5mm的误差,不应用碎石、卵石、木块作为垫块。

③钢筋的接头一般采用焊接,对直径等于或小于25mm的钢筋,在没有焊接条件时,可采用绑扎。钢筋的纵向焊接采用闪光对焊,钢筋的焊接端在垂直于钢筋的轴线方向切平,焊接前要进行试焊,合格后方可正式施焊。焊工必须有考试合格证。钢筋接头采用搭接或帮条电弧焊时,应使两接合钢筋轴线一致,尽量做成双面焊缝。钢筋接头采用搭接电弧焊时,接头双面焊缝的长度不应小于$5d$,单面焊缝的长度不应小于$10d$。采用帮条电弧焊,帮条采用与主筋同级别的钢筋,双面焊缝不应小于$5d$,单面焊缝不应小于$10d$。

④加工成的钢筋骨架,必须具有足够的刚度和稳定性,以便在运送、吊装和浇筑混凝土时

不致松散、移位、变形，必要时可在钢筋骨架的某些连接点处加以焊接或增设加强钢筋。骨架的焊接拼装应在坚固的工作台上进行，拼装时应按设计图纸放大样。钢筋拼装前，对于焊接接头的钢筋应检查每根接头的焊缝有无开焊、变形，如有开焊应及时补焊。骨架焊接时，不同直径钢筋的中心线应在同一平面上。施焊顺序宜由中到边对称地向两端进行，先焊骨架下部，后焊骨架上部。钢筋网焊点应符合设计规定。在现场绑扎钢筋时，钢筋的交叉点应用铁丝绑扎结实，必要时用点焊焊牢。为了保证保护层厚度，在钢筋与模板之间设置塑料或半球形混凝土垫块、水泥砂浆垫块，垫块应与钢筋扎紧，并互相错开。

3）混凝土浇筑

（1）选用符合设计要求的水泥、砂、石子、水及适合的外加剂和混合材料。

（2）参照《公路工程水泥及水泥混凝土试验规程》（JTG E30—2005）和《普通混凝土配合比设计规程》（JGJ 55—2011）附录一系列步骤、经验资料和经验公式，按照图纸规定要求，调整确定普通混凝土配合比，对于预应力混凝土，应符合《公路钢筋混凝土及预应力混凝土桥涵设计规范》（JTG D62—2004）关于混凝土弹性模量的规定。

（3）按照技术规范进行混凝土的拌制和运输。

（4）混凝土的浇筑：在浇筑混凝土之前，对模板、钢筋和预埋件进行检查，清理模板上的杂物、积水和钢筋上的污垢。将模板的缝隙填塞严密，模板表面涂刷脱模剂。在浇筑前，检查混凝土的均匀性和坍落度。为防止混凝土的离析，自高处倾卸混凝土时，自由倾落高度不能大于2m。混凝土按一定厚度、顺序和方向分层浇筑，在下层混凝土初凝或能重塑前浇筑完上层混凝土。混凝土振捣采用高频振捣器，每一扇模板使用6只振捣器，每一振动部位，必须振动到该部位混凝土密实，不再产生气泡，混凝土停止下沉，表面平坦泛浆为止。在浇筑到梁中部位，采用插入式振动器配合振捣。在使用插入式振动器时要避免碰撞波纹管、钢筋及其他预埋件。插入或拔出时速度要慢，以免混凝土产生空洞，并且要插至前一层混凝土，插进深度为50～100mm，混凝土的浇筑应连续进行，因故必须间断时，其间断时间应小于前层混凝土的初凝时间或能重塑时间。在混凝土浇筑过程中或浇筑完成时，如混凝土表面泌水较多，须采取措施将水排除。混凝土浇筑时，填写混凝土施工记录。混凝土捣实后1.5～24h，不得受振动，夏日气温高时要对模板、钢筋进行降温，采用雾状喷水等使之冷却至32℃以下。

4）钢绞线张拉

（1）预应力钢材在进场后分批验收。张拉机具应与锚具配套使用，在进场时进行检查和校验。千斤顶与压力表配套校验，以确定张拉力与压力表读数之间的关系曲线。张拉机具由专人使用和管理，经常维护，定期校验。

（2）锚具和夹具的类型须符合设计规定和预应力钢材张拉的需要。

（3）预应力钢材的张拉方法和控制应使混凝土弹性模量符合设计要求，预应力钢材用应力控制方法张拉时，以伸长值进行校核，实际伸长值与理论伸长值差控制在6%以内，否则暂停张拉。

（4）后张法预应力钢材张拉时理论伸长值 ΔL（cm）为：

$$\Delta L=\frac{PL}{A_{g}E_{g}}$$

式中：P——预应力钢材平均张拉力，N；

L——预应力钢材长度，cm；

E_g——预应力钢材弹性模量，MPa；

A_g——预应力钢材截面面积，mm^2。

(5)预应力钢材张拉前，先调整到初应力 σ(取张拉控制应力的 10%)。

再开始张拉和量测伸长量，张拉程序可按表 3-3 控制。

预应力张拉程序表 表 3-3

预应力筋		张拉程序
钢筋、钢筋束		0—初应力—1.05σ_{con}(持荷 2min)－σ_{con}(锚固)
钢绞线束	对于夹片式等具有自锚性能的锚具	普通松弛力筋 0—初应力—1.03σ_{con}(锚固) 低松弛力筋 0—初应力—σ_{con}(持荷 2min 锚固)
	其他锚具	0—初应力—1.05σ_{con}(持荷 2min)－σ_{con}(锚固)
钢丝束	对于夹片式等具有锚性能的锚具	普通松弛力筋 0—初应力—1.03σ_{con}(锚固) 低松弛力筋 0—初应力—σ_{con}(持荷 2min 锚固)
	其他锚具	0—初应力—1.05σ_{con}(持荷 2min)—σ_{con}(锚固)
精轧螺纹钢筋	直线配筋时	0—初应力—σ_{con}(持荷 2min 锚固)
	曲线配筋时	0—σ_{con}(持荷 2min)—0(上述程序可反复几次)—初应力—σ_{con}(持荷 2min 锚固)

(6)张拉时，应使千斤顶的张拉力作用线与预应力钢材的轴线重合一致。预应力钢材的锚固，在张拉控制应力处于稳定时进行。

5)孔道压浆

(1)在张拉结束后应尽快进行孔道压浆，孔道压浆一般采用水泥浆，强度不低于设计规定。水灰比一般在 0.4～0.45，掺入减水剂的可减少至 0.35，所用水泥强度等级不低于 32.5 级普通硅酸盐水泥，其龄期不超过一个月。

(2)水泥浆自调制至灌入孔道的延续时间，不宜超过 30min。压浆前，须将孔道冲洗洁净，保持湿润。压浆的次序是先施工下部的孔道，再施工上部的孔道。

(3)水泥浆泌水率、膨胀率及稠度要满足有关规定，24h 后泌水应全部被浆吸收。

(4)压浆应缓慢、均匀地进行。压浆应达到孔道另一端饱满和出浆，并达到排气孔排出与规定稠度相同的水泥浆为止。压浆时，每一工作班留取不少于 3 组的 7.07cm×7.07cm×7.07cm立方体试件，标准养护 28d，检查其抗压强度作为水泥浆质量的评定依据。

6)冬季施工

(1)增加混凝土拌和物搅拌时间，时间较常温时延长 50%。

(2)正确按照试验室提供的配合比施工，并严格控制坍落度。

(3)尽量避免夜间低温施工。

(4)拌和用水如温度过低必须加热(加热温度宜控制在 70℃左右)。

(5)梁板浇筑完成后采用加温养护，以保证顺利拆模，从而保证工程进度，并在 7d 内对梁板进行覆盖保温，确保梁板的强度达到规范及设计要求。

三、质量控制

(1)模板第一次使用前先涂上足够的脱模剂，一则防止模板生锈；二则使脱模方便、容易。

每次脱模后,立即把模板表面的混凝土残留物清理干净,并涂上脱模剂。

(2)待混凝土达到一定强度(或规范规定时间)后,进行拆模。以防损伤混凝土表面和掉角;只有模板与混凝土全部脱离开,并移到翼板外面后再吊离。

(3)为防止芯模上浮或发生偏移现象,每隔60~100cm设一道横档定位。设置密度由具体情况而定。芯模脱模后,及时清理梁板内孔表面。

(4)为了保证混凝土外观及加快施工进度,在保证质量的前提下使用一次性浇捣工艺。

(5)模板接缝应严密,避免模板接缝处或底板边缘漏浆,保证外观质量。同时在浇筑过程中,要派专人对模板进行检查,防止胀模等现象发生。

(6)钢筋骨架制作时,钢筋的绑扎、焊接严格按照规范要求执行。钢筋规格、数量、间距等要严格按图纸施工。

(7)钢筋绑扎按次筋让主筋、非预应力筋让预应力筋的原则进行。钢筋骨架内外侧及底部均要绑好混凝土垫块,以保证保护层厚度。

(8)预应力孔道的定位钢筋(该钢筋用电焊固定)要严格按设计坐标定位,保证波纹管管道顺直,位置准确,波纹管要比梁头长出5~10cm,注意接口处的密封,在浇筑混凝土前在圆波纹管中插入相应大小的塑料PVC管,在扁波纹管中放入ϕ16mm的圆钢。安装锚垫板时,应特别注意使其锚固面与钢束相垂直。

(9)预应力钢束张拉时要注意张拉顺序,从上往下,左右对称两端张拉,并进行双控(即伸长量和张拉力)。

(10)梁板施工时要注意预留通风孔、泄水管孔道及边板防撞护栏7.5cm现浇部分,预埋通信管道、伸缩缝及内外护栏锚固钢筋等预埋件。

(11)混凝土浇筑前都要根据砂石料实际含水率等情况,调整好配合比,并在拌和楼处挂牌明示。混凝土拌和要严格按要求控制拌和时间和配料计量工作,保证混凝土的质量。梁板浇筑完毕后,梁板表面抹平后再扫毛。

(12)待混凝土表面初凝后及时进行养生,在气温较高时,梁板上用湿麻袋遮盖并经常洒水,保持混凝土的湿润。在气温适宜的春夏季节则直接浇水养护,经常保持混凝土表面湿润。在气温较低的冬天,如昼夜平均气温低于0℃,或最低气温低于5℃时采用覆盖保温养护。养护时间不少于7d。

(13)做好工程质量检验工作,严格执行自检、互检、交接检工作,实行班组自检、工种互检、质检员专检制度。模板、钢筋、混凝土浇筑、张拉、压浆等各工序在下一道工序作业之前,质检员配合监理工程师进行工序检查验收,并做好相关记录。

(14)应注意安全施工,预应力束张拉时,张拉梁端不允许站人。

(15)要注意文明施工及环境保护。

四、安全保证措施

1. 安全保证体系

承包人应加强劳动保护工作,做好安全管理,贯彻落实“安全第一,预防为主”的方针。

1)安全保证组织体系

建立和完善以项目经理为首,预制场各部门人员参加的安全生产领导组织,有组织、有领导地开展安全管理活动，承担组织、领导安全生产的责任。各班组配兼职安全员，做到安全管理无盲区。

2）安全责任制

（1）建立项目正、副经理，预制场各施工班组长和班组安全员在内，同各业务范围工作标准挂钩的安全生产责任制和检查监督制度。

（2）项目正、副经理对预制场劳动保护、安全生产负总责。认真贯彻执行党和国家有关安全生产的方针、政策、法令、法规。在抓好生产的同时，管好安全生产工作。在计划、布置、检查、总结、评比生产的同时，相应纳入安全生产工作，负责对职工进行安全生产教育。

（3）各班组长对所负责班组劳动保护、安全生产负总责。组织实施安全生产措施，进行安全技术交底，检查各班组的安全生产情况，督促工人遵章守纪。负责分析处理一般性事故的工作，发生重伤以上事故立即上报。

3）各职能部门的责任

（1）工程技术部门负责按安全技术规程、规范、标准编制施工工艺、技术文件，提出相应的安全技术措施。

（2）机料管理部门负责制订机械设备的安全技术操作规程和安全管理制度，加强检查、维修、保养，确保机械安全运转，对承重结构的材料，如钢丝绳、支架构件等要确保质量合格，及时做好报废更新工作。

（3）劳动人事、政工部门负责做好新工人、在岗工人、特殊工种工人的教育培训、考核、发上岗证等工作。做好工伤事故统计、分析和报告，参加事故的调查和处理，提出防范措施。

（4）医务部门负责对职工的定期健康检查和治疗工作，提出预防疾病的措施。

（5）保卫部门负责做好施工现场、仓库、宿舍的防火、防毒、防盗、防台等安全保卫工作。

4）实行安全生产目标管理制度

开工初，项目经理部与各班组逐级签订安全生产管理目标责任书，并按规定进行检查、总结、考核。

5）进行定期、适时安全生产检查工作

（1）项目经理部每月对预制场组织一次安全检查，各班组由班组长（安全员）每日进行班前、班后检查，班中督促。

（2）适时组织季节性劳动保护检查工作，重点是做好夏季的防暑降温，冬季的防寒防冻，汛期的防洪抗台的各项措施的落实情况。

（3）检查中发现的隐患通过发出安全生产隐患整改通知书，整改通知回执，整改完毕验核记录程序，做到发现的隐患逐个得到整改。

6）安全教育与培训

（1）项目经理部对预制场工人经常开展安全生产宣传教育，使广大员工真正认识到安全生产的重要性、必要性，牢固树立安全第一的思想，自觉地遵守各项安全生产法令和规章制度。

（2）参加施工的所有人员必须进行上岗前的安全教育。

（3）特殊工种人员除进行一般安全教育外，还必须进行本工种专业安全技术培训，经考核合格持证后，方可独立操作，并按有关规定做好证书的复审、复训管理工作。

2.安全注意事项

(1)全体工作人员进入施工现场必须戴安全帽。

(2)龙门架上的电动葫芦要及时检查。

(3)电线及接线插座要定时检查,防止漏电事故。

(4)场地中的工具和材料要堆放整齐,及时清理现场。

(5)所有材料要分档堆放,并悬挂标志牌。

(6)张拉时,张拉梁端不允许站人,以防意外。

(7)普遍进行安全生产意识教育,安全员对施工员全程实行监督。

五、文明施工及环保措施

文明施工是企业管理水平的标志,争创文明施工企业,执行文明施工条例,是项目部的责任和义务,为搞好预制场的文明施工,项目部采取以下文明施工措施:

(1)建立以项目经理为组长,各部门、班组负责人参加的文明施工管理组织。项目经理是文明施工的第一责任人,全面负责整个预制场的文明施工管理工作。各班组负责人分别负责本部门、班组的文明施工工作。

(2)建立检查考核制度,考核结果与经济分配挂钩,奖优罚劣。

(3)加强职工素质教育,加强职工的精神文明教育,认真学习国家的法律法规。

(4)持证上岗制度。进入现场作业的机械操作等施工人员,必须持证上岗。

(5)积极推广应用新技术、新工艺、新设备和现代化管理方法。

(6)施工现场布局合理,有条不紊,主要出入口设置施工警示标志。

(7)预制场保持清洁,办公、生活区进行适当绿化。

(8)认真处理与当地群众的关系。

环境保护是为了保护和改善生活与生态环境,防止污染和其他公害,保障人体健康,促进社会主义建设的发展。必须把环境保护工作纳入工作计划,建立环境保护责任制度,采取有效措施,防止生产建设过程中产生的废水、废渣物,粉尘、恶臭气体、噪声等对环境的污染和危害。

(1)施工期间,修建一些临时排水渠道。临时排水渠道要与永久性排水设施相连接,并经常疏通,以保持施工场地良好的排水状态。

(2)雨季施工时及时清理预制场场地,使之排水畅通,不积水。

(3)施工废水,生活污水要经处理后,才能进行排放。

(4)加强施工机械的维修保养,防止严重漏油,机械在运转或维修中产生的油污水经处理后才能排放。

(5)随时进行洒水或其他抑尘措施以减少施工作业产生的灰尘。易于引起粉尘的细料或松散料要予以遮盖或适当洒水润湿,运输时用帆布等物覆盖。

(6)使用机械设备的工艺操作,要尽量减少噪声、废气等的污染。

(7)材料定点放置统一安排,完善预制场的施工环境。

第四节　连续箱梁支架法现浇专项施工方案

编制说明：连续箱梁支架法现浇普遍采用竹胶板做模板，分层浇筑法施工，对于软土地基，需要对地基进行处理，因此本方案基于以上三个方面对施工方法进行介绍。

一、准备工作

1. 图纸审查

在连续箱梁开工以前，应组织技术人员对设计图纸进行详细审查。审查内容分以下几个方面。

(1)设计图纸中对施工工艺、流程有何规定、要求，并根据要求合理安排施工计划。

(2)设计图纸中对钢筋、混凝土、预应力筋等原材料有何要求，并根据要求安排原材料进场。

(3)对设计图纸中箱梁的坐标、高程进行复核，如有疑问及时与设计部门联系，并争取设计部门在开工前下发勘误后的图纸。

(4)对设计图纸中的工程量进行详细复核，如有疑问及时与设计部门联系，并争取设计部门在开工前下发勘误后的图纸。同时将复合后的工程量报项目部材料部门，以利控制施工成本。

2. 原材料试验

试验包括混凝土和水泥净浆的配合比，钢筋、钢绞线、波纹管、锚具试验，千斤顶与油表的标定等。

3. 现场踏勘

组织技术人员、有经验的施工人员对现浇箱梁的施工范围进行现场踏勘。根据现场情况结合设计图纸选择合适的钢筋、木工加工场地，确定施工便道的填筑路线，以方便施工、降低运输成本为准则。

4. 进度计划安排

根据项目部总体施工进度计划，以及目前桥梁下部的施工进展情况来合理安排现浇箱梁的进度计划，在确定现浇箱梁的施工工期以后，再将总的工程量细分成每月应当完成的工程量。

5. 人力资源安排

为优质高效地完成施工任务，根据现浇箱梁具体情况及施工特点的具体要求，抽调富有桥梁工程施工经验的管理人员及业务骨干，组成精干高效的施工队伍进场，成立现浇箱梁工区，作为现场负责组织实施本分项工程施工。工区下设：施工技术组、安质组、后勤组等职能科室；各专业班组设钢筋班、木工班、混凝土浇筑班、张拉班、起重班等。

1)管理人员

(1)施工技术组：主要负责执行实施性施工方案、图纸有关要求，编制月施工计划；负责班组技术交底，现场技术指导，测量放线、现场试验等工作。

(2)安质组：负责制订保证施工质量及安全的规定、制度，并对施工现场的质量及安全进行有效控制，最终达到质量及安全的目标。

(3)后勤组：编制材料计划，采购各种材料，保障工程施工顺利进行，并对现场各材料的使用、保管、现场堆放进行管理。负责机械的调配、维修和管理为工程的顺利实施做好保障工作。负责日常事务，组织和参加项目部生产例会，组织施工和安全生产，职工生活，食堂卫生及治安、保卫等工作。

2)施工人员

针对现浇箱梁的施工特点，结合以往施工经验，确定施工组织与劳力安排如下：施工队下设4个施工班组，分别为架子班、木工班、钢筋班、浇捣班。各班组长均由具有多年施工经验的施工人员担任，各班组根据实际施工情况配备一定数量的工作人员。应当注意的是，一般情况下，现浇箱梁每月浇筑2～3联，若分层浇筑，浇捣工也只有4～6d工作，而架子班与浇捣班工作时间基本不重叠，因此建议将浇捣班与架子班并为一个施工班组，由一个有经验的班组长统一指挥调度。各班组施工任务见表3-4。

各班组施工任务表 表3-4

班　组	施工任务
架子、浇捣班	地基处理，超载预压，安装和拆除架子，模板清洗，浇筑混凝土，养生，修饰
木工班	模板制作与安装，预埋件安装，模板拆除，调整模板高程
钢筋班	钢筋制作与安装，预应力筋安装与张拉，孔道压浆，封锚

各班组成立后，再根据各自情况把施工任务进行细分。例如：木工班可分成两个部分，一部分在木工房制作尺寸结构比较复杂的模板，另一部分负责现场的模板拼装与拆卸；钢筋班可分成两个部分，一部分在钢筋加工场地加工钢筋半成品，焊接钢筋骨架，另一部分则负责现场的钢筋安装。

根据进度计划安排进场施工人员人数，确保优质、高效完成施工任务。可编制投入劳力情况表，样表如表3-5所示。

劳工力投入计划表(样表) 表3-5

工种＼日期	2005年				2006年												2007年					
	9	10	11	12	1	2	3	4	5	6	7	8	9	10	11	12	1	2	3	4	5	6
架子、浇捣工	20	20	20	20	20	20	20	20	20	20	20	20	20	20	20	20	20	20	20	20	20	20
木工	10	20	20	25	25	25	25	25	25	25	25	25	25	25	25	25	25	25	25	25	25	25
钢筋工	10	20	20	30	30	30	30	30	30	30	30	30	30	30	30	30	30	30	30	30	30	30
合计	40	60	60	75	75	75	75	75	75	75	75	75	75	75	75	75	75	75	75	75	75	75

6.机械材料安排

根据设计要求，结合进度计划，合理安排机械设备和材料进场。

(1)原材料：水泥、地材、混凝土外加剂、钢筋、预应力筋、锚具、波纹管等。

(2)机械设备：常用机械设备及用途见表3-6。

常用机械设备表　　表 3-6

机械设备名称	用　　途
吊机	钢筋、模板吊装、运输
装载机	运输
小型机动运输车	运输
空压机	模板清理
高压清洗机	模板清洗
建筑钢管与扣件	支架加固或用做不规则区域的支架搭设
木工机械	电锯电刨等用于加工模板
钢筋工机械	电焊机弯曲机切断机等用于加工钢筋
氧气、乙炔	切割型钢、切断钢筋
千斤顶、油泵、油表	预应力筋张拉
压浆机	孔道压浆

(3)其他材料:竹胶板、电焊条、扎丝、木料、铁钉等。

二、施工流程与施工工艺

1. 施工流程

施工流程见图 3-5。

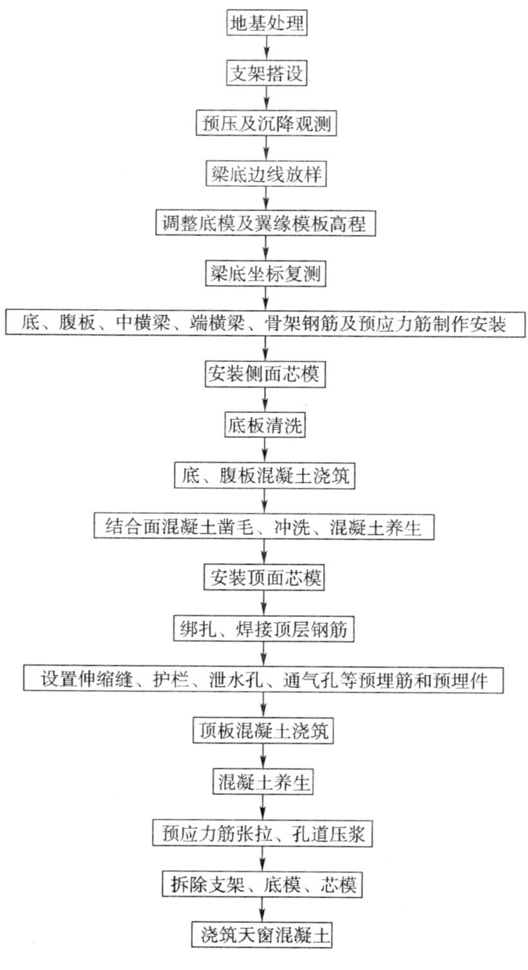

图 3-5　施工流程图

2. 施工工艺

1)地基处理

搭设支架场地要平整、压实,承载力要满足上部结构荷载的要求,沉降变形要求控制在允许范围以内。而浙江地区多为软土地基,必须进行改良硬化,以提高地基承载力,控制沉降变形,满足支架搭设、结构稳定性的要求。

建议采取以下处理措施:

(1)根据高程要求,清除表层松土和淤泥土,原地碾压,经碾压后出现弹簧位置应用宕渣换填。

(2)填筑一定厚度的级配良好宕渣,分层填筑压实,宽度比支架范围超出 1m,见图 3-6。

(3)在宕渣上浇筑一层 10cm 厚的 C15 混凝土,见图 3-7。

(4)两侧挖水沟,截断地表水,避免支架地基渗水软化。

2)支架搭设

(1)支架搭设前,施工技术组应按规程向搭设和使用人员做技术和安全作业要求的交底。

(2)对支架及其配件、加固件应按规范要求进行检查、验收。

图 3-6 地基处理

图 3-7 地基处理

(3)基础上应先弹出门架力杆位置线,垫木、底座安放位置应准确。

(4)门架安装应从一端向另一端延伸,或从中间向两端延伸。

(5)注意布设横向、纵向加固钢管和剪力撑。

3)预压及沉降观测

(1)预压的目的是为了消除非弹性变形,通过观测得出弹性变形量,以供制作模板时设置抛高。

(2)根据现场情况确定预压材料,常用预压材料有砂和水。若选用砂,则要求准备结实耐用的编织袋;若选用水,则要求准备水箱。

(3)根据图纸要求确定预压重量。

(4)预压时必须注意将翼缘板部分与底板部分区别对待,根据各自梁体的重量加载。

(5)观测点布设要求全面、均匀,能够反映整联箱梁各部位的沉降情况。

(6)预压观测的步骤为:预压前观测得出观测点原高程 h_1→预压中观测稳定后得出高程 h_2→卸载后观测得出高程 h_3,然后计算:

塑性变形 $H_1 = h_1 - h_3$,弹性变形 $H_2 = h_3 - h_2$

弹性变形就是施工抛高值,样表见表 3-7。

沉降观测记录表(样表) 表 3-7

观测点编号		1-3	1-2	1-1	后视	后视点高程
8月29日 预压前	前视	329.5	313.4	297.4	183.4	1 290.1
	高程	1 144.0	1 160.1	1 176.1		
8月30日 预压中	前视	323.9	309.4	292.6	176.4	1 290.1
	高程	1 142.6	1 157.1	1 173.9		
9月6日 预压中	前视	326.3	311.8	295.1	178.8	1 290.1
	高程	1 142.6	1 157.1	1 173.8		
9月7日 卸载后	前视	334.7	319.5	303.4	187.6	1 290.1
	高程	1 143.0	1 158.2	1 174.3		
塑性变形量(cm)		1.0	1.9	1.8		
弹性变形量(cm)		0.4	1.1	0.5		

4）梁底边线放样

根据复合后的梁底边线坐标，准确放出边线坐标点。

5）调整底板以及翼缘板高程

（1）根据设计规定的预拱度及预压观测确定梁底抛高，设计未规定梁底预拱度时，参照规范设置。

（2）在支架上铺设型钢和木档，根据坐标点的设计高程加上抛高值给定梁底高程。

6）底板坐标复测

调整底板以及翼缘板高程调整好以后，再对底板边线坐标进行复测。

7）底板、腹板、中横梁、端横梁、骨架钢筋及预应力筋制作安装

（1）钢筋制作前先进行钢筋原材料、焊接（闪光对焊、单面双面电弧焊）试验，试验合格后开始连续箱梁钢筋骨架片制作、安装。每片骨架片内的焊接一般采用双面电弧焊，双面焊缝困难时采用单面电弧焊。骨架片制作安装前先制作安装工作台，按设计图纸放大样；拼装时在需要焊接的位置用楔型卡卡住，防止电焊时局部变形，卡好后先在焊缝两端点焊定位，再进行焊缝施焊。骨架片焊接时，不同直径的钢筋其中心线应在同一直线上，焊接顺序应由中到边对称地向两端进行，先焊骨架片下部，后焊骨架片上部，相邻的焊缝采用分区对称跳焊，不得顺方向一次焊成。

（2）底、腹板钢筋及箍筋等先在加工场地制成半成品，再安装。底板底层或顶板底层钢筋现场安装绑扎焊接应在钢筋与模板间设置垫块。垫块应与钢筋扎紧，并互相错开。两层钢筋与底层钢筋之间用短钢筋支垫，保证位置准确。钢筋混凝土保护层厚度应符合设计要求。钢筋制作安装间距及各部尺寸应符合设计及规范要求。

（3）用定位钢筋按规定间距对预应力管道进行定位，定位钢筋要有一定的刚度保证孔道在浇筑过程中不会移动，箍筋用电弧焊点焊连接牢固，接头处的连接管采用大一个直径级别的管道，其长度为被连接管道内径的7倍。连接时应不使接头处产生角度变化。用胶带缠裹紧密，防止水泥浆的渗入。所有管道均应设压浆孔，还应在最高点处设排气孔及在最低点设排水孔。压浆管、排气管、排水管采用内径为20mm的塑性管，连接处应进行密封，保证不渗水。敷设预应力管道位置尺寸应符合设计及规范要求。

（4）钢筋制作按照次筋让主筋、主筋让预应力筋的原则进行。

（5）设计中预应力筋若为单端张拉，则应认真布设P锚后螺旋筋与钢筋网片。

（6）模板若采用竹胶板，在焊接、气割钢筋时，应在模板上加垫一层木板，以防止焊渣和熔渣把模板烧伤。

8）安装侧面芯模

侧面芯模应有足够的刚度，芯模之间设置木档，芯模与侧模之间设置拉杆，防止芯模变形和跑模现象的发生。

9）支座安装

支座经过精密仪器放样后准确定位，同时确保支座水平。在钢筋骨架制作安装过程中，万不可直接压在支座上，防止支座偏压，造成脱空现象。

10）底板清洗

（1）先将木头、钢筋头等大的杂物清理。

(2)采用空压机将木屑、焊渣等杂物从底板高处吹至低处,再集中取出。

(3)最后,使用高压水枪全面冲洗底板,在底板最低处开口,以供水和杂物排出,见图3-8。

11)底板、腹板混凝土浇筑

(1)混凝土浇筑采用自拌混凝土车载移动式混凝土输送泵浇筑。混凝土浇筑前应对支架、模板、钢筋和预埋件进行检查,模板内的杂物和钢筋上的污垢应清理干净,符合设计要求后方可进行浇筑。浇筑顺序为自低处向高处浇筑,先浇筑底板再浇筑腹板、横梁。浇筑时严格遵循浇筑顺序,底板浇筑完成后,则不应在底、腹板交界处继续振捣,否则会在倒角处出现大面积空洞现象。正确的方法是在腹板振捣,使混凝土向下流动,最终在倒角处达到密实的效果。

图3-8　实景图

(2)混凝土振捣采用50型插入式振动器振捣,振捣时应避免振动棒碰撞钢筋、模板,每一处振动完毕后应边振动边徐徐提出振动棒,移动间距不超过30cm,振捣至密实。

(3)混凝土浇筑应连续作业,底板与顶板分两次浇筑,腹板与顶板之间设施工缝。底板顶或顶板面浇筑振捣密实后抹一次面,顶板面在混凝土终凝前再抹一次面并拉毛,防止混凝土收缩裂缝及保证现浇箱梁顶面平整度。

(4)混凝土养护:底板由于需进行顶板的芯模安装施工,无法进行覆盖养护,所以采用洒水养护,在浇筑完成,混凝土终凝后(温度高时为8~10h,温度低时适当延长时间)开始洒水养护,保持混凝土表面湿润状态,养护时间不少于7d。顶板在浇筑完成,混凝土终凝后开始覆盖养护布并浇水养护(保持养护布湿润状态),覆盖养护时间不少于7d。

12)结合面混凝土凿毛、冲洗、养生

浇筑顶板前(支立芯模前)应先凿除施工缝处松散混凝土及钢筋上的混凝土,用水冲净。在浇筑之前用水润湿,并用水泥浆刷一次。

13)安装顶面芯模

模板安装必须拼缝严密,防止混凝土浇筑时漏浆;接缝平整,防止错台。模板必须有足够的支撑,以防止塌模。

14)绑扎、焊接顶层钢筋

顶板底层钢筋现场安装绑扎焊接应在钢筋与模板间设置垫块,垫块应与钢筋扎紧,并互相错开。两层钢筋与底层钢筋之间用短钢筋支垫,保证位置准确。钢筋混凝土保护层厚度应符合设计要求。钢筋制作安装间距及各部尺寸应符合设计及规范要求。

15)设置伸缩缝、护栏、泄水孔、通气孔等预埋筋和预埋件

仔细审查图纸中有关桥梁附属构造的说明,按照设计要求准确设置伸缩缝、波形护栏、混凝土防撞护栏、泄水孔、通气孔、通信设备等的预埋件和预埋钢筋。

16)顶板混凝土浇筑

顶板面浇筑振捣密实后抹一次面,在混凝土终凝前再抹一次面并拉毛,防止混凝土收缩裂缝及保证现浇箱梁顶面平整度。对于超宽桥面,则应当在桥中间设置定位钢筋,控制桥面平

整度。

17）混凝土养生

顶面覆盖养护时间不少于7d。

18）预应力筋张拉、孔道压浆

预应力钢绞线应符合《预应力混凝土用钢绞线》（GB/T 5224—2003）的要求，其力学性能及表面质量应符合设计及规范要求。预应力钢绞线进场应从中任取3盘，并从每盘钢绞线端部正常部位截取一根试样进行表面质量、直径偏差和力学性能试验，试验结果全部合格才能进行正常施工。

预应力筋锚具、夹片和连接器应具有可靠的锚固性能、足够的承载力和良好的适用性。锚具、夹片、连接器进场时，除应具有出厂合格证和质量证明书以核查其锚固性能类别、型号、规格及数量外，还应进行外观检查、硬度检验、静载锚固性能试验，所有试验合格后才能进入场地正常施工。

波纹管进场时除应出具出厂合格证和质量保证书对其类别、型号、规格及数量核查外，还应对其外观、尺寸、集中荷载下的径向刚度、荷载作用后的抗渗漏及抗弯曲渗漏等进行试验，试验合格后才能进入场地进行正常施工。

对于纵向预应力筋孔道，建议采用塑料波纹管，塑料波纹管相对于铁皮波纹管具有不易破裂、不易变形的优点。

预应力钢绞线下料应严格按照设计长度下料，下料完成后按每束预应力筋钢绞线设计数量进行编束，编束时应将钢绞线逐根理顺绑扎牢固，防止互相缠绕。

施加预应力所用的机具设备及仪表应由专人使用和管理，并应定期维护和校验。千斤顶与压力表应配套校验，以确定张拉力与压力表之间的关系曲线，校验应在经主管部门授权的法定计量技术机构定期进行。张拉机具设备应与锚具配套使用，并应在进场时进行检查和校验。对长期不使用的张拉机具设备应在使用前进行全面校验。

张拉时应利用油压表读数来控制，同时以实际伸长量与理论伸长量的比较值做校核。根据应力和伸长的比例关系，实测的伸长量与计算的伸长量相差不大于6%；否则，应查明原因并采取措施调整后，方可继续进行。

（1）滑丝和断丝的预防

①千斤顶与油压表送经主管部门授权的法定计量技术机构定期进行标定校正，保持良好的工作状态。

②千斤顶的卡盘、楔块尺寸应正确，没有磨损勾槽和污物，以免影响楔紧和退楔；锚具尺寸正确，干净无油污，锚环、锚塞仔细检查。

③钢绞线认真梳理，避免交叉混乱，钢丝表面无锈蚀；避免钢绞线在加工过程中出现刻痕、损伤等。锚具安装位置要准确，特别注意，安装夹片时，夹片应均匀分布于钢绞线周围，否则容易出现滑丝现象。锚垫板承压面、锚环对中套等的安装面必须与孔道中心线垂直，锚具中心线与孔道中心线重合。

④千斤顶给油、回油工序一般应缓慢平稳进行，避免回油过猛。

⑤张拉操作按规定进行，防止钢丝受力超限发生拉断事故。

（2）张拉时要注意的安全事项

①张拉和退楔时，与工作无关的人员严禁入场，千斤顶后面不得站人，以防止预应力筋拉断或锚具、楔块弹出伤人。

②严禁摸踩及碰撞力筋，在测量伸长量及拧螺母时，应停止开动千斤顶。

③张拉时，螺丝端杆，套筒螺丝机螺母必须有足够长度。

④千斤顶必须与梁端垫块接触良好，位置正直对称，严禁加设垫块，以防支架不稳或受力不均倾倒伤人。

⑤已张拉完而尚未压浆的梁，严禁剧烈振动，以防出现事故。

⑥油泵运转有不正常情况时，应立即停止检查，在有压的情况下不得随意拧动油泵或千斤顶各部位的螺丝。

19）拆除支架、模板

模板支架的拆除期限应根据结构物特点、模板部位和混凝土所达到的强度来决定。

（1）侧面芯模、外侧模属于非承重侧模板，根据规范要求，在混凝土强度能保证其表面及棱角不致因拆模而受损坏时方可拆除，一般情况下混凝土强度达到2.5MPa即可拆除；

（2）翼缘模板、底板属于钢筋混凝土结构的承重模板，现浇箱梁跨径都在4m以上，根据规范要求，混凝土强度应符合设计强度标准的75%。

（3）对于有预应力的现浇箱梁，则必须在预应力筋张拉、压浆、封锚完成后，且在净浆强度达到设计规定值时方可拆除模板支架。

（4）支架拆除前应清除上面堆放的材料、工具、杂物等，设置警戒区。拆除前必须对工人进行拆除技术及安全交底，拆除时应有组织、有程序地进行，按后装先拆、先装后拆的原则，从跨中往两头、自上而下、先外后里拆除支架，对拆下的支架构配件按规格、型号摆放整齐。

20）浇筑天窗混凝土

（1）在预留天窗时，应充分考虑天窗的大小。天窗应尽可能小，同时要满足使用需要，整块竹胶板要能够顺利取出。

（2）浇筑天窗混凝土之前，应将混凝土接触面仔细凿毛，钢筋焊接要满足规范要求，接头尽可能交错布置。

三、现浇箱梁跨路、跨河施工

连续箱梁常要跨越公路、城市道路、乡村小路、河流施工。在施工当中，应根据实际情况合理布置门洞支架，支架的安全性需要进行仔细验算，支架搭设和拆除要方便快捷，同时，对于跨越不同等级的公路、道路，安全防护措施也要做到位。以下是工程实例，供大家参考。

1.现场情况

温州绕城高速公路北线第七合同北白象枢纽互通C匝道2号桥第10跨需要跨越高西村村路。该村路在甬台温高速修建时应净高不足而在旁边又开挖了一条辅助车道，因此，实际上村道由两条道路组成，如图3-9所示。

图3-9 实景图

具体防护方案和支架搭设方案如下。

1)工程概况

为保证高西道车辆的正常及安全通行,其中××桥第10跨采用门洞式支架进行施工。

2)施工时间

某桥第10跨现浇箱梁施工时间为2007年1月~2007年2月。

3)施工方案

某桥第10跨上跨高西村道,为保证高西村道行人、车辆的通行安全,该两孔处选用门洞式桥架搭设。根据实际情况布置两跨门洞,宽分别为5.7m和4.3m。门洞最大净空为3.9m,纵梁分别采用I40b、I16工字钢,其中I16工字钢在小门洞上方布置,以满足净空需要。

4)交通安全设施

跨高西村道现浇箱梁施工时,既要保证施工生产的正常进行,又要保证高西村道的安全畅通,所以确保工程施工安全与交通安全是跨高西村道现浇箱梁施工的工作重点。项目部将在交通管理部门的指导下,规范布置施工安全标志及交通安全设施。

(1)标志标牌的设置

施工位置村道前方设置"前方施工、限高3.9m"警示、禁令标牌各一块。

(2)施工中的灯光配置

①在门洞顶设置4盏红色警示灯。

②因目前停电频繁,为保证施工及车辆行驶安全,照明用电采用自发电与高压电相配合,保证夜间灯光能够持续。

(3)门洞纵向工字钢的吊装

在C匝道桥第10跨架设贝雷桁架及纵向门洞工字钢时,要保证施工安全。在施工时车辆可以通行,但必须防止空中落物,施工时间2d左右。

(4)其他事项

①跨路线施工的支架顶两侧设置安全网及钢制护栏,以防高空坠物,现浇箱梁的模板安装、钢筋安装、混凝土的浇筑施工均在封闭的安全网内进行。门洞前方设置防撞砂包,确保门洞自身安全。

②施工机械与车辆严格控制在施工允许净高范围内。

③高空作业人员必须系安全带。所有操作程序均应符合相应的施工安全规范要求。

④项目部根据施工的实际情况,设置专职安全管理人员1名,负责施工中的安全生产工作,执行安全生产规程,落实安全生产措施。对所用机具、安全设施及标志进行检查、验收。

⑤施工前对参与上跨施工的施工人员进行一次全面的安全技术交底。坚持做到每天工前安全交底,增强施工人员的安全意识,提高安全生产技术水平。具体施工布置见图3-10。

2. 门洞设置说明

某桥10号孔跨高西村村道,为了安全生产及不影响村道的通行,计划在村道两旁及中间搭建门洞支墩,构建门洞进行现浇箱梁施工。门洞由贝雷片和型钢组成,在贝雷片上均匀布设纵向型钢。

门洞防护图

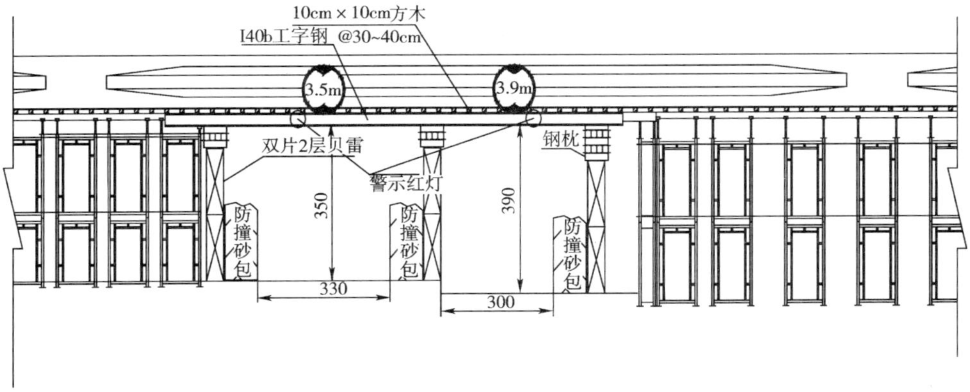

图 3-10　门洞防护图(尺寸单位:cm)

1)门洞受力分析

已知本联现浇箱梁混凝土共计 417.65m^3,钢筋混凝土重度取 25kN/m^3,考虑预压重量是梁体重量的 1.2 倍,则荷载需要乘以提高系数 1.2,则每延米荷载为:

$$q = 417.65 \times 25 \times 1.2/60 = 209\text{kN/m}$$

纵梁可视为与贝雷片简支,因此可将门洞分成两个独立的结构物进行计算。纵梁受力简图如图 3-11 所示。

2)门洞受力计算

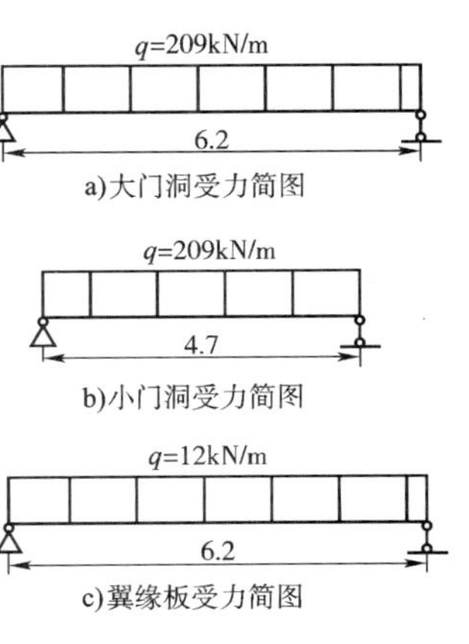

图 3-11　纵梁受力简图

大门洞的纵梁全部采用 I40b 工字钢,而小门洞则采用 I40b 和 I16 工字钢铺设,以满足门洞下方净空的需要。

查《新型五金手册》P127 表 2-3-7 可知,I40b 工字钢截面积 $A = 94.112\text{cm}^2$,惯性矩 $I_x = 22\ 800\text{cm}^4$,截面系数 $W_x = 1\ 140\text{cm}^3$;I16 工字钢截面积 $A = 26.131\text{cm}^2$,惯性矩 $I_x = 1\ 130\text{cm}^4$,截面系数 $W_x = 141\text{cm}^3$。

(1)大门洞受力计算

由图 3-11 可以算出纵梁的最大剪力与最大弯矩:

$$Q_{\max} = 209 \times 6.2/2 = 647.9\text{kN}$$

$$M_{\max} = 209 \times 6.2^2/8 = 1\ 004\text{kN} \cdot \text{m}$$

假设需要 n 档纵梁才能满足施工要求,则 n 要满足以下两式:

$$\sigma = 1\ 004 \times 10^3/(n \times 1\ 140) \leqslant 140\text{MPa}$$

$$Q_{容} = n \times 94.112 \times 10^{-4} \times 85 \times 10^6 \geqslant 647.9\text{kN}$$

求得 $n \geqslant 7$。

(2)小门洞的受力计算

由图 3-11 可以算出纵梁的最大剪力与最大弯矩：

$$Q_{max}=209\times4.7/2=491\text{kN}$$

$$M_{max}=209\times4.7^2/8=577\text{kN}\cdot\text{m}$$

①先计算采用 I40b 工字钢时需要多少档。

假设需要 n 档纵梁才能满足施工要求，则 n 要满足以下两式：

$$\sigma=577\times10^3/(n\times1\ 140)\leqslant140\text{MPa}$$

$$Q_{容}=n\times94.112\times10^{-4}\times85\times10^6\geqslant491\text{kN}$$

求得 $n\geqslant4$。

②再计算采用 I16 工字钢时需要多少档。

假设需要 n 档纵梁才能满足施工要求，则 n 要满足以下两式：

$$\sigma=577\times10^3/(n\times141)\leqslant140\text{MPa}$$

$$Q_{容}=n\times26.131\times10^{-4}\times85\times10^6\geqslant491\text{kN}$$

求得 $n\geqslant30$。

(3)挠度计算

大门洞铺设 7 档 I40b 工字钢时：

$$f=5ql^4/(384EI)=0.012\text{m}$$

小门洞铺设 4 档 I40b 工字钢时：

$$f=5ql^4/(384EI)=0.007\text{m}$$

小门洞铺设 30 档 I16 工字钢时：

$$f=5ql^4/(384EI)=0.018\text{m}$$

要求施工当中设置相应的反拱。

(4)翼缘板受力计算

翼缘板部分拟采用 3 道 I16 工字钢等间距铺设。选取跨径较大的门洞进行计算。由设计图纸可知每边翼缘板截面积为 0.525m^2，钢筋混凝土重度取 25kN/m^3，则该门洞上方每边翼缘板重为 7.6t。

纵向工字钢受力可视为均布荷载。

$$Q_{max}=12\times6.2/2=37.2\text{kN}$$

$$M_{max}=12\times6.2^2/8=57.7\text{kN}\cdot\text{m}$$

$$\sigma=57.7\times10^3/(3\times141)=136\ \text{MPa}\leqslant140\text{MPa}$$

$$\Gamma=37.2\times10^3/(26.131\times10^{-4}\times3)\geqslant4.74\text{MPa}\leqslant85\text{MPa}$$

$$f=5ql^4/(384EI)=0.032\text{m}$$

抗弯强度和抗剪强度均能满足使用需要，挠度偏大，容易造成模板拼缝处漏浆。因此将 I16 工字钢增加至 6 道，此时挠度为 0.016m。

综上所述，大门洞至少需要 7 档 I40b 工字钢作为纵梁。小门洞则需要 4 档 I40b 工字钢或 30 档 I16 工字钢作为纵梁，即采用 I40b 工字钢时，间距≤2.8m，采用 I16 工字钢时，间距

≤0.28m。每边翼缘板处采用6道I16工字钢。

具体布置详见图3-12。

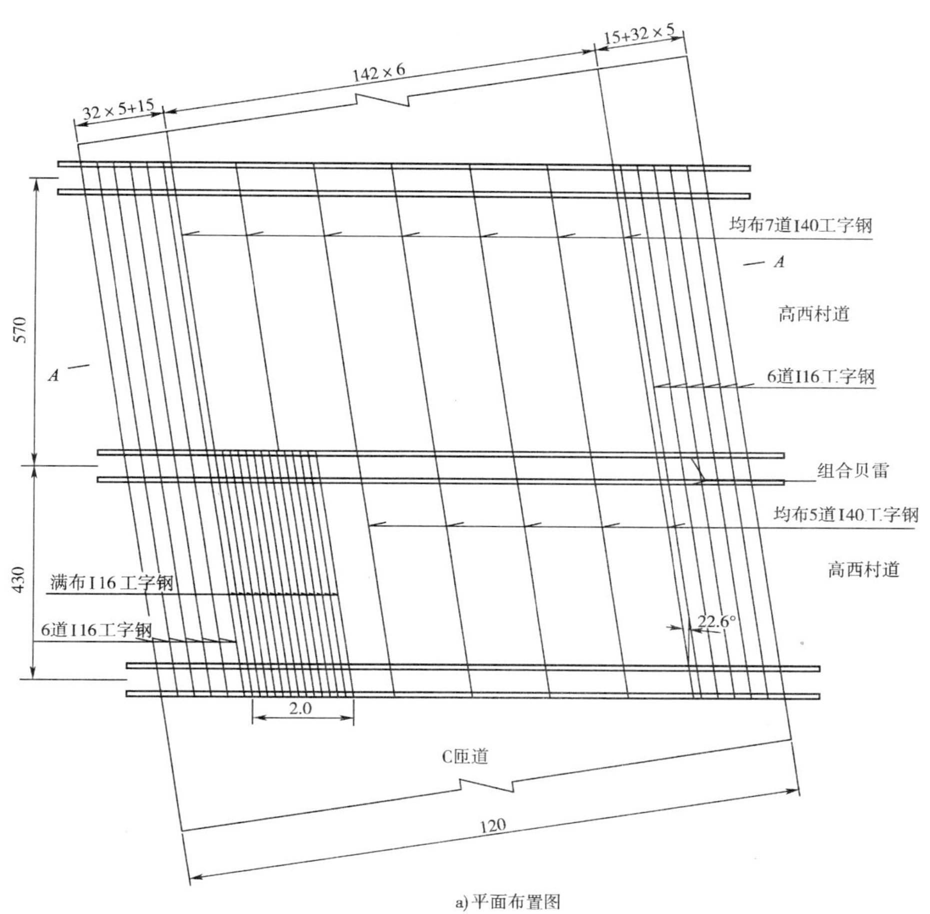

a)平面布置图

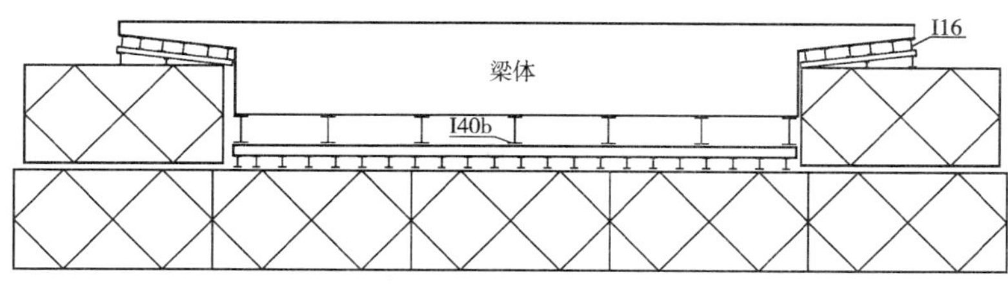

b) $A-A$

说明：(1) 图中尺寸以cm计；

(2) 为保证门洞下方有足够净空，在地面较高的一侧采用满布I16工字钢铺设。

图3-12　施工布置图

图 3-13 预压示意图

搭设完成后的门洞见图 3-13。

经过周密的计划加上施工当中的严格控制，顺利地完成了××桥现浇箱梁的施工任务。

四、施工受力验算

以下是受力验算示例，供大家参考。

1. 支架压弯立杆受力强度计算

1）基础受力计算

本标段地基承载力为 50～80kPa，故我们考虑进行宕渣填筑处理。

换土后地基容许承载力取 $[\sigma_0]$ = 800kPa，参照《公路桥涵设计通用规范》（JTG D60—2004）P263 页。

竖向荷载组合：

$$P = P_1 + P_2 + P_3 + P_4 = 0.74 + 15.68 + 0.015 + 2 = 18.44\text{kPa}$$

换算成底拖底下混凝土应力为（每平方米内混凝土受力面积折算为 0.1m^2）：

$$\sigma = 18.44/0.1 = 184.4\text{kPa} \leqslant [\sigma]\text{（满足要求）}$$

2）荷载计算

排架的荷载组合。

计算强度时：1 + 2 + 3 + 4 + 7。

验算刚度时：1 + 2 + 7。

荷载组合代号说明：

1——模板、木格栅、支架自重；

2——钢筋混凝土的重力；

3——施工人员和施工机具等行走或运输、堆放的荷载；

4——振捣混凝土时产生的荷载；

5——浇混凝土时对侧模产生的压力；

6——倾倒混凝土时产生的水平荷载；

7——其他可能产生的荷载，如冬季保温、设备荷载、风荷载等。

（1）模板、木格栅、排架自重。

模板：采用 1.5cm 厚竹夹板，取值 0.08kN/m^2。

木格栅：顺桥向采用 5cm×8cm 方木，横桥向采用 10cm×15cm 方木，取值 0.1kN/m^2。

支架：门式建筑物自重荷载取值 0.56kN/m^2。

组合自重：P_1 = 0.74kN/m^2。

（2）钢筋混凝土自重：取值 15.68kN/m^2。

（3）施工人员和施工机具等荷载。

按均布荷载取值：0.015kN/m^2。

（4）振捣混凝土时产生的荷载。

按均布荷载取值:2kPa(参照《简明公路施工手册》)。

(5)其他可能产生的荷载,本计算仅考虑风压荷载。

①基本风压值:1 200Pa = 1.2kPa。

②横向风压按下式计算:

$$W = K_1 K_2 K_3 K_4 W_0 \text{(Pa)}$$

式中:W_0——基本风压;

K_1——设计风速频率换算系数,取1.0;

K_2——风载体型系数,取1.3;

K_3——风压高度变化系数,取1.13;

K_4——地形、地理系数,取1.0。

推算得地面处:$W = 2.03$kPa。

(6)施工支架每平方荷载值:

$$0.74 + 15.68 + 0.015 + 0.02 = 16.46\text{kPa}$$

2.竹胶板受力计算

竹胶板截面100cm×0.9cm,竹胶板下方木间距为45cm,所以竹夹板按45cm跨径计算。

(1)活荷载

$$Q = (0.18 + 0.015 + 0.02 + 1.2) \times 0.40 = 0.57\text{kg/cm}$$

(2)静荷载

$$G = 15.68 \times 0.40 = 6.27\text{kg/cm}$$

(3)设计荷载

$$q = Y_G \times G + Y_Q \times Q = 1.2 \times 6.27 + 1.4 \times 0.57 = 8.32\text{kg/cm}$$

(4)受荷载后最大内力

$$M = qL^2/10 = 8.32 \times 40^2/10 = 1331.2\text{kg/cm}$$

(5)抗弯截面模量及应力计算

$$W = bh^2/6 = 100 \times 1.2^2/6 = 24\text{cm}^3$$

$$\sigma = M/W = 1331.2/24 = 5.55\text{MPa} < [\sigma] = 10\text{MPa(符合要求)}$$

(6)挠度计算

竹胶板截面惯性矩:

$$I = bh^3/12 = 100 \times 1.2^3/12 = 14.4\text{cm}^4$$

竹胶板弹性模量:

$$E = 0.1 \times 10.6\text{MPa}$$

$$f = 5qL^4/384EI = 5 \times 8.32 \times 40^4/384 \times 0.1 \times 10^6 \times 14.4 = 0.193\text{cm}$$

$$f/L = 0.193/40 = 1/207 < [f/L] = 1/150\text{(符合要求)}$$

3.纵向方木格栅计算

纵向方木截面5cm×8cm,按40cm间距布置,跨度100cm。

(1)活荷载

$$Q = 0.35\text{kg/cm}$$

(2)静荷载

$$G=(15.68+0.18)\times0.4=6.344\text{kg/cm}$$

(3)设计荷载

$$q=Y_G\times G+Y_Q\times Q=1.2\times6.344+1.4\times0.35=8.103\text{kg/cm}$$

(4)受荷载后最大内力

$$M=qL^2/11=8.103\times100^2/11=7\ 366\text{kg/cm}$$

(5)抗弯截面模量及应力计算

$$W=bh^2/6=5\times8^2/6=53.3\text{cm}^3$$

$$\sigma=M/W=7\ 366/53.3=138.2>[\sigma]=13\text{MPa}(\text{不符合要求})$$

调整为间距 30cm：

$$G=(15.68+0.18)\times0.3=4.758\text{kg/cm}$$

$$q=Y_G\times G+Y_Q\times Q=1.2\times4.758+1.4\times0.35=6.2\text{kg/cm}$$

$$M=qL^2/11=6.2\times100^2/11=5\ 636\text{kg/cm}$$

$$\sigma=M/W=5\ 636/53.3=105.7<[\sigma]=13\text{MPa}(\text{符合要求})$$

即纵向方木 5cm×8cm 布设间距为 30cm。

(6)挠度计算

横向方木截面惯性矩：

$$\text{I}=bh^3/12=5\times8^3/12=213.3\text{cm}^4$$

木材弹性模量：

$$E=0.1\times10^5\text{MPa}$$

$$f=5qL^4/384EI=5\times6.2\times100^4/384\times0.1\times10^6\times213.3=0.378$$

$$f/L=0.378/100=1/265<[f/L]=1/150(\text{符合要求})$$

4. 横桥向方木计算

方木截面 10cm×15cm，按 100cm 间距布置跨度 90cm。

(1)活荷载

$$Q=(0.18+0.015+0.02+1.2)\times0.8=1.132\text{kg/cm}$$

(2)静荷载

按最大荷载处箱梁胶板处计算 $G=1.4\times0.4\times2.5=14\text{kg/cm}$

(3)设计荷载

$$q=Y_G\times G+Y_Q\times Q=1.2\times15.68+1.4\times1.132=20.4\text{kg/cm}$$

(4)受荷载后最大内力

$$M=qL^2/11=20.4\times100^2/11=18\ 546\text{kg/cm}$$

(5)抗弯截面模量及应力计算

$$W=bh^2/6=10\times15^2/6=375\text{cm}^3$$

$$\sigma=M/W=18\ 546/375=49.46\text{g/cm}^2<[\sigma]=13\text{MPa}(\text{符合要求})$$

(6)挠度计算

顺桥向方木截面惯性矩：

$$I=bh^3/12=10\times15^3/12=2\ 812.5\text{cm}^4$$

木材弹性模量：

$$E = 0.1 \times 10^5 \text{MPa}$$

$$f = 5qL^4/384EI = 5 \times 20.4 \times 90^4/384 \times 0.1 \times 10^6 \times 2\,812.5 = 0.062$$

$$f/L = 0.062/90 = 1/1\,452 < [f/L] = 1/150 \text{(符合要求)}$$

五、质量保证措施

1.建立完善的质量保证体系

项目部组织严密完善的职能管理机构，按其正常运转的要求，依据分工负责、相互协调的管理原则，层层落实职能、责任、风险和利益，保证在整个工程施工生产的过程中，质量保证体系正常运作和发挥保障作用。为创优质样板工程，从组织上确保工程优质、安全、高效地建成，我项目部特别组建一支对公路工程测量有着丰富经验的测量队，采用全站仪进行导线点复测、加密，桩位的放样；建立了中心试验室，负责各项试验工作；工程科负责对施工图纸、技术资料、设计变更、工程测量和施工记录的控制和管理，对各个施工班组进行技术交底；质检科负责质量检验工作对工程质量进行监督、检查、评定工作；计划合同科负责施工计划、进度统计、验工计价等工作；财务室负责资金调配、财务管理确保工程正常进行；机料科负责工程所需材料的采购供应、负责施工机械设备管理使用、维修保养及施工用电的保障；安全科负责施工项目的安全工作。

2.采取切实可行的质量保证措施

认真推行质量体系标准化管理，使本分项工程质量管理走上标准化、程序化、规范化、科学化管理道路。

(1)每项工程开工前，认真核对设计文件、图纸，做到对业主负责、对自己负责，确保施工无误。

(2)认真做好技术交底工作，建立以项目总工程师为主的技术系统质量保证体系，层层落实三级技术交底制度。对新到岗人员，无论何时，都坚持先交底后上岗，确保落实，并形成记录。

(3)成立测量小组，专人负责测量工作，坚持换手复测制度。

(4)对进场材料必须做到“四验三把关”，即验规格、验品种、验质量、验数量，材料供应人员把关、技术质检试验人员把关、施工作业人员把关；做到无质保单拒收、质量不合格拒收。机料科建立管理台账，做好材料的产品和状态标识，彻底杜绝不合格产品和非指定产品进场。

(5)严格执行班组自检、工种互检、质检员专检的“三检制度”，做到班组天天自检、工种随时互检、质检员工序交接专检、工序试验验证，严把质量关。质检员要做到：出门随带一笔一本一尺及记录表格；判断有依据，检查有记录，记录符合实际；发现问题及时汇报，跟踪到底；当天完成质检日志。

(6)实行工序逐级签证制，上道工序未经签证，不准进行下道工序施工，每道工序必须经监理签证。

(7)项目经理部每月组织质量大检查一次，并不定期随时抽检，发现问题，及时整改；同时建立整改反馈制度，由质检员、施工员对整改情况进行确认，隐蔽工程必须留声像资料。

(8)建立质量奖罚制度、严肃对待质量事故。

施工过程中，积极开展“比质量、比进度、比安全、比文明”为主题的劳动立功竞赛等多种形式的质量活动，设立奖励基金，对施工劳动中表现出色的个人、施工班组给予物质奖励。

发生质量事故，按照“三不放过”原则，严肃认真处理质量事故。对造成质量事故的有关责任人按公司有关奖罚办法规定处罚，绝不姑息迁就。

六、安全保证措施

1）安全目标

在施工期内，重大安全责任事故发生次数为零。

2）安全保证体系

建立和完善以项目经理为首，设专职安全主任和多名专职安全员和兼职安全员负责安全管理，组织由各部门人员参加的安全生产领导小组开展安全管理活动，承担组织、领导安全生产责任。另外，成立相应的安全组织体系，使整个施工项目做到安全管理无盲区。

项目经理部与各工区、工区的各班组逐级签订安全生产管理目标责任书；建立项目经理、技术负责人、工程队长和班组安全员在内，同各业务范围工作标准挂钩的安全生产责任制和检查监督制度。

（1）项目经理对本合同段劳动保护、安全生产负总责。组织实施安全生产措施，负责对职工进行安全生产教育。

（2）施工队长对所负责区段的劳动保护、安全生产负总责。组织实施安全生产措施，进行安全技术交底，检查生产班组的安全生产情况，负责分析处理一般性事故的工作，发生重伤事故立即上报。

（3）各级安全员要模范遵守安全生产规章制度，领导各级安全作业，有权拒绝上一级的违规指挥，监督检查使用好安全帽、安全带、安全网等劳动保护用具，对生产中不安全因素及隐患要及时解决，不能解决的要及时上报。

（4）进行定期、适时安全生产检查工作。

①项目经理部每月组织一次检查，各班组由班长（安全员）每日进行班前、班后检查，班中督促。

②适时组织季节性劳动保护检查工作，重点是做好夏季的防暑降温，冬季的防寒防冻，汛期的防洪抗台的各项措施的落实情况。

③检查中发现的隐患通过发出安全生产隐患整改通知书、整改通知回执、整改完毕验核记录程序，做到发现隐患逐个得到整改。

（5）安全教育与培训。

①项目经理部经常开展安全生产宣传教育，使广大员工真正认识到安全生产的重要性、必要性，牢固树立安全第一的思想，自觉地遵守各项安全法令和规章制度。

②项目专职安全员经培训持“安全员证书”上岗。

③参加施工的所有人员必须进行上岗前的安全教育。

④特殊工种人员除进行一般安全教育外，还必须进行本工种专业安全技术培训，经考核合格持证后，方可进行独立操作，并按有关规定做好证书的复审、复训管理工作。

（6）事故调查和处理。

发生安全生产事故以及事故苗子，必须按“四不放过”原则进行调查处理。

3)安全责任制

建立项目经理、总工程师、施工员、安全主任、专职安全员、班组长和班组安全员在内,同各业务范围工作标准挂钩的安全生产责任制和检查监督制度,健全本标段上下配套的安全生产管理网络。

设立安全主任、专职安全员对本标段劳动保护、安全生产负总责。认真贯彻执行党和国家有关安全生产的方针、政策、法令、法规。在抓好生产的同时,必须管好安全生产工作,在计划、布置、检查、总结、评比生产的同时,要相应纳入安全生产工作,负责对职工进行安全生产教育。

施工员和兼职安全员对所负区段的劳动保护、安全生产负总责,要组织实施安全生产措施,进行安全技术交底,检查生产班组的安全生产情况,督促工人遵章守纪。负责分析处理一般性事故的工作,发生重伤以上事故应立即上报。

班组长、兼职安全员要模范地遵守安全生产规章制度,领导本组安全作业,有权拒绝上一级的违章指挥,使用好安全帽、安全带、安全网等劳动保护用具,对生产中不安全因素及隐患要及时解决,不能解决的要及时上报。

4)安全措施

(1)高空作业安全管理

支架搭设完成后,在翼缘板外侧设置安全防护栏及安全网,防止人员坠落及物体掉落,搭设支架时若超过安全高度则必须使用安全带。

(2)现场施工机械的安全措施

严格执行《公路筑养路机械操作规程》的各项规定。机械操作人员持公司的操作证上岗,必须正确使用个人劳保用品。

搅拌机必须搭设工作棚、操作台,边缘设置排水沟和渗透水坑。混凝土搅拌机的操纵杆要安装保险装置,砂浆机的进料棚应齐全,机械的传动部应有保护装置。

电焊机与对焊机及切割器材,应采用一机一闸,应设置空气开关作过载保护,二次进线电源接头处用绝缘材料做好防护装置,二次出线使用线卡子夹紧,氧气瓶、乙炔气瓶要有回火防止器。两瓶之间的距离应大于5m,离易燃物应大于15m,离明火作业点应大于30m,焊接作业前应办理动火审批手续,并有专人负责监护工作,操作人员必须持特殊工种操作证方可上岗,严格执行“十不烧”制度,正确使用个人劳保用品。

木工机械:圆锯设置松口刀,轧刨设回弹安全装置,外露传动部位均设置防护装置,所有机械必须随机开关,操作人员必须懂得本机安全操作规程,熟知本机的安全性能。

各机械实行例保制度,损坏后的修理工作由专职机械修理师负责。

(3)施工现场用电安全措施

施工现场用电必须严格遵守建设部JGJ 46—88标准的有关规定,采用三相五线制配电,严禁采用三相三线制。

施工临时用电的布置按施工平面图规定架空设置,杆子用干燥木和水泥杆子,上设角铁横担,用绝缘架设。

施工用电管理,由取得上岗证书的电工操作。必须严格按操作规程操作,无特殊情况不准带电作业。

本工程属公用电网供电,请示有关部门同意后,所有机械设备用电一律采用接地保护和现场重接地保护，接地体一律用两根4cm×4cm角铁，入土深度2.5m，间距2.5m，接地电阻不大于4Ω，并联接入接地线。连接牢固可靠，接触良好，接头处电焊ϕ10mm螺栓紧固，绿黄色线作为接地线。

配电箱一律选用标准箱，挂设高度1.40m。箱前及两侧1m内不准开辟为工作面，门锁应有效，配电箱应作统一编号，并有检查保养记录卡，每10d为一次，按规定做好重复保护接地。

移动电箱的距离不大于30m，做到一机一闸一保护。

下杆箱进线，应设塑料管子做滴水弯，引出线应分清。

单相电气设备设置照明开关箱，配备单相插座，插座上方并接漏电保护开关。移动电器和灯具一律采用绝缘良好的橡皮软线，无接头、无损坏、无碾压现象。

各箱内应明显分开"动力"、"照明"、"单相电器"、"电焊"等使用插座熔断器。

做好用电防雷工作。

(4)模板工程的安全措施

①支模板

立模板与支模操作时，应按工序安装和铺设，支撑不得使用腐蚀、干裂的材料，顶撑要垂直，底端要平整，并加土垫实，木楔要钉实，并用横拉杆和剪刀撑拉牢。

支模时的支撑，拉杆不准连接在支撑、脚手架或其他不稳固的物体上，在浇混凝土过程中，要有专人检查，如有变形、松动等现象，要及时加固和整修，防止塌模伤人。

模板和拉杆没有固定前，不准进行下道工序施工，禁止人员利用拉杆攀登上下。

凡在4m以上高处支模时，必须搭设脚手架和拉设安全网，

在现场安装模板时，所有工具应装在工具袋内，防止高处作业时，工具掉下伤人，不准向上、向下抛掷工具或物品。

支模过程中，如需中途停歇，应将支撑搭头柱头板钉牢。模板上有预留洞者，应在安装完后盖好，并注意不得在脚手架上堆放大批模板材料。

遇六级以上大风时，应暂停高处作业；霜雪后应先清扫施工现场，晾干不滑后，再进行支模作业。

②拆模

拆除模板应待施工人员按试块强度检查，确认混凝土强度已达到拆模强度时，方可拆除，并应按结构程序分段实行控制拆模作业，不得将顶撑全部拆除。

高处复杂性结构模板的拆除应先制订切实可行的安全措施方可作业。

拆除模板应用长撬棍，并不许站在正在拆除的模板上。在拆除系盖梁模板时，要注意防止整块模板掉下，拆模人员应站在合适位置，外拉支撑，防止模板全部掉下伤人。

高处拆模时，操作人员应戴安全带，禁止站在模板的横拉杆上操作，拆下的模板应集中吊运，并加以捆绑，不准随意乱抛，如有预留洞口应随时盖好或设安全网。

拆下的模板应随时清理运走，如不能运走时，要集中堆放，防止碰撞钉角伤人。

(5)钢筋工程的安全措施

①钢筋焊接的安全措施

严格执行焊工作业的安全技术操作规程。用于焊接钢筋的焊机必须有接地保护，以保护操作人员安全，对于焊接导线的焊钳、接导线处，都应可靠地绝缘。

大量焊接时,焊接变压器不得超负荷,变压器升温不得超过60℃。

对焊机,必须开放冷却水,焊机出水温度不超过40℃;排水量应符合要求,天冷时应放尽焊机内存水,以免冻塞。

焊机闪光区域内,须设铁皮隔挡,焊接时禁止其他人员停留在闪光区域内。焊机工作范围内,严禁堆放易燃物品,以免引起火灾。

焊接过程中,如焊机发生不正常响声,冷却系统堵塞或漏水,电压器绝缘电阻过小,导线破裂、漏电等应立即停止作业并进行检修。

②钢筋切断、弯曲、成型的安全措施

切断机切钢筋时材料最短不得小于1m,一次切断的根数必须符合机械的性能,严禁超量进行切割。切断ϕ12mm以上钢筋时,须两人配合操作,人与钢筋要保持一定的距离并把稳钢筋,断料时料要握紧,并在活动刀片向后退时将钢筋送进刀口,以防钢筋末端摆动或钢筋蹦出伤人。不要在活动刀片已开始向前推进时,向刀口送料,否则,既不能断准尺寸,又往往会发生机械或人身安全事故。

钢筋的弯曲:在机械正式操作前应检查机械各部件,并进行正常空载运转,正常后再正式操作。操作时注意力要集中,要熟悉倒顺开关、控制工作盘、旋转的方向及钢筋放置用挡架,工作盘旋转方向配合,不要放反,操作时钢筋必须放在插头的中下部,严禁弯曲超载尺寸的钢筋,回转方向必须准确,手与插头的距离不得小于20cm,机械运行过程中,严禁更换芯轴、销子和变换角度等。在加油和清扫转盘换向时,必须待停机后再进行。

③钢筋绑扎与安装的安全措施

绑扎钢筋和安装钢筋时须注意,不要将钢筋堆放在模板或脚手架的某一部位,以保证安全。

在脚手架上不要随便放置工具、箍筋或短钢筋,避免放置不稳,工具、钢筋滑下伤人。

高处绑扎钢筋时不许站在模板或墙上操作,应搭设脚手架。

尽量避免在高处修整模板和钢筋,在必须操作时要系好安全带,选好位置,人要站稳,防止脱手使人摔倒。

安装绑扎钢筋时,不许碰电线,夜间施工需要有足够的照明。

(6)混凝土浇捣工程的安全措施

浇捣前检查插头振、电线、开关等是否有效。

插头振使用者,在操作时必须戴绝缘手套,穿绝缘鞋,停机后,要切断电源,锁好开关箱。

雨天进行作业时,必须将振捣器加以遮盖,避免雨水浸入电机,导电伤人。

电气设备的安全、拆修必须由电工负责,其他人员一律不准乱动。搬移振动器时,应切断电源后进行。

电源必须固定在平板上,电器开关应装在开工箱内而且便于操作的地方。

各种振动器在做好保护接零的基础上,还应安设漏电保护器。

七、环境保护、文明施工

文明施工是企业管理水平的标志,争创文明施工企业,执行文明施工条例,是各施工队的责任和义务,为搞好本工程的文明施工,采取以下文明施工措施。

(1)建立以项目经理为组长,各部门、班组负责人参加的文明施工管理组织。项目经理是文明施工的第一责任人,全面负责整个施工现场的文明施工管理工作。各部门、班组负责人分别负责本部门、班组的文明施工工作。

(2)加强职工素质教育,加强职工的精神文明教育,认真学习国家的法律、法规。

(3)持证上岗制度。进入施工现场的管理人员、特殊工种施工人员都必须持证上岗,或以明显标记标明各自岗位。

(4)积极推广应用新技术、新工艺、新设备和现代化管理方法,提高机械化作业程度。

(5)施工现场布局合理,有条不紊,主要出入口设置施工警示标志。

(6)施工场地通道平坦畅通,坚持洒水,保证湿润,不扬尘土。

(7)加强交通维护,在各交叉路口设立明显的施工标志,保证施工现场人行道畅通及工地沿线居民和单位出入通道畅通。

(8)保持土地资源,施工场地和便桥尽量在红线范围内布置。

(9)施工驻地生活垃圾、施工现场废物集中堆放,及时处理。

第五节 连续箱梁悬臂法浇筑专项施工方案

一、编制依据

(1)中标通知书、施工合同、招投标文件、设计图纸、招标答疑及有关会议纪要。

(2)对本工程施工现场和周围环境调查掌握的有关资料,包括自然资料、交通环境和人文地理等。

(3)公司现有的施工技术力量、机械装备、人力资源、管理水平及多年的高等级公路桥梁施工经验。

(4)国家或行业现行规范、试验规程、工程质量验收评定标准及施工技术资料,如《公路桥涵施工技术规范》(JTG/T F50—2011)、《公路工程质量检验评定标准》(JTG F80/1—2004)、《公路工程施工安全技术规程》(JTJ 046—95)、《桥涵》(上、下册)。

二、工程概况

某大桥位于千岛湖新安江库区,横跨新安江航道,主桥起点桩号 K9 +906.86,终点桩号为 K10 +349.14,全长 442.28m。其中,主桥上部为 120m +200m +120m 三跨变截面两向预应力混凝土连续刚构。主桥箱梁采用单箱单室断面。横向坡度的变化通过顶板的厚度变化来调整;箱梁顶板宽度 11.7m,底板宽度 6.45m,翼缘板悬臂长度为 2.625m。顶板厚度 28 ~50cm,底板厚度 28 ~120cm。腹板厚度在 0 号梁段横隔板范围内为 100cm,然后从根部到跨中由 70cm 变化到 50cm,边跨现浇段 8m 范围内由 50cm 变化到 222.5cm。跨中梁高 3.8m,支点梁高为 10.5m,箱梁底板上、下缘按二次抛物线变化。

节段划分:0 号段长度采用 12.4m,1 ~4 号段长度均为 3.2m,5 ~9 号段块长度均为 4.0m,10 ~21 号段长度均为 5.0m,悬臂浇筑梁段最大控制重量约为 2 100kN。中跨合龙段长 2.0m,边跨合龙段长 2.0m,边跨现浇段长度为 19.0m。

三、建设条件

1. 水文条件

由于水系属于新安江水库库区，常水位在 95 ~ 105m 之间（黄海高程），历年最高水位 107.76m，最低水位 82m，水位变化幅度较小，流速缓慢。

2. 气候条件

淳安县地处中亚热季风气候北缘。冬夏长、春秋短，最热月为 7、8 月，全年高温（最高气温≥35℃）天数平均为 29d，极端最高气温短时间可达 41.7℃，极端最低气温 -9.5℃。区域内年降水量 1 400 ~ 1 539mm，降水最多季节常在 3 ~ 6 月份梅雨期和 7 ~ 9 月份台风期。各月的平均风速为 1.8 ~ 2m/s（相当于二级风），湖面库区相对大一些，一年中最多风向为偏东风，冬季以东北风为主，夏季以东南风为主，一年中大风（17m/s 以上风速）天数平均为 3 次（近 5 年气象资料附后）。

3. 地理条件

该桥梁施工全部为水上施工。大桥两侧为较陡峭的山体，施工场地狭小。该大桥离千岛湖岸上距离较远，交通运输极为不便。

四、施工方案

1. 指导思想

指导思想：根据该大桥施工图纸设计要求，在确保工程质量、安全及进度的前提下，本着经济合理的原则，从本集团公司现有的设备、材料和以往的施工经验，并参考类似工程的施工方法，经仔细分析、认真讨论后，项目部制订的施工方案如下。

2. 总体施工方案

项目部拟采用在该大桥 0 号台左侧及 3 号台右侧各设置一个备料场地和拌和场地进行混凝土拌和，混凝土出料后直接通过输送泵泵送至浇筑地点，上部结构起吊系统采用塔吊的总体施工方案。

1）拌和场设置

使用原下部结构使用的 0 号台左侧及 3 号台右侧两个拌和场地，并在其基础上将场地高程抬高到 +103m。两个拌和场地总面积约 1 800m^2，可备料约 3 000m^3。在每个备料场临湖一侧安装 2 台强制式 750 搅拌机及 2000 型电脑配料机，在备料场地临湖一侧中间位置设置一台码头吊，用于卸料和给搅拌机上料，如图 3-14 所示。

两个拌和场地如图 3-15 所示。

2）混凝土输送

主墩和 0 号块竖向高度 27.27m，T 构最长为 99m，全桥一次性最大悬臂浇筑方量（5 号块）2 ×81.5m^3。采用直接泵送的方式进行混凝土浇筑。混凝土从拌和机出料后，直接进入拌和机下的输送泵，泵送至主墩承台处。泵管尽头进入重拌仓，重拌后分入设置在承台处的 2 台输送泵，用 2 台输送泵分别向 T 构两头泵送至待浇部位。根据《路桥施工计算手册》，输送泵输送配管的水平换算长度最长为约 280m，而我项目部拟采用的 HBT -60 型输送泵水平输送距离为 1 050m，能够满足施工要求。

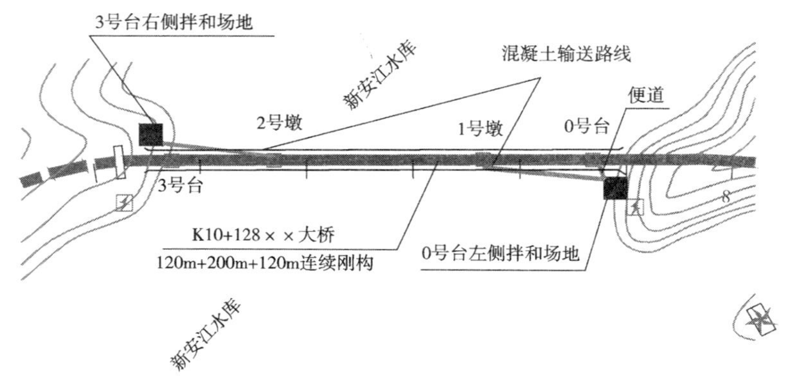

图3-14 施工总平面布置图

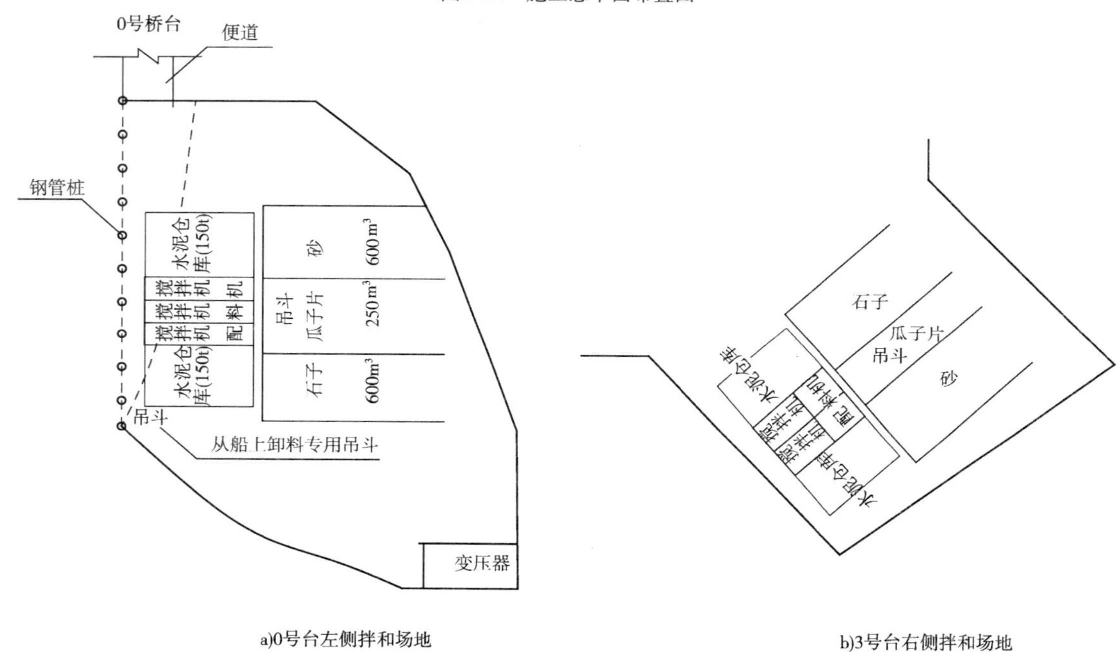

图3-15 拌和场地布置图

3)起吊系统

由于墩身高度16.77m,0号块高度10.5m,总高度为27.27m,因此0号块施工时,需要起重设备配合施工。经调查,千岛湖库区无大型浮吊,因此采用塔吊进行吊装作业,主墩承台上各设塔吊一台,承台浇筑时预埋塔吊基础,并在主墩墩身预埋塔吊固定构件,塔吊起吊高度不小于35m,臂长不小于20m,14.5m处起吊重量不小于10t。

3.施工方法

1)挂篮设计

根据本桥连续梁段设计分段长度,梁段重量、外形尺寸、断面形式和施工荷载等因素,确定采用自锚平衡式菱形挂篮。该挂篮具有节点少、刚度大、变形小、重量轻、施工灵活等优点,挂篮采用普通型钢和易于加工的工艺设计。

本挂篮适用最重梁段 201.8t，最长梁段长度 5.0m，梁顶宽 11.7m，梁底宽 6.45m，适用梁高在 3.8 ~ 10.5m 间变化，采用无平衡重牵引式，每付挂篮自重 70t。

(1)挂篮结构形式

三角挂篮由三角桁架、提吊系统、模板系统及走行锚固系统共四大部分组成。

①三角桁架

三角桁架是挂篮的主要承重结构，桁架由型钢加工而成，分两片立于箱梁腹板位置，其间用角钢组成平面联结系。

②提吊系统

a. 前吊带

前吊带的作用是将悬臂灌注的底板、腹板、顶板混凝土及底模板重量传至桁架上。前吊带采用 ϕL32 预应力精轧螺纹粗钢筋。前吊带下端与底模架前横梁连接，上端吊在前上横梁上，每组吊带用 2 个 20t 螺旋千斤顶及扁担梁调节底模高程。

b. 后吊带

后吊带的作用是将底模模板荷载传至已成箱梁底板。后吊带采用 ϕL32 预应力精轧螺纹粗钢筋，下端与底模架后横梁连接，上端穿过箱梁底板(预留孔)，每个吊带用 2 个螺旋千斤顶及扁担支撑在已成箱梁的底板上。

③模板系统

a. 外侧模

外侧模框架由槽钢与角钢组焊而成，模板围带采用槽钢，模板面板采用 6mm 厚钢板制作。外侧模支承在外模走行梁上，走行梁前端通过吊带挂在前上横梁上，后端通过吊杆悬吊在已灌好的箱梁顶板上(在灌注顶板时设预留孔)，吊杆与走行梁间设有吊架，吊架上装有滚动轴承。挂篮行走时，先将外侧模放落，使外侧模上端放于外侧模走行梁上，下端放于底模上，外模走行梁与外侧模一起沿吊架向前滑行。

b. 内模

内模由内模桁架、竖带、斜支撑以及组合钢模等组成。内模安置在由内模桁架、竖带和斜支撑组成的内模框架上，内模框架支承在内模走行梁上，走行梁前端通过吊带悬吊在前上横梁上，后端通过吊杆吊在已灌好的箱梁顶板上(在灌注顶板时设预留孔)，吊杆与走行梁间设有后吊架，吊架上装有滚动轴承，挂篮行走时，内模走行梁沿吊架向前滑行，待腹板钢筋绑扎完成后，利用倒链将内模沿内模走行梁向前滑行。

c. 底模

底模直接承受悬浇梁段的施工重力，由底模架和底模板组成。底模纵梁由槽钢和角钢组焊成桁架式，底模横梁分前后横梁，采用槽钢制作，底模面板采用 6mm 厚钢板。底模的后横梁通过后吊杆吊在已灌好的箱梁底板上(在灌注底板时设预留孔)，前横梁通过前吊带吊于菱形桁架的前上横梁上。底模架前端连有角钢可组成操作平台，供梁段张拉及其他操作。挂篮行走时，底模通过前后吊装置吊挂于菱形桁架上，与桁架同时向前移动。

④走行及锚固系统

a. 走行系统

在每片三角桁架下的箱梁顶面各铺设一根轨道(轨道用型钢组焊)，轨道锚固在梁体的竖向预应力筋上，主桁前端设有前支座，沿轨道滑行（支座与轨道间点四氟乙烯滑板），主桁后端设有后支座，后支座用反扣轮沿轨道下缘滚动，不需要平衡重，用四个5t倒链牵引，挂篮即可前移。轨道分节长度按梁段长度制作。

b.锚固系统

挂篮的锚固是借用预埋在箱梁的竖向φL32预应力精轧螺纹粗钢筋把轨道锚固在已成箱体上，再通过后锚扁担梁把菱形桁架后节点锚固在轨道上。需锚固的竖向预应力粗钢筋每片桁架用4根，整套挂篮共用16根。

2）挂篮制作、拼装及试压

（1）挂篮制作

为满足设计要求，挂篮由专业厂家生产。对底模前后横梁上的吊带、菱形桁架等重要部位的焊接质量，必须逐一进行探伤检查并加载试验，合格后方可出厂。

（2）挂篮拼装

在墩顶0号段施工完成后（含预应力施工及压浆），挂篮各构件利用塔吊进行吊装工作。安装时注意桥墩两侧的挂篮应对称同步安装，不均衡荷载控制在10t以内。

（3）挂篮预压

对拼装就位待浇混凝土的挂篮，为了消除挂篮的非弹性变形，并测量出挂篮的弹性变形值，以利对箱梁悬浇施工时的高程控制，确定模板的预抬值，必须对挂篮进行预压。预压即是对挂篮在工作时的受力吨位及受力位置进行模拟试验。根据设计要求，预压试验最大荷载选取挂篮设计荷载252t，为悬浇段最大梁重210t的1.2倍，采用袋砂压载，压载在底模上进行。压载时分级对称加载(0,42t,84t,126t,168t,210t,252t)，加载过程中观察并记录吊带、底模、前下横梁的竖向变形，并观测后锚点变形情况。加载完毕后，分级卸载，卸载后观测并计算非弹性变形，最后分析计算各测点各级荷载弹性变形值，绘出挂篮弹性变形曲线，即可求得施工控制数据，为后续施工提供依据。

3）挂篮悬臂施工

（1）挂篮的工作原理

拆除挂篮的外侧模，解除挂篮与梁段的锚固系统，并解除底模与箱梁底板的后锚系统，菱形桁架在牵引系统（倒链）牵引下向前移动到待浇为止，底模与外侧模随菱形桁架同步滑移到待浇梁段位置。利用梁顶竖向预应力筋锚固菱形桁架，同时将底模后端锚固与已浇梁段底部，调整底模前端高程至设计位置，并调整外侧模就位。绑扎底、腹板钢筋并安装预应力管道，支立并调整内模就位，绑扎顶板钢筋并安装预应力管道后，进行梁段混凝土现浇施工。待混凝土达到设计强度后，张拉预应力筋并压浆后，拆除模板，重复以上工序，如此循环推进，直至完成全部梁段施工。

（2）挂篮的前移

待已浇筑梁段强度和弹性模量达到设计要求指标后，对纵向预应力筋张拉并压浆，铺设垫梁和轨道。轨道锚固后，放松底模架前后吊带并将底模架后横梁用2个10t倒链悬挂在菱形桁架后上横梁上；拆除后吊带与底模架的连接，先放松所有后吊带再放松前吊带，用4个5t倒链牵引前支座使菱形桁架带动底模和外上侧模前移就位，然后安装底模后吊带，将底模吊起。解除外上侧模走行梁吊杆前移至预留孔，调整立模高程进入下一循环施工。

(3)挂篮底模、侧模高程、位置控制

当挂篮安装完成后,即可进行模板高程及中线调整。模板控制高程=设计高程+施工预留拱度。设计高程由设计院提供。施工预留拱度由设计院提供的理论预留拱度结合现场挂篮施压测试数值(如弹性变形值)等因素计算而得。

4)具体施工内容

(1)钢筋绑扎、波纹管埋设及穿束

钢筋绑扎必须符合设计要求及有关标准的规定,表面应洁净,不得有锈皮、油漆、油渍等污垢。钢筋弯曲成型后,表面不得有裂纹、鳞落或断裂等现象。钢筋绑扎前,在模板上按图放样定位。绑扎成型时,铁丝必须扎实,不得有滑动、折断、移位等,成型后的骨架必须稳定牢固。按照设计预应力预留孔道的位置及高度设置波纹管定位框,定位框采用 ϕ8mm 钢筋,做成井字形,定位框每隔 50cm 设置一道。接头采用缩节接头,用电工胶带密封。依据施工实际情况,可先安装好波纹管后穿钢绞线,也可先把钢绞线穿进波纹管后一起安装,但均须保证波纹管的位置准确。在钢绞线绑扎过程中,应先预埋锚垫板,位置、尺寸要准确,且使其与波纹管孔道垂直,锚孔中心要对准管道中心。锚垫板压浆孔先塞满棉丝,防止压浆孔漏浆堵塞。钢绞线的切割用砂轮切割机,严禁电焊烧碰钢绞线。在焊接底板或翼板钢筋时,为保证模板不被烧坏,需采取一定的措施(如垫湿棉纱)。钢筋垫块须均匀设置,密度不宜太大,混凝土垫块采用专用塑料垫块,既能确保保护层的厚度,又能减少与箱梁混凝土的色差。严禁钢筋与模板紧贴。

(2)混凝土浇筑

①原材料

主桥箱梁悬灌全部采用泵送混凝土,为防止混凝土泵送过程中堵管和能耗加大,混凝土所选原材料的集料级配,含砂率应满足泵送技术要求,添加泵送剂等外加剂,以增强混凝土的流动性和和易性,加快悬灌施工速度。

②配合比设计

箱梁设计为 C55 混凝土,其配合比由试验室按设计要求,通过实地试验选定,并根据季节、施工条件的变化可作相应的调整。

混凝土的坍落度为 12 ~ 16cm。

混凝土的初凝时间不小于 6h。

混凝土龄期 4d 要求达到设计强度的 85%。

③混凝土拌制和输送

混凝土采用现场拌和、输送泵直接泵送至悬浇梁段。

④混凝土浇筑

为了使后浇混凝土不引起先浇混凝土的开裂,悬浇箱梁梁段混凝土一次浇筑成型,并在底板混凝土凝固以前全部浇筑完毕,也就是要求挂篮的变形全部发生在混凝土塑性状态之间,即可避免裂纹的产生。箱梁梁段混凝土浇筑方法为先底板,再腹板,后顶板分层进行。底板前端及两侧的混凝土采用泵送直接入模,中部由顶板开天窗,通过串筒入模。在腹板中部设“观察窗”,腹板混凝土通过“观察窗”输送入模和捣固,浇筑到一定高度后,封闭“观察窗”,混凝土由顶板处入模。顶板混凝土按常规方法由两侧往中间对称进行浇筑。

每个梁段均搭设工作平台,人员和机具均在平台上操作,以免压坏钢筋及预应力管道。箱梁梁段混凝土浇筑顺序为先梁节后端,后梁节前端,并从两侧向中间推进。浇筑混凝土前,对支架、模板、钢筋和预埋件进行检查,对模板内的杂物、积水和钢筋上的污垢应清理干净。混凝土浇筑时先检查混凝土的坍落度和均匀性,对不符合要求的混凝土坚决不予使用。用插入式振捣混凝土时,振捣器与侧模应保持5~10cm的距离,避免振动棒碰撞模板、波纹管和其他预埋件。混凝土须振捣密实但不得过振。

混凝土的浇筑应连续进行,浇筑混凝土期间,应设专人检查支架、模板、钢筋、预埋件等稳固情况,当发现有松动、变形或移位,及时处理。浇筑混凝土时,填写混凝土施工记录,并做三组试块。混凝土浇筑完成后,对混凝土裸露面及时进行修整,抹平,待其收浆后,即尽快洒水养护,保持混凝土面始终潮湿状态。浇筑混凝土时,混凝土由低往高处浇,先浇筑箱梁底板,后浇筑腹板混凝土,腹板混凝土振捣后设专人检查以防漏振。混凝土的供应速度为30~50m^3/小时,并要保证混凝土的单位小时供应量,以确保混凝土浇筑速度,缩短浇筑时间。

(3)张拉

根据设计要求,张拉时混凝土强度需要达到设计强度的85%以上且龄期不小于7d。但由于工期非常紧迫,从目前的进度形势来看张拉需要在混凝土浇筑4d后就进行张拉,为了使混凝土在4d能够满足强度及弹性模量要求,我项目部采取如下措施:

a.采用高强水泥;

b.采用高性能减水剂;

c.优化试验配合比;

d.对现场结构物进行保温、保湿养护。

①预应力体系

本桥梁体设纵、竖两向预应力。纵向预应力筋:采用16-Φ^{j}15.2、19-Φ^{j}15.2及22-Φ^{j}15.2钢绞线,YM15-16、YM15-19及YM15-22型锚具;竖向预应力筋:采用ϕ32mm精轧螺纹钢,JLM32型锚具。双向预应力的张拉顺序为先纵向后竖向;竖向预应力筋逐根张拉到位,隔7d反复张拉两次。

②穿束

纵、竖向预应力筋穿束前用通孔器疏通预应力管道,并用压缩空气或高压水清除管道内杂质,纵向预应力筋穿束时先将导线穿过孔道与预应力筋束连接在一起,由卷扬机牵引穿束;竖向预应力筋采用人工穿束。穿束后检查预应力筋外露情况,保证两端外露长度基本相同,满足张拉要求,然后安装锚具、千斤顶。

③张拉

本桥纵向预应力筋采用ϕ^{s}15.2高强度、低松弛钢绞线。预应力钢束在箱梁截面应保持对称张拉,张拉时两端要保持同步,采用张拉吨位与延伸量双控。根据设计张拉吨位,纵向预应力束张拉选用YC500型千斤顶。

本桥竖向预应力筋采用ϕ32mm高强精轧螺纹钢,采用单端单根张拉,每根精轧螺纹钢筋锚下控制应力为568kN,亦采用张拉吨位与延伸量双控。竖向预应力张拉选用YDC650型千斤顶。

按照设计图纸要求,预应力筋的张拉程序如下:0→初应力→σ_{con}(持荷2min)→(锚固)。

预应力筋张拉前，先调整至初应力 ε（取设计张拉吨位的 15%），把松弛的预应力钢材拉紧，此时应将千斤顶充分固定，在把松弛的预应力钢材拉紧以后，应在预应力钢材的两端精确地标以记号，预应力钢材的延伸或回缩量即从该记号起量。张拉力和延伸量的读数应在张拉过程中分阶段读出。当预应力钢材由很多单根组成时，每根应作出记号，以便观测任何滑移。预应力钢材实际伸长值 ΔL，除上述测量伸长值外，应加上初应力时的推算伸长值，即：

$$\Delta L = \Delta L_1 + \Delta L_2$$

式中：ΔL_1——从初应力至最大张拉应力间的实测伸长值；

ΔL_2——初应力时的推算伸长值（可采用相邻级的伸长值）。

张拉前，应对混凝土构件进行检验，外观和尺寸应符合质量标准要求。张拉时，应使千斤顶的张拉力作用线与预应力钢绞线的轴线重合一致。张拉时检查波纹管是否有堵塞，对有堵塞的波纹管均先进行处理，检查锚具是否有裂纹、伤痕、锈蚀等，检查无碍后，方可进行张拉前的准备工作，包括安装锚具、夹片等。

（4）孔道压浆

本工程孔道压浆采用真空辅助压浆工艺。钢绞线张拉完毕后，即可对孔道进行压浆。孔道压浆采用 42.5 号水泥，掺加高效早强减水剂，水灰比宜采用 0.35，水泥浆稠度宜控制在 14～18s之间，水泥浆在使用过程中经常搅动。压浆缓慢均匀地进行，压浆时正向压力保持在 0.7～1.2MPa的范围内（梁体竖向预应力孔道压浆的最大压力可控制在 0.3～0.4MPa），管道充满浆体后保持 0.8MPa 的压力，持荷 2min，确保管道压浆密实。压浆过程中，真空泵应保持连续工作。压浆由处于孔道最低点处的压浆孔压入，从处于孔道最高点处的排气孔排出，压浆时，应达至孔道另一端饱满和出浆，并在达到排气孔排出与规定稠度相同的水泥浆为止，同时，留取不少于 3 组试块，标准养护 28d，检查其抗压强度，作为水泥浆质量的评定依据。对埋置在梁体内的锚具，压浆后先将其表面清理干净并将周围的混凝土面凿毛，然后设置钢筋网和浇筑封锚混凝土，封锚混凝土标号与构件混凝土相同，待压浆试块强度达到设计要求后，即可落架，落架时宜由中间向两面边缓慢松开扣件，然后逐步拆除支架。

五、预应力箱梁施工质量通病及预防措施

1. 预应力连续箱梁局部出现裂缝

根据以往的施工经验，我们发现梁体或多或少都存在着一些裂缝，主要出现位置有：0 号块和合龙段过人孔位置、腹板位置、底板位置、翼板根部、齿板下缘口、顶板底部。预应力混凝土箱形结构产生裂缝很常见，但也可避免或减少。因此我们要认真研究施工图，在施工过程中严格控制，避免或减少裂缝。以下就如何防止预应力连续箱梁施工中出现裂缝具体说明如下。

1）底板裂缝

（1）裂缝的形态

裂缝主要出现在底板的 1/2 和 1/4 处，延纵向发展，并在施工阶段即已产生。

（2）裂缝产生的原因

裂缝产生的主要原因有温度变化、混凝土收缩和施工不当等几方面。施工不当是由于支架横梁刚度不足引起，混凝土浇筑顺序一般为先浇底板再腹板、翼板、顶板，当浇筑翼板、顶板时，底板混凝土基本到终凝状态，因上部荷载的传递，使横梁的变形，底板混凝土在尚未有强度

的情况下出现拉应力。

裂缝产生的另一原因是混凝土在凝固过程中产生收缩，因两侧腹板的约束，在底板内部产生自应力而开裂。

(3)防治方法

增加支架横梁的刚度，施工时采取措施减小混凝土的水化热产生。施工时合理安排混凝土浇筑顺序及浇筑速度，使混凝土在浇筑过程中消除部分温差。施工完成后结构外露面覆盖麻袋、海绵等，浇水湿治养护，以加强早期混凝土养护，降低混凝土中水分蒸发速率。夏季施工时集料要洒水降温，冬季施工时混凝土表面应覆盖保温。

2)腹板裂缝

(1)裂缝的形态

该裂缝呈斜向而分布，一般出现在通车以后，如图3-16所示。

(2)裂缝产生的原因

腹板裂缝的产生主要是因为腹板配筋不足或竖向预应力筋张拉应力无法达到设计要求而出现剪切破坏的。如果施工工艺不当，锚具及预应力筋回缩变形可能较大，从而引起预应力损失过大，必然使竖向预应力筋达不到原设计的抗剪能力要求。所以在施工方面应采取措施减少预应力的损失量。

(3)防治措施

采用超张拉的方法，填补预应力的损失。采用多次张拉方法，减少各部位间隙和变形产生的预应力损失。

3)顶板底部裂缝

顶板底部的裂缝常呈纵向发生，如图3-17所示。

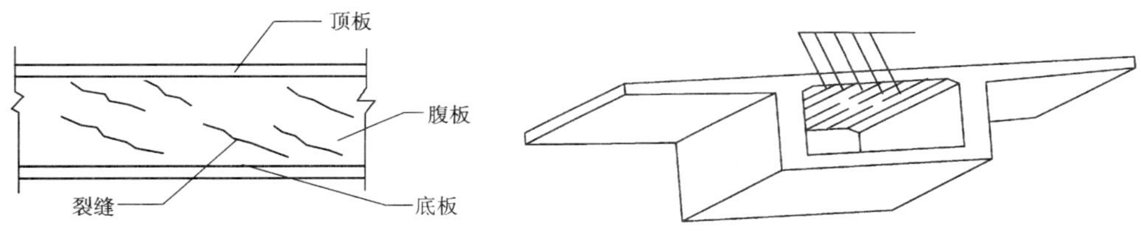

图3-16　腹板裂缝示意图　　图3-17　顶板底部裂缝

箱梁顶板底部出现的纵面裂缝与横截面温度应力有着密切关系。当室内宽度较大时，在强烈的日照下，结构截面的上、下温差很大，在竖向和横向温度荷载的共同作用下，会产生较大的横向温度应力，而且由于纵向预应力管道对截面的削弱作用，使顶板混凝土的横向抗拉能力降低，所以要配置足够的抗温度变形钢筋。

2. 箱梁顶、底板混凝土的厚度及平整度超标

(1)为了保证箱梁顶、底板混凝土的平整度以及顶板混凝土的横坡，在顶板、底板的钢筋上焊接支撑钢筋，然后采用圆钢筋焊接数条轨道，轨道顶高程即为顶板、底板的实际高程。在顶板或底板混凝土浇筑完毕时，采用刮尺、滚筒将混凝土表面整平，然后抹压。

(2)为了防止底板超厚，在底板混凝土浇筑完成后，在底板上设置反压模板，使底板混凝土不会上翻。

3. 箱梁混凝土外观质量不好

为确保箱梁外观质量,所有垫块采用专用塑料垫块。

严格控制模板的拼装质量,接缝之间采用双面胶贴后打磨或采用质量较好的汽车腻子补缝,然后打磨。

适当延长混凝土的拌和时间,保证拌和质量。

对混凝土振捣进行技能培训,增强质量意识。

混凝土养生采用洁净的清水。

4. 预应力张拉误差

预应力管道安装过程中应严格控制,保证定位准确、管道畅通,减少孔道摩阻力。

加强张拉施工控制。千斤顶及油表严格配套标定、配套使用,读表准确、量尺准确。

施工中发现实际伸长量与设计值误差超标,立即停止作业,查明原因。

5. 波纹管内进浆

(1)波纹管接头用比被接长的波纹管直径大一个号的波纹管旋入套接,两端用胶带缠包,防止漏浆。

(2)纵、竖向波纹管与喇叭管连接方式是将波纹管套入喇叭管口直线段处,用棉砂塞实,并用胶布密封。

(3)向波纹管内插入比波纹管内径小 3 ~ 5mm 球,在混凝土浇筑到初凝往返抽动,当混凝土初凝后拔出。

(4)禁止用振捣棒触及波纹管。

6. 波纹管上浮

(1)严格按图纸要求安装定位网及定位钢筋,并在波纹管拐弯处适当加密。

(2)减慢波纹管密集处混凝土的浇筑速度。

六、施工监控

该大桥主桥为 120m + 200m + 120m 连续刚构桥,悬臂施工阶段多、时间长,按照设计要求,箱梁合龙时,两端梁轴线偏差小于 1cm,合龙高差小于 1.5cm。在施工过程中,需要对整个悬臂施工进行系统的施工检测,及时分析数据,提供调整措施,以保证合龙精度,使箱梁实际高程接近设计高程(箱梁施工完成后裸梁顶面高程与对应设计高程高差误差在 3cm 以内)。为此,我项目部在施工中积极配合专业的施工监控单位的工作,做到以下几点:

(1)在悬臂施工过程中,对挠度和施工高程进行施工精密测量,确保测量数据无误。

(2)预应力钢绞线在具体张拉过程中,及时向设计人员提供有关数据,以便核对延伸量,同时也是验证预应力有关参数的准确性。实测延伸量和理论延伸量符合较好,满足设计要求。

(3)将已经施工的实测挠度及高程等参数提前 3d 反馈给设计人员,以便设计人员对将施工阶段的高程进行调整和控制。

(4)悬臂施工按照对称平衡的原则进行,施工过程中应随时注意两悬臂不得出现不平衡荷载。

(5)为了避免不平衡荷载的出现,悬臂施工段除了施工机具外,不得堆放其他物品和材料,以免引起挠度偏差。

(6)在每一梁段施工过程中出现台风预报应停止施工,并做好施工的防台风工作。

七、施工计划及人员设备安排

1. 施工计划

上部结构计划开工日期为2007年3月1日,2007年12月15日结束,实际施工计划根据工程进度情况适当调整,具体施工计划如表3-8所示。

主桥现浇箱梁施工计划表　　表3-8

序号	工序名称	计划			
		开始时间	结束时间	工序时间(d)	备注
1	0号块施工	2007-3-1	2007-4-10	41	
2	挂篮拼装及预压	2007-4-11	2007-4-30	20	
3	悬浇段施工	2007-5-1	2007-11-5	189	9d/段
4	边跨合龙	2007-11-6	2007-11-20	15	
5	中跨合龙	2007-11-21	2007-11-30	10	
6	桥面系	2007-12-1	2007-12-15	15	

2. 人员安排

人员配置见表3-9。

人员配备表　　表3-9

职务或工种	职称	单位	数量	备注
桥梁负责人	高级工程师	名	1	
施工负责人	高级技工	名	1	
试验负责人	工程师	名	1	
质检负责人	工程师	名	1	
测量负责人	工程师	名	1	
质检员	工程师	名	1	
安全员	中级	名	2	
施工员	技工	名	6	
浇捣工	技工	名	18	
张拉工	技工	名	10	
电焊工	技工	名	8	
钢筋工	技工	名	48	
木工	技工	名	18	
起重工	技工	名	12	
电工	技工	名	2	

3. 设备安排

设备配置见表3-10。

设备配备表　　表3-10

机械名称	规格型号	功率、容量或吨位	数量(台)
混凝土搅拌系统	JS750	$50m^3$	4
混凝土泵		$60m^3/h$	3
发电机	120kW	120kW	2
塔吊			2
浮吊		16t	1
码头吊		8t	4
高压水泵	LS30 - 45		2
卷扬机	5t	5t	4
卷扬机	5t	5t	4
电焊机			16
切断机			2
弯曲机			2
张拉千斤顶	YC500	500t	4
张拉千斤顶	YDC650	65t	2
油泵			6
真空压浆泵			2
挂篮			4
吊篮			2
满堂支架		40t	
对焊机			2
插入式振捣器			10
平板式振捣器			4

八、质量保证体系

推行全面质量管理，进行全员质量意识教育，强化每一位施工人员的质量意识；建立严密的质量管理体系，健全并严格执行检测制度，建立完整的自检体系，对每一道工序先进行自检，再报监理工程师认可后，方准进行下道工序施工。严格按规范施工程序施工，为确保工程质量达到优良，针对本标段实际情况，特制订以下措施。

(1)成立以项目经理为首的创优小组，每月进行检查评比，对质量优良的进行奖励，质量不合格的进行处罚。发扬优点，及时改进不足点。

(2)与各施工班组签订质量责任目标，设质量保证金。工程达到目标后对各班组进行重奖，达不到则重罚。

(3)建立以项目经理为主的质量管理体系，认真贯彻 ISO 9000 的文件，广泛开展 QC 小组活动，组织全体施工人员认真学习有关质量标准，验收规范，定期总结和推广成功经验。

(4)建立健全质量管理体系，实行三级质量管理制度，明确各级部门的责任，切实推行全面质量管理，加强质量管理的监督力度，落实质量签证会签制度。

(5)坚持"三检"、"三不"制度，即隐蔽工作检查制、不定期质量抽检制、单项工程竣工检查制，以及材料不合格不施工、上道工序未经验收下道工序不施工、试验不合格下道工序不施工。

(6)切实服从质检部门的监督和指导，积极配合监理工程师的工作。

(7)做好各种材料的试验验收及计量工作，施工中的各种材料需具备质保单并经试验合格审报监理工程师批准后方可使用。

(8)及时填报隐蔽工程检查、工序验收及试验验收记录，请监理工程师及时签证，做好施工日记及各种施工记录。

(9)要特别加强测量放线、钢筋工程、预应力工程及混凝土工程的质量控制和技术把关，使混凝土施工允许偏差控制在设计、规范及部颁质量验收标准要求更高的内控质量验收标准允许的范围内。

(10)做好施工现场交接，进行平面控制点及水准点的复测，建立平面和高程控制网，保护现场桩位，在制度上保证测量复核工作的三级管理制度。

(11)质量体系运行制度。

①质量验收签证制度。

a.各施工工序检查验收前，质检人员提供上道工序的所有有关质量记录(要求已签证认可的)，并要求每道工序验收后及时填写工序质量评定表。

b.工程质检科在工程质量管理中为本工程配备主管质量员若干名，分管各工区质量工作；各工区配备专职质量员，管理日常质量验收工作；各施工班组设兼职质量员，做好自检、互检工作。

c.试验员负责整个工程的试验工作，检查、督促各种采购材料的取样、分析、试验工作，协助材料部门做好各种采购材料的检查工作，把好采购材料进场的质量关，对有关技术指标进行抽样送检，进行混凝土试块的制作、养护、送检及强度评定工作，负责采购材料的文件资料、检验与试验报告的收集、整理工作。

d.材料员负责采购材料的质量验收和检查制度。对采购材料均需有供货单位提供的质量保证书，有关施工技术参数及试验报告等，各种材料进入现场，试验员均按规范要求进行测试工作，并做好抽检及验收工作，无质保单或抽检不合格的采购材料严禁使用，特殊材料应在采购前抽样试验，合格后方可进场使用。

②技术交底工作制度。

根据设计施工图、施工技术规范，编写各工序施工技术方案，编制的施工方案经业主和监理同意批复后方可施工。各分项分部工程施工前，由项目总工组织施工管理人员、质量测试人同及施工班组操作人员进行施工技术交底活动，使全体施工人员了解与掌握设计要求，施工注意事项、质量控制标准及施工操作规程，以保证每道工序的质量均符合控制要求。

③完善的质量问题处理制度。

对忽视质量、不按操作规程或施工方案所引起的，可能对工程造成不良影响的施工活动，工程质检科有权责令其停工或返工。

④工程变更联系单。

施工过程中如发生实际情况与设计不符，工程施工人员提出合理化建议，或材料代用等需变更设计时，以项目部统一的工程变更单以书面提出，未经监理单位和设计单位签证的工程变更均属无效。

⑤文件资料和质量记录的整理，收集工作对各种文件资料和质量记录的分类汇总工作应做到标准统一，查询方便，准确无误，未经检查验收签证的部位一律不得列入完成产值数量，每月月底由质量测试组资料人员负责整理有关质量记录上报项目部。

⑥严格执行质量奖罚制度，认真执行质量一票否决权，确保质量目标实现。

(12)冬季、雨季、夜间施工技术措施。

项目部根据施工总体计划安排于低温、雨季、夜间施工的工程项目，我们将严格按照施工技术规范的要求进行施工。订阅淳安县气象旬报，与气象站保持密切联系，专人监听气象预报，以提前了解天气变化情况，及时调整工作安排，确保低温、雨季、夜间施工在不影响工程质量和总体进度的前提下顺利进行。

①低温施工技术措施。

a. 凡昼夜室外平均气温低于 +5℃ 和最低温度低于 -3℃ 时，一般不得浇筑混凝土。

b. 砂、石材料堆场应保持不积水。

c. 混凝土搅拌时间应比正常温度情况下多增加一些。

d. 浇筑混凝土前，应清除模板内和钢筋上黏附的冰块、雪，做好防风、保温设施。

e. 配制混凝土时，宜掺入早强型外加剂。

f. 混凝土的养护：在低温季节施工期，对灌注完的混凝土及时采取保温措施，必要时采取蒸气养护。

g. 机械加强低温季节保养，对加水、加油润滑部件勤检查、更换，防止设备冻裂。

另外，为防气温突然下降，使工程遭受冻害，在冬季施工，注意天气变化，及时采取防冻措施。

②雨季施工技术措施。

a. 在雨季来临前，根据现场具体情况确定进行雨季施工地段，并编制实施性的雨季施工计划，提交工程师审查批准。

b. 随时保持施工现场排水设施的畅通，及时疏通排水管道，不堵塞现有管线。

c. 混凝土工程，刚浇筑和砌筑完时要覆盖好，必要时采取搭棚防雨，避免雨水冲刷。

d. 备好防雨物品和其他劳保用品。

③夜间施工技术措施。

施工安排时，尽量避免或减少夜间作业。需要连续施工的工程，夜间施工将采取如下措施，确保工程质量和安全。

a. 各级组织机构建立夜间施工值班制度，亲临现场指挥，检查施工。大型项目的夜间施工，做好周密的组织和技术交底，配备足够的资源，确保夜间施工顺利进行。

b. 安装足够的照明设备，保证夜间工作有良好的照明条件。

c. 严格隐蔽工程检查签证制度，夜间必须进行隐蔽工程施工时，事先通知监理工程师到场检查,并办理签证手续。未经监理工程师验收签证,绝不进行下一道工序。

d. 夜间施工,加强复核检查制度,确保技术放样准确无误。

九、安全保证体系

1. 安全施工保证措施

严格控制工程施工,按照一级施工企业标准执行,不发生工程施工安全事故,不发生安全生产死亡事故,避免重伤,因工受伤事故率控制在0.5‰以下,具体措施如下。

(1)树立"安全第一"的思想,抓生产必须抓安全,以安全促生产。项目部成立以项目经理为首的安全领导小组,配备专职安全工程师,负责全面的安全管理工作,负责各项安全工作的落实。做到有计划、有组织地进行预测、预防事故的发生。

(2)建立健全安全生产责任制,从项目经理到生产工人,明确各自的岗位责任,各专职机构和业务部门要在各自的业务范围内对安全生产负责。

(3)加强安全员的安全教育,使广大职工牢固树立"安全第一、预防为主"的意识,克服麻痹思想,组织职工有针对性地学习有关安全方面的规章制度和生产知识,做到思想上重视,生产上严格执行操作规程。各类机械设备的操作工、电工、架子工、起重信号工、焊工等工种,必须经专门安全操作技术训练,考试合格后方可持证上岗,严禁酒后操作。

(4)分部分项工程施工需进行全面且有针对性的书面安全技术交底,交底者、受交底者须履行签字手续。

(5)项目部每旬召开一次安全会议,建立定期安全检查制度,有时间、有要求,明确重点部位、危险岗位,每月进行安全检查。

(6)开展班组"三上岗,一讲评"活动,班组在班前须进行上岗交底、上岗检查、上岗记录的"三上岗";每周一次的"一讲评"安全活动,对班组的安全活动实行考核。

(7)坚持经常和定期安全检查,及时发现事故隐患,堵塞事故漏洞,奖罚当场兑现;坚持以自查为主、互查为辅,边查边改的原则;主要查思想、查制度、查纪律、查领导、查隐患,结合季节特点,重点查防触电、防高空坠落、防机械车辆事故、防汛、防火等措施的落实。

(8)技术部门要严格按照安全生产的要求编制工程项目的施工组织设计,同时编制安全技术措施;对采用的新技术、新材料、新结构、新工艺、新设备要认真编制安全技术操作规程。

(9)通过改进施工方法、施工工艺,采用先进设备等措施,不断改善劳动条件,搞好劳动保护,定期对职工进行体检,预防疾病的发生。

(10)生产、生活设施的现场布置要结合防汛考虑,并在汛期到来前做好各项防范措施。

(11)施工现场有健全电气安全管理责任制度和严格的安全规程。电力线路和设备的选型需按国家标准限定安全载流量,所有电气设备的金属外壳做到具备良好的接地或接零保护,所有的临时电源和移动用电工具安装有效的漏电保护装置,做到经常对现场的电气线路、设备进行安全检查,对电气绝缘、接零电阻和漏电保护器是否完好,指定专人定期测试。

(12)施工现场应设置安全警告牌,进入施工现场须戴好安全帽,上、下沟槽有扶梯,过沟槽设有扶栏的走道板。

(13)现场施工的坑、洞、危险处,设防护设施和明显的警示标志,且不任意移动。

(14)搭设施工脚手架、支撑要按照设计严格执行并加挂检查验收牌,对重要的承重型或支撑结构要经设计验算后确定。

(15)预应力张拉作业时,张拉工作人员要站在钢筋(或钢绞线)两侧,以免钢筋(钢绞线)或锚具弹出伤人。

2. 水上施工安全应急措施

由于本工程处在新安江水库,水较深,在施工中可能出现水上交通安全事故以及其他气象性灾害。为保证工程施工顺利进行,必须制订实际、可行的安全措施以及应急预案。

1)水上安全措施

项目部在水上高空作业,作业人员上班时必须穿救生衣,系好安全带,在工作班组的场地上悬挂救生圈,工人必须戴好安全帽。施工员班前必须有安全技术教育,并记录在案,告知从业岗位存在危险地方,进行上部结构施工时,要有海事部门协助在周边地段设明显的标示、标牌,水上设有浮标、信号灯,固定好各种设备,根据施工设计方案进行操作。

成立专门的安全领导小组。

组建20~30人训练有素的防汛抢险队。

各施工点及各船舶要配对讲机或其他通信工具,随时保证通信联系畅通。

安全事故预防措施:

(1)做好个人劳动保护工作。上施工平台工作必须穿好救生衣,跳板要固定(必要时应装扶手),水上工作平台四周安装栏杆和安全网。

(2)根据"以避(防)为主,以救(抗)为辅,留有余地,自我保护"的原则,制订应对施工湖区异常水文、气象(台风)和复杂湖区环境以及保障内部安全的各项防范措施,包括湖上交通事故、船舶污染、船舶火警、机损故障、人员伤病等的应急预案。

(3)晚间各施工作业点按规定显示灯光照明,避免航行船舶碰撞水中建筑物,在安装灯光照明时应避免强光直射湖面,影响船舶驾驶人员的瞭望。

(4)为安全防风,根据气象台提供的预报风力等信息,在附近水域选择合适的避风锚地避风,风力较大时船舶严禁出航,以确保安全。

(5)各施工作业工区应对有可能发生安全事故的工作进行事故预测,并加强该环节的安全教育和操作规程控制管理。

2)水上安全事故应急预案

安全领导小组直接指挥防汛抢险队第一时间组织抢险,打捞落水人员和设备,确保人员的生命安全。有必要时向附近水上船只求助。

用最快的方法向上级主管部门汇报,同时向当地海事部门汇报,以便实施抢险救护,并向监理工程师、业主进行口头或电话报告。

在2h内以书面形式(电传)报告发生水上事故的地点、时间、事故概况、伤亡人数(姓名、性别、年龄)等基本情况。

在24h内以书面形式报告事故详细情况。伤亡事故按有关规定向当地行政主管部门报告。

事故处理报告:事故处理完毕后,以书面形式提供完整的报告(含事故发生的经过、抢险救护过程、伤亡损失情况、事故处理结果、事故原因、教训、整改措施等)。

设备打捞出水后应及时对设备进行修复,尽快恢复生产;准备材料与保险公司相谈事故理赔事宜。

3)水上突发事故救援程序

(1)应急处置原则,信息畅通、及时掌握、及时控制、措施果断、相应处置、责任到位、讲究策略、及时向上级报告,控制损失。

(2)发生轻伤以上事故后,现场安全负责人必须立即报告上级部门,同时组织自救,采取一切措施防止事故的扩大和蔓延。

(3)项目部接到报告后,迅速通知各相关人员参加现场救援,以尽可能缩小事故影响及损失为原则,同时在整个抢救过程中,负责现场通信和对外联系。

(4)项目部根据事故性质及趋势,向有关部门汇报,寻求社会紧急救援。

(5)项目部到达事故现场后,首先查明现场有无伤亡人员,并以最快速度将伤员救离现场。

(6)救援具体步骤:项目部将立即启用259 号快艇,以最快速度到达出事现场。把伤员护送到排岭镇危险品码头,再由项目部车辆紧急送往人民医院。再派人护运至人民医院急诊室,交由急救中心的医务人员救治。

(7)积极配合当地政府事故调查工作,开展事故调查处理和善后工作。

(8)成立事故调查组,查明事故原因,按"四不放过"原则及有关处理规定,对事故有关人员进行必要的处理。

(9)事故处理结束后,项目部应当组织力量进行抢修,及早恢复施工,减少损失。

水上突发事故救援流程见图 3-18。

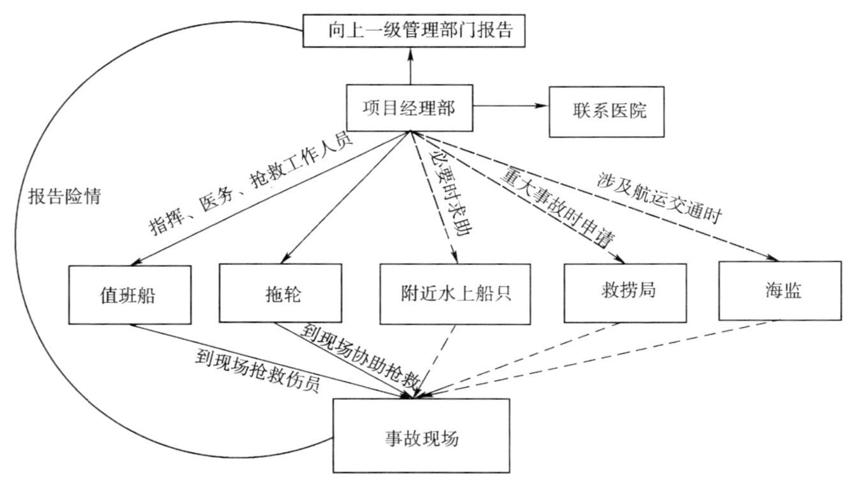

图 3-18　突发事故救援流程图

4)龙卷风、汛情、雾等气象性灾害应急预案

(1)防龙卷风应急预案

①接收到有龙卷风的预报时,启动 2h 一收听气候气象预报;预先选择人员紧急避风点,指派专人加强瞭望,及时加固设备、设施,清除可能被吹动的小型物件。

②龙卷风开始袭击时,迅速组织人员疏散进入紧急避风点,立即切断电源,防止电伤事故的发生;启动紧急救援预案。

③发生人员伤亡时，立即启动安全生产险情及紧急情况反应预案，迅速组织抢险。

（2）安全生产和环境保护目标

①职业健康安全管理目标

a. 重大安全责任事故0案次/年；

b. 千人重伤率0.45‰每年；

c. 无重大设备、火灾、交通、桩墩撞损等事故；

d. 事故负伤率控制在0.6‰以下；

e. 杜绝重大食物中毒事故和重大传染病发生；

f. 遵循安全生产和文明施工方面的法律、法规和规章制度以及对业主和社会的承诺。

②环境目标

a. 污染物排放符合地方和相关部门的要求；

b. 最大限度节约资源、能源；

c. 无重大环境污染的投诉。

3. 高处作业预防措施

（1）从事高处作业人员必须经过三级安全教育，认真阅读安全技术交底资料，了解作业岗位存在的危险性和应采用的预防措施。

（2）搭设高处作业安全防护设施的人员，必须经过专门培训，经考核合格后，持证上岗作业。

（3）遇恶劣天气不得进行露天攀登与悬空的高处作业。

（4）用于高处作业的防护设施，不得擅自拆除；确因作业需要临时拆除，必须经负责人同意，并在原处采取相应的可靠防护措施，完成作业后必须立即恢复。

第六节　连续箱梁移动模架法专项施工方案

一、编制依据范围和原则

1. 编制范围

某大桥镇海侧引桥30m等高度现浇预应力连续箱梁，采用MSS30/660移动模架造桥机进行施工。

2. 编制依据

（1）某大桥招标文件、专用技术规范及项目实施性施工组织设计。

（2）某大桥施工图第三卷第四册第二分册。

（3）《公路桥涵施工技术规范》（JTG/T F50—2011）。

3. 编制原则

（1）根据移动模架施工的特点，结合其他工程项目施工经验，制订科学、合理的工艺流程，通过精细管理，提高箱梁施工质量，确保安全生产，并配置相应的人力、设备、材料资源。

（2）采取平行组织，流水作业施工，科学合理地安排主次施工顺序。

（3）坚持专业化施工，安排经验丰富的专业化施工队伍。

(4)坚持高起点、高标准、高质量、高效率、严要求的标准化施工管理。强化工程施工质量,努力实现优质工程目标,争创国家鲁班奖。

二、工程概况

1.预应力连续箱梁主要尺寸

某大桥镇海侧引桥连续箱梁为单室箱梁,箱梁梁高为2.0m,梁体采用直腹板,箱梁顶板宽12.3m,设2%横坡,箱梁底板宽6.3m,水平布置。箱梁梁体两翼悬臂长度为3.0m。

(1)离支点处纵向1m长度范围内顶板厚度为65cm,在距边、中支点2.0m位置处由65cm渐变为27cm。

(2)离支点处纵向1m长度范围内底板厚度为55cm,在距边、中支点2.0m位置处由55cm渐变为25cm。

(3)离支点处纵向1m长度范围内腹板厚度为80cm,在距边、中支点2.0m位置处由80cm渐变为50cm。

2.施工顺序及节段划分

本方案施工范围为30m现浇预应力混凝土连续箱梁,施工方向为由I04号墩向路线前进方向推进。每联施工节段划分为A、B、C三种节段,节段长度分别为36m、30m、24m。4×30m连续箱梁全联划分4个浇筑节段。

3.主要工程数量

1)混凝土

单幅混凝土数量为首跨297.2m^3,标准跨243.1m^3,末跨189.6m^3。

2)钢筋

单幅钢筋质量为首跨42.6t,标准跨34.9t,末跨26.9t。

3)钢绞线

单幅一跨钢绞线数量约为13.8t。

三、MSS30/660移动模架造桥机介绍

1.简介

MSS30/660移动模架造桥机由郑州华中建筑机械厂设计生产,满足金塘大桥镇海侧引桥30m预应力现浇箱梁的施工要求,该设备的特点是主梁刚度大,支撑架安装方便,能适应多种墩宽及墩厚的墩身。

本机采用桥面下支承,利用两组钢箱梁支承模板,通过主梁携带模架及模板整体横移、纵移过孔。整机配备三套支腿,浇筑混凝土梁体施工时,由两套支腿支撑,后边一套在过孔前,倒移到前方墩身上安装,来满足过孔需要,逐孔施工,循环倒移。整机配备三套液压系统,实现模架自动顶升、横移及纵移动作。

2.主要技术参数

1)主梁竖向刚度及冲击系数

(1)混凝土浇筑状态时主梁最大挠跨比:≤1/600。

(2)混凝土浇筑状态时冲击系数:1.05。

(3)走行时冲击系数:1.05。

2)设计荷载

(1)混凝土施工荷载

①钢筋混凝土梁:217kN/m。

②内模及内支撑:8kN/m。

③施工临时荷载:2kN/m(含人行道走道)。

设计荷载合计 227kN /m。

(2)移动模架造桥机自重荷载

①主梁:42.5t。

②连接梁、安全走道、斜撑杆:4.4 kN/m。

③导梁:3.25kN/m。

④外模、撑杆及千斤顶等:10.3kN/m。

⑤22t 配重:4.14kN/m。

3)风荷载

(1)走行状态计算风压:$q_1 = 0.15\text{kN/m}^2$。

(2)非走行状态计算风压:$q_2 = 0.6\text{kN/m}^2$。

4)安全系数

钢结构强度安全系数 n

(1)基本荷载:$n \geqslant 1.5$。

(2)基本荷载 + 风荷载:$n \geqslant 1.33$。

(3)特殊或工艺荷载:$n \geqslant 1.15$。

(4)抗倾覆安全系数:基本荷载 $k \geqslant 1.5$;基本荷载 + 风荷载 $k \geqslant 1.3$。

5)主要技术参数

(1)现浇梁跨度:首跨 36m,标准跨 30m,末跨 24m。

(2)一次现浇梁重量:首跨 772t,标准跨 632.06t,末跨 492.96t。

(3)适应纵坡/横坡:0.2% ~2.5%。

(4)整机纵移速度:0.5m/min。

(5)整机自重(含安全操作平台):300t。

(6)工作时最大支撑梁反力:316t。

(7)走行时最大支撑辊支承反力:103t。

3.主要工况的计算结果

1)MSS660 主梁强度、变形计算结果汇总

(1)首跨施工

①主梁最大挠度:$f_{max} = 50.1\text{mm}$。

②弯曲应力:$\sigma_{max} = 1\,467\text{kg/cm}^2$。

(2)正常跨施工

①主梁最大挠度:$f_{max} = 44.3\text{mm}$。

②弯曲应力:$\sigma_{max} = 1\,317\text{kg/cm}^2$。

(3)末跨施工

①主梁最大挠度:$f_{max}=50.2\text{mm}$。

②弯曲应力:$\sigma_{max}=1\ 463\text{kg/cm}^2$。

2)整机走行时的稳定性

横向稳定系数:$k=1.38>[k]=1.3$。

4. 结构的组成及主要功能

本机工作状态总体尺寸长70m,宽19m,高12m,自下而上可分为支承架、支承台车、前后导梁、主梁及横联、底模、侧模及后锚固梁、防台风装置、液压系统及工作通道(梯子、平台)等(图3-19)。能实现液压自动顶升、横移及纵移过孔功能,整机可实现前进和后退双向施工要求。

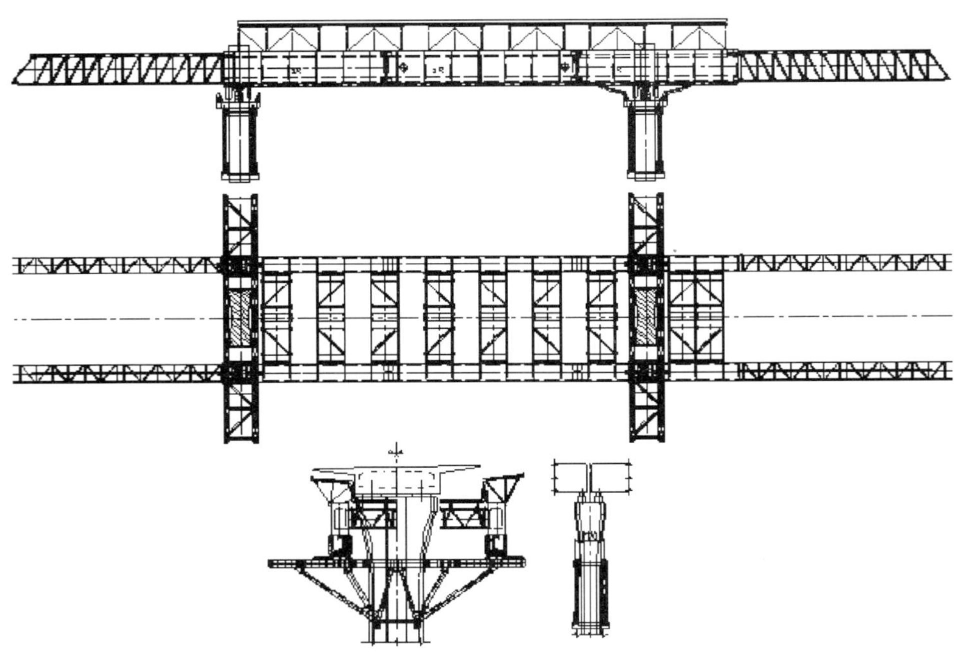

图3-19 模架总图

1)支承架

支承架见图3-20。

支承架起着将整机载荷和施工工作载荷传到桥墩的作用,支承架采用承台支承结构,分为左右两部分,两部分之间采用8.8级高强螺栓连接。托架上平面设有导向滑轨,滑轨上支承着走行台车,便于模架的横向移动,走行台车上装有横移及纵移油缸和模架顶升油缸,均支承在走行台车上,造桥机过孔时,模架顶升油缸可以吊挂在主梁的下部,与主梁一起前移。施工时,顶升油缸将整个模架顶起,使主梁下部轨面离开走行台车500~550mm。移动时,顶升油缸缩回,整体脱模,使主梁坐落在走行台车托轨轮上,以便完成横向、纵向移动。

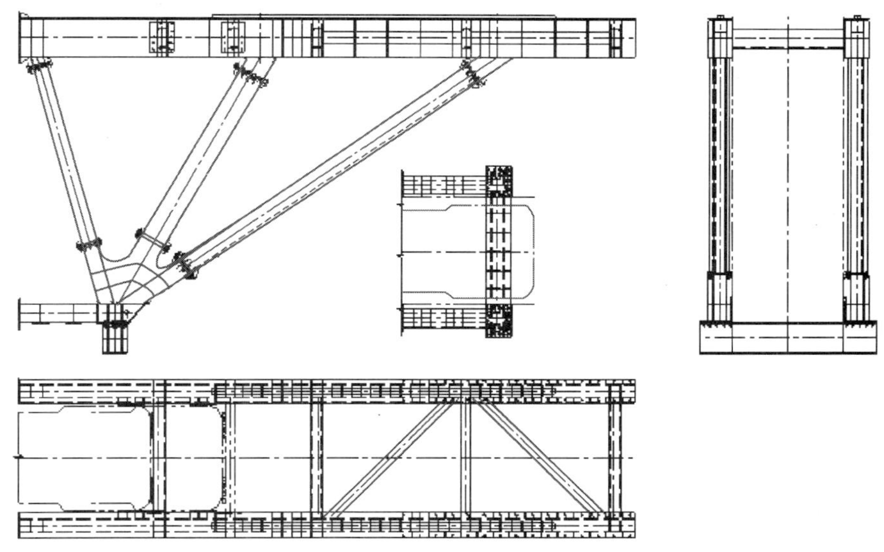

图 3-20　支承架

2）支承台车

支承台车见图 3-21。

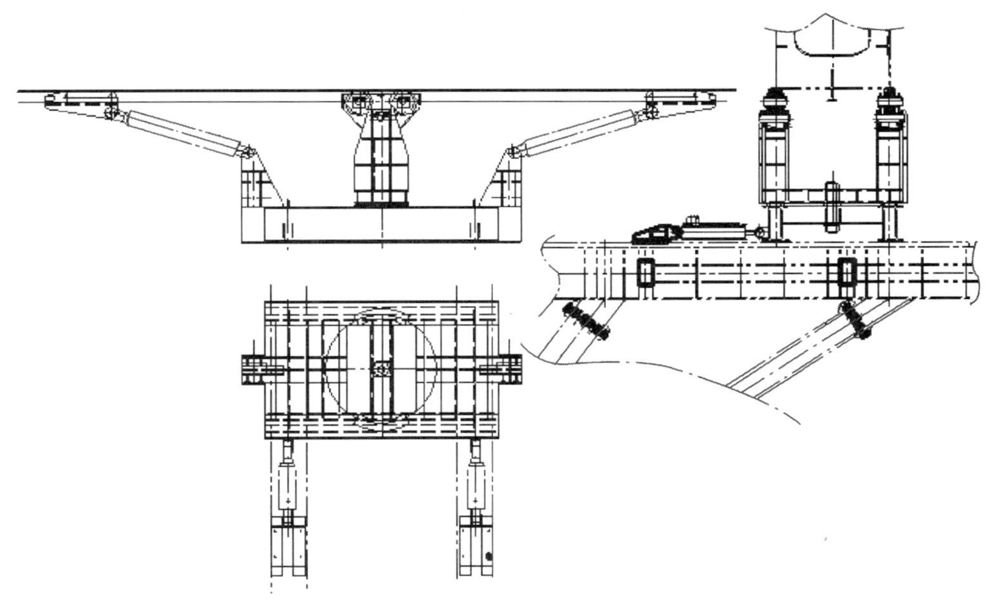

图 3-21　支承台车

走行台车是实现脱模、顶升模架、横向及纵向移动模架的载体。走行台车包括台车架、支承梁、托辊轮箱、横移油缸、纵移油缸、垂直顶升油缸等。台车架为箱形板式结构，下部设有横移滑座，支承在墩旁托架的滑轨上。使支承台车可在墩旁托架上沿桥横向滑动，实现模架横移。台车架内部设有支承梁，支承梁分为内侧支承梁及外侧支承梁，用于支承顶升千斤顶和托辊轮箱。外侧支承梁上设有内外两组托辊轮箱,内侧支撑梁用于分散顶升千斤顶的荷载。

模架的纵向、横向、竖向三个方向移动,依靠几种不同的油缸来实现。模架横移油缸一端安装在支承台车架上,活塞杆另一端与活动安装座相连,活动安装座可在墩旁托架上滑动,插上定位销轴,即可利用油缸来完成支承台车在墩旁托架上的横向移动。模架纵移油缸一端安装在支承台车架的支撑座上,另一端与主梁底部的纵移轨道上纵移活动耳座相连,安装上销轴,即可利用油缸来完成模架的纵向移动。前后两个纵移油缸交替伸缩,前后活动耳座随着油缸的伸缩变换位置,使模架交替向前移动。顶升油缸设置液压锁和机械锁保险,机械锁用伸缩缸上可旋螺母实现微调锁定,配合哈佛保险箍保险,使用方便,安全可靠,以确保混凝土施工时液压系统的绝对的安全。

3)主梁及横联

主梁由2组钢箱梁,18片横向连接桁梁等主要结构组成。每组钢箱梁含3节钢箱和2组接头。钢箱梁高2.4m,宽1.4m,长38m。钢箱梁盖板厚为18mm,腹板厚10mm,下缘设两道宽80mm、厚30mm的轨道板。箱梁内部设纵、横向加劲,以满足主梁的局部稳定要求。箱梁接头采用8.8级M24精制螺栓和拼接板连接。

横梁与主梁之间采用8.8级钢结构用高强螺栓连接,每榀横联分两半,两半之间采用高强螺栓连接,中间设有对位锥销和对位销孔。

4)前后导梁

前后导梁采用三角桁架形式,三角桁梁上弦与钢箱主梁之间采用法兰结构用高强螺栓连接,三角桁梁下弦与主梁采用销轴连接,导梁与导梁之间均采用销连接。

5)配重

两组模架横向分开后,为使每组模架侧向平衡稳定,在钢箱梁外侧走道上加置混凝土人行道板配重,以增加模架在开启过孔状态的横向稳定性,同时满足工作人员通行需要,要求人行道板放置位置准确,块与块钢筋间连接牢固。配重包括:一半横联8.5t,一半底模板撑杆0.9t,一半底模板12.6t,共22t。

6)底模

模架底模承受绝大部分梁体混凝土梁的重量,通过底模螺旋千斤顶将载荷传递给横梁,然后再传递到主梁上。顺桥方向底模板分为11节。螺旋千斤顶安装在底模与横联之间,既可以将底模所承受的载荷传递到底模横联上,又可以用来调节底模的高度用于满足浇筑混凝土箱梁的预拱要求。螺旋千斤顶的调节范围为0~100mm。为脱模及调模方便,顺桥向每相邻两块模板间留5mm间隙,缝隙间用胶条填塞压紧,模板表面现场用快干腻子或原子灰填塞,保证表面光滑并防止漏浆。

墩顶散模、端模现场可用钢板、木模或竹胶模板,模板可用支承件支承在墩顶,墩顶散模与模架模板要求相连可靠。

伸缩缝处的模板仅在施工伸缩缝处时启用,施工其余梁段,其凹槽用竹胶模板填塞并整平,模板表面现场用快干腻子或原子灰填塞,保证表面光滑并防止漏浆。

首跨施工时,将底模D1、F1临时拆除,模板与首墩之间的散模现场可用钢板、木模或竹胶模板,模板可用支承件可支承在墩顶,墩顶散模与模架模板要求相连可靠。

7)侧模及支承

侧模根据梁型尺寸而设计。中间侧模板均为标准模板,每6m一节。侧模的焊接拼装质量满足公路规范的相关要求,容易运输和拆除。支承杆为可调节长度承杆,调节范围为0～300mm,以保证侧模的准确对位和脱模方便。为脱模及调模方便,顺桥向每相邻两块模板间留5mm间隙,缝隙间用胶条填塞压紧,模板表面现场用快干腻子或原子灰填塞,保证表面光滑并防止漏浆。

8)后锚固梁

为使新老混凝土交界处过渡平滑,特设置后锚固梁把梁体老混凝土和模架尾部模板收紧,后锚固梁装置在施工每联正常跨和末跨时启用,每联首跨时不用。

9)安全设施

安全设施包括托架操作平台,两钢箱梁中间的纵向走道,钢箱梁上下人梯,钢箱梁梁顶护栏(现场设置),混凝土箱梁前端操作平台(由工地临时搭设),全部横向联结系下挂设安全网。

10)液压操作系统

液压系统有三种:支腿液压系统(4套)、钢箱梁横移液压系统(4套)、纵移液压系统(2套)。

(1)支腿液压系统

每侧钢箱梁前后各有1套液压系统,共4套,每套含泵站1台,千斤顶2只,共计4台泵站,8只千斤顶。

泵站为高压柱塞泵,最大可提供31.5MPa的压力,配有手动换向阀,保证双顶可单动、双动,调速阀可调整升降速度、同步性,卸荷阀保证提供所需要的压力。

每只千斤顶额定推力180t,行程55cm,配有双向液压锁和机械锁(抱箍或螺旋顶),以保证主梁浇筑混凝土状态万无一失。

千斤顶法兰与活塞杆通过球铰连接,可转动±5°,以保证千斤顶仅受轴向力。

(2)钢箱梁横移液压系统

每侧钢箱梁前后两端各有1套液压系统,每套含泵站1台,油缸2只,共计4台泵站,8只油缸。

泵站为中低压齿轮泵,可提供31.5MPa的压力,配有手动换向阀,保证双顶可单动、双动。每只油缸额定顶力30t,拉力15t,行程30cm,双缸可保证钢梁横移平稳、受力均匀。

(3)纵移液压系统

每侧钢箱梁前端各配纵移油缸2只,共计4只,每只油缸推力30t,拉力15t,行程100cm,纵移速度0.5m/min,油缸进出油口配有快换接头,既起到截止阀的作用,又能使油缸、油管分离而不漏油,方便倒运。

每侧纵移动缸与同侧钢箱梁前后端横移液压系统共用一台泵站,最大工作压力31.5MPa。

液压系统设备配置见表3-11。

液压系统设备配置表　　表 3-11

名　称	规　格	数量	附　注
额定安全顶力 180t 液压千斤顶	活塞 ϕ280/210，行程 660mm	8 台	前支腿 4 台，后支腿 4 台
30t 双作用纵移液压千斤顶	ϕ125/90，行程 1 000mm	4 台	两侧前支点各 2 台用于 MSS660 纵向移动
30t 双作用横移液压千斤顶	ϕ125/90，行程 300mm	8 台	前中支点各 4 台用于 MSS660 梁部横移

注：表中分子为油罐内径，分母为活塞杆外径。

11）电气操作系统

电气系统采用 380V 三相四线制交流电，由主配电柜接入后分两路分别供两侧钢箱梁各个泵站用电，整机总功率约为 75kW。

12）防台风措施

防台风措施只用于非工作状态下，12 级台风的侵袭。要求根据预报在台风来之前，将模架后退至已施工完的梁体跨度内，模架合模并顶升至与梁体贴紧，顶升千斤顶加好保险，装置后锚固梁并收紧，用临时捆绑钢丝绳组将模架捆绑在梁体上，前后导梁分别拉设缆风到前后方墩身上并收紧。

四、MSS30/660 移动模架现浇箱梁施工方案

1. 简述

移动模架施工先从右幅 I04 号～J01 号墩间的首跨开始，右幅施工两跨后，再安排左幅 I04 号～J01 号墩的首跨施工。

每联施工节段划分为 A、B、C 三种节段，节段长度分别为 36m、30m、24m。4×30m 一联共 4 个节段，即 36m＋30m＋30m＋24m，左右幅共 40 个节段。

首跨混凝土方量 297.2m^3，标准跨方量 243.1 m^3，末跨方量 189.6 m^3。混凝土按一次性整体浇筑方法，计划安排 2 台汽车泵同时输送，每小时浇筑速度为 40 m^3，每跨箱梁施工时间约为 6h。

2. 移动模架拼装（采用整体拼装完毕后，整体吊装）

1）安装主梁、导梁

（1）按《拼装步骤图》整平 I04 号～J01 号墩之间的场地，主梁支撑点部位用混凝土浇筑，应满足拼装过程受力需要，保证有足够的承载力，沉降量不大于 1cm。

（2）吊装钢箱梁、导梁，用拼接板、用 8.8 级精制高强螺栓将钢箱梁、横梁连为整体，安装模板及撑杆。

（3）在墩顶准备吊装主梁所需要的设备。

（4）用 8 根 ϕ36mm 的精轧螺纹钢整体吊装。

（5）用试吊法将钢箱梁吊至离地面 1m 高，静态观测 24h 后，检测钢箱梁整体是否变形，螺

栓是否松动。无变化后,继续吊装钢箱梁至移动台车系统顶。

(6)安装支撑梁及支撑梁之间的撑杆。桥墩处支撑架按"支撑架施工步骤图"进行对拉筋张拉。

(7)在支撑架顶摆放移动台车。

(8)用支撑架顶移动台车上的支顶千斤顶起顶钢箱梁。

(9)下落双拼 H80 型钢上的 350t 千斤顶,将钢箱梁落在支撑辊轮上。支撑辊轮与轴之间设尼龙轴承套,要注满含二硫化钼的硅脂做润滑用,并在使用过程中经常检查,确保其能正常滚动。

(10)拆除吊装螺杆等设备。

(11)安装上、下人梯及安全操作平台。

(12)安装液压操作系统和电气系统。

(13)用纵、横移千斤顶调整主梁位置,连接钢箱梁横向连接梁。

(14)调整撑杆确定模板的平面位置与高程。

(15)结构拼装完成后,应进行全面质量检查,填写安装检验合格证书。

(16)第一孔梁施工完后,按过孔步骤过孔。

2)设备拼装时的注意事项

(1)主梁是重要的承重构件,在组装时,应根据设计图纸,安装全部螺栓并拧紧,保证接头处的受力强度。

(2)主梁拼装时为了操作方便,可在两墩之间搭设支架或用方木与型钢垫起,将左(右)半幅主梁与两端鼻梁分节吊装至支架或型钢方木上面拼装。

(3)外模拼装,移动模架外模板由翼缘板、腹板、底板和模板横肋组成,按图组拼。

(4)模架所有部件出厂前应进行试拼,各转动或开合部件应进行试转动或开合,需检验的部件及焊缝等均应检验合格,全部满足设计使用要求以后,并经验收合格方可投入现场使用。

(5)对进入现场的 MSS660 型模架各部件,应避免直接与地面接触,应留 10 ~ 25cm 的净空。

(6)主梁分 3 节运至现场后再拼装成一根主梁,其各节之间 8.8 级精制螺栓连接的形式、规格及技术条件符合国家标准《钢结构用高强度大六角头螺栓》(GB 1228-1231—91)的要求,且有生产厂家出具的质量证明书。

(7)主梁不允许直接存放在地面上,可采用垫木使其悬空,以防止主梁下轨道及其他部位污损。

(8)所有机加工件需防止雨水、灰尘等,包括螺栓、螺母及垫片。

(9)所有液压件需防止雨水、灰尘等,液压软管应存放在室内,长时间高温及潮湿环境会损坏软管。

(10)三脚架支撑及立柱在墩身两侧安装后,张拉 ϕ32mm 高强精轧螺纹钢筋力要均匀且满足设计值,并带上双螺母(立柱可只带单螺母)。

(11)由于移动模架在作业时,受风荷载限制。当风速小于等于 12m/s(6 级)时,设备可正常推进;风速在 12 ~ 22m/s(7 ~ 8 级)时,设备需保持静止,但可施工混凝土箱梁;风速在 22 ~ 30m/s(9 ~ 10 级)时,设备需保持静止;风速大于等于 30m/s(10 级)时,设备要保持静止并要与墩身捆绑牢固。

(12)模架主梁与导梁连接部位的焊接及销板的加工,应严格按照图纸要求进行,销板等材质为16Mn板,下料前要求探伤检查,合格后使用。

(13)梁体在施工过程中,应严格按照施工规范要求和工艺要求进行。

3. 移动模架空载及堆载预压

移动模架安装完毕以后,需对其进行空载及堆载试验。

将安装好的移动模架左右半幅拆分开,然后向前进方向及后退方向各进3m,同时上下调试0.5m,以检查移动模架的强度、刚度和稳定性。

由于两套移动模架的结构设计相同,由同一家厂商制造,施工的30m箱梁结构完全相同,因此只对第一套移动模架进行预压承载试验。预压承载试验的目的:

(1)对移动模架的强度、刚度、稳定性进行检验,以确保施工的安全。

(2)消除移动模架的非弹性变形。

(3)观测支点沉降。

(4)取得移动模架工作的各项参数,绘出移动模架加卸载变形曲线图,计算出移动模架的综合刚度系数,并监测钢箱主梁挠度及加载预压后的挠度变化情况。

综合分析后,设置合理的预拱度,使完成后的箱梁纵向线形保持平顺美观,符合设计要求。

1)预压荷载及范围

加载重量取1.1倍的最大节段箱梁自重,预压加载在30m箱梁的起始段状态,起始段箱梁全长36m,与预压相符的混凝土数量为297.2m^3,质量为297.2 m^3 ×2.6t/ m^3 =772.72t,预压荷载按箱梁自重的1.1倍计,约850t。预压承载试验地点选在I04墩~J01墩跨间的右幅进行。

2)预压材料

预压荷载的材料选用,本着因地制宜的原则,利用我标段混凝土拌和站的黄砂作为预压荷载材料。预压承载试验时直接在料场取砂装袋,每袋可装1 700kg,用16t吊机吊装到平板车上,并计量过磅后运到预压的墩旁边,用50t吊机直接把砂袋吊装到移动模架上,进行堆载预压。砂袋两侧支撑在侧模上,两端采用钢管围护,上下采用拉杆固定。

3)加载

采用分级均匀加载,分三级进行,控制每级加载速度,即25%、75%和100%的加载总重,每级加载后均静载稳定后分别测设移动模架的变形,做好记录。加压过程中注意每个砂袋要均匀加载,防止移动模架偏压。加载全部完成,等到移动模架稳定后,方可进行卸载。

4)变形观测

变形观测是一道重要的程序,预压的结果要通过变形观测得出,仪器采用DS2水准仪+FS1平板测微器+精密铟瓦标尺进行。

(1)测点布置

移动模架观测点分两部分,一部分在横梁上,一部分在主梁上。其中,每组横向连接桁架设左、中、右三个观测点,17根横梁,共51个点;每根主梁设6个点,即1/4处、1/2处、墩旁及悬臂端处,内、外侧主梁分设,共12个点。观测点位用红色油漆标识,再在1.2mm的钢绳下面绑钢筋头悬挂。

(2)测量步骤

预压的变形测量分以下十一个阶段进行：

①预压前，设置变形观测点，做好标识，第一次进行初始数据的测量与记录，监测主梁的挠度值。

②第一级压重213t时，进行第二次观测。

③第二级加重425t(即压重638t)时，进行第三次观测。

④第三级加重212t(即压重850t)时，进行第四次观测。

⑤预压稳定后，进行第五次观测，观测完后准备卸载。

⑥压重卸载至1.0倍结构物自重时，进行第六次观测。

⑦压重卸载至0.8倍结构物自重时，进行第七次观测。

⑧压重卸载至0.6倍结构物自重时，进行第八次观测。

⑨压重卸载至0.4倍结构物自重时，进行第九次观测。

⑩压重卸载至0.2倍结构物自重时，进行第十次观测。

⑪压重全部卸载后，进行第十一次观测，并对各次观测数据进行分析整理，得出移动模架的非弹性变形值及弹性变形值，并确定弹性变形的曲线值，为后续施工提供技术参数。

(3)观测成果

变形观测数据要如实填写在沉降观测记录表上。计算出移动模架弹性变形，移动模架的弹性变形结果用于移动模架预拱度设置(底模起拱)。

(4)变形观测注意事项

①沉降观测仪器为专用精密仪器，由专职测量人员负责。

②测站点要固定，用红漆作标识。

③不能随意更换测量人员，防止出现人为误差。

④专人负责对测点位置的保护。

⑤如实填写观测数据，绘制弹性和非弹性变形曲线。如出现意外数据，应分析原因，不得弄虚作假。

⑥观察过程中如出现局部位置变形过大现象，应立即停止加载并卸载，及时查找原因，采取补救措施。

5)工料机计划

根据本工程数量和进度要求，需要劳动力投入约40人/d，其中装袋25人，现场堆放15人。根据工程的规模及特点，组织足够的机械进场，提高机械效率，设备必须满足施工要求。拟投入本项工程的主要施工机械是：两台50t履带吊机，一台16t汽车吊，一辆平板车等机械设备。

预压承载试验计划于2007年9月15日开始至2007年9月20日完成，实际施工计划根据工程进度情况适当调整。

4. 预拱度设置

根据预压取得移动模架工作的各项参数，绘出移动模架加卸载变形曲线图，计算出移动模架的综合刚度系数，并监测钢箱主梁挠度及加载预压后的挠度变化情况。当移动模架安装完成后，即可进行高程及中线调整。模板控制高程=设计高程+施工预留拱度。设计高程由设计院提供。施工预留拱度由设计院提供的理论预留拱度结合现场移动模架施压测试数值(如弹性变形值)及已完箱梁的实测高程等因素计算而得。每节段施工的高程控制包括三个关键工况:移动模架浇筑前定位高程,混凝土浇筑后高程,预应力张拉后高程。综合分析后,设置合理的预拱度,为使完成后的箱梁纵向线形保持平顺美观,符合设计要求。对前几段施工的箱梁进行监测,并做好记录。

5. 模板制作及安装

1)模板制作要求

(1)外模板由腹板、翼板及其千斤顶支撑拼装组成,采用定型钢模板,底模也采用定型钢模板,底模、侧模与移动模架组装成一个整体。为确保桥轴线及腹板外观线形顺直美观,侧模在使用前应进行试拼,消除拼缝错台现象。

(2)内模板采用钢模板,纵向劲板采用角钢(5cm×5cm),间距为50cm,纵横向采用钢管支撑,并用钢管竖向支撑,钢管横排间距约为70cm,纵向间距为100cm。钢管底部用ϕ20mm钢筋直接支在垫块上,并与底板钢筋焊接。

(3)张拉端端模采用钢模板,并预留钢筋及波纹管孔道,确保锚垫板位置准确就位。封端模板采用4mm钢板,要求表面平整,尺寸准确。

2)模板施工具体要求

(1)支座安装

①支座垫石施工时高程降低3cm,预留3cm作为安装支座时压浆用;当考虑采用垫石与支座整体施工时可不考虑压浆。

②底模支座位置要在模板安装前进行检查,检查内容有:纵横向位置,平整度,同一支座板的四角高差。

(2)底模

底模在正常使用时,应随时用水平仪检查底板的高程、平整度,不符合规定处均应及时整修。及时清除底板表面与橡胶密封处的残余灰浆。在混凝土浇筑前应用空压机吹净底模上的焊渣、杂物等。

(3)外模板

①浇筑前检查:板面是否平整、光洁,有无凹凸变形及残余黏浆,模板接口处应清除干净,无错台现象。

②检查所有模板连接端部和底角有无碰撞而造成影响使用的缺陷或变形,模板竖向法兰焊缝处是否有开裂破损,如有均应及时补焊、整修。

③侧模与底模板的相对位置对准,用顶压杆调整好侧模垂直度,并与端模连接好。

④侧模安装完后,用螺栓连接稳固。调整其他紧固件后检查整体模板的长、宽、高尺寸及平整度等,并做好记录。不符合规定者,应及时调整。

⑤钢模检查其位置准确,连接紧密,侧模与底模接缝密贴且不漏浆。

⑥锚垫板的安装应严格按设计图纸施工,确保每孔梁上锚垫板位置准确无误。

(4)内模

①内模安装应根据模板结构确定,固定要稳固,保证不跑模、不漏浆。

②安装前应先检查模板是否清理干净,是否涂刷了隔离剂。内模拼成整体后用宽胶带粘

贴各个接缝处,以防止漏浆。

③内模安装完后,检查各部位尺寸。

(5)端模安装

端模安装应保证其垂直度,防止变形。安装前检查板面是否平整光洁,有无凹凸变形及残余黏浆。将波纹管及钢筋逐根插入各自的孔内后,进行端模安装就位。安装完成后,再次逐根检查是否处于设计位置。

6. 钢筋的制作安装

(1)为减少在模架上的钢筋安装工作,箱梁的钢筋预先在钢筋加工场地制成平面和立体骨架,立体骨架的焊接必须坚固,以防在运输和吊装过程中变形。用吊机吊装骨架时,为防骨架弯曲变形,需加设扁担梁。

(2)底模安装检查验收合格后,即开始绑扎安装钢筋,现场焊接质量必须严格把关,焊渣及时清除,不能滞留在模板上。钢筋的规格、数量及弯起钢筋的起弯位置必须符合图纸的设计要求。

(3)保护层厚度要满足设计及规范要求,防止钢筋外露或出现保护层不足产生裂缝,保护层采用塑料垫块,要特别重视桥墩连续处的钢筋焊接质量,护栏、伸缩缝等的钢筋预埋位置要准确。

(4)钢筋骨架及箱梁顶底板接长时,应避开受力较大处,并按施工技术规范要求接头错开布置。

(5)用焊接的方法拼装骨架时,用样板严格控制骨架位置,骨架的施焊顺序,应从骨架的中间到两边,对称地向两端进行,并应先焊下部后焊上部,每条焊缝一次成活,相邻的焊缝应分区对称的跳焊,不可顺方向连续施焊。

(6)钢筋在绑扎时以普通筋让预应力筋为原则,先安装底、腹板钢筋,然后安装横隔梁及梁端钢筋,待芯模和波纹管安装后,最后安装顶板钢筋和预埋件。钢筋的搭接及焊接应满足规范要求,钢筋绑扎应横平顺直、间距均匀,并按设计要求施工,扎丝不得伸入保护层内。

(7)按设计图纸要求预埋附属件包括护栏、伸缩缝、防雷装置等,位置应准确。

7. 混凝土施工

1)混凝土的拌和、运输

现浇箱梁混凝土由项目部的两套 HZS90 拌和楼自拌,施工时采用搅拌车运输混凝土,泵车悬臂浇筑混凝土。在混凝土浇筑前要做好和混凝土拌和楼的协调接洽工作,保证混凝土的连续供应,以使浇筑工作快速进行。

2)混凝土浇筑前的准备工作

浇筑混凝土前,全部支架、模板和预埋件位置应按图纸要求进行检查,并清理干净模板内杂物,使之不得有滞水、冰雪、锯末、施工碎屑和其他附着物质。混凝土浇筑前用水对模板进行适当湿润,但模板内不能积水。

3)混凝土浇筑方案

(1)箱梁混凝土强度等级为 C50,坍落度控制在 16 ~ 20cm。混凝土浇筑采用两台汽车泵输送混凝土,浇筑混凝土前,应使所有的液压机电系统都处于正常工作状态,浇筑顺序为:纵向混凝土先从墩顶部位向两端进行;横向先浇筑底板、再腹板,后浇筑顶、翼板混凝土。

(2)底板混凝土先浇筑靠近腹板两侧的混凝土,混凝土从腹板进入;中间部分混凝土从顶模预留孔中进入。为了控制底板混凝土厚度,在脚手架竖向钢管上用红漆标出混凝土面位置。

(3)腹板混凝土浇筑采用斜向分段、水平分层连续浇筑,水平分层厚度不得大于30cm,先后两层混凝土的间隔时间不得超过初凝时间。一般区域使用50型振动棒振捣,钢筋密集区采用35型振动棒。

(4)在浇筑顶板混凝土时,由于箱梁顶面横坡为2%,故施工时应设置高程控制标志,采用纵向布设4道[6.3槽钢控制顶面高程,同时作为提浆滚筒的轨道;在振捣过程中,随时测量,以保证横向线形。箱梁顶面混凝土初凝后用扫把拉毛,要求线条粗细均匀、顺直。

(5)浇筑混凝土进行振捣时,应注意不能破坏波纹管,且不允许管道移位,尤其应避免管道上浮,以达到预应力的预期效果,防止破坏性的局部应力产生。为保证各节段新老混凝土的整体性,在浇筑箱梁新混凝土前,将旧混凝土的接触面凿毛洗净。

4)混凝土施工注意事项

(1)浇筑混凝土期间,应设专人检查支架、模板、钢筋和预埋件等的稳固情况,当发现有松动、变形、移位时,应及时处理。施工期间全过程用水准仪观察支架的下沉及用经纬仪观察支架的位移情况。

(2)混凝土泵送作业时,应使混凝土连续不断地输出,且不产生气泡,泵送作业完成后,管道里面残留的混凝土应及时排除,并将全部设备进行彻底清洗。

(3)施工中注意预埋件的位置,浇筑两部结构时须注意将防撞墙、伸缩缝、排气孔、泄水孔等有关零件预先埋入。支座端要注意安装盆式支座上支座板的预埋钢板和预埋螺栓,并保证位置准确。

(4)浇筑封端混凝土前,应把封端混凝土凿毛,检查确认无漏压的管道,铲除承压板表面的黏浆和锚具外部的灰浆,对锚具进行防锈处理,然后设置钢筋网浇筑封端混凝土。封端混凝土应采用无收缩混凝土,封端混凝土厚度不小于8cm。封端混凝土表面应涂同色防水涂料。

(5)现场取样测定混凝土坍落度,泵送混凝土实测坍落度与要求坍落度波动范围宜控制在±2cm。浇筑时坍落度不在规定界限之内的混凝土不得使用。

(6)混凝土落下的高度不得超过2m,超过2m时应采用导管或溜槽,超过10m时应采用减速装置。导管或溜槽要保持干净,使用过程中要避免混凝土离析。

(7)泵送下料口要及时移动,不得使用插入式振捣棒平拖振捣,否则会严重影响混凝土的匀质性,造成不同部位混凝土在收缩性能上的差异而导致开裂。

(8)振捣器要垂直地插入混凝土内,并要插至前一层混凝土,以保证新浇混凝土与老混凝土的接合良好,插入深度一般为50~100mm。振捣应在浇筑点和新浇筑混凝土面上进行,振捣器插入混凝土或拔出时的速度要慢,以免产生空洞。

(9)不得在模板内利用振捣器使混凝土长距离流动或运送混凝土,以免引起离析,混凝土捣实后1.5~24h之内,不得受到振动。

(10)模板角落以及振捣器不能达到的地方,辅以插针振捣。混凝土振捣密实的标志是混凝土停止下沉、不冒气泡、泛浆、表面平坦。

(11)在混凝土浇筑过程中,需指派专人对设备进行巡视,并定时检测设备各个部分的变形及有无焊缝开裂现象,出现异常应立即查明原因,否则不能继续施工。

(12)混凝土浇筑时重点观测部位有:

①三脚架支撑及立柱的变形。

②后吊梁的变形。

③每组横梁跨中的变形。

5)混凝土的养护

(1)混凝土浇筑完后应立即进行养护,在养护期间,应使混凝土表面保持湿润,防止雨淋、日晒和受冻。待混凝土表面收浆、凝固后即用毛毯覆盖,并根据天气情况,经常在毛毯上洒水。具体养护措施应符合《公路桥涵施工技术规范》(JTG/T F50—2011)、《招标文件专用本》、《某大桥专用施工技术规范》及《某大桥海工混凝土耐久性专项技术规程》等的相关规定。

(2)当日平均气温连续5d稳定低于+5℃时,按冬季施工要求进行混凝土的施工和养护。

(3)夏季施工按《某大桥专用施工技术规范的要求进行》。

(4)箱内混凝土终凝后及时洒水养护,并通风加快内部散发速度,按要求加强混凝土内部温度监控。

(5)混凝土养护要不间断进行,专人负责,养护水要保持清洁,不得被泥浆污染,确保混凝土外观美观。

8.预应力体系

1)纵向预应力钢束布置

全桥纵向预应力束采用15-ϕ515.2、12-ϕ515.2两类钢绞线,钢绞线f_{pk}=1 860MPa,E_p=1.95×10^5MPa,锚下张拉控制应力为1 395MPa,所有钢绞线均采用高密度聚乙烯塑料波纹管成孔,箱梁纵向预应力钢束分为腹板弯起束、顶底板通长束、顶板负弯矩束三种。腹板弯起束及顶底板通长束锚固在施工接缝面上及梁端,顶板负弯矩束分批锚固在顶板梗肋锯齿块上,底板正弯矩分批锚固在底板梗肋锯齿块上。

2)横向预应力筋

箱梁顶板横向预应力束采用3-ϕ515.2钢绞线,钢绞线f_{pk}=1 860MPa,E_p=1.95×10^5MPa,锚下张拉控制应力为1 395MPa,钢绞线采用内尺寸为60mm×23mm的扁波纹管成孔,横向预应力束采用一端张拉,张拉端采用3孔扁锚,固定端采用标准扁形P锚。

3)塑料波纹管和预应力束制作安装

(1)塑料波纹管的制作安装

预应力管道共有两种规格,分别为内径ϕ90mm、60mm×23mm高密度聚乙烯塑料波纹管。波纹管进场时,生产厂家应提供试验报告、质量保证书和合格证,并应对其外观形状、主要尺寸及密封性进行检测。

①安装前,按设计规定的管道坐标进行施工放样,设置定位筋。直线段定位钢筋最大间距不大于80cm,在钢束弯曲段加密定位筋,其间距要求不得大于50cm。

②波纹管的接长连接:采用专用焊机进行焊接或采用本身具有密封性能且带有观测管的塑料结构连接器连接,避免浇筑混凝土时水泥浆渗漏及抽真空时漏气。

③波纹管与锚垫板的连接:用同一材料、同一规格连接头进行连接,连接后用密封胶封口。

④波纹管与排气管的连接:在波纹管上热熔排气孔,然后用同一种材料弧形排气接头连接,用密封胶缠绕;或采用带有排气管的密封连接器连接,其密封性能应满足真空度要求。

⑤所有管道的压浆孔、抽气孔应设在锚垫板上，并用海绵封孔，压浆管、排气管最小内径为20mm。

⑥预应力管道的尺寸与位置应正确，孔道应平顺，端部的预埋钢垫板应垂直于孔道中心线。

⑦管道在模板内安装完毕后，应将其端部盖好，防止水或其他杂物进入，锚固端必须密封，防止混凝土水泥浆渗入。

⑧管道安装完后应用铁丝扎紧。

(2)预应力束的制作安装

①钢绞线以设计孔道长度+张拉设备工作长度+预留锚外不少于100mm的总长度下料。切割时，应在每端离切口30~50mm处用铁丝绑扎，平放用砂轮锯切割。

②钢绞线编束时须按各束理顺，每隔1~1.5m用铁丝捆扎，铁丝扣应向里面弯折，绑好的绞线钢束，应编号挂牌按要求存放。

③钢绞线应对号穿入波纹管内，同一孔道穿束应整束整穿或用穿索机将钢绞线逐根穿入。孔道内应畅通，无水和其他杂物。

④预应力筋安装在管道中后，管道端部开口应密封以防止湿气进入。对于露出部分必须采用胶带密封。

⑤任何情况下；当在安装有预应力筋的构件附近进行电焊时，对全部预应力筋和金属件均应进行保护，防止溅上焊渣或造成其他损坏。

4)张拉压浆

(1)张拉

①预应力钢束的张拉在混凝土达到设计强度的90%以上、弹性模量达到设计的80%以上方可进行，首跨预应力张拉前应进行孔道μ、k值及锚圈口预应力损失等的试验，以便准确计算理论伸长量及实际需要张拉应力值。

②所有预应力的张拉均要求张拉吨位与伸长量双控，以张拉控制为主，伸长量作为校核，实际伸长量与理论值之间的误差应控制在±6%之间，如有超出，应暂停张拉，并查找原因。

所有预应力钢筋严禁漏张、超张、欠张现象出现。

a.张拉前承包人向监理工程师提交详细说明、图纸、张拉应力和伸长量的静力计算，并经审核。

b.张拉工作必须在有监理工程师在场时进行。

③张拉遵循先长束后短束，先腹板束、再底板束、再顶板束的原则进行。

④张拉设备的选择。

a.千斤顶的选择：为保证张拉的安全可靠和准确性，千斤顶的吨位数宜控制在设计张拉力的1.2倍以上。

(a)箱梁纵向预应力束15-ϕ515.2钢绞线，19.53×15×1.2=352t，选用350t以上千斤顶进行张拉。

(b)箱梁纵向预应力束12-ϕ515.2钢绞线，19.53×12×1.2=281t千斤顶，选用280t以上千斤顶进行张拉。

(c)箱梁顶板横向预应力束3-ϕ515.2钢绞线，19.53×3×1.2=70t千斤顶，选用70t以上千斤顶进行张拉。

b. 压力表选用：实际压力表读数 $P_u = (1.5 \sim 2.0 N_K / A_U)$，其中 A_U 为张拉油缸面积，N_K 为张拉力，通过计算可得出压力表的读数。

压力表与千斤顶使用前应校核，并建立压力表读数与张拉力的关系表。

⑤张拉程序。

a. 先将钢丝束略微张拉以消除钢束松弛状态，并检查孔道曲线，锚具和千斤顶是否在一条直线上，要注意钢束中每根钢绞线受力要均匀。

b. 当钢丝束初应力达到 $10\%\delta_k$ 时，再开始正式张拉和量测伸长值，并检查钢丝有无滑动，实际伸长值除量测值外，还应加上初应力时推算的伸长值。以避免虚位移对量测的准确性产生影响。

(a) 张拉程序应遵循以下原则：横向对称分批张拉，均匀分级张拉。

$$0 \rightarrow \text{初应力 } 10\%\delta_k \rightarrow 20\%\delta_k \rightarrow 100\%\delta_k \text{（持荷 2min 自锚）}$$

(b) 如果锚具出现滑丝、断丝或锚具损坏应立即停止操作进行检查，并做好详细记录。

每次张拉后应将下列数据如实记录：油表、千斤顶及油压泵的型号，分级张拉应力值及伸长值读数，在张拉完后的应力及伸长值读数，回缩量（千斤顶放松后保留的伸长值）。

c. 张拉时安全防护措施及注意事项：

(a) 工作锚板、工作夹片与工具锚板、工具夹片不能混用，工作锚板、工作夹片不能作为工具锚重复使用。

(b) 锚具应妥善保管，使用时不得有锈水及其他污物，安装锚具前将锚固夹持段钢丝上的浮锈及污物清除干净，以避免引起滑丝。

(c) 安装锚具时，锚板应与垫板齿口对正，夹片安装后要齐平。

(d) 从施加预应力到锚固后期，除非采取有效屏蔽措施，操作人员不得在锚具正前方活动，不能重力敲打钢丝或锚具。用砂轮切割多余钢丝，禁止用电焊切割。

(2) 压浆

压浆采用真空辅助灌浆工艺进行孔道灌浆，浆体材料应掺入真空灌浆添加剂和阻锈剂。浆体的性能及各种指标满足施工设计图纸、《招标文件专用本》及《某大桥专用技术规范》等的相关要求。

①施工准备工作

a. 应能制造出胶状稠度的水泥浆，压浆机必须能在 0.7MPa 的常压下连续作业。压力表在首次使用前必须及时检查，及时校准。

b. 检查确认材料数量、种类是否齐备，检查机具是否完好。

c. 张拉完成后，切除外露的钢绞线（外露量≤30mm，连续束应考虑连接长度），将密封工具罩安装在锚垫板上进行封锚。工具罩在灌浆后 3h 内拆除并清洗。安装时检查橡胶密封圈是否破损断裂，将密封罩与锚垫板上的安装孔对正，用螺栓拧紧，注意将排气口朝向正上方。

②试抽真空

将灌浆阀、排气阀全都关闭，抽真空阀打开，启动真空泵抽真空，观察真空压力表读数，当管内的真空度维持在 -0.08MPa 时，停泵约 1min，若压力能保持不变即可认为孔道能达到并维持真空。

③水泥浆制作

a.水泥浆的要求:水泥浆的配合比及有关性能应符合规范要求,水泥浆经过3h泌水量不应超过2%。

b.搅拌要求:搅拌水泥浆之前,加水空转数分钟,将积水倒净,使搅拌机内壁充分湿润。搅拌好的灰浆要做到基本卸尽。在全部灰浆出尽之前不得再投入未拌和的材料,更不能采取边出料边进料的方法。

c.装料顺序

(a)先将称量好的水(扣除用于溶化减水剂的那部分水)、水泥、膨胀剂、粉煤灰倒入搅拌机,搅拌2min。

(b)将溶于水的减水剂倒入搅拌机,搅拌3min出料。

(c)水泥浆出料后应尽量马上泵送,否则要不停地搅拌。

(d)必须严格控制用水量,否则多加的水全部泌出,易造成管道顶端有空隙。

(e)对未及时使用而降低了流动性的水泥浆,严禁采用增加水的办法来增加灰浆的流动性。

④灌浆

a.将水泥浆加到储浆罐中引到灌浆泵,灌浆泵高压橡胶管出口流出浆体,待这些浆体浓度与灌浆泵中的浓度一样时,关掉灌浆泵,将高压橡胶管此端接到孔道的灌浆管上并扎牢。

b.关闭灌浆阀,启动真空泵,当真空值达到并维持在-0.06~0.1MPa值时,打开灌浆阀,启动灌浆泵,开始灌浆。灌浆过程中,真空泵保持连续工作。

c.待抽真空端的透明塑料管内有浆体流过时,关闭真空机前端的真空阀,关闭真空机,水泥浆会自动从"止回排气阀"中顺畅流出,且稠度与灌入的浆体相当时,关闭抽真空端的阀门。

d.灌浆泵继续工作,压力达到0.7MPa左右,持压2min完成排气泌水,使孔道内浆体密实饱满,完成灌浆,关闭灌浆泵及灌浆阀门。

e.清洗

拆卸外接管路,清洗真空机的空气滤清器及管路阀门,清洗灌浆泵、搅拌机及所有黏有水泥浆的附件。

⑤注意事项

a.管道压浆应尽可能在预应力筋张拉完成和监理工程师同意压浆后立即进行,一般不得超过3d,孔道一次灌注要连续。压浆工作在一次作业中应连续进行,不得停顿,直到排浆液稠度与压注的浆稠度相同。

b.真空泵采用循环式真空泵,循环用自来水,水温不得超过40℃。当气温或箱体温度低于5℃时,不得进行压浆,水泥浆温度不得超过32℃。灌浆管应选用牢固结实的高强橡胶管,抗压能力大于等于1MPa,压浆时管不能破裂,连接要牢固,不得脱管。

c.浆进入灌浆泵之前应通过筛子。水泥浆自调制至压入孔道的延续时间,不宜超过40min,水泥浆在使用前和压注过程中应保持流动状态。

d.当浆体从孔道抽真空端流出时,应在孔道两端进行排废作业,然后在0.7MPa下保压不少于2min。压满浆的管道应进行保护,使在1d内不受振动。管道内水泥浆在注入后48h内,结构混凝土的温度不得低于5℃,否则应采取保温措施。当白天气温高于35℃时,压浆宜在夜间进行。

e. 孔道压浆应按自下而上的顺序进行。压浆人员要佩戴防护眼镜，以防泥浆喷出伤人。

9. 移动模架推进程序

1）主要施工步骤

（1）MSS 主梁落梁、分离、横移。

①拆除后锚固装置的吊杆。

②拆除墩顶处工地自制的散装模板。

③钢箱梁支承千斤顶同时下落。模板脱离已浇筑梁段，钢箱梁支承在纵移轮箱支撑辊上；拆卸 MSS 中线处的模板、横梁的连接螺栓。检查模架横移装置及模架左右两部分的连接是否完全解除，模架微量横移将 MSS 分成两半。

④MSS 横移开模，左右两半模架要求同步动作，横移过程中要求保证两边距墩中心距离之差不大于 5cm，对称同步外移。

（2）MSS 系统纵移过孔。

①横移到位并检查纵移装置后，启动移动模架纵移机构，整机前移 30m 到位。

②如果整机处于弯桥上，需在模架前进过程中，及时调整前后支撑辊位置，以使整机满足沿曲线移动的要求。

（3）MSS 系统横移合龙、模架顶升就位。

①模架纵移到位后，检查横移装置，启动横移油缸横移合模，要求两侧横移保持同步动作，左右两边距墩中心距离之差不大于 5cm。

②合上两侧底模及主梁间的模架横梁及模板，调整侧模及底模拱度，使之符合要求。

③安装墩位处墩顶散模并检查确保牢固可靠。

④装好后锚固梁，并收紧锚固用预应力高强精轧螺纹粗钢筋，检查模架模板与已浇梁体的密贴情况。

（4）绑扎钢筋、安装预应力孔道、安装内模、浇筑混凝土、养护、张拉预应力。

（5）重复以上步骤进行下一孔施工。

2）支撑架装拆步骤

（1）桥梁施工完一跨后，移动模架纵移过孔到位，在施工下一跨同时，开始用吊车拆除模架后墩身上的移动台车、支撑架。

（2）用卡车将拆下来的移动平台、支撑架运至模架前方桥墩。再用吊车在前方桥墩上安装支撑架及移动平台。

3）推进施工注意事项

（1）两侧模架钢箱梁人行板采用钢筋混凝土人行道板，即承担工作人员荷载，也起压重作用，每侧 22t，配重要沿 36m 钢箱梁均匀设置。

（2）三套支承架安装时，任意一套支承架与另两套支承架连线上的相对高差不大于 1cm，现场应严格控制。

（3）模架安装时，顶面横坡主要是靠外模板来调整，支撑架必须严格按图纸给定的位置进行安装，以免造成千斤顶行程不够。

（4）为避免混凝土梁现浇过程中因钢箱梁挠度影响出现新旧混凝土面错台现象，增设后锚固系统,要求对每根预应力高强精轧螺纹粗钢筋施加10t的预应力,并调节模板撑杆使模板与原混凝土面实现密贴。

(5)精轧螺纹钢使用过程中要采取保护措施,确保安全。如要防止电焊打火、通电和局部损伤等事故,防止在受力时引起脆断。施工时要轻拿轻放。经常检查,发现损伤应及时更换。

(6)为适应混凝土箱梁纵、横坡的变化,顶升千斤顶顶面设计成弧形。模架对接完成后,调整模架纵、横坡,启动支顶箱梁的4台千斤顶。每一支点的2台千斤顶顶力应尽量均匀一致。

(7)模架安装就位时,先横移合模,再起顶调整高程,调好后用机械锁锁紧,配合哈佛保险夹具来实现保险作用。起顶过程中如模架平面位置发生变化,应通过纵、横移千斤顶重新调整使之平整。

(8)模板顶面高程的调整应考虑以下因素的影响:

①混凝土浇筑后,主梁的弹性变形。

②支撑架系统的弹性与非弹性压缩变形。

③预应力张拉对混凝土箱梁线形的影响。

④成桥后的预拱度。

(9)MSS660系统纵向顶推时,一台千斤顶作为顶推千斤顶,另一台作为顶推换位时的保险千斤顶,必须加保护险撑杆,以防止MSS660系统溜坡。浇筑混凝土时,前后纵移千斤顶与钢箱梁连接固定,以防溜坡。

(10)MSS660系统横向移位和纵向过孔应尽可能在短时间内完成,并应在5级及以下风力下完成。作业过程中,必须注意观察支撑架和导梁及与主梁接头部位的变形情况,发现问题,及时处理。每次过孔后应重点检查主梁与横梁连接部位,导梁及与主梁接头部位,看其是否变形损伤或是否有螺栓松动。

(11)此套模板在伸缩缝翼缘处按加厚段设置的,为使模板具有通用性,伸缩缝处的模板仅在施工每联的两个端部有伸缩缝处时启用,施工其余梁段,其凹槽用竹胶模板填塞并平整,模板表面现场用快干腻子或原子灰填塞,保证表面光滑并防止漏浆。

(12)风力大于5级时,应禁止移位和过孔作业,施工中应加强风力预报和现场监测。

10.组织机构设置

为优质高效地完成本段工程的施工任务,根据该工程项目具体情况及施工特点的具体要求,抽调富有桥梁工程施工经验的管理人员及业务骨干,组成精干高效的施工队伍进场,成立30m移动模架施工工区,负责组织实施本分项工程施工。本工区下设施工技术组、安质组、后勤组等职能科室;各专业班组设钢筋班、模架班、混凝土浇捣班、张拉班、起重班。

(1)施工技术组:主要负责执行实施性施工方案、图纸的有关要求,编制月施工计划;负责班组技术交底、现场技术指导、测量放线、现场试验等工作。

(2)安质组:负责制订保证施工质量及安全的规定、制度,并对施工现场的质量及安全进行有效控制,最终达到质量及安全的目标。

(3)后勤组:编制材料计划、采购各种材料、保障工程施工顺利进行,并对现场各材料的使用,保管、现场堆放进行管理。负责机械的调配、维修和管理,为工程的顺利实施做好保障工作。负责日常事务,组织参加项目部的生产例会,组织施工和安全生产及治安、保卫工作,做好职工生活、食堂卫生等工作。

(4)模架班:负责箱梁的外模及芯模的制作安装及落模,箱梁模板支架的搭设、拆卸工作,及支座安装等工作。

(5)钢筋班:该班组负责箱梁钢筋的加工、制作、安装工作。

(6)混凝土浇捣班:该组负责支点基础处理,箱梁的浇筑、混凝土养生等工作。

(7)张拉班:该班组负责波纹管制安、穿束、预应力钢绞线的张拉、压浆封锚等工作。

(8)起重班:该班组负责移动模架的拼装、过孔、移动就位及移动模架的保养等工作。

11. 工程进度安排

本施工段计划开工日期为2007年9月底(不含组装、预压施工预备期),2008年6月30日结束,实际施工计划根据工程进度情况适当调整。

根据本项目的实际施工情况,投入两套移动模架。

每孔施工作业周期:

(1)整机横移及纵移到位——0.5d。

(2)关闭模架及模板、调模、安装散模——0.5d。

(3)底板、腹板钢筋绑扎,布束——1.5d。

(4)立芯模——0.5d。

(5)绑扎顶板钢筋、布顶板束——1.0d。

(6)浇筑混凝土——0.5d。

(7)养生——7d。

(8)张拉预应力束、压浆——0.5d。

单孔施工周期为12d。

五、质量保证措施

为确保本工程质量达到优良工程和国家优质工程鲁班奖的目标,将采取以下质量保证措施。

1. 自检体系的建立

建立"横向到边、纵向到底、控制有效"的质量自检体系。

项目部组织严密完善的职能管理机构,按照质量保证体系正常运转的要求,依据分工负责、相互协调的管理原则,层层落实职能、责任、风险和利益,保证在整个工程施工生产过程中,质量保证体系的正常运作和发挥保障作用。

2. 质检人员的配备

按相关规定配备充足的质检人员。

3. 技术制度和质量控制机制的建立

(1)建立以项目总工程师为主的技术系统质量保证体系,层层落实三级技术交底制度。

(2)严格实行以试验室为主的质量检测系统,做到每道工序均有专门试验检测人员监督,确保工程质量。

4. 质量责任制

(1)项目经理部制订各部门、各岗位质量责任制,明确规定各部门以及每个员工在质量管理中必须完成的任务、承担的责任和赋予的权限，把质量管理的每项工作，具体地落实到每个部门、每个人员身上，同时把质量作为评比业绩时一项重要的考核指标。

（2）明确管理责任，强化质量管理职能，完善激励机制，充分发挥项目经理部管理人员的主观能动性。

5. 质量检查制度的建立

（1）在施工中严格实行“三检”制度。

（2）坚持施工员、质检员、试验员的旁站监督。这不仅是质量保证体系得到具体落实的真正保证，同时在施工中，有利于及时发现问题，改进施工工艺，不断提高自身的施工作业水平，积累更为丰富的施工经验。

（3）项目经理部每月组织大检查一次，并不定期随时抽检，发现问题，及时采取有效措施，及时整改；同时建立整改反馈制度，由质检员、施工员对整改情况进行确认，隐蔽工程必须留声像资料。

6. 试验监控制度的建立

（1）项目经理部建立项目试验室，配备能满足本工程试验需要的试验仪器设备和试验人员，各负其责，互相协作，共同管理。

（2）建立健全项目试验室各项规章制度，所有试验仪器进场后都先进行校验，并取得当地质检部门核发的临时试验资质后再投入使用，按周期进行校定，严格执行试验规范和操作规程。

7. 质量教育及技术培训制度

（1）项目经理部将紧紧围绕质量目标，加强多种形式的质量意识教育，牢固树立职工的质量意识，树立“工程以优、工期以快、服务以诚、经营以信”的企业形象。

（2）加强对各级施工管理人员、技术人员和作业人员的培训学习工作，认真学习贯彻招标文件、技术规范、操作工艺、质量标准和监理规程，使之在施工过程中更好地落实规范标准，履行职责，提高管理水平，把好质量关。

8. 质量事故报告制度

若有质量事故发生，迅速对该分项工程进行标识、记录和隔离（必要时），并以最快的方式将事故的简要情况报监理工程师，在监理工程师初步确定质量事故的类别性质后，按下述要求进行报告：

质量问题及三级一般质量事故：在2h内口头报告，12h速报，2d内书面上报监理工程师和业主。

一级和二级一般质量事故：在1h内口头报告，8h速报，1d内书面上报监理工程师和业主。

重大质量事故：必须立即口头报告，2h速报，12h内书面快报监理工程师和业主。

9. 质量奖罚制度

发生质量事故，按照“三不放过”原则，严肃认真地处理质量事故。对造成质量事故的有关责任人按公司有关奖罚办法规定处罚，绝不姑息迁就。

10. 混凝土施工质量及外观保证措施

（1）拌和机计量系统应得到计量部门鉴定并维持在良好状态中，并且每周自校一次，以保证计量准确。

(2)加强对混凝土原材料的质量控制,不合格的原材料不得使用。

(3)高温季节施工,砂石料作降温处理,用冷却水搅拌混凝土以降低入仓温度;在混凝土浇筑前,应对模板进行覆盖降温处理。混凝土浇筑宜选择在一天中气温较低时进行。

(4)加强对首灌混凝土的质量检测,直至混凝土性能满足要求,坍落度不符合要求的不得使用。

(5)施工缝位置应采取有效措施,防止移动模架弹性变形产生错台现象,特别是底部接缝应在同一直线上。

(6)为确保箱梁外观质量,采用不锈钢面板,每次使用前清洗模面。

(7)要加强检查底模、侧模、翼板模拼缝是否平整,止浆垫应完好。

(8)模面必须清洁,不得有水泥黏浆、灰尘、焊渣、铁锈,脱模剂涂刷应均匀,颜色一致,不得积油。特别是底模在混凝土浇筑前清理干净。

(9)加强对底模和侧模间连接紧固件、法兰与面板焊缝检查,以防漏浆跑模。

(10)翼板边线要顺直,无掉角、错台现象。

(11)箱梁顶表面收浆时用三米直尺检查平整度,直至满足要求;当混凝土初凝后拉毛,拉毛时线条要顺直,粗细均匀,垂直于桥中心线。

(12)封端时,要检查好端模的竖直度与桥中心线垂直度,同时要保证梁长和伸缩缝宽度满足规范要求。

(13)加强混凝土养护工作管理,养护由专人负责,明确责任,确保混凝土养护温度和湿度要求。做好首件工程箱内外温度监测工作。

(14)经检查各种预埋件、预留孔满足图纸和规范后才可进行混凝土施工。施工前模板顶部应覆盖,防止雨水进入。

11. 施工测量控制措施

在每一节段箱梁施工前、后及施工过程中,应加强测量监控,连续观察各阶段挠度及轴线变化情况,为必要时对预拱度进行调整提供依据,测点测量程序如下。

每跨按预压标准设置断面,每个断面在移动模架顶各设置三个测点,准确计算出移动模架弹性变形和支点沉降量,作为底模高程调整的控制依据。

在混凝土浇筑前应复核顶模高程及轴线偏位情况。

在混凝土浇筑完成后,张拉端、跨中、合龙端,每个断面顶设置三个测点,并测出各点高程及轴线位置。

在张拉完成后测出上述各测点高程及轴线位置。

在卸架后测出上述各测点高程。

12. 雨季施工措施

本承包人首先做好防雨的各项准备工作,及时了解天气情况,并据此调整施工内容或采取必要的措施。

对于钢筋混凝土结构工程,一方面钢材等的堆放、制作场地要做好排水措施和防雨措施。另一方面,加强天气预报,尽量避开雨天浇筑混凝土,对于已经完成立模等准备工作的结构物,遇雨则须推迟浇筑时间,并用雨布加以覆盖,在浇筑前应先用空压机将底模吹干。

六、安全保证措施

安全生产是关系到社会稳定和每个职工的生命及国家财产的大事，是关系到现代化建设和改革开放的大事，亦是一项经济部门和生产部门的大事，必须贯彻“安全第一”和“预防为主”的方针，切实加强安全生产工作。

1. 安全生产目标

杜绝重大伤亡事故，减少一般事故。

2. 安全责任制

为了贯彻执行安全生产方针，本工程实行安全责任制，项目经理部经理为本工程的安全第一责任人。

3. 安全技术措施

认真贯彻“安全第一、预防为主”的方针，坚持“管生产必须管安全”的原则，根据《国务院关于加强企业生产中安全工作的几项规定》和《安全生产管理条例》，结合我单位实际和本工程特点，组成由项经部主要负责人、专职安全员、施工队和班组兼职安全员以及工地安全用电负责人参加的安全生产管理网，执行安全生产责任制，明确各级人员的责任，抓好本工程的安全生产工作。

1）模板工程的安全措施

（1）支模板

立模板与支模操作时，应按工序安装和铺设，支撑不得使用腐蚀、干裂的材料，顶撑要垂直，底端要平整，并加垫土垫实，木楔要钉实，并用横拉杆和剪刀撑拉牢。

支模时的支撑、拉杆不准连接在支撑、脚手架或其他不稳固的物体上，在浇筑混凝土的过程中，要有专人检查，如有变形、松动等现象，要及时加固和整修，防止塌模伤人。

模板和拉杆没有固定前，不准进行下道工序施工，禁止人员利用拉杆攀登上下。

凡在4m以上高处支模时，必须搭设脚手架和拉设安全网。

在现场安装模板时，所有工具应装在工具袋内，防止高处作业时，工具掉下伤人，不准向上向下抛掷工具或物品。

支模过程中，如需中途停歇，应将支撑搭头柱头板钉牢。模板上有预留洞者，应在安装完后盖好，并注意不得在脚手架上堆放大批模板材料。

遇六级以上大风时，应暂停高处作业，霜雪后应先清扫施工现场，晾干不滑后，再进行支模作业。

（2）拆模

拆除模板应待施工人员按试块强度检查、确认混凝土强度已达到拆模强度时，方可拆除，并应按结构程序分段实行控制拆模作业，不得将顶撑全部拆除。

高处复杂性结构模板的拆除应先制订切实可行的安全措施方可作业。

拆除模板应用长撬棍，并不许站在正在拆除的模板上。拆模人员应站在合适位置，外拉支撑，防止模板全部掉下伤人。

高处拆模时，操作人员应戴安全带，禁止站在模板的横拉杆上操作，拆下的模板应集中吊运，并加以捆绑，不准随意乱抛，如有预留洞口应随时盖好或设安全网。

拆下的模板应随时清理运走，如不能运走时，要集中堆放，防止碰撞钉角伤人。

2）钢筋工程的安全措施

（1）钢筋焊接的安全措施

严格执行焊工作业的安全技术操作规程。用于焊接钢筋的焊机必须有接地保护，以保护操作人员安全，对于焊接导线的焊钳、接导线处，都应可靠地绝缘。

大量焊接时，焊接变压器不得超负荷，变压器升温不得超过60℃。

使用对焊机，必须开放冷却水，焊机出水温度不超过40℃；排水量应符合要求，天冷时应放尽焊机内存水，以免冻塞。

在焊机闪光区域内，须设铁皮隔挡，焊接时禁止其他人员停留在闪光区域内。焊机工作范围内，严禁堆放易燃物品，以免引起火灾。

焊接过程中，如焊机发生不正常响声，冷却系统堵塞或漏水，电压器绝缘电阻过小，导线破裂、漏电等应立即停止作业并进行检修。

（2）钢筋切断、弯曲、成型的安全措施

切断机切钢筋时材料最短不得小于1m，一次切断的根数必须符合机械的性能，严禁超量进行切割。切断ϕ12mm以上的钢筋时，须两人配合操作，人与钢筋要保持一定的距离并把稳钢筋，断料时料要握紧，并在活动刀片向后退时将钢筋送进刀口，以防钢筋末端摆动或钢筋蹦出伤人。不要在活动刀片已开始向前推进时，向刀口送料，否则，既不能断准尺寸，又往往会发生机械或人身安全事故。

钢筋的弯曲：在机械正式操作前应检查机械各部件，并进行正常空载运转，正常后再正式操作。操作时注意力要集中，要熟悉倒顺开关、控制工作盘、旋转的方向及钢筋放置用挡架，工作盘旋转方向配合，不要放反，操作时钢筋必须放在插头的中下部，严禁弯曲超载尺寸的钢筋，回转方向必须准确，手与插头的距离不得小于20cm，机械运行过程中，严禁更换芯轴、销子和变换角度等。在加油和清扫转盘换向时，必须待停机后再进行。

（3）钢筋绑扎与安装的安全措施

绑扎钢筋和安装钢筋时须注意，不要将钢筋堆放在模板或脚手架的某一部位，以保证安全。在脚手架上不要随便放置工具、箍筋或短钢筋，避免放置不稳，工具、钢筋滑下伤人。高处绑扎钢筋时不许站在模板或墙上操作，应搭设脚手架。尽量避免在高处修整模板和钢筋，在必须操作时要系好安全带，选好位置，人要站稳，防止脱手而使人摔倒。夜间施工需要有足够的照明。

3）混凝土浇捣工程的安全措施

（1）浇捣前检查插头振、电线、开关等是否有效。

（2）插头振使用者，在操作时必须戴绝缘手套、穿绝缘鞋，停机后，要切断电源，锁好开关箱。

（3）雨天进行作业时，必须将振捣器加以遮盖，避免雨水浸入电机，导电伤人。

（4）电气设备的安全、拆修必须由电工负责，其他人员一律不准乱动。振动器不准在初凝混凝土、道路和干硬的地方试振。搬移振动器时，应切断电源后进行。

（5）电源必须固定在平板上，电器开关应装在便于操作的地方。

（6）各种振动器在做好保护接零的基础上，还应安设漏电保护器。

4)施工现场用电安全措施

(1)施工现场用电必须严格遵守《施工现场临时用电安全技术规范》(JGJ 46—2005)的有关规定,采用三相五线制配电,严禁三相三线制。

(2)施工临时用电的布置按施工平面图规定架空设置,杆子用干燥木和水泥杆子,上设角铁横担,用绝缘架设。

(3)施工用电管理,由取得上岗证书的电工操作。必须严格按操作规程操作,无特殊情况不准带电作业。

(4)本工程属公用电网供电,请示有关部门同意后,所有机械设备用电一律采用接地保护和现场重接地保护,接地体一律采用两根 4mm×4mm 角铁,入土深度 2.5m,间距 2.5m,接地电阻不大于 4Ω,并连接入接地线。连接牢固可靠,接触良好,接头处点焊,ϕ10mm 螺栓紧固,绿黄色线作为接地线。

(5)配电箱一律选用标准箱,挂设高度 1.40m。箱前及两侧 1m 内不准开辟为工作面,门锁应有效,配电箱应作统一编号,并有检查保养记录卡,每 10d 记录 1 次,按规定做好重复保护接地。

(6)移动电箱的距离不大于 30m,做到一机一闸一保护。

(7)下杆箱进线,应设塑料管子作滴水弯,引出线应分清。

(8)单相电气设备设置照明开关箱,插座上方并接漏电保护开关。移动电器和灯具一律采用绝缘良好的橡皮软线,无接头、无损坏、无碾压现象。

(9)各箱内应明显分开“动力”、“照明”、“单相电器”、“电焊”等使用插座熔断器。

(10)做好用电防雷工作。

5)现场施工机械的安全措施

(1)严格执行《公路筑养路机械操作规程》(JZ 0030—1995)的各项规定。机械操作人员持公司的操作证上岗,必须正确使用个人劳保用品。

(2)搅拌机必须搭设工作棚、操作台,边缘设置排水沟和渗透水坑。混凝土搅拌机的操纵杆要安装保险装置,砂浆机的进料棚栅应齐全,机械的传动部件应有保护装置。

(3)电焊机与对焊机及切割四材,应采用一机一闸,应设置空气开关作过载保护,二次进线电源接头处用绝缘材料做好防护装置,二次出线使用线卡子夹紧,氧气瓶、乙炔气瓶要有回火防止器。两瓶之间的距离应大于 5m,离易燃物应大于 15m,离明火作业点应大于 30m,焊接作业前应办理动火审批手续,并有专人负责监护工作,操作人员必须持特殊工种操作证方可上岗,严格执行“十不烧”制度,正确使用个人劳保用品。

(4)木工机械:圆锯设置松口刀,轧刨设回弹安全装置,外露传动部位均设置防护装置,所有机械必须随机开关,操作人员必须懂得本机的安全操作规程,熟知本机的安全性能。

(5)各机械实行例保制度,损坏后的修理工作由专职机械修理师负责。

6)MSS 移动模架施工及推进过程中的安全措施

(1)进入现场必须遵守安全生产纪律。

(2)吊装前应检查机械、索夹吊环等是否符合要求并进行试吊。

(3)吊装时必须有统一的指挥、统一的信号。

(4)高空作业人员必须系安全带,安全带生根处应做到高挂、低用及安全可靠。

(5)高空作业人员上班前不得喝酒,在高空不得开玩笑。

(6)高空作业穿着要灵便,禁止穿硬底鞋、高跟鞋、塑料底鞋和带钉的鞋。

(7)吊车行走道路和工作地点要坚实平整,以防沉陷发生事故。

(8)作业时必须每日掌握气象预报信息,禁止大风、雷雨、大雾等恶劣天气施工作业,并严格控制设备推进时的风速不大于12m/s,混凝土浇筑时风速不大于22 m/s;如超过以上风速必须停止作业;如风速达到38 m/s时,必须采取安全措施进行加固。

(9)使用撬棒等工具,用力要均匀,要慢,支点要稳固,防止撬滑发生事故。

(10)构件未经校正、焊牢或固定前,不准松绳脱钩。

(11)起吊笨重物架时,不可中途长时间悬吊、停滞。

(12)起重吊装所用钢丝绳,不准触及有电线路和点焊塔铁线或与坚硬物品摩擦。

(13)遵守有关起重吊装"十不吊"中的有关规定。

(14)吊装区域应设置警戒线,危险点需设专人监护。

(15)吊机驾驶员、指挥员必须持上岗证。

(16)起重机工作前应检查距尾部的回转范围50cm内无障碍物。

(17)起重机吊起满载荷重物时应先吊起离地面20~50cm,检查起重机的稳定性,制动器的可靠性,绑扎的牢固性等,确认可靠后,才能继续起吊。

(18)起重臂最大仰角不得超过制造厂的规定。

(19)起重机必须置于坚实而平整的地面上,如地面松软不平时,应采取铺垫钢板路基箱等措施整平整实。起吊时的一切动作要以缓慢速度进行,吊车驾驶员严禁同时进行两个动作的操作。

(20)如遇重大构件必须使用两台起重机同时起吊时,构件和重量不得超过两台起重机所允许起重量之和的3/4。绑扎时注意负荷有分配,每台起重机分担的负荷不得超过该机允许负荷的80%,以免任何一台负荷过大造成事故。起吊时必须对两台起重机进行统一指控,使两台起重机动作协调,互相配合,在整个吊装过程中,两台起重机的吊钩滑车组都应基本保持垂直状态。起重操作时必须由经验丰富、能力强的指挥工进行指挥。

(21)所有操作人员必须持证上岗,起重机施工区应与相通的道路隔离,隔离器可采用钢护栏或安全警示带,并有专人巡视执勤管理,防止外人闯入。

(22)液压系统操作注意事项。液压系统操作需要安排固定的队伍,切忌无组织工作;在准备充分的情况下,统一指挥执行;液压设备需配置专职人员进行管理、保养和维护,忌带病运行。

①在制梁过程中,需要通过液压油缸的缸筒及螺母支撑受力,因此必须将机械锁紧螺母锁紧。

②任何时候,都需要注意保护液压系统相关元件的安全,如液压软管,不得有外力破坏液压系统现象的发生。

③工作过程中如发现有液压油泄漏现象,需要将整个系统紧急停止,并将机械锁紧螺母锁紧,在故障现象排除后再开始工作。

④顶升过程中,严禁超过油缸的行程使用。

⑤液压系统经试运行正常,无泄漏现象。

⑥将所有泵站的换向阀转至中位保压位置。

⑦在每个顶升点设置一个泵站操作人员和测量反馈人员，并配置对讲机；另安排一个指挥人员通过对讲机统一指挥顶升点的操作。

纵移时，前后油缸转换时，销轴必须穿好。

横移时，尽量保持前后油缸的同步，以免主梁发生倾斜，对纵移不利。

垂直油缸同时起升时，顶升的同步控制精度根据技术人员提供的数据，如顶升过程中测量反馈人员回馈至指挥人员的位置差大于需控制的同步精度，可由指挥人员令4个顶升点同时停止，而指令慢的顶升点单独顶升，同时令顶升快的顶升点的流量阀适当减小流量；重复顶升过程直至到需要的顶升位置。

顶升过程中4个顶升点的泵站控制人员必须遵从指挥人员的统一指挥，测量反馈人员必须及时向指挥人员反馈。

过孔时，系统的快换接头必须保持清洁，防护好，严禁杂质进入系统，影响使用。

垂直油缸下落时宜慢不宜快。

(23)混凝土浇筑前的安全检查。

①开始浇筑前需根据“安全检查表”逐项检查，诸如平台、楼梯、安全网等。

②所有液压件、千斤顶、软管、阀门等要进行检漏测试，如果发现泄漏，需立即纠正，并重新测试。

③所有检查完成以后，在浇筑前再次自检。

④每一孔浇筑前，检查表，确保指示正确。

⑤所有推进前的安全。

⑥所有作业人员必须认真学习MSS移动模架操作手册，熟悉每工序的操作要领及安全注意事项。

七、文明施工措施

文明施工是进行“两个文明”建设的重要内容，是提高工程经济效益和社会效益的重要保证。为了认真贯彻“集中、快速、文明施工”的方针，要树立“文明施工为人民”的便民、利民思想，确实保证工程建设的按期完成。

1. 文明施工目标

按浙江省标化工地建设标准要求执行。

2. 文明施工责任制

工程实行文明施工责任制，项目经理部经理为本工程的文明施工责任人。

3. 文明施工措施

(1)在编制施工组织设计时，把文明施工列为主要内容之一，制订出以“方便人民生活，有利生产发展，维护市容整洁和环境卫生”为宗旨的文明施工措施。

(2)本工程建设将全面开展创建文明工地活动，切实做到“两通三无六必须”，即：施工现场人行道畅通，施工工地沿线单位和居民出入口畅通；施工中无管线高放，施工现场排水畅通无积水，施工工地道路平整无坑塘；施工区域与非施工区域必须严格分隔，施工现场必须挂牌施工，管理人员必须佩卡上岗，工地现场施工材料必须堆放整齐，工地生活设施必须文明，工地现场必须开展以创建文明工地为主要内容的思想政治工作。

（3）工地门口挂出文明施工标牌，画出施工现场总平面布置图，标明工程名称、施工单位、工期、工程主要负责人姓名和监督电话，自觉接受社会监督。

（4）施工现场设置以明沟、集水池为主的临时排水系统，施工污水经明沟引流、集水池沉淀滤清后，间接排入下水道；同时落实“防台”、“防汛”和“雨季防涝”措施，配备“三防”器材和值班人员，做好“三防”工作。

（5）工程材料、制品构件分门别类、有条理地堆放整齐；机具设备定机定人保养，保持运行整洁，机容正常。

（6）施工中严格按照经总公司审定的施工组织设计实施各道工序，工人操作要求达到标准化、规范化、制度化，做到工完料清，场地上无淤泥积水，施工道路平整畅通，实现文明施工。

（7）工地上配齐食堂、医务室、浴室、厕所和饮用水供应点等生活设施，并制订卫生制度，定期进行大扫除，保持生活设施和周围环境整洁卫生。

（8）项经部、施工队设文明施工负责人，每周召开一次关于文明施工的例会，定期与不定期检查文明施工措施落实情况，组织班组开展“创文明班组竞赛”活动，经常征求建设单位和施工监理对文明施工的批评意见，及时采取整改措施，切实搞好文明施工。

（9）认真执行ISO 2000贯标，施工中考虑环境管理，控制环境污染，满足环境要求，优化城市环境。

4. 消防和卫生管理措施

消防工作要遵循“预防为主、防消结合”的方针，各级领导必须实行消防工作责任制，将消防安全工作纳入本单位管理范围，做到同计划、同布置、同检查、同总结、同评比。

（1）施工现场必须健全消防组织，落实施工现场的消防设备。

（2）消防负责人负责新建、扩建、改建内装修等工程项目防火设计的审核，施工中的消防监督和工程竣工后的消防验收；开展消防安全宣传教育，组织消防安全培训，管理和指导消防队伍的建设和训练；组织防火检查，督促责令火险隐患的整改；组织指挥火灾扑救，负责火灾的处理。

（3）维护公共卫生，做到不乱倒垃圾，不乱丢果皮纸屑，不随地吐痰，不乱地大小便，不乱停自行车，不在公共场所吸烟。

八、防汛防台应急预案

1. 设防范围和标准

（1）每年五月一日至十月底为主汛期。

（2）在主汛期的高潮期（农历三十、初一、初二、初三、初四、十四、十五、十六、十七、十八），潮位4.5m以上和有热带气旋、暴雨警报时，各级领导（负责人）必须到位值班加强巡查，并安排好值班车辆和驾驶员，随时准备执行防汛任务。

（3）凡预报强热带风暴警报和台风紧急警报在12～24h影响本市时，各级领导和防汛领导小组成员、抢险队伍必须到位参加值班，同时车辆和抢险物资、设备必须到位，遇有险情及时进行抢险工作。

2. 要害部位及措施

(1)在高空施工中要强化临边的防护。各类支撑、脚手架要稳固，遇有6级以上强风等恶劣气候要停止高空作业，并及时清除零星轻便杂物、标语、宣传牌，预防强风将其刮落到地面砸伤行人及车辆。

(2)每逢汛期、梅雨期来临之前，都要对下水道及场内各排水系统进行疏通。

3. 组织指挥

(1)项目部成立防汛、防台领导小组，各工区的防汛工作联络员负责本部门的防汛、防台工作。

(2)抢险队伍：防汛期间，各队伍和工地必须配备一支20人左右的抢险青年突击队，并制订联络方案，按设防范围和标准上岗值班或参加抢险。

(3)灾害处置：

①平时汛期各队伍均有两名工作小组成员值班，随时和上级部门、公司保持联络。

②发生险情后，立即报告现场防汛总值班负责人。

③防汛值班负责人立即组织现场人员进行抢险，派人到防汛器材专用仓库提取防汛器材，布置就位。防汛值班负责人有权调动当班上岗人员和抢险机动人员。

④及时通知本队伍领导赶赴现场，并将情况汇报给上级部门值班室。

⑤单位负责人赶到现场，组织指挥抢险。

(4)抢险步骤：

①将对讲机分发到现场主要抢险负责人。

②各级抢险负责人进行分工、协调工作。

③提取或调集防汛器材。

④加固防汛墙或高空临边处的挡水墙，尽快将缺口堵上。

⑤将水泵放到低洼积水处，根据由低到高和由远到近的原则，将水泵按口径大小由大到小布置。

4. 防汛器材

工地应根据本单位和工地的实际情况，配齐、配足抽水泵、水带、蛇皮袋、工具等防汛防台器材；值班期间，配好交通工具。

5. 事故调查

汛期过后，有关部门应对防汛、防台应急反应文件的有效性进行评审和修订。

第七节　梁板安装、架设专项施工方案

一、架设安装前的准备工作

(1)构件吊装前检查其外形和构件的预埋件尺寸和位置，其容许偏差不得超过设计规定；如设计无规定时，参照预制梁、板容许偏差(表3-12)。

(2)构件移动、堆放、吊装前，混凝土强度不应低于设计所要求的吊装强度，一般不得低于设计强度的75%；对孔道已压浆的预应力混凝土构件其孔道水泥浆的强度不应低于设计要

求,如设计无规定时不能低于 C30。

预制梁、板容许偏差　　表 3-12

项次	项　目		规定值或容许偏差(mm)
1	梁板长度		+5，-10
2	宽度	干接缝(梁翼缘、板)	±10
3		湿接缝(梁翼缘、板)	±20
4		箱梁顶宽	±30
5		箱梁底宽	±20
6	高度	梁板	±5
7		箱梁	+0，-5
8	跨度(支座中心至中心)		±20
9	支座平面平整度		2
10	平整度		5
11	横系梁及预埋件位置		5

(3)安装构件时,支承结构的强度应符合设计要求或设计强度的 80%。支承结构和预埋件的尺寸、高程及平面位置应符合设计要求。

二、架设安装方案选择

在选择架设安装方法时,应以安全、可靠和经济、简单为原则,结合下列情况选定最合理的方法。

1. 架设安装施工地形的条件

梁下空间利用的可能性,地面下埋设物的障碍对架设安装的影响程度;架设地点上空安全高度有无保证;架设时外界噪声、振动等对安装的影响程度;电力来源情况;预制梁、板及施工机械的运输道路条件。

2. 工期规模条件

梁板架设孔数和宽度,预制梁、板的长度、高度和质量,桥的纵向坡度、平面线形等。

3. 下部构造条件

下部构造的形状、尺寸和施工状况等。

4. 工期条件

梁板安装进度要求和架设时间、场所、时间长短有无限制等。

5. 架设安装机械设备条件

如已有的、架设机械设备完好的情况,能租赁到的设备情况,以及架设安装的机械操作人员配备情况。

三、梁板架设安装

施工顺序:架桥机验算→架桥机拼装→架桥机试吊→喂梁→梁板纵移→梁板横移→梁板安装就位。

1. 架桥机验算

确定了梁板的安装方法后，对架桥机各构件进行验算，特别是架桥机过孔状态，架桥机吊装状态时主导梁的抗弯和挠度验算，架桥机横梁的抗弯和挠度验算，以及对高墩立柱进行偏心受压时的强度验算。

2. 架桥机拼装

根据梁板的位置，先确定好架桥机主导梁的位置。为过孔方便，架桥机过孔时，通过轨道过孔，这样，架桥机过孔不仅简单方便，而且安全可靠。架桥机主导梁用吊机拼装。主导梁和横梁一般由贝雷、六四军用梁、六三军用梁组装。架桥机主导梁拼装好后，再在主导梁上铺设枕木、轨道，然后安装纵移天车。纵移天车安装好后，再拼装横梁，最后安装横移天车。架桥机拼装好后，对架桥机各部件进行检查。

3. 架桥机试吊

在架桥机拼装好后，为确保施工的质量和安全，在梁、板正式吊装前，必须先对架桥机进行满载或超载试吊。待架桥机的整体性能达到施工技术的要求后，方可投入使用。

4. 喂梁

架桥机纵移过孔后，使其就位准确，并做好架梁的准备工作。用龙门架将待架梁板吊上运梁小车，在梁板的两侧支撑好斜撑，力求保持运输过程中梁身竖直。如果运梁距离较远，在运梁车上装备一台同步行走的电机组，这样既节省了较长的电缆线，也便于施工。

5. 梁板纵移

喂梁到位后，由施工人员指挥前后纵移天车停靠在指定位置，并装好止轮器。前后横移天车开动卷扬机放下吊梁扁担。安装好吊梁扁担后，再同时启动前后横移天车卷扬机，等梁板吊起高度到合适位置时，止动卷扬机，拆除前后纵移天车止轮器，前后纵移天车同步沿主导梁上纵移轨道运行到落梁孔位。

6. 梁板横移

由于在架桥机主导梁下面的梁板和外侧边梁无法直接吊装，因此要先吊放在盖梁顶铺设好的托板上，然后横移就位。在梁横移时采用手拉葫芦横移，托板下面采用四氟滑板。梁板横移到位后，再横移天车，横移到吊梁位置，安好吊梁扁担，将梁吊起后抽出托板。

7. 梁板安装就位

主要工作是放线和位置的控制。

(1)根据线路中心线和墩台中心里程，在墩台上放出每片梁的纵向中心线，支座纵横中心线，梁板端头横线及支座底部轮廓线，在梁端横线上定出各片梁底部边缘的点。

(2)若墩台上布置有移梁滑道或枕木垛时，应再将必要的线翻放于滑道或枕木垛顶面上。

(3)坡桥上顺坡斜置的梁，放线时应考虑坡度对平面跨径尺寸的影响。

(4)在每片梁板的两端应标出梁竖向中线，T形梁标在梁梗上，箱形梁只需标出一个梗的中线，梁两个端面的竖向中线应相互平行。

(5)落位时，在梁(板)侧面的端面都挂线锤，根据墩台顶面标出的梁端横线及该线上标出的侧梁边缘点，检查和控制梁在顺桥向及横桥向是否正立。

(6)在梁板端的顶部中线挂线锤，根据梁端面上的竖向中线检查梁是否正直。

(7)梁板的顺桥向位置，一般以固定端为准，横桥的位置应该以梁的横向中心线为准。在梁板就位前，墩、台支座处和梁顶面应清理干净。必须使梁、板就位准确且与支座密贴，不允许板式支座出现脱空现象，就位不准时，必须吊起重放，不得用撬棍移动梁、板。在安装边梁时架桥机横梁的另一端必须用手拉葫芦做保险。在梁板就位后，立即撑好两侧斜撑。接着安装相邻的梁板，待相邻梁板就位后，若两梁板间有连接，就先焊好连接，以固定构件。

四、质量控制

梁、板安装实测项目如表3-13所示。

梁、板安装实测项目　　表3-13

项次	检查项目		规定值或容许偏差	检查方法和频率	权　值
1	支座中心偏位(mm)	梁	5	用尺量，每孔抽查4~6个支座	3
		板	10		
2	倾斜度		1.2%	吊垂线，每孔3片梁	2
3	梁、板顶面纵向高程(mm)		+8，-5	用水准仪抽查，每孔2片，每片3点	2
4	相临梁板(板)顶面高差(mm)		8	尺量：每相邻梁(板)	1

五、架设安装的注意事项

1. 注意梁、板的重心

在安装和架设梁、板构件的各个阶段，要时刻注意构件的中心位置，并且要在验算其稳定性和采取确保平衡状态措施之后，方可进行吊装工作。对于弯曲梁板的分吊点位置应比梁板的重心高，否则就不稳定。

2. 选择好起落梁、板的方法

用人字扒杆、龙门吊或吊机把梁分吊起落，只需对分点位置和起吊梁、板时瞬间予以注意即可。稳定性比用千斤顶起落好，而且费用较少，进度较快。如用千斤顶放在梁下面起落，因千斤顶低于梁的重心，操作时不稳定。在工作过程中不能疏忽大意，否则梁就会有倾斜的危险。

3. 移梁时操作方法的选择

梁板纵移或横移时，在坚固的轨道上时吊车较为安全可靠，且速度快。若采用走板、滚筒移动时，由于滚筒直径较小，梁的重心和滚筒的相互关系以及滚筒所受的荷载都随着梁的移动而发生较大的变化，特别是滑道条件较差时滚筒移动稳定性较差。

4. 设置好控制方向用的钢丝绳

梁、板构件吊高、降落或移动时，应注意施加作用于移动方向的力和控制好向相反方向移动的力。由于构件质量一般都较大，一旦开始移动，很难准确控制位置，因此，需精确移动时，一定要准备好制动用的钢丝绳。

六、安全事项

(1)制订架设安装作业方案和安全预案。

(2)安装之前必须对起吊设备、钢丝绳等进行选型，必须满足最大起吊重量要求，并有一定的安全系数。

(3)从事起重的作业人员必须具有相应资质。

(4)梁板起吊到炮架上时,保证吊环钢丝绳的固结、牢固。

(5)梁板起吊时,两端必须同时进行,防止出现单端起吊。

(6)梁板起吊放到炮架上时,必须平衡放置,且两端同时放下,防止出现一端过早放,造成炮架受力不均匀而翘起来。

(7)梁板起吊时,其下面严禁站人。

(8)吊板时,必须严格听从一个人的指挥,起吊时速度要慢并且均匀,同时,钢丝绳必须顺直不允许打结。

(9)工作人员必须佩戴安全帽。

(10)每天都要对起吊、运装机械进行检查。

(11)梁板在运输过程中,必须保证安全,防止过快、过急产生翻倒现象,必须在运输过程中有人保护,防止出现安全事故。

七、架桥机受力验算

架桥机立面图见图3-22,平面图见图3-23。

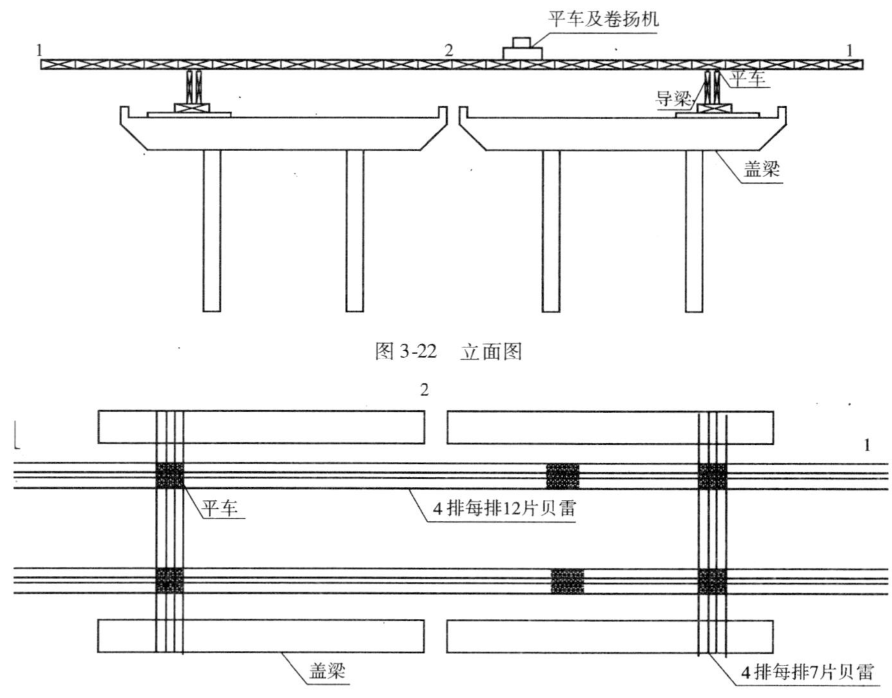

图3-22 立面图

图3-23 平面图

架桥机尺寸:横桥方向长36m,顺桥方向长20m。平车:横桥方向2台,顺桥方向4台,每台1.5t。卷扬机:共两台,每台1t。手拉葫芦:拉力能达5t。贝雷片:横桥和顺桥方向各有两组,每组有4排,每片贝雷长3m,高1.5m,质量0.25t,横桥方向共有96片,每组48片则有0.27×48=12.96t;顺桥方向共有56片,每组28片则有0.27×28=7.56t。

1.计算架桥机所受的弯矩

(1)根据已知,横桥方向所受的荷载分成集中荷载和均布荷载。集中荷载包括:考虑异形梁板最大质量48.3t和平车及卷扬机的质量为$2\times1.5+2\times1=5t$,则作用在一组贝雷架上的最大集中力为$P=\frac{48.3+5}{2}=26.65t$。

均布荷载包括:贝雷架产生的均布荷载$q'=\frac{0.27\times4\times9.8}{3}=3.53kN/m$,钢轨钢垫产生的均布荷载$q''=\frac{3\times9.8}{36\times2}=0.41kN/m$(钢轨两组长$36\times2=72m$),再考虑贝雷架上面其他力的影响加上0.5kN/m的均布荷载,先计算横向贝雷架受到的最大弯矩值,如图3-24所示。

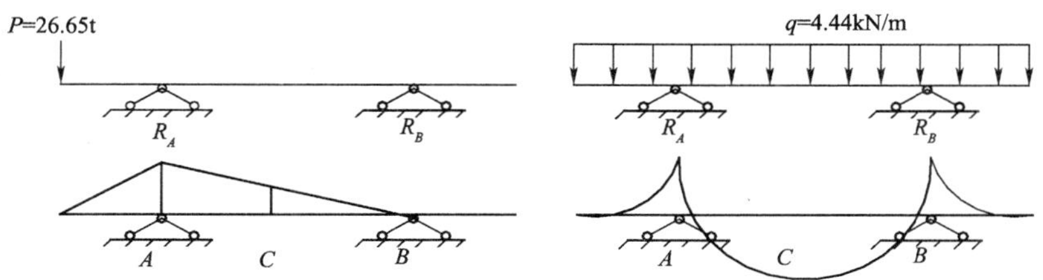

图3-24　计算简图(一)

①当P作用在1点时,把集中荷载和均布荷载分成两部分再叠加,由图可得:

集中荷载产生的弯矩:

$$M'_A=26.65\times9.8\times5.5=1\ 436.44kN\cdot m$$

均布荷载产生的弯矩:$M''_A=\frac{1}{2}qx^2$

由:$q=q'+q''+0.5=3.53+0.41+0.5=4.44kN/m,x=5.5m$

则:$M''_A=\frac{1}{2}\times4.44\times5.5^2=67.16kN\cdot m$

叠加可得$M_A=M'_A+M''_A=1\ 436.44+67.16=1\ 503.6kN\cdot m$,根据$B$点的弯矩平衡条件可得$R_A$、$R_B$(假设平车和顺桥方向贝雷架没有连接成一个整体):

$P\times(5.5+25)-R_A\times25=0$,其中$P=26.65t$,则$R_A=\frac{30.5}{25}\times26.65=32.51t$,又由$R_A+R_B=P$,可得$R_B=-5.86t$。

由此计算可知,支座B处贝雷会翘起来,故采取的措施是用5t手拉葫芦把顺桥方向的平车和贝雷架,以及盖梁连接起来成为一个整体。此时需验算手拉葫芦是否符合要求,现验算如下。顺桥方向贝雷由前面可知自重为7t,则作用在一个支座上有$7t\div2=3.5t$,平车质量1.5t,则手拉葫芦受的力为:$-5.86+1.5+3.5=0.86t<5t$,满足要求。

同理根据弯矩图可得$M'_C=5.86\times9.8\times12.5=717.85kN\cdot m$。

$$M''_C=\frac{qlx}{2}\left[\left(1-\frac{a}{x}\right)\left(1+\frac{2a}{l}\right)-\frac{x}{l}\right]$$

$$=\frac{4.44\times25\times(5.5+12.5)}{2}\left[\left(1-\frac{5.5}{18}\right)\left(1+\frac{2\times5.5}{25}\right)-\frac{18}{25}\right]$$

$=999\times0.28=279.72\text{kN}\cdot\text{m}$。

则：$M_C=717.85-279.72=438.13\text{kN}\cdot\text{m}$。

②当 P 在中点时由图 3-25 可得：

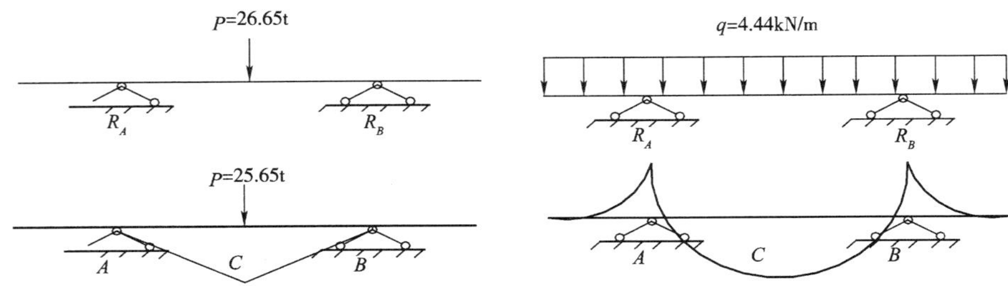

图 3-25　计算简图(二)

$$R_A=R_B=26.65\text{t}/2=13.33\text{t}$$

$$M'_C=13.33\times12.25\times9.8=1\ 600.27\text{kN}\cdot\text{m}$$

$$M''_C=\frac{qlx}{2}\left[\left(1-\frac{a}{x}\right)\left(1+\frac{2a}{l}\right)-\frac{x}{l}\right]$$

$$=\frac{4.44\times25\times(5.5+12.5)}{2}\left[\left(1-\frac{5.5}{18}\right)\left(1+\frac{2\times5.5}{25}\right)-\frac{18}{25}\right]$$

$$=999\times0.28=279.72\text{kN}\cdot\text{m}$$

则：$M'_C+M''_C=1\ 600.27+279.72=1\ 879.99\text{kN}\cdot\text{m}$。

由计算可知，当 P 作用在中点 2 时产生的弯矩最大 $M_{max}=1\ 879.99\text{kN}\cdot\text{m}$(4 排单层)，故双排单层弯矩 $M=\frac{M_{max}}{2}=\frac{1\ 879.99}{2}=940\text{kN}\cdot\text{m}\leqslant[M]=1\ 576.4\text{kN}\cdot\text{m}$。

因此，安全系数 $\eta=\frac{[M]}{M}=\frac{1\ 576.4}{940}=1.68$。

(2)对顺桥方向贝雷进行分析，吊装梁板受力点距盖梁中心尺寸 $a=80\text{cm}$。同横桥方向贝雷分两种情况考虑，横桥贝雷与顺桥贝雷不同的是集中力，其中均布荷载是一样的，当起吊到 1 点时，此时作用在 A、B 支座上的集中力 P 为前面支座上的力 32.51t 再加上上排贝雷作用在上面的 6t 力，则为 38.51t。同理，由图 3-26 可得：

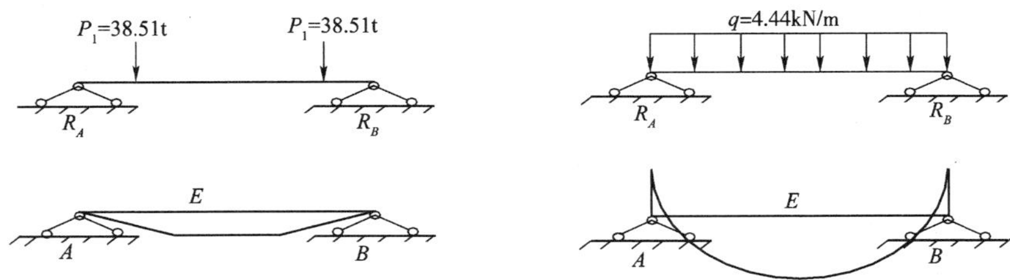

图 3-26　计算简图(三)

对弯矩进行计算：

$$M'_E=Pa=38.51\times9.8\times0.8=301.92\text{kN}\cdot\text{m}$$

$$M''_E=\frac{1}{8}\times q\times l'^2=\frac{1}{8}\times4.44\times20^2=222\text{kN}\cdot\text{m}$$

则：

$$M_E = M'_E + M''_E = 301.92 + 222 = 523.92\text{kN} \cdot \text{m}$$

当起吊到中点 2 时，此时作用在支座 A、B 上的集中力有横桥方向的平车及卷扬机共 5t，贝雷有两组共 24t，顺桥方向有平车 $4 \times 1.5 = 6$t，以及异形板的最大质量 48.3t，则分配到 4 个支座上的力为：

$$P = \frac{48.3 + 24 + 5 + 6}{4} = 20.83\text{t}$$

CD 中点弯矩 M_E 为：$M'_E = Pa = 20.83 \times 9.8 \times 0.8 = 163.31\text{kN} \cdot \text{m}$。

$$M''_E = \frac{1}{8} \times q \times l'^2 = \frac{1}{8} \times 4.44 \times 20^2 = 222\text{kN} \cdot \text{m}$$

则：

$$M_E = M'_E + M''_E = 163.31 + 222 = 385.31\text{kN} \cdot \text{m}$$

由计算可知，当作用在 1 点时，顺桥方向贝雷所受弯矩最大，为 $M_{\max} = 523.92\text{kN} \cdot \text{m}$（4 排单层），故双排单层弯矩：

$$M = \frac{M_{\max}}{2} = \frac{523.92}{2} = 261.96\text{kN} \cdot \text{m} \leqslant [M] = 1\ 576.4\text{kN} \cdot \text{m}$$

因此，安全系数为：

$$\eta = \frac{[M]}{M} = \frac{1\ 576.4}{261.96} = 6.02$$

2. 计算架桥机所受的剪力

（1）同上，先计算横桥方向所受的剪力，根据 B 点的弯矩平衡条件可得 $R_A = 32.15$t，$R_B = -5.86$t，作用在上面的集中力 $P = 26.65$t，均布荷载为 4.44kN/m，则同理可将剪力分成两个部分再叠加。当作用在 1 点上时，剪力图如图 3-27 所示。

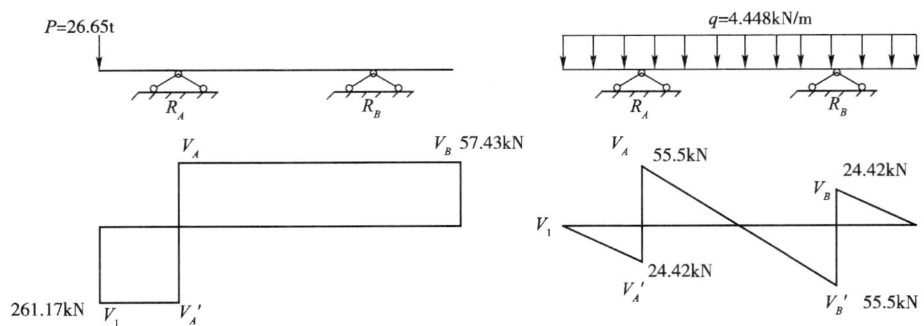

图 3-27 计算简图（四）

集中力产生的剪力：

$$V'_A = V_1 = 26.65 \times 9.8 = 261.17\text{kN}$$

$$V_A = V_B = 5.86 \times 9.8 = 57.43\text{kN}$$

均布荷载产生的剪力：

$$V'_A = 4.44 \times 5.5 = 24.42\text{kN}$$

$$V_A = \frac{4.44 \times 36}{2} - 24.42 = 55.5\text{kN}$$

可得：

$$V_{max}=261.17+55.5=316.67\text{kN}$$

当集中力作用在2点上时，剪力图如图3-28所示。

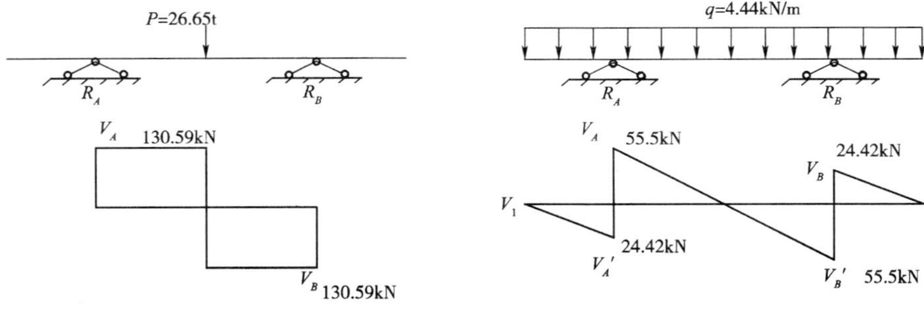

图3-28　计算简图(五)

支座上产生的力：

$$R_A=R_B=13.325\text{t}$$

$$V_A=13.325\times9.8=130.59\text{kN}$$

$$V_B=13.325\times9.8=130.59\text{kN}$$

均布荷载产生的剪力同上：

$$V'_A=4.44\times5.5=24.42\text{kN}$$

$$V_A=\frac{4.44\times36}{2}-24.42=55.5\text{kN}$$

则由图3-28可得：

$$V_{max}=55.5+130.59=186.09\text{kN}$$

由计算可知，当P作用在点1时产生的剪力最大，为$V_{max}=316.67\text{kN}$(4排单层)，故双排单层剪力

$$V=\frac{V_{max}}{2}=\frac{316.67}{2}=158.34\text{kN}\leqslant[V]=490.5\text{kN}$$

因此，安全系数为：

$$\eta=\frac{[V]}{V}=\frac{490.5}{158.34}=3.1$$

(2)计算顺桥方向产生的剪力，当集中力作用在1点时见图3-29。

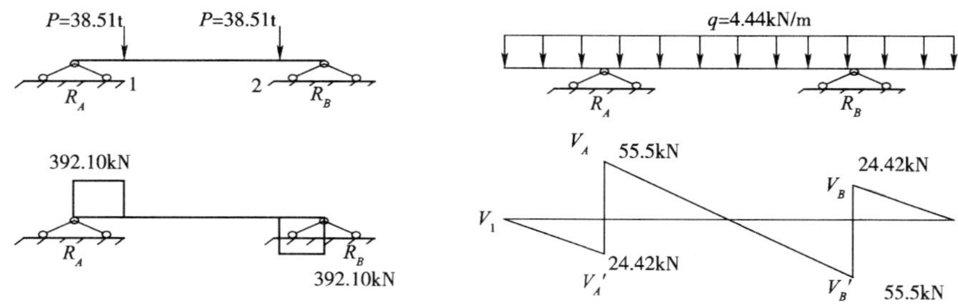

图3-29　计算简图(六)

此时支座 $R_A = R_B = 32.51 + 1.5 = 34.01\text{t}$（32.51t 为上面集中力产生的荷载，1.5t 为一个平车的质量），则由图 3-29 可得：

$$V = 34.01 \times 9.8 = 333.30\text{kN}$$

均布荷载产生的剪力同上：

$$V'_{\text{A}} = 4.44 \times 5.5 = 24.42\text{kN}$$

$$V_{\text{A}} = \frac{4.44 \times 36}{2} - 24.42 = 55.5\text{kN}$$

由图 3-29 可得：

$V_{\max} = 333.30 + 55.5 = 388.8\text{kN}$（4 排单层），故双排单层剪力 $V = \frac{V_{\max}}{2} = \frac{388.8}{2} = 194.4\text{kN} \leqslant [V] = 490.5\text{kN}$

因此，安全系数为：

$$\eta = \frac{[V]}{V} = \frac{490.5}{194.4} = 2.52$$

第四章 隧道工程专项施工方案

第一节 隧道爆破专项施工方案

根据“新奥法”施工要求，隧道开挖必须尽可能减轻对围岩的振动，充分发挥围岩的自承能力，在钻爆作业中采用微振光面爆破技术，严格控制段装药量和段间隔时间，避免单段振速过大及段间振速的叠加，同时优化光面爆破技术参数，并根据围岩情况，及时修正爆破参数，达到最佳爆破效果，并形成整齐圆顺的轮廓，减少超欠挖。

需配备施工机械及材料：凿岩台车、凿岩机、空压机、硝铵炸药、乳化炸药、火雷管、导爆索、导火索、非电毫秒雷管等。

主隧道Ⅳ级围岩段采用短台阶光面控制爆破开挖。Ⅲ级围岩段采用全断面光面控制爆破开挖。

一、开挖作业工序流程

隧道开挖作业工序流程见图4-1。

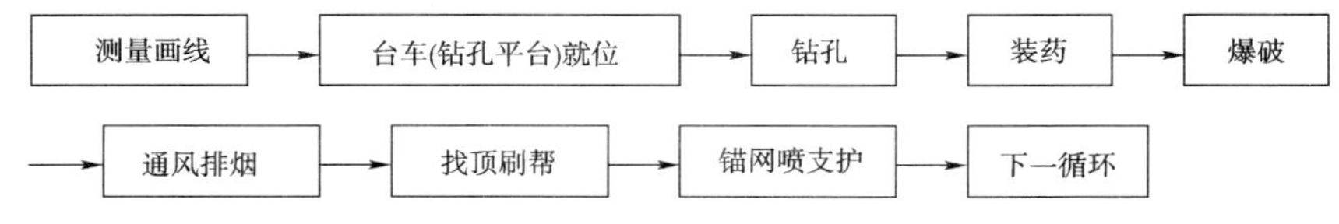

图4-1 隧道开挖作业工序流程图

二、光面爆破设计

1. 光面爆破设计

爆破设计遵守以下原则：炮孔布置便于提高机械钻孔效率；提高炸药能量利用率，以降低炸药用量；减少对围岩的扰动，采用光面爆破，控制好开挖轮廓线，提高钻爆效果；在保证安全的前提下，尽可能地提高掘进速度。

2. 参数选择

光面爆破设计参数见表4-1。

(1) 洞内爆破技术参数

①炮眼深度：2.2m(Ⅳ)、3.0m(Ⅲ)。

②炮孔直径：ϕ42mm。

③炸药类型：二号岩石硝氨炸药，规格ϕ32mm、ϕ25mm。

④掏槽方案：采用楔形掏槽形式或中空直眼掏槽。

⑤雷管间隔:非电毫秒雷管间隔大于 30ms。

光面爆破设计参数表　　表 4-1

围岩级别	硬　岩	中　硬　岩	软　岩
抗压强度(MPa)	>60	30～60	≤30
装药不耦合系数	1.25～1.50	1.50～2.00	2.00～2.50
周边眼间距(cm)	55～70	45～60	30～50
光爆层厚度(cm)	70～85	60～75	40～60
相对距离(cm)	0.8～1.0	0.8～1.0	0.5～0.8
周边眼装药集中度	0.3～0.35	0.2～0.3	0.07～0.15

(2)装药参数

①掏槽孔单眼装药系数为 85%。

②掘进眼均匀布置在周边眼与掏槽眼之间,间距 70～80cm,单眼装药系数为 75%。

③底板眼布置在底部,装药系数为 80%。

3. 爆破器材选用

(1)采用塑料导爆管非毫秒雷管起爆,毫秒雷管采用 15 个段位的等差毫秒雷管,引爆采用起爆器引爆电雷管,周边眼采用导爆索起爆。

(2)炸药采用 2 号岩石铵锑炸药和乳化炸药(有水地段使用),选用 ϕ25mm、ϕ32mm 两种规格,其中 ϕ25mm 为周边眼使用的光爆药卷。

4. 掏槽形式

采用楔形掏槽或中空直眼掏槽。

5. 采用光面控制爆破

在隧道开挖中采用光面控制爆破技术,以达到开挖轮廓圆顺,对围岩扰动小的目的。同时由于左右线隧道相距较近,其爆破振动速度控制在 5cm/s 为宜。

6. 装药结构

周边眼装药采用 ϕ25mm 小直径光爆药卷间隔装药,导爆索连接。导爆索用竹片和电工胶布与炸药卷绑在一起。

其他眼采用不耦合连续装药结构,所有炮孔均堵塞不小于 200mm 的炮泥。

钻爆作业时,根据地质条件及时修正爆破参数,以期达到最佳爆破效果。

7. 爆破顺序

隧道爆破顺序见图 4-2。

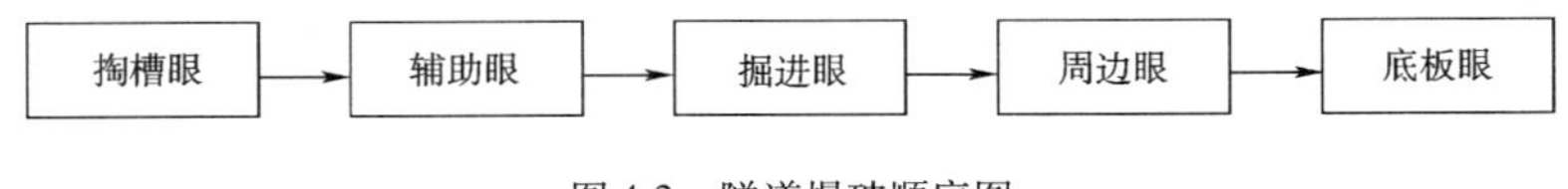

图 4-2　隧道爆破顺序图

8. 爆破工艺流程

爆破施工工艺流程见图 4-3。

三、光爆质量标准

平均线性超挖在 10～15cm 以内(软岩取小值,硬岩取大值),炮眼痕迹保存率:硬岩≥

80%、中硬岩≥70%、软岩≥50%，炮眼利用率分别为≥90%、≥95%或等于100%。

钻爆作业按照爆破设计进行钻眼、装药、连线和引爆。如开挖条件出现变化需要变更设计时，由主管技术人员或施工员确定。

钻眼前绘出开挖断面中线、水平线和断面轮廓线，并根据爆破设计标出炮眼位置，经检查符合设计要求后钻眼。

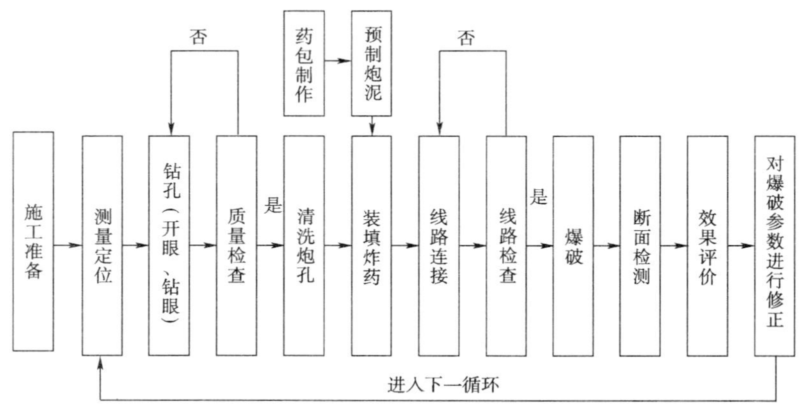

图4-3　爆破施工工艺流程图

四、施工要求

1. 放样布眼

隧道开挖每一个循环都要进行施工测量，控制开挖断面，在开挖面上用红油漆画出隧道开挖轮廓线，标出炮眼位置，误差不超过5cm。

2. 定位钻孔

钻眼按设计指定的位置进行。钻眼时掘进眼保持与隧道轴线平行，除底眼外，其他炮眼口比眼底低5cm，以便钻孔时的岩粉自然流出，周边眼外插角控制在2°~3°以内。掏槽眼严禁互相打穿相交，眼底比其他炮眼深20cm。

(1)认真清理开挖面的虚渣和危石，按照炮眼布置图正确布孔钻眼。

(2)掏槽眼深度按设计施工，眼口间距误差和眼底间距误差不大于5cm。

(3)辅助眼深度按设计施工，眼口排距、行距误差均不大于10cm。

(4)周边眼位置在设计断面轮廓线上，误差不大于5cm，周边眼外斜率不得大于5cm/m，眼底不超出开挖面轮廓线10cm，最大不超过15cm。

(5)内圈炮眼至周边眼的排距误差不大于5cm，炮眼深度超过2.5cm时内圈眼与周边眼以相同的斜率钻眼。

(6)当开挖面凹凸较大时，按实际情况，调整炮眼深度，保证所有炮眼(除掏槽眼外)眼底在同一垂直面上。

(7)钻眼完毕，按炮眼布置图(图4-4)进行检查，并做好记录。不符合要求的炮眼重钻，经检查合格后，才能装药起爆。图4-5为周边眼装药结构图。

3. 清孔装药

装药前炮眼用高压风吹干净，检查炮眼数量。装药时派专人分好雷管段别，按爆破设计顺序装药，装药作业分组、分片进行，定人、定位，确保装药作业有序进行，防止雷管段别混乱，影响爆破效果。每眼装好药后用炮泥堵塞。装药前先用高压风将孔中岩粉吹净，并用炮棍检查孔内是否有堵塞物，装药分片分组，严格按爆破参数表及炮孔布置图规定的单孔装药量，雷管段别"对号入座"。周边眼孔口堵塞长度不小于25cm，爆破网络连接，采用"一把抓"法，分片分束连接，每12根塑料导爆管为一束，每束安装两个即发雷管。

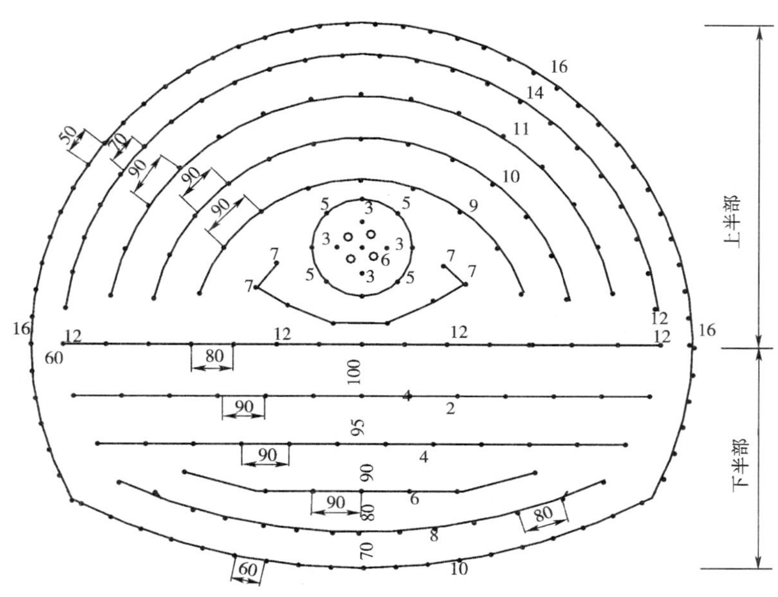

图4-4　Ⅲ级围岩炮眼布置图(尺寸单位:mm)

4. 网络连接

起爆网采用复式网络，连接时每组控制在12根以内；连接雷管使用相同的段别，且使用低段别的雷管。雷管连接好后由专人负责检查，检查雷管的连接质量，即是否有漏连的雷管，检查无误后起爆。

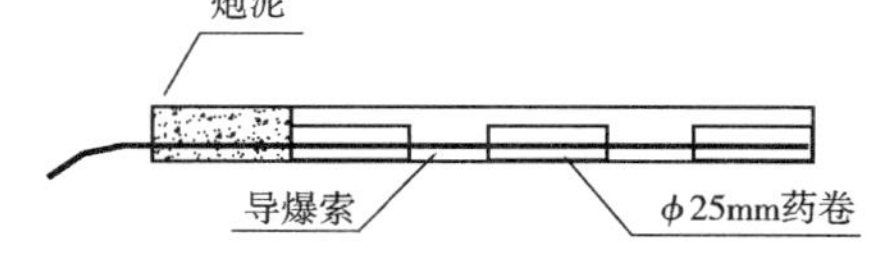

图4-5　周边眼装药结构图

5. 调整控制

开挖过程中经常观察石质的变化情况及爆破效果，及时调整钻爆设计。严格控制周边眼的装药量，减小对围岩的扰动，控制超欠挖。

6. 排水

控制隧底超欠挖，保证底面平整。保持临时排水系统畅通不积水，防止浸泡围岩。

7. 超、欠挖控制

(1)根据地质条件的变化情况，及时变更钻爆参数，选配多种爆破器材，完善爆破工艺，提高爆破效果。

(2)采用激光导向仪，提高画线、钻眼精度，尤其是周边眼的精度。

(3)采用反向装药，提高装药质量。

(4)断面轮廓检查及信息反馈：采用激光断面测量仪及时测量开挖后断面各点的超、欠挖情况，分析超、欠挖原因，及时更改爆破设计。

(5)建立严格的施工管理:制订严格的奖罚制度,用经济杠杆来调动施工人员的积极性,造成人人关心超、欠挖,人人为控制超、欠挖去做工作。

(6)允许的超挖值如表4-2所示。

允许超挖值(单位:cm) 表4-2

开挖部位＼围岩级别	Ⅰ级	Ⅱ~Ⅳ级	Ⅴ~Ⅵ级
拱部	平均10,最大20	平均15,最大25	平均10,最大15
边墙、仰拱、隧底	平均10,最大25	平均10,最大25	平均10,最大25

隧道开挖轮廓应预留变型量,其值可按表4-3规定执行。

两车道隧道开挖轮廓预留变型量(单位:cm) 表4-3

围岩级别	Ⅲ	Ⅳ	Ⅴ	Ⅵ
预留变形量	2~5	5~8	8~12	特殊设计

五、爆破安全及措施

1. 爆破施工组织机构及职责

1)爆破施工组织机构图(图4-6)

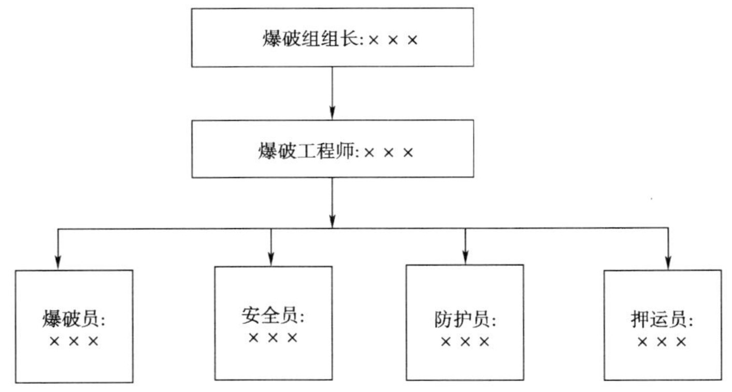

图4-6 爆破施工组织机构图

2)爆破施工组织机构的职责

(1)爆破组组长的职责

①领导爆破员进行爆破工作。

②监督爆破员切实遵守爆破安全细则和爆破器材的保管、使用、搬运制度。

③有权禁止无爆破员作业证的人员进行爆破工作。

④检查爆破器材的现场使用情况和剩余爆破器材的及时退库情况。

(2)爆破工程师职责

①负责爆破工程的设计和总结,指导施工,检查质量。

②制订爆破安全的技术措施,检查实施情况。

③负责制订盲炮处理的技术措施,进行盲炮处理的技术指导。

④参加爆破事故的调查和处理。

(3)爆破员职责

①保管所领取的爆破器材，不得遗失或转交他人，不准擅自销毁和挪做他用。

②按爆破指令单和爆破技术交底进行爆破作业，严格遵守爆破安全规程和操作细则。

③爆破后检查工作面，发现盲炮和其他不安全因素应及时上报或处理。

④爆破结束后将剩余的爆破器材如数交回爆破器材库。

(4)安全员职责

①负责本项目爆破器材的购买、运输、储存和使用过程中的安全管理。

②督促爆破员、保管员、押运员及其他作业人员按照爆破安全规程和安全操作细则的要求进行作业，制止违章指挥和违章作业，纠正错误的操作方法。

③经常检查爆破工作面，发现隐患应及时上报或处理，工作面瓦斯超限时有权制止爆破作业。

④经常检查本项目爆破器材仓库安全设施的完好情况及爆破器材安全使用、搬运制度的执行情况。

⑤有权制止无爆破员安全作业证的人员进行爆破作业。

⑥检查爆破器材的现场使用情况和剩余爆破器材的及时退库情况。

(5)防护员职责

在钻眼、装药施工时在危险区边缘进行警戒，严禁无关人员进入施工现场；熟悉预告、起爆和解除警戒信号，熟悉各种声、光、电信号及防护旗信号含意，在爆破和处理盲炮时进行警戒。

(6)爆破器材押运员职责

①负责校对所押运的爆破器材的品种和数量。

②监督运输工具按规定的时间、路线、速度行驶。

③确认运输工具及其所装运爆破器材符合标准和环境要求，包括几何尺寸、质量、温度、防振情况等。

④负责看管爆破器材，防止爆破器材途中丢失、被盗或发生其他事故。

2. 请领、清退制度

(1)请领、清退工作必须严格按《爆破安全规程》办理，严禁违章操作；保管员(保放员)有权拒绝无证人员请领、清退爆破器材。

(2)请领爆破器材时，必须由爆破员凭爆破现场领导人签发的当日(班)请领单或爆破设计说明书如数领取。

(3)当日(班)用剩的爆破器材，必须在下班前由当班爆破员或爆破班(组)长如数退回库房，严禁存放在其他地方过夜或跨班退库现象发生。

(4)建立完善的爆破器材收发流水账、三联式领单和退料单制度，定期核对账目，做到账物相符。

(5)严禁任何单位和个人私拿、私用、赠送、转让、转卖爆破器材或挪用他用，违者按有关规定处罚，直至追究其刑事责任。

3. 爆破安全距离

根据不同围岩、断面特点制订不同的爆破方案，并认真验算空气冲击波、地震波、飞石的影响范围，确保周围结构物安全。爆破时产生的飞石、冲击波、地震波、噪声会对周围的结构物造成危害，采用预裂爆破可防止地震波对周围结构物的振动，起爆网络设计采用大段位微差起爆技术可大大减少地震波及噪声的产生，将其危害控制在最小的影响范围内，根据现场施工经验当堵塞长度大于底盘抵抗线时，飞石显著减少。

爆破主要危害是地震波及飞石对周围结构物的影响，进行爆破时，所有人员必须撤离现场，其安全距离为：

(1)独头掘进不少于200m。

(2)相邻的平行坑道，横通道及横洞间不少于50m。

(3)全断面开挖进行深孔爆破(3～5m)时，不少于500m。

4. 安全措施

发现盲炮或怀疑有盲炮，应立即报告并及时处理。若不能及时处理，应在附近设明显标志，并采取相应的安全措施；难处理的盲炮，应请示爆破工作领导人，派有经验的爆破员处理，处理盲炮时，无关人员不准在场，应在危险区边界设警戒，危险区内禁止进行其他作业。

1)浅孔爆破盲炮的处理

(1)经检查确认起爆线路完好时可重新起爆。

(2)起爆线已被炸断时可选用在距炮孔不小于30cm处打平行眼进行起爆。

(3)可用木制、竹制或其他不发生火星的材料制成的工具轻轻地将炮眼内大部分填塞物掏出，用聚能药包引爆。

(4)在安全距离外用远距离操纵的风水喷管吹出炮孔填塞物及炸药，但必须采取措施，回收雷管。

2)安全措施

(1)所有参与爆破的人员必须持证上岗，严禁无证人员从事爆破施工。

(2)爆破方案报经公安部门批准后才能执行。

(3)爆破人员必须先了解爆破材料性能，进行材料性能检验；熟练掌握操作工艺，在爆破现场必须服从指挥，坚守岗位，严格按照安全规程进行施工。

(4)建立健全爆破材料的领取、发放、保管和使用制度，严格管理，不得让爆破器材流失。

(5)爆破前必须进行全面技术交底，做到任务明确，专人负责。

(6)爆破施工之前应先进行试爆，技术人员应根据爆破实际效果调整炸药单耗量和爆破参数，在施工过程中还应根据现场施工环境进行调整。

(7)严禁非爆破人员进入爆破现场，禁止在爆破区内使用明火或抽烟。

(8)严禁在残眼中继续钻眼，装药与钻孔不宜平行作业。

(9)隧道内爆破不得使用黑色火药，火花起爆时严禁明火点炮，其导火索的长度应保证点完导火索后，人员能撤至安全地点，但不得短于1.2m。一个爆破工一次点燃的根数不宜超过5根。

(10)爆破作业必须统一指挥，确定爆破时间和信号。

(11)装炮时应使用木质炮棍装药，严禁火种。

(12)爆破后必须经过15min通风排烟后，检查人员方可进入工作面，检查有无“盲炮”及可疑现象，在妥善处理并确认无误后，其他工作人员才可进入工作面。

(13)爆破后要及时处理松动危石,经技术人员或安全员检查现场,确认安全后方能解除警戒信号。

(14)必须专人负责检查盲炮情况,一旦发现盲炮必须由原爆破人员按规定处理。

(15)装药人员必须按设计药量和设计结构进行装药,严禁多装药。

(16)爆破时应严格确定危险区域和影响区域。

(17)两工作面接近贯通时,两端应加强联系与统一指挥。岩石隧道两工作面距离接近15m(软岩为20m),一端装药放炮时,另一端人员应撤离到安全地点。

第二节　隧道开挖、支护专项施工方案

明洞采用明挖法,因洞口一般围岩较差,宜采用小型爆破为主,以锚喷为支护手段;暗洞开挖采用新奥法,以锚喷支护为主,围岩较差时可采用管棚超前支护,拱架加强支撑。施工过程紧紧贯彻新奥法精神,定期用精密仪器对围岩变形情况进行实时监测,及时将结果反馈到临时支护设计过程中,以确定最佳支护方案和二次衬砌的时间,确保隧道安全优质施工。

开挖支护配备施工机械:挖掘机、装载机、自卸车、凿岩台车、凿岩机、风镐、空压机、硝铵炸药、乳化炸药、火雷管、导爆索、导火索、非电毫秒雷管等。

一、洞口及明洞开挖支护

1. 洞口及明洞开挖支护施工

洞口施工前应先做好洞顶天沟,将地表水、仰坡水汇流引离洞口,并在完善洞口附近的防排水设施后,再进行明洞开挖。先利用出渣平整场地,以利洞口场地布置。

在洞口开挖过程中,结合洞口路堑施工分层开挖,边仰坡开挖与边仰坡防护同步进行。对弱风化砂砾岩,采用减弱松动爆破配合风镐挖掘,装载机及自卸汽车装运。当开挖边坡和仰坡稳定性较差时,采用全部或局部临时挂网喷锚予以加固。

明洞开挖至暗洞里程时,暗洞外采用C25钢筋混凝土施作2m长套拱,作为长管棚导向墙,确保安全顺利进洞。待洞口长管棚施工完成后,按先拱后墙法开挖进洞,上台阶拱部要采用环形开挖预留核心土法,拱圈混凝土达到设计强度的70%后方可进行下部断面开挖,下部边墙部位开挖后,应及早、及时做好支护,确保上部混凝土拱的稳定。

明洞衬砌和洞门利用作业台车人工绑扎钢筋,钢模台车整体灌注混凝土。灌注时架设外模,以保证混凝土施工质量,混凝土强度达到设计强度的70%后,进行洞顶防水层铺设,浆砌片石回填和碎石盲沟的设置,及碎石土回填和黏土隔水层等其他附属工程施工。

2. 洞口及明洞工程施工顺序

(1)洞口开挖洞顶天沟、刷边仰坡,锚喷防护。

(2)明洞开挖、暗洞里程预留台阶进行大管棚钻孔注浆。

(3)明洞二次衬砌钢筋混凝土浇筑。

(4)洞顶防水层铺设、浆砌片石回填、碎石盲沟设置、碎石土回填和黏土隔水层等其他附属工程施工。

二、洞身开挖支护

根据“新奥法”施工要求，隧道开挖必须尽可能减小对围岩的扰动，充分发挥围岩的自承能力，在钻爆作业中采用光面爆破技术，同时优化光面爆破技术参数，并根据围岩情况，及时修正爆破参数，达到最佳爆破效果，并形成整齐圆顺的轮廓，减少超欠挖。

开挖支护施工遵循的总原则是：疏排水、少扰动、管超前、短开挖、弱爆破、快喷锚、强支护、勤量测、早封闭。为减少对围岩的扰动，保证隧道施工的安全，各级围岩的开挖方法各不相同，Ⅴ级围岩采用环形开挖，预留核心土的施工方法；Ⅳ级围岩采用台阶法施工，台阶长度视围岩情况定；Ⅲ级、Ⅱ级围岩可采用全断面开挖法施工。

1. Ⅴ级围岩施工

采用台阶分部开挖法进行开挖施工，支护采用钢拱支撑为Ⅰ18 工字钢，间距为符合设计要求；小导管、砂浆锚杆超前支护；ϕ25mm × 5mm 先锚后灌式中空注浆锚杆长 3.5m，间距 0.5 ~ 1m × 1m，梅花形布设；设 15cm × 15cm，ϕ6mm 的钢筋网；喷筑 C20 混凝土，厚 25cm。

开挖考虑预留 10cm 的变形量。

Ⅴ级围岩采用“七步开挖作业法”（台阶分部开挖）。

1）“七步开挖作业法”基本原理

“七步开挖作业法”即在隧道开挖过程中，在三个台阶上分七个开挖面，以前后七个不同的位置相互错开同时开挖，然后分部同时支护，形成支护整体，缩小作业循环时间，逐步向纵深推进的作业方法。

这种开挖作业法吸收了上下导坑法、侧壁导坑法、台阶法甚至全断面开挖法的内在特点，集各法之精髓而形成的新型施工方法，见图 4-7。

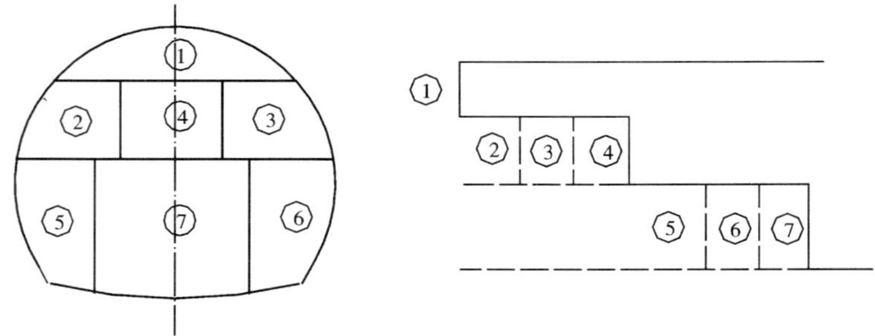

图 4-7 “七步开挖作业法”示意图

该法的具体实施，包括以下内容：

（1）开挖掘进以三个台阶七个工作面同时进行。

（2）初期支护先上后下，分步实施，然后连成整体，形成一个承载拱。

（3）依据围岩量测的结果调整支护参数（喷 C20 混凝土厚度、钢支撑间距等），来决定每一循环进尺，并视围岩破碎程度控制在 0.5 ~ 1.0。

“七步开挖作业”摒弃了侧壁导坑法中需要拆除临时支护的“麻烦”和浪费，同时吸取了三台阶加大核心土稳定作用的思想，并将在台阶中的弧形开挖将两部分分割成三部分，使这个方法在相邻的两类软弱围岩的施工过渡时，只需调整各分部进尺就可达到目的。也就是说，相对于其他方法而言，“七步开挖作业法”是介于正台阶与双侧壁导坑法之间的施工方法，实用于

Ⅰ类围岩起的围岩的施工。当上台阶降低高度时，中台阶即成为核心土支挡开挖工作面（图4-8），当下台阶落底降低时，可转为正台阶施工（图4-9）。当围岩达到Ⅳ类以上条件时，下台阶拉槽后，则可进行全断面开挖（图4-10），由此可见，它为围岩状态变更后，缩短作业调整期创造了前提（图4-11）。

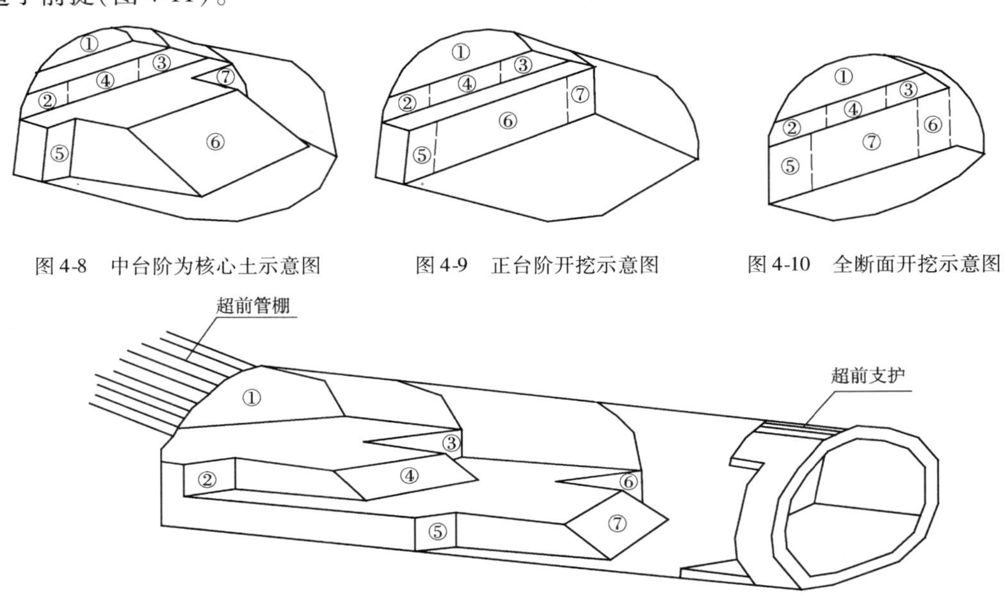

图4-8　中台阶为核心土示意图　　图4-9　正台阶开挖示意图　　图4-10　全断面开挖示意图

图4-11　“七步开挖作业法”透视图

2）“七步开挖作业法”满足了新奥法施工对围岩加强控制的要求

新奥法的观点归纳起来就是：适当支护围岩使其稳定，围岩与支护是不可分割的整体，支护后的围岩本身具有承载能力，支护的工艺打破了传统的单一模筑形式。

由此可见，新奥法并不单纯是一种设计施工理论，还是一种工程技术方法，这个方法集中到一点就是在整个施工过程中对围岩加强控制，特别要做到尽量不破坏围岩的原有强度，减少对围岩的扰动，控制围岩的变形，防止围岩的松弛。通过监控量测选择恰当的支护方式。“七步开挖作业法”适应了新奥法的这些基本要求。

“七步开挖作业法”要求在隧道全断面划分的七个部位同时开挖，由于七个部位分别处于七个不同的里程，从而使每一个开挖断面处的围岩所暴露的面积减到最小。

第1步：拱顶在超前管棚（或小导管）的“保护伞”下，将传统的矩形上导坑改为弧形导坑，开挖结束后，先初喷3cm混凝土，即用18号钢支撑，同时施作锁脚锚杆，并挂设钢筋网，喷射10～13cm厚的C20混凝土，施作系统锚杆，形成较稳定的承载拱。

第2、3步：在拱顶承载拱的支护下，分段扩大拱脚，以一定的时间差按同样方法进行支护。

第4步：拱顶完成后，中部拉槽。

第5、6步：在完成拱部支护后，分段左右开挖马口，以一定的时间差作边墙支护。

第7步：下台阶核心土挖除。

3）“七部开挖作业法”可以为高效掘进、确保工期创造条件

隧道工程的进度或工期，最终取决于平均日成洞进尺，而日成洞的多少受制于每一个作业

循环的时耗,缩小时耗的唯一途径便是缩短每一工序的作业时间,这就要看作业面能否投入更多的劳动力与机具,“七步开挖作业法”适应了这一基本原则。

要达到这样高的工效,双侧壁导坑及上下导坑开挖显然难度非常大,前者虽较安全,但作业面太小,无法使用大型出渣机械,工效难以提高;后者只能使用大型机械,但因开挖面太大,每一断面上围岩由于过多暴露,而受到扰动的时空拉大,影响其稳定,将会带来不利的后果。

“七步开挖作业法”的优点在于减小了对围岩的扰动,充分利用空间的错位及人工掘进的特点,而且参与了大型机械的施工,使得劳力与设备得到充分的施展,因此,使每一次作业循环加快,工期得以提速。

2. Ⅳ级围岩段施工

采用短台阶法进行开挖施工,支护为 ϕ25mm×5mm 先锚后灌式中空注浆锚杆,必要时采用 ϕ22mm 螺纹砂浆锚杆,设 15cm×15cm,ϕ6mm 的钢筋网;锚杆长 3m,间距 1.0m×1.2m,洞周喷射 15cm 厚的 C20 混凝土。

开挖考虑预留 6cm 变形量。

1)Ⅳ级围岩短台阶法施工作业顺序

开挖上半断面 → 施作拱部初期支护(安装锚杆、挂钢筋网、喷混凝土)→ 开挖下半断面→施作边墙初期支护(安装锚杆、挂钢筋网、喷混凝土)→仰拱开挖 →浇筑仰拱混凝土、回填片石混凝土→铺挂防水板、安设排水管 → 整体浇筑二次衬砌。

Ⅳ级围岩台阶法开挖各工作面布置:初期支护紧跟开挖面;下半断面开挖面距上半断面开挖面 3m,以利装渣;仰拱开挖浇筑工作面距下台阶开挖面 20m;衬砌工作面距下台阶开挖面 50m。

2)主要技术措施

(1)严格控制每循环进尺在 2.0m 以内,尽量减少对围岩的扰动。

(2)上台阶长度为 3m。

(3)开挖成型后应及时进行初期支护,确保工序衔接。当地层变差时,应随时喷射早强混凝土封闭工作面。

(4)施工过程中应对围岩及支护结构进行位移及应力量测,以便监控稳定状态。

3. Ⅲ级围岩段隧道施工

采用全断面法进行开挖施工。支护采用 ϕ25mm×5mm 先锚后灌式中空注浆锚杆,锚杆长 3.0m,间距 1.5m×1.5m,设 15cm×15cm,ϕ6mm 的钢筋网,洞周喷射 10cm 厚的 C20 混凝土。

1)施工方法

Ⅲ级围岩采用自制凿岩台车进行钻孔,全断面掘进,每循环进尺 2.7m。开挖后每掘进一个循环,立即钻设锚杆、挂网,复喷混凝土至设计厚度。

2)Ⅲ级围岩全断面法施工作业顺序

爆破开挖→ 施作初期支护,初喷混凝土→安装锚杆→挂设钢筋网→复喷混凝土→铺挂防水板,安设排水管→整体浇筑二次衬砌。

3)主要技术措施

(1)严格控制每循环进尺在 3m 以内,采用光面控制爆破,尽量减少对围岩的扰动。

(2)开挖成型后应及时进行初期支护,确保工序衔接,当地层变差时,应随时喷射早强混凝土封闭工作面。

(3)施工过程中应对围岩及支护结构进行位移及应力量测,以便监控稳定状态。

4. 小净距隧道开挖

为减少对围岩扰动及减少超挖,采用预裂爆破、光面爆破技术。

1)SB 型、SC 型小净距隧道暗洞施工

V 级围岩区段:左、右洞均采用侧壁导坑、拱部留核心土弧形开挖,各部分施工开挖前应做好超前支护措施。隧道施工先掘进洞模筑衬砌应超前后掘进洞开挖工作面不小于 50m。

IV 级围岩区段:隧道施工先掘进洞模筑衬砌应超前后掘进洞开挖工作面不小于 40m。后掘进洞宜采用侧壁导坑、拱部留核心土弧形开挖,先掘进洞采用短台阶法施工。

2)SD 型小净距隧道暗洞施工

V 级围岩区段:先掘进洞施工方案同正常分离式隧道暗洞 V 级围岩段。后掘进洞宜采用侧壁导坑、拱部留核心土弧形开挖,各部分施工开挖前应做好超前支护措施。隧道施工先掘进洞模筑衬砌应超前后掘进洞开挖工作面不小于 50m。

IV 级围岩区段:隧道施工先掘进洞模筑衬砌应超前后掘进洞开挖工作面不小于 40m。后掘进洞宜采用侧壁导坑、拱部留核心土弧形开挖,先掘进洞采用短台阶法施工。

III 级围岩区段:隧道施工先掘进洞模筑衬砌应超前后掘进洞开挖工作面不得小于 30m。先掘进洞宜采用台阶法或全断面法开挖;后掘进洞开挖时,先在断面底部中心开挖一道宽 2 ~ 3m、高 4 ~ 5m 的超前导洞,超前长度 5m,然后采取光面爆破开挖剩余断面一次到位。

5. 连拱隧道开挖

连拱隧道一般长度较短,围岩也较差,左右洞以中隔墙相连,施工难度大。主要施工方案有中导洞施工法和三导洞施工法。

1)中导洞施工法

中导洞开挖可以从隧道两端同时施工,在隧道中间贯通,也可以从隧道一端开挖,在另一端贯通,根据地质条件,中导洞开挖分全断面和短台阶两种施工方法。围岩较好时可采用全断面开挖中导洞,加快施工进度;在围岩破碎、节理发育及在洞口地段采用短台阶也可保证安全。无论采用哪种方法,均宜采用光面爆破技术,尽量减少中导洞对两侧正洞围岩的扰动,每一循环进尺要控制在 1m 以下,围岩好的情况下也不能超过 1.5m。支护要紧跟开挖面,不允许围岩暴露时间太长,杜绝塌方,中导洞即使有小面积塌方,也会给正洞开挖带来很大影响。

中隔墙混凝土的施工顺序刚好和中导洞开挖顺序相反,根据现场情况,可采用从隧道中间向两端施工的顺序。如一座隧道只设一个拌和站,一般采用远离拌和站一端向靠近拌和站一端的顺序施工,但在工期紧的情况下,可采用从隧道中间到两端同时施工的顺序。

为减少相互影响,左右线正洞开挖一般错开 40m 左右,爆破技术要尽量减少对中隔墙的影响,绝不允许将中导洞作为临空面进行爆破设计,下部开挖要先在边墙处开槽,将拱部初期支护后,再开挖中间部分,注意不能进尺太长,最多开挖出两榀拱架距离的长度,并尽快进行施工初期支护;封闭围岩,防止因拱部支护长时间悬空而造成塌方。

2)三导洞施工法

三导洞施工法(图 4-12)除在中隔墙处开挖一导洞外,在左右线两侧分别开挖一条侧导

洞,在中墙混凝土与边墙混凝土施工完后,再开挖左右线正洞。

施工步骤如下:

侧导洞的开挖方法与中导洞相似,三导洞施工完后,再开挖左右线的正洞。正洞开挖Ⅴ级围岩用台阶法施工,顺序与中导洞法不同,属于先墙后拱(不是先拱后墙),因在侧导洞开挖过程中,正洞边墙初期支护已施工,爆破设计时,均要尽量减少爆破对中隔墙及侧墙的影响,不能因初期支护已全部完成而随意加大药量,加大进尺,造成施工初期支护坍塌。

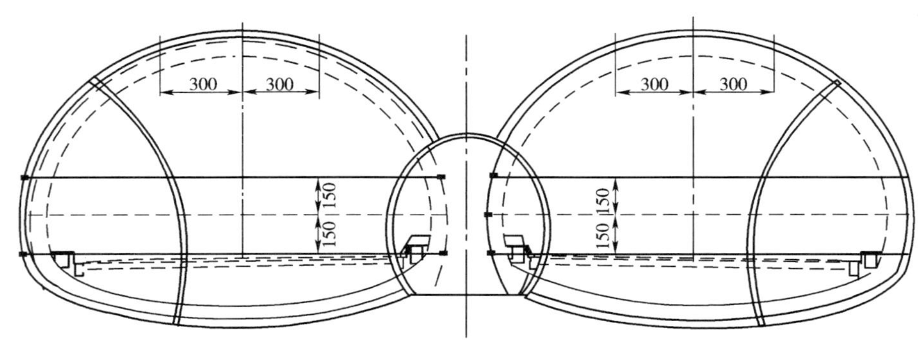

图4-12　三导洞施工法示意图(尺寸单位:cm)

总之,中导洞施工法和三导洞施工法宜根据隧道实际地质情况灵活运用。地质条件复杂、涌水量大及洞口浅、偏压、围岩软弱时一般用三导洞法施工,而较好的地段宜采用中导洞施工。

三、初期支护工艺

1. 管棚施工

(1)钻进并顶进长管棚钢管。

(2)采用C25混凝土套拱做管棚固定端,套拱在明洞外轮廓线以外,紧贴开挖面施作。套拱内埋设三榀18号工字钢,工字钢与管棚导向管(外插角2°~5°)焊成整体。

(3)管棚施作应先打有孔钢花管,注浆后再打无孔钢花管。

(4)钢管接头采用丝扣连接,丝扣长15cm,钢管接头应错开。

1)管棚注浆

管棚注浆采用分段注浆。

(1)注浆参数:水泥浆水灰比0.8:1。

注浆压力:初压0.5~1.0MPa,终压2.0MPa。

(2)注浆前应先进行注浆现场试验,注浆参数应通过现场试验按实际情况确定,以利施工。

2)施工顺序

(1)明洞开挖到暗洞里程。

(2)按设计进行明洞开挖和防护。

(3)施工套拱→打入管棚→注浆。

(4)暗洞拱部留核心土开挖,做初期支护,浇筑钢筋混凝土二次衬砌及仰拱。

3）管棚施工工艺及流程

（1）一般Ⅴ级围岩进洞地段采用管棚施工。

（2）管棚设计参数。

①管棚规格：热轧无缝钢管 108mm，壁厚 6mm，节长 3m 和 6m。

②管距：环向间距 40mm。

③在进口有套拱处倾角：平行于线路纵坡；方向：平行于线路中线在洞内向上倾角 2°～5°。

（3）管棚施工。

①配备地质水平钻机，钻进并顶进长管棚钢管。

②采用 C25 混凝土套拱做管棚固定墙，套拱在明洞外轮廓线以外，紧贴开挖面施工，套拱内埋设三榀 18 号工字钢，与管棚钢管焊成整体。

③管棚施工应先打有孔钢花管，注浆后再打无孔钢管，无孔钢管孔可作为检查孔，检查注浆质量。

④钢管接头采用丝扣连接，丝扣长 15cm。为使钢管接头错开，编号为奇数的第一节管采用 3m 钢管，编号为偶数的第一节钢管采用 6m 钢管，以后每节均采用 6m 钢管，管棚入土长度符合设计要求。

（4）管棚注浆按固结管棚周围有限范围内土体设计，浆液扩散半径不小于 0.5m，注浆采用分段注浆。

①暗洞进洞管棚

a. 注浆机械：BW-250/50 型注浆泵。

b. 灌注浆液：水泥浆液。

c. 注浆参数：水泥浆水灰比 0.8∶1；注浆初压 0.5～1.0MPa，终压 2.0MPa。

d. 注浆前应先进行注浆现场试验，注浆应通过现场试验按实际情况确定，以利施工。

e. 注浆结束后及时清除管内浆液，并用 C30 水泥砂浆紧密充填。

②断层带管棚

a. 注浆机械：BW-250/50 型注浆泵。

b. 灌注浆液：水泥—水玻璃浆液（双液浆）。

c. 注浆参数：水泥与水玻璃体积比为 1∶0.5，水泥浆水灰比为 1∶1；水玻璃浓度为 35 波美度，水玻璃模数为 2.4；注浆初压 0.5～1.0MPa，终压 2.0～2.5MPa。

d. 注浆前应先进行注浆现场试验，注浆应通过现场试验按实际情况确定，以利施工。

e. 注浆结束后及时清除管内浆液，并用 C10 水泥砂浆紧密充填，增强管棚的刚度和强度。

（5）管棚施工顺序：先从拱顶开始注浆，注浆效果在未顶无孔管之前在无孔管孔内进行检查，并采用分析法，分析注浆记录、注浆压力、注浆量是否达到现场试验合格的注浆参数。

（6）管棚钢管钻孔和顶进的方向一定要符合设计要求，每孔施工时要用坡度仪进行控制，不能侵入开挖限界。如遇个别岩石坚硬时，开孔孔径可大于钢管直径 20mm。

（7）管棚施工的一切机械设备一定要有备用机械，防止施工时中断。

（8）管棚超前支护除符合设计要求外，也应符合《公路隧道施工技术规范》（JTG F60—2009）有关章节的要求。

(9)管棚施工工艺流程如图 4-13 所示。

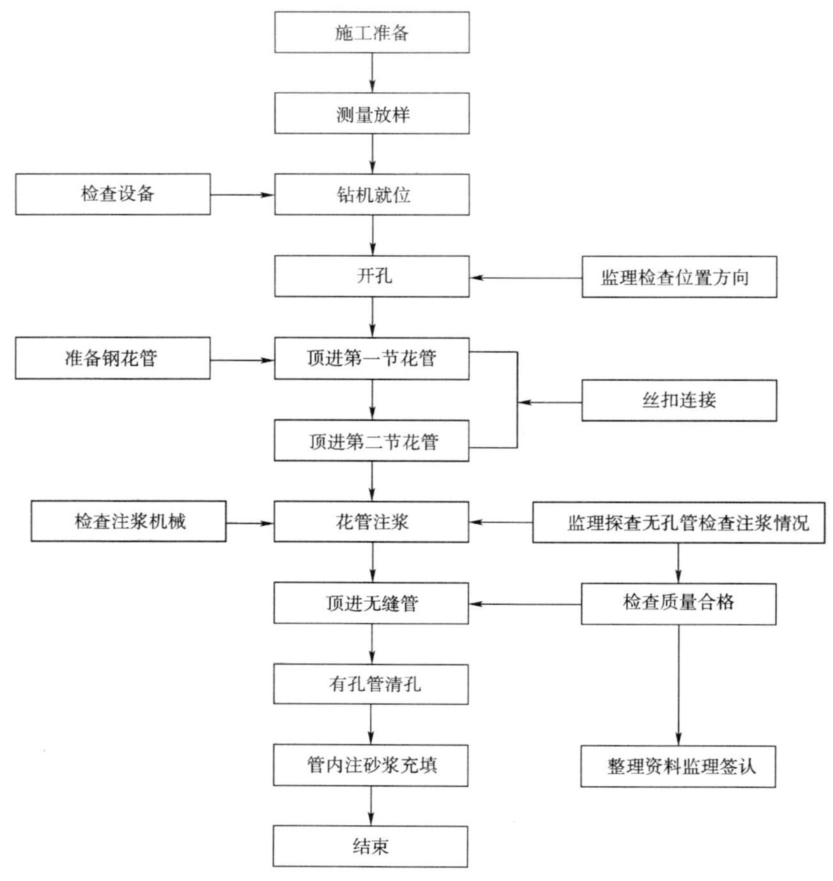

图 4-13 管棚施工工艺流程框图

2. 小导管施工

在施工前,对开挖面(掌子面)进行封闭,以防漏浆。钻孔直径应比管径大 20mm 以上,外插角应控制在 15°~30°。若地层软弱可直接将小导管打入。

(1)小导管采用 ϕ42mm,壁厚 3.5mm 的无缝钢管,每根长度为 5m,按梅花形钻 8mm 的注浆孔。打入钢管后,进行注浆,以达到超前支护的目的。

(2)钻机选择。根据超前小导管的施工特点,采用普通岩石电钻,钻杆为螺纹钻杆,同时为较好地控制小导管的角度,在已施工的型钢拱上施作悬挂装置,以悬挂导轨。

(3)小导管注浆施工工艺流程见图 4-14。

(4)在操作平台开挖成型后,随即放样小导管的具体位置,并放样出隧道的中心线及其法线方向和最外一根小导管的垂直距离点。

(5)钻机就位后,使用经纬仪及水准仪测量钻机轴线和隧道中线的角度,以及钻杆的角度,并通过调整导轨的高低使钻杆的角度满足设计要求。

(6)钻孔:钻机开孔时钻速宜低,钻深 20cm 后转入正常钻速。

(7)管件制作和钢管顶进作业。

①管件制作：小导管采用ϕ42mm×4cm无缝钢管，钢管长为5m，管臂钻8mm注浆孔，孔眼位置交错布置，间距为15cm。

②顶管作业：首先使用高压风将孔内的残渣清理干净，然后将钢管顶入孔内。

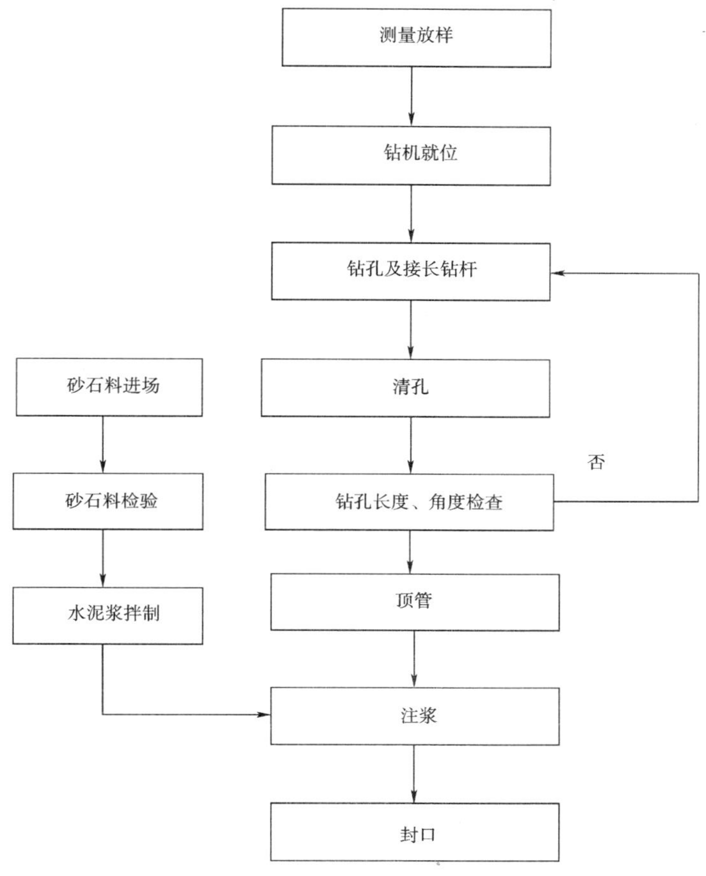

图4-14　小导管注浆施工工艺流程图

③小导管注浆方法：在钢管内注入水泥砂浆，注浆初压力为0.5～1MPa，终压力为2～2.5MPa，注浆结束后用水泥砂浆填充，形成钢管混凝土。

④第二次施工小导管，其搭接长度不得小于设计搭接长度，施工方法与上相同。

⑤小导管注浆工艺流程见图4-15。

3. 钢架施工

钢架在洞外按设计加工成型，工字钢架采用冷弯机冷弯加工，其长度容许偏差±1cm，螺栓孔相邻两组的端孔间距容许偏差±1.5mm，截面宽度容许偏差±3mm。构件弯曲矢高偏差不大于10mm；洞内安装在初喷混凝土之后进行，与定位筋焊接，钢架垂直度不大于3cm，高度容许偏差±2cm。钢架间设纵向连接筋，钢架间以喷混凝土填平。钢架拱脚必须放在牢固的基础上，架立时垂直隧道中线，当钢架和围岩之间间隙过大时设置混凝土垫块，用喷混凝土喷填。为防止钢架喷混凝土不密实，可预埋注浆管，在挂防水板之前进行回填注浆。

钢拱架施工工艺流程见图4-16。

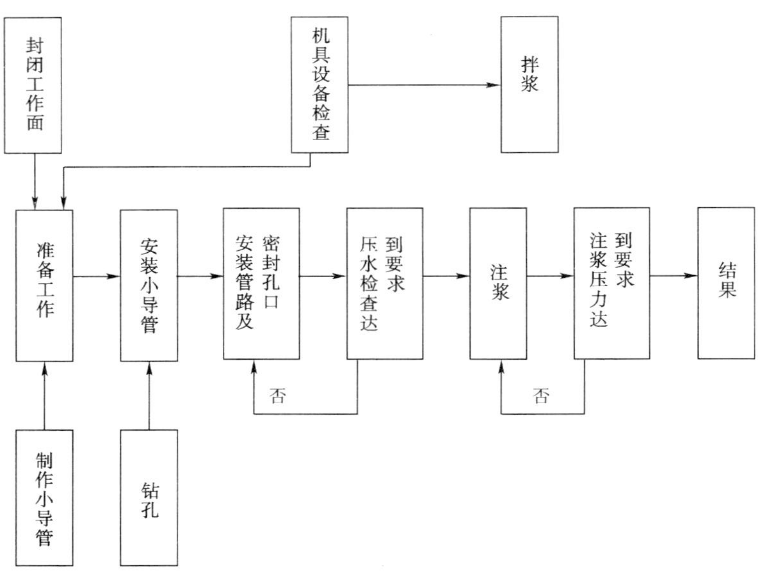

图4-15　小导管注浆工艺流程图

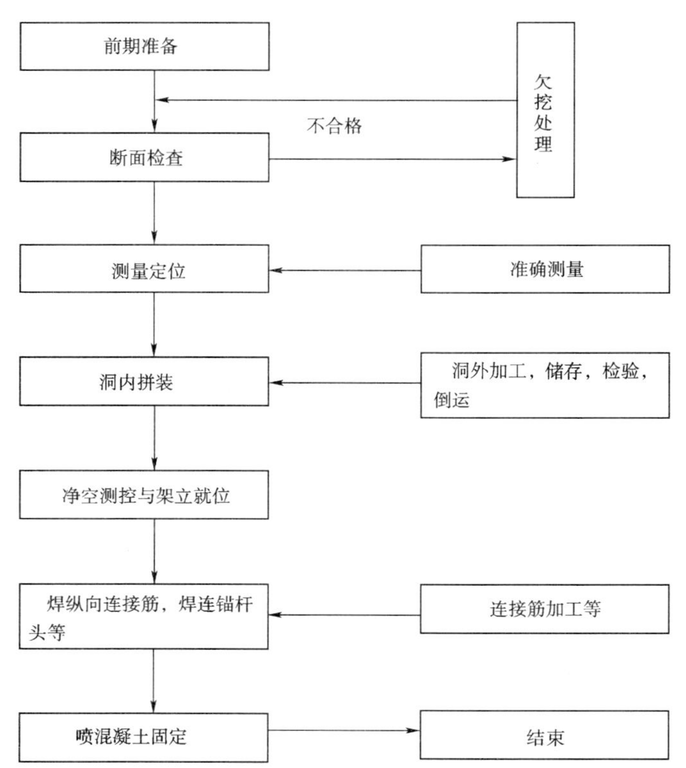

图4-16　钢拱架施工工艺流程框图

4. 锚杆施工工艺和流程框图

锚杆支护大致有两种锚杆，一是全长黏结型水泥砂浆锚杆，二是ϕ25mm中空注浆锚杆。

（1）ϕ25mm 中空注浆锚杆：使用在Ⅴ级、Ⅳ级、Ⅲ级围岩中，锚杆长3.0/3.5m，外径25mm，内径14mm，岩层中注浆，在有水的岩层中注双液浆，无水岩层中注水泥砂浆。

（2）砂浆锚杆钻孔采用 YT-28-300 型钻机，孔眼方向、深度、布置按设计要求，钻杆施工时应垂直岩面，钻孔精度要求如表4-4所示。

钻孔精度要求一览表　　表4-4

项　目	精　度	项　目	精　度
孔位偏差	±15mm	砂浆锚杆孔径	≥40mm
孔深	±50mm		

（3）锚杆施工前的准备工作：

①检查锚杆类型、规格、质量及性能是否与设计相符。

②根据检查锚杆类型、规格及围岩情况，准备钻孔机具和注浆机具设备、材料。

③砂浆锚杆根据设计要求制作，杆尾加工螺纹，便于安装垫板和螺母。

（4）施工中的注意事项：

①安装砂浆锚杆时，杆尾装螺母进行保护。

②ϕ25mm 中空注浆锚杆在注浆开始或中途停止超过30min时，应用水润滑注浆泵及管路。

③注浆口压力应不大于0.4MPa。

④注浆时应注意观察止浆塞泄气孔是否有水泥砂浆溢出。

（5）质量检查。为了检查锚杆的安装质量，必须对锚杆进行抗拔力检验，进行此项工作时应注意以下事项：

①安装拉力计时，其作用线应与锚杆同心。

②加载应匀速、缓慢，拉拔至设计吨位即停止，不做破坏性试验。

③拉力计应固定可靠。

（6）锚杆支护除符合设计要求外，也应符合《公路隧道施工技术规范》（JTG F60—2009）的相关要求。

（7）ϕ25mm 中空注浆锚杆施工工艺流程见图4-17。

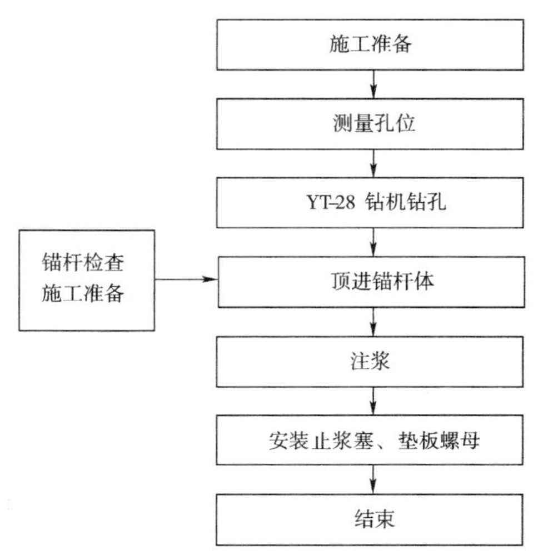

图4-17　中空注浆锚杆施工工艺流程图

5. 钢筋网安设

挂钢筋网在砂浆锚杆施作后安设，钢筋类型及网格间距按设计要求施作。钢筋网随被支护岩体的实际起伏状铺设，并在初喷混凝土后进行，与被支护岩面间隙小于等于3cm，钢筋网与钢筋网连接处、钢筋网与锚杆连接处点焊在一起，使钢筋网在喷射时不易晃动。钢筋网在加工厂加工成片，在洞内再焊接起来形成整体。

6. 喷射混凝土施工工艺和流程框图

（1）喷混凝土的材料应符合下列要求：

①水泥采用硅酸盐水泥或普通硅酸盐水泥，强

度等级不得低于 R32.5。

②速凝剂使用掺量应通过试验确定,要求初凝时间不超过 5min,终凝时间不超过 10min。

③砂采用中粗砂,细度模数宜大于 2.5,含水率为 5% ~7%,使用前应过筛。

④石料采用坚硬、耐久的碎石河卵石,粒径不大于 15mm。

(2)喷射混凝土的配合比要达到 C20 的设计要求,也可参照下列数据选择:骨灰比 1:4 ~ 1:5,集料含砂率 45% ~60%,水灰比 0.4 ~0.5。

(3)喷射混凝土作业应符合下列要求:

①喷面应用水或风冲洗干净,无松动岩石。

②喷混凝土作业应分段、分片由下而上顺序进行,每段长度不宜超过 6m。

③初喷厚度不得小于 4cm,以后的喷射厚度根据设计厚度分层喷射,后一层应在前一层终凝后进行,但也不能超过 1h,终凝 2h 后喷水养护,养护期一般不少于 7d。

④回弹率,拱部不超过 35%,边墙不超过 25%。

⑤喷射混凝土紧跟开挖面时,间隔时间不得小于 4h。采用锚网喷混凝土时,可在岩面上先喷一层混凝土,然后再挂网,钢筋网在喷混凝土时不得晃动。

⑥采用钢架支护时,钢拱架连接、尺寸、位置应符合设计要求。要求钢拱架安装在牢固的基础上,纵向用钢筋焊接。钢架与围岩间隙大于 3cm 时,用混凝土块塞紧;小于 3cm 时,用喷射混凝土充填密实,拱架和钢筋网喷混凝土覆盖厚度保护层不得小于 2cm。

(4)喷射混凝土除符合设计要求外,也应符合《公路隧道施工技术规范》(JTG F60—2009)的相关要求。

(5)喷射混凝土流程见图 4-18。

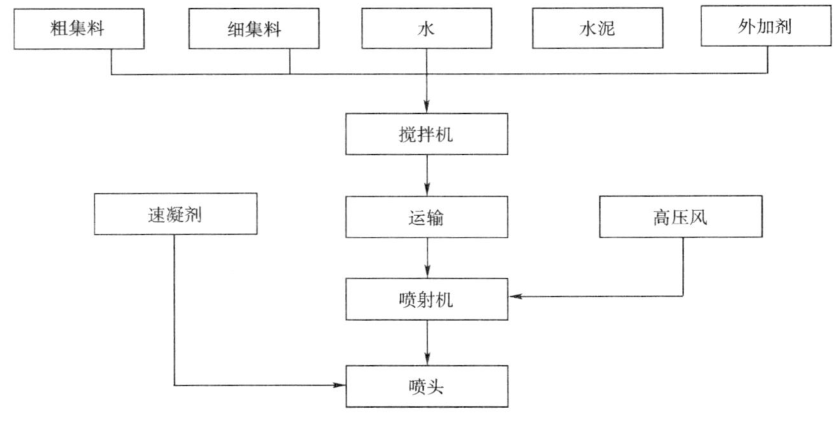

图 4-18 喷射混凝土流程框图

第三节 隧道衬砌专项施工方案

一、防水层施工

1. 防水土工布及隧道专用防水卷材铺设

防水板材在铺设过程中,不能有任何孔眼穿透防水板,以确保防水板的整体性、完整性、防水性。根据多年的施工经验，总结得出防水板材铺设新技术，其施工方法如下。

（1）找平喷混凝土基面，凡基面凹陷在10cm以上者，用水泥砂浆抹面，凸处凿平，深跨比小于1:6，锚头、钉头、钢筋头、钢支护凸出者凿除与基面平，并用砂浆抹盖。

（2）在处理基面上铺设无纺土工布加隧道专用防水卷材。标出土工布拱顶中线，防水卷材中线与拱顶中线一致，从拱顶向两拱脚、边墙对称铺设。用电钻打眼，钢钉膨胀环固定，间距为拱部0.5～0.7m，边墙1.0～1.2m，凸凹处适当增加固定点。将防水板上吊索绑扎在钢钉上，然后将钢钉钉平至喷混凝土基面。防水板在铺设时要使其松紧适度，以保证混凝土浇筑后喷混凝土面与防水板间无空隙或防止防水板破裂。

（3）防水板间环向搭接采用自动爬行热焊机使两板热熔，双焊缝连接。

（4）通过检查每环防水板是否有孔眼及个别破损点，如有则加设圆形防水板块进行覆盖焊补。

（5）每条焊缝均经气密性检测，当焊缝内气压设定为0.15MPa，延时2min以上无变化时，即可立判定焊缝合格。

2. 施工工艺

防水层施工工艺如图4-19所示。

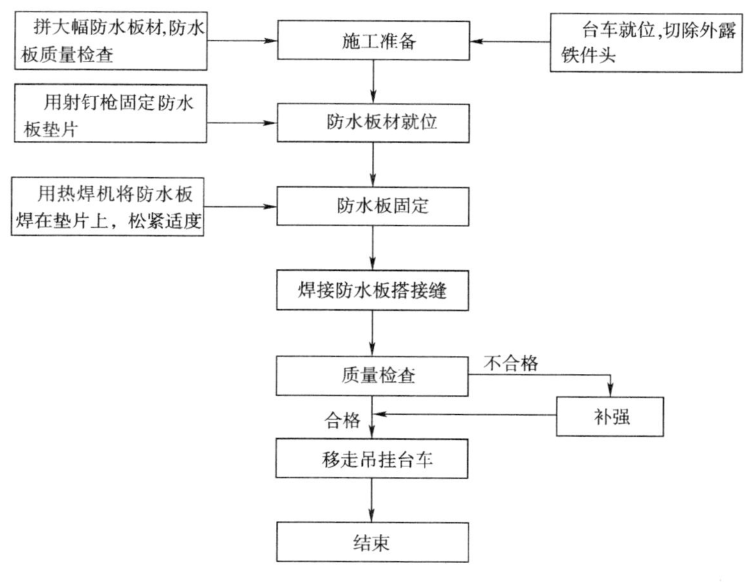

图4-19 防水层施工工艺框图

3. 防水板铺设注意事项

（1）防水板铺设在初期支护基本稳定且二次衬砌灌筑前进行，其铺设程序经监理工程师批准。防水板铺设前喷射混凝土表面无锚杆头或钢筋断头外露，对凸凹不平处修凿、喷补，使混凝土表面平顺；局部漏水处进行处理。防水板按环形铺设，黏结工序与固定工序紧密配合。两环防水板的搭接宽度为100mm。固定防水板时不得紧绷，并保证板面与喷射混凝土表面能密贴。

（2）铺设防水板地段距开挖工作面不小于爆破所需要的安全距离，灌注二次混凝土时，不损坏防水板。

(3)防水板属隐蔽工程,灌注二次衬砌混凝土时,检查板面与底层的密贴情况,搭接、黏结质量,固定防水板处结合情况等,并填写质量检查记录。

(4)防排水板铺设施工是一项严格、细致的工作,指派专业的防水工班作业,并建立专业检查制度,施工前编制详细的作业指导书,并对操作人员进行严格的操作技术培训。

(5)不将防水卷材的 EVA 面与另一块土工布相贴焊接,以免造成该处渗漏水。

(6)防排水板沿隧道纵向一次铺挂长度要比本次灌注混凝土长度多 1m 左右,一方面便于与下一循环的防排水板相接,另一方面可使防排水板接缝与混凝土接缝错开 1m 左右,有利于防止混凝土施工缝渗漏水。

二、二次衬砌施工

1. 材料、机械

(1)砂石集料应符合级配要求,水泥强度不低于 42.5MPa,采用膨胀混凝土或按设计比例掺加外加剂。

(2)水灰比不应大于 0.55,最小水泥用量不少于 200kg/m^3,拱顶封顶部分不少于 350kg/m^3。

(3)配备施工机械:强制式混凝土拌和机、混凝土运输车、衬砌台车、混凝土输送泵、混凝土振捣器。

2. 仰拱衬砌施工

为确保衬砌质量和洞内施工环境,衬砌采取仰拱先做,先清除底部虚渣,排干积水,用防水砂浆对支护表面进行找平并封堵个别渗漏水处,架立钢筋,浇筑仰拱混凝土。模型只在两边与边墙相接处(即工作缝)关模,底部高程采取量矢高的方法控制。

仰拱开挖不允许欠挖,仰拱断面开挖后立即检查并浇筑混凝土。浇筑前清除虚渣、杂物,排除积水,超挖部分按设计规定予以回填。后于边墙施工的仰拱,浇筑前已成仰拱拱座的应凿毛,冲洗干净,保持湿润,再浇筑混凝土。采用大样板,并由仰拱中心向两侧对称进行,仰拱与边墙衔接处捣固密实。仰拱混凝土达到设计强度的 70% 以上后,清除仰拱上面的碎渣尘土,并冲洗干净,无积水。

3. 墙拱衬砌施工

在 Ⅴ、Ⅳ级围岩地带二次衬砌紧跟初期支护;Ⅲ级围岩地带二次衬砌控制在开挖面后 300m 左右,最大不超过 400m,采用全液压整体模板衬砌台车,衬砌台车长度一般为 5 ~ 10m。进行墙拱整体式衬砌。采用强制式混凝土搅拌机拌和混凝土,自动配料机计量,混凝土输送车运送混凝土,高压混凝土输送泵泵送至全液压整体模板衬砌台车进行墙拱整体式衬砌,附着式振动器配合插入式捣固棒振捣。

(1)边墙基础顶面在二次衬砌前应进行如下处理:顶面凿毛,清除浮渣,洒水湿润混凝土表面,安装纵向止水带,顺直接茬钢筋。

(2)拌和站集中拌和混凝土,无轨运输,泵送入模,机械捣固。混凝土自模板预留口由两台输送泵左右对称同时灌注。由下向上,对称分层,先墙后拱灌注,倾落自由高度不超过 2.0m。

(3)在混凝土浇筑过程中,派专人观察模板、支架、预埋件和预留空洞的情况,当发现变形位移时，及时采取措施进行处理，确保混凝土连续灌注。

(4)拱顶预埋压浆管，衬砌后拱顶作注浆处理，确保拱顶混凝土密实。

(5)台车移动时，钢模必须收拢到要求位置，所有作业窗口关闭，移动中必须有专人掌握制动器，防止台车溜滑和冲撞。

(6)边墙和拱脚部分的混凝土振捣作业均利用作业窗口采用插入式振动器进行。拱顶可使用附着式振动器进行振捣作业。

(7)混凝土浇筑后及时养护，养护时间不小于7d；参有外加剂的混凝土养护时间不小于14d。

4. 施工要求

(1)二次衬砌的施作时间，满足下列条件：

①各测试项目所显示的位移率明显减缓并已基本稳定。

②已产生的各项位移已达预计位移量的80% ~90%。

③周边位移速率小于0.1 ~0.2mm/d，或拱顶下沉速率小于0.07 ~0.15mm/d。

二次衬砌作业流程见图4-20。

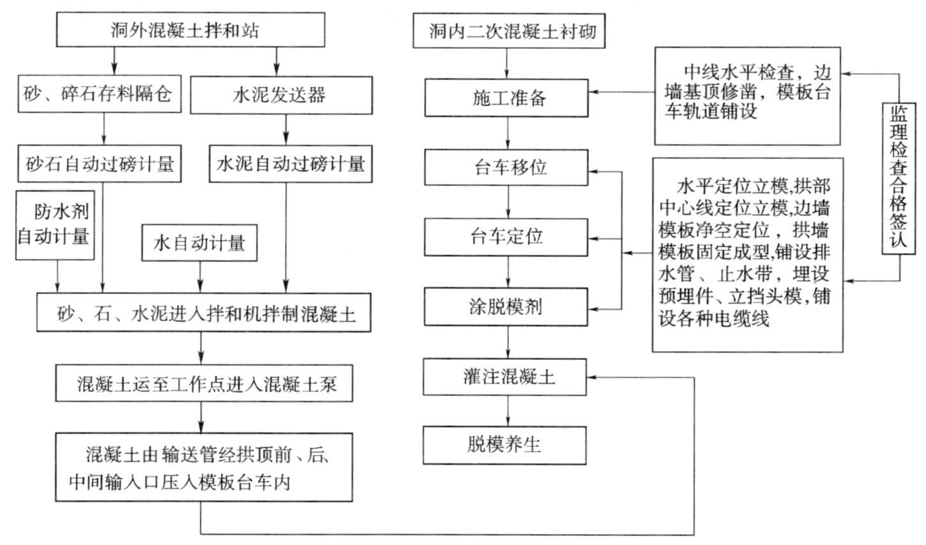

图4-20　二次衬砌作业流程图

在满足上述条件后，尽快进行二次衬砌的施作。自稳性很差的围岩，可能长时间达不到基本稳定条件，当初期支护的混凝土发生大量明显裂缝，而支护能力又难以加强，变形无收敛趋势时，在报经监理工程师批准后，提前施作仰拱及二次衬砌。在二次衬砌中，可采取增设钢筋和提高混凝土强度等级的措施。

(2)浇筑防水混凝土，根据图纸规定的级别和抗渗要求，通过试验配制，报监理工程师批准。

(3)浇筑混凝土前，检查开挖断面尺寸。隧道衬砌混凝土的浇筑方法和程序，应经监理工程师批准。

(4)当混凝土面超过拱顶时，泵管出口应理设在混凝土面以下，保证拱顶所有空间能填满、填实。

(5)二次衬砌施作前,铺设防水层;在初期支护变形基本稳定后进行。防水板与喷层面平顺密贴,无钢筋或锚杆外露,凸凹较大时先行补平。

(6)二次衬砌施作前,将喷层或防水层表面的粉尘清除干净,并洒水润湿。浇筑混凝土应振捣密实,防止收缩开裂,振捣时不损坏防水层。

(7)二次衬砌的内轮廓、中线及高程符合图纸要求。

(8)二次衬砌拆模时间。不承重结构:当混凝土强度达到2.5MPa以上;承重结构:在混凝土强度达到设计强度70%以上。

(9)隧道拱墙背后空隙回填密实,并按下列要求与衬砌同时施工:

①边墙基底以上1m范围内的超挖用与边墙相同的材料一次灌筑。

②其余部位,超挖在允许范围内,采用与衬砌相同材料灌筑;超挖大于规定时,用片石混凝土或浆砌片石回填密实(但初期支护必须与围岩密贴)。当围岩稳定、干燥无水时,先用干砌片石回填,再在衬砌背后压浆。

三、施工缝、变形缝防水施工

1.施工缝、变形缝的设置及处理

(1)施工缝主要为环向施工缝,二次衬砌环向施工缝每模一道,采用中埋式橡胶止水条;变形缝在地层显著变化处、断面明显变化处等设置,采用中埋式橡胶止水带。

(2)墙体有预留孔洞时,施工缝距孔洞边缘不小于30cm。环向施工缝必须避开地下水和裂隙水较多的地段,与变形缝相结合。

(3)加强施工缝混凝土面的振捣,确保混凝土面的密实性,后续混凝土浇筑时,将混凝土基面的松动渣石、浮浆凿除;同时对基面渣屑清理、冲洗后沿施工缝接触面铺刷一层20~25mm的1:1水泥浆或混凝土界面剂,以增加新旧混凝土界面层混凝土的黏结力。

2.变形缝防水

(1)变形缝设置中埋式橡胶止水带,止水带中间空心圆与施工缝(变形缝)重合,止水带固定在挡头模板上,先安装一端,浇筑混凝土时另一端用箱形模板保护,固定时只能在止水带允许的部位上穿孔打洞,不得损坏止水带本体部分;固定止水带时,防止止水带偏移,以免单侧缩短,影响止水效果;止水带定位时,使其在界面部位保持平展,不得使其翻滚、扭结;有扭结现象及时进行调整。

(2)止水带安设采用安设钢筋卡工艺施工。沿设计衬砌轴线,每隔不大于0.5m钻一直径为ϕ12mm的钢筋孔;将制成的钢筋卡,由待灌混凝土侧向另侧穿入,内侧卡紧止水带的一半,另一半止水带平靠在挡头板上;待混凝土凝固后拆除挡头板,将止水带靠钢筋拉直、拉平,然后弯钢筋卡套上止水带。

(3)变形缝缝间用填缝材料填塞密实。变形缝的端头模板钉填缝板,填缝板与嵌入式止水带中心线和变形缝中心重合,并用模板固定牢固。确保填缝板的支撑牢固,不跑模。

3.施工缝防水

施工缝设中埋式止水带防水,待浇一侧用塑料条(与止水条尺寸一样)固定在端头模板上,预留出止水条凹槽。待混凝土凝固后拉出塑料条,在进行下一循环混凝土浇筑准备工作时，将止水条嵌入预留凹槽中，并每隔 100cm 两侧打固定针，然后用细铁丝固定即可。

图 4-21 为止水带安装固定方法示意图。

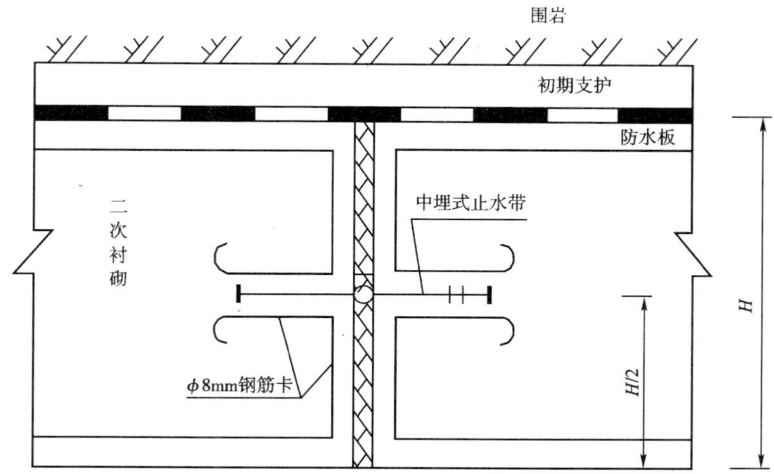

图 4-21　止水带安装固定方法示意图

第五章　市政工程专项施工方案

第一节　市政道路专项施工方案

一、市政路基土石方专项施工方案

1.适用范围

适用于市政工程土石方路基施工。

2.参照文件

《市政工程施工技术规程汇编》。

3.施工前的准备

土石方工程开工前,应根据市规划部门批准的用地图,实测收购边线桩,核实图内房屋、各种供电和通信线路、地下管线、坟墓、树木、农田等。

开工前必须做好以下各项拆迁准备工作:

(1)对于各种地上、地下障碍物的拆迁,应在施工前与有关部门协商,并签订协议书。

(2)对有碍施工的房屋,均应在开工前拆迁完毕;对沿线未拆迁的房屋,应考虑不因施工而影响其稳固,必要时适当加固处理。

(3)用地范围内树木、坟墓等,施工前会同有关单位清点数目,造册存查,并协商砍伐或迁移办法。

(4)路基填土高度小于1.5m时,应挖除树根,并认真将树坑夯实填平。一般采用机械施工的路堑及取土坑,应将所有树根予以挖除。填土高度大于1.5m时,树根可酌情处理。

4.实施步骤

1)测量工作

路基工程开工前应进行下列测量工作。

(1)恢复定线测量

在地面上进行中线测量前,应由设计、勘测部门向施工单位交桩,并办理交接桩手续,如原测桩有遗失或倾斜时,应补钉校正;转角点桩及方向桩应在线外设栓点并做好标志。直线部分每隔500~1 000m应加设方向桩。

沿中线作水平测量以复核地面高程及原有水准基点高程时,应先认真复核水准基点,如发现水准基点高程有疑问时,除及时向设计单位查询外,为使施工不受影响,可采用每两个水准点为一环进行闭合测量,先确定两点的高程差。此两水准点的允许闭合差应在 $\pm 12\sqrt{L}$(mm)以内(L为两点间水平距离,以km计)。

注:1.设栓点时应选择不妨碍施工及拆迁的地点,并应根据地形情况、土方填挖大小,分别应用顺切线延

长量距法或十字线交点法进行栓点，量距时应使用钢尺。

2. 根据施工要求，城区道路每隔200～300m，山区公路每隔500m设一临时水准点。在桥位附近及填土高度超过5m处，均应加设临时水准点。

（2）填挖方施工测量：每一地段开工前应根据设计图纸放线，测设线路中心线桩、两侧边线桩、各主要工程建筑物的位置桩。施工中应经常检查，对遗失或位置移动者随时补钉校正。

注：1. 应按设计横断面计算填土坡脚位置或挖方坡顶位置，测设坡脚或坡顶桩。

2. 每隔25m或50m以及地形变化较大处，均应测设中线、边线桩，并设置填挖高程标志，小量填挖地段在木桩上标明填挖高度。

3. 用机械挖土时，在机械行进的前方应设立明显的标杆；路基边线桩也不得短于50cm。

4. 测定取土坑时，应在内外坑边钉桩，桩上标明挖土深度，待挖至坑底20～30cm时，用水平测量定出设计纵坡后，再继续挖掘。

2）排水

（1）基坑（槽）低于地下水位时，应编制排水方案。在方案中应明确指出采用各种不同排水方法的具体桩号及水的出路等，并应与当地有关部门取得联系。

（2）排水方案应保证附近建筑物的安全和基底土的天然结构不受扰动。

（3）明沟排水的断面及纵坡应根据地形、地质及有关资料决定，以保证排水通畅。

（4）山坡截水沟的横断面和纵向坡度应根据水文地质情况在施工方案中规定。

（5）基坑（槽）采用明沟排水时应注意下列事项：

①在基坑范围内有大量积水，挖土前先将积水排除，当基坑挖至设计深度，应在基坑内四周挖排水沟及集水井，排除渗入之水。

②集水井应有足够的深度和容积，集水井到排水沟之间应保持1m以上的距离。由基坑和集水井所排出的水，应尽可能引向离基坑较远的地点。

③所用水泵的能力可参考表5-1概略计算。

各类土每平方米的透水量表　　表5-1

土的种类	透水量（m^3/h）	土的种类	透水量（m^3/h）
细砂	0.16	砾石	20
中砂	0.24	有裂缝的石灰岩	0.4
粗砂	0.3～3		

④根据上条估计水量，求出所需水泵的型号及数量。

⑤用离心泵进行排水工作，应使吸水高度不超过6m；如基坑过深时，为符合要求可将抽水泵安设于悬挂的或其他的平台上。

⑥当基坑水头很大而坑底又是细砂或粉砂土时，应根据现场情况及施工条件采用其他特殊施工方法，如井点排水法、灌注水下混凝土法等，以免产生流砂现象。

3）挖方

（1）路堑边坡坡度应符合设计规定，如地质情况与原设计不符时，可参考表5-2数值由设计人员确定。

地质条件较好时永久性挖方的边坡坡度　　表 5-2

项　次	挖　方　性　质	边坡坡度
1	在天然湿度、层理均匀、不易膨胀的黏土、亚黏土、亚砂土和砂土(不包括细砂、粉砂)内挖方,深度不超过 3m	1:1 ~ 1:1.25
2	土质同上,深度为 3 ~ 12m	1:1.25 ~ 1:1.50
3	干燥地区内土质结构未经破坏的干燥黄土,深度为 5 ~ 12m	1:0.33 ~ 1:1.25
4	在碎石土和泥灰岩土内的挖方,深度不超过 12m,根据土的性质、层理特性和挖方深度确定	1:0.5 ~ 1:1.50
5	在风化岩石内的挖方,根据岩石性质、风化程度、层理特性和挖方深度确定	1:0.2 ~ 1:1.50
6	在轻微风化岩石内的挖方,岩石无裂缝且无倾向挖方坡脚的岩层	1:0.1
7	在未风化的、完整岩石内的挖方	直立的

采用机械施工时,应根据使用的机械性能、施工季节等,配备人工修整。

当地质条件较好且无地下水,深度在 5m 以内的、不加支撑的基坑(槽),其边坡的最大允许坡度应符合表 5-3 的规定。

深度在 5m 以内的基坑(槽)边坡的最大坡度(不加支承)　　表 5-3

土　名　称	边　坡　坡　度		
	人工挖土并将抛于坑(槽)或沟的上边	机　械　挖　土	
		在坑(槽)沟底挖土	在坑(槽)或沟上边挖土
砂土	1:1.0	1:0.75	1:1.0
亚砂土	1:0.67	1:0.50	1:0.75
亚黏土	1:0.50	1:0.33	1:0.75
黏土	1:0.33	1:0.25	1:0.67
含砾石、卵石土	1:0.67	1:0.50	1:0.75
泥灰岩、白垩土	1:0.33	1:0.25	1:0.67
干黄土	1:0.25	1:0.10	1:0.33

注:表中砂土不包括细砂和粉砂;干黄土不包括类黄土。

(2)挖土时应自上向下分层开挖,严禁掏洞取土,以保证施工安全。

(3)路堑开挖应根据地势情况、路堑尺寸及土的种类,确定施工方法。

(4)路堑边坡为易坍方土使原设计边坡不能保持时,应与设计部门联系,变更设计。

(5)挖土在基底以下 60cm 范围内,如有树根应清除,重新填土夯实。

(6)开挖路堑距规定高程差 40cm 左右时,应注意预留碾压沉落厚度。其具体数值应根据土的性质通过试验决定。挖方路基的压实度应符合质量标准规定。

(7)开挖基坑(槽)或在基坑内进行基础及回填工作,应在最短期间内进行完毕,以免边坡坍方和坑(槽)底部的承载能力遭到破坏。如基坑(槽)挖好以后不能立即进行下一工序,可在基坑(槽)底以上预留 15 ~ 30cm,待下一工序开始前再挖至设计高程。

(8)基坑尺寸应根据施工方案决定,按基底的设计尺寸并留足够的肥槽,以便设置排水沟、支承及必要的设施。在开挖前按测量中心线放出开挖边线及基坑底界线。

(9)基坑开挖后,应会同设计人员进行基底检验,以确定地基土承载力是否与设计资料符合,原定高程是否合适。检验合格方准继续施工。如检验人员决定需要加深基坑,或采取其他加固地基措施时,应按变更设计文件办理。施工完毕再重新组织检验。

(10)当无地下水时,在天然湿度的土中开挖基坑(槽),可作成直立壁而不加支承,但坑槽深度不得超过下列规定:

在堆填的砂土和砾石土内　　1.0m

在亚砂土和亚黏土内　　1.25m

在黏土内　　1.5m

在特别密实的土内　　2.0m

施工过程中,应每天检查挖方边坡的状态。

(11)如基坑(槽)的开挖深度超过第(10)条的规定数值,则应按第(1)条表5-3的要求开挖边坡,或根据设计规定挖成直立壁并加支承。

(12)深度在5m以内的基坑(槽)立壁,宜用板承支护,并按表5-4的规定采用。

基坑槽的支承　　表5-4

项次	土的情况	坑(槽)深度(m)	支　承
1	天然湿度的黏土类土,地下水很少	3以内	不连续的支承
2	天然湿度的黏土类土,地下水很少	3~5	连续支承
3	松散的和湿度很高的土	不论深度如何	连续支承
4	松散的和湿度较高的土,地下水很多且有带走土粒的危险	不论深度如何	如未采用降低地下水位法,则用板桩支承

深度大于5m的基坑(槽),其支承应根据设计确定。

(13)基坑采用板桩、钢板桩等支护时,板桩的顶端比地下水的最高水位至少高出40cm。板桩周围应安设横方木加固,并加设纵向、横向和角部的支撑,基坑继续挖深时应继续支护。最下一排横方木,距基坑底面不得大于1m。

(14)板桩应有足够的入土深度,防止水渗进基坑和排水时对土造成扰动,保证板桩底部稳定。板桩的入土深度应根据土的性质而定,一般为1.0~1.5m。如土质情况不良,应考虑设计基础可能加深,因此应增加板桩入土深度。

(15)人工开挖深基坑时,采用阶梯分段倒土,台阶宽度不得小于50cm。开挖时应随时注意坑壁情况,如发现有裂缝和塌方征兆时,应立即停止操作,处理后再继续进行。堆置土方和材料,或沿挖方边缘移动运输工具和机械,一般距基坑(槽)上部边缘应不少于1m,弃土堆置高度不应超过1.5m。

(16)在采用机械开挖基坑时应遵守下列规定:

①开工前除应进行地下建筑物的调查外,还应仔细考虑堆土位置、汽车运土路线、机械运转路线等问题,编制施工方案。

②在土质良好、无地下水、深度在5m以内的情况下采用机械挖基坑时,边坡坡度应不小于表5-3的规定;当深度超过5m,或发现地下水,或土质发生特殊变化,实际与资料不符合等情况时,应根据土质重新确定边坡坡度。

③机械开挖基坑时,基底以上至少保留30cm不挖。机械挖完后,再用人工清至槽底。

④挖土机工作或行走时，应注意架空线路，不得在架空输电线路下工作。如在高低压空线路一侧工作时，垂直及水平安全距离均不应小于表5-5的规定。

挖土机械与架空线的安全距离　　表5-5

输电线路电压	与挖土机最高处的垂直安全距离(m)≥	与挖土机最低处的水平安全距离(m)≥
1kV以下	1.5	1.5
1～20kV	1.5	2.0
20～110kV	2.5	4.0
154kV	2.5	5.0
220kV	2.5	6.0

(17)开挖基坑(槽)时，尤其在有地下水情况下，一般应首先完成高程最低处的挖方，并在该处设置排水沟或集水坑，以便抽水。

(18)在有水的河床处开挖基坑(槽)必须修建围堰。围堰的构造应力求简单、安全和造价低廉，尽量利用当地建筑材料。

在选择围堰形式和布置时，应考虑下列因素：

①河流断面内的地形条件和基坑的地质水文情况。

②基坑的深浅和面积的大小。

③施工期限和季节、施工期间河水的流量和河床的压缩程度、洪水期间的泄洪条件。

④围堰的施工条件和拆除条件；河岸与基坑或围堰之间的运输条件。

⑤围堰的排水。

⑥材料来源。

(19)在水深小于1m，流速在0.5m/s以内时，可修筑土围堰。土堰的顶宽一般为1～2m。承受静水压力的土堰外侧边坡，须视土在水中的自然坡度而定，一般不得陡于1:2，土堰内侧边坡不得陡于1:1；堰顶至少应比静水位高出0.5m，土堰内侧坡脚距基坑边缘至少留出1m。

(20)填筑土堰宜采用亚黏土，底部和迎水面用黏土质土。筑堰前，应将河底的树根、石块等杂物清除，然后分层夯实填筑。水深在1.5m以内，或流速稍大时，为减少围堰横断面和防止土表面被冲刷，可做草袋装土的堰壁。

(21)水深在2m以内，可用单层木板桩土堰。为增加板桩的稳定，墙和基坑之间可设置台阶。在外侧应填筑不透水的土；水深在2～5m或基坑在7m以内时，可采用双层木板桩填筑土。

(22)双层板桩围堰应具有足够的宽度，以保证稳定性和抗弯强度。在疏松土中，宽度较大；在坚实土中，宽度较小。但在两层板桩中间的上端应有拉杆连接成为框架形状。

(23)在水深5m以上，基坑深7m以上，河床为深厚坚硬的砂土层时，宜采用钢板桩围堰。在打钢板桩时，为防止歪斜可采取下列措施：

①全组钢板桩排列妥当后，再行施打；对较长的钢板桩可采用接长臂杆的移动式吊车。

②采用两边榫槽式连锁的钢板桩时，打桩前应将钢板桩前边榫槽(顺打桩方向)的底部堵

以特制的钢塞,以免土块或石块进入锁口。

③打钢板桩以前,应检查桩的顺直和锁榫的情况。

(24)基坑(槽)不得挖至设计高程以下,个别处如有超挖,应用与挖方相同的土填补,并夯实至要求的压实度。如用当地的土填补不能达到要求的压实度时,应用级配砂砾填补。在特别重要的地方,偶然的超挖,应用石砌或用低强度混凝土填补,并应取得设计单位同意。

用爆破法进行土石方施工时,其允许超挖尺寸和回填超挖部分的方法,应由设计规定。

(25)基坑(槽)和回填工作,应在做好基础及建筑物的地下部分后随即进行。回填土应水平分层夯实,每层虚铺厚度应根据使用机具的性能和设计要求而定。

如用动力打夯机械时,不大于0.3m。

如用人工夯实时,不大于0.2。

在设计中允许回填土自行沉实的地点,可不夯实。

基坑(槽)在回填以前,应清除积水和木屑等杂物,并防止从地面进入。回填基坑(槽)时,应在相对的两侧或四周同时进行。

4)填方

(1)填方边坡坡度应符合设计规定,如填方高度或填土土质与设计不符时,可根据土的种类按表5-6的要求与设计人员协商。

填方边坡为1:1.5时的高度限值　　表5-6

项次	土的种类	填方高度(m)	项次	土的种类	填方高度(m)
1	黏土、类黏土、黄土、类黄土	6	4	中砂和粗砂	10
2	亚黏土、泥灰岩土	6~7	5	砾石和碎石土	10~12
3	亚砂土	6~8	6	易风化的岩石	12

当填方高度超过表5-6的规定时,其边坡可做成折线形,填方下部的边坡坡度应为1:1.75~1:2。

用黄土或类黄土填筑重要的填方,其边坡坡度应按表5-7采用。

黄土或类黄土填筑重要填方的边坡坡度　　表5-7

项次	填方高度(m)	自地面起高度(m)	边坡坡度
1	6~9	0~3	1:1.75
		3~9	1:1.5
2	9~12	0~3	1:2
		3~6	1:1.75
		6~12	1:1.5

用轻微风化石料堆筑的填方,其边坡坡度应按表5-8采用。

轻微风化石料的填方边坡坡度　　表5-8

项次	填土性质	填方高度(m)	边坡坡度
1	尺寸在25cm以内的石料	6以内	1:1.33
2	尺寸在25cm以内的石料	6~12	1:1.5

续上表

项次	填 土 性 质	填方高度(m)	边坡坡度
3	用尺寸一般大于25cm的石料所堆筑的填方，其边坡选用最大石块铺成整齐行列	12以内	1:1.1～1:0.75
4	用尺寸一般不小于40cm的石料紧密堆筑的填方其边坡铺成整齐行列	5以内	1:0.5
5	用尺寸一般不小于40cm的石料紧密堆筑的填方其边坡铺成整齐行列	5～10	1:0.65
6	用尺寸一般不小于40cm的石料紧密堆筑的填方其边坡铺成整齐行列	大于10	1:1

(2)填土前清除地面杂草、淤泥等。

(3)地面横向坡度在1:10～1:5时，应先翻松表土再进行填土；坡度陡于1:5时，应做成台阶形，每级台阶宽度不小于1m，台阶顶面均向内倾斜，在砂土地段可不作台阶，只翻松表层土。

(4)如填土将破坏原有地面排水系统时，应在填土前做好新的地面排水系统，以免工程本身或附近农田遭受水害。

(5)对原地面的坟坑、水井等较大坑穴，应先分层填土夯实至原地面高程。

(6)运填土前应做好运输便线，要求车道不妨碍碾压，并能经常保持行车安全。

(7)根据土的透水情况做好土的分类及调配的施工方案，路基土要备有详细的分布记录。

(8)填土应用易干、透水的土，如采用透水不良或不透水的土，须在含水率接近最佳含水率时再行压实。

(9)填方一般应采用同类土进行。如必须采用不同种类土筑填时，应遵守下列规定：

①按不同种类土分层填筑，不得任意乱填，并应尽量减少填筑层数。

②水性较差的土，在透水性较佳的土下层时，其表面应自道路中心线向两侧做4%的坡度。

③水性较大土的边坡，不应被透水性较小的土所覆盖。

(10)湿及冻融影响较小的优良土，应填在路基的上层，形变模量小的土填在下层。

(11)凡淤泥、过湿土及含有机物质过多的垃圾土，一律不得使用。

(12)在路基总宽度内，应采用水平分层方法填筑，每层虚厚随压实方法而定，一般为：

羊角碾　　不大于0.5m

压路机　　不大于0.3m

动力打夯机　　不大于0.3m

人工打夯　　不大于0.2m

填土工作中断较长时，应整理已填路堤表面及边坡，不使其积水。

(13)加宽旧路堤应遵守下列条件：

①最好采用与原路堤相同的土，不可能时，宜选用透水性较好的土。

②清理地面杂草等，顺旧路边切成台阶，表面向内做成斜坡。砂质土可以不做台阶。

(14)运填土时应设专人严格掌握下列各点：

①卸土位置。

②分层厚度。

③土的性质。

(15)汽车运填土时应经常整理运输便线，并在适当地点设置运土出入道口。

(16)采用轻轨、斗车填土方时,轨道应沿路堤宽度移动,并随填土层的加厚逐次抬高,使路堤填土能有同样的压实密度。要随时整平路堤,以保证排除雨水。

(17)填土中大于10cm的土块应打碎或取出,较湿土应与干土掺和,使土在碾压时接近最佳含水率。

(18)在山坡筑路堤时,应由最低一层台阶填起并夯实,然后在已填土层连同第二层台阶向上填筑,如此将所有台阶填完后,即可照一般填土程序进行。

高度大于12m的填土,应根据特殊设计进行。对用作填土的土,应预先详细检查,须符合设计要求。

(19)河滩筑路堤应根据个别设计进行。河槽加宽、加深工程,应在修筑路堤以前完成。调治构筑物应在筑路堤前先完成一定数量,以避免洪水期间路堤遭受冲刷。

河滩路堤填土,应在整个宽度上连同护道在内一并分层填筑。应尽可能避免在洪水季节施工,不得已时须采取防止冲毁措施。

(20)桥头填土必须特别仔细,在掌握接近最佳含水率的条件下,压实度符合质量标准规定。桥台背后填土宜与锥形护坡填土同时进行,刚构桥及轻型桥台的桥头填土应在桥两端同时进行;轻型桥台应先安设盖板或支撑后再行填土。

(21)桥头锥形护坡处应填筑稳定的土,每层虚厚不得大于20cm,并仔细夯实,做成1:5~1:6与桥孔相反方向的坡度。

(22)冬期桥台背后填土,自路堤顶面向下2.5m以内应填透水性土,宽度不小于50cm,下层可用与路堤相同的土,并须设置横向排水盲沟。应分层填筑,并仔细夯实。

(23)涵管填土应对称分层填筑,每层虚厚不得大于25cm,并注意保持涵管防水层的完好。如修筑路堤在涵管完工以前进行,须先在涵管位置留一缺口。当填筑此缺口时,应将已填筑的路堤挖成台阶,尽可能采用与两旁路堤相同的土填筑,使涵管上面填土的沉陷与两旁相邻的土沉陷一致。

(24)桥头后背,锥形护坡及涵管顶部填土不得采用夹大石块的土填筑。

(25)填土压实时应注意下列事项:

①用铲运机、拖拉机、拖车填筑路堤时,应分层(虚厚20~30cm)填筑,每层土应以推土机或人工仔细整平,并应在路堤整个宽度内使拖运车辆均匀分布行驶。

②当用人力运土进行填土时,宜先轻碾,后重碾压实。

③碾压工作应自路基边缘向中央进行,一般碾轮每次重叠15~20cm,碾压5~8遍,至表面无显著轮迹,且达到要求压实密度为止。

④碾轮外侧距填土边缘不得小于50cm,以防发生溜坡事故。一般可将路堤填土两侧加宽50cm,碾压完成后修整到设计宽。如路基边缘等不易碾压时,应用人工或蛙式打夯机夯打坚实,用人工夯一般提夯高度在80cm以上,夯与夯之间重叠1/3,每层至少夯打3遍。

⑤碾压时应特别注意均匀一致,并随时保持土的湿润,不得干压。

⑥桥涵附近的填土,应仔细地压实,以免桥头与路基连接处发生不均匀沉陷。在涵管顶上50cm以下的填土,可用人工夯实至要求密实度,以避免重碾破坏涵管。

⑦在填土施工过程中,应经常检验土的含水率及压实度,并应按要求做试验记录。

5)路基整修及翻浆处理

(1)路基整修

①路基填挖工程接近完工时,应恢复和仔细检查道路中线、路基边缘及纵横断面,在重要桩号及坡度变更处用水平仪复核高程,随后进行路基整修。整修工作应包括路床、路肩、边沟、边坡等项目。

②整修路床应根据设计纵横高程清理土方,检查路拱、纵坡及边线,对不符合设计要求部分,整修后再泼水作补充碾压。

③挖方路床均须碾压,应压至表面无显著轮迹,并符合密实度要求为止。如路床土干燥时,须酌量泼水,在水分渗透后不黏碾时再开始碾压。

④路肩的碾压要求与路床同,因碾压而破坏的路肩边线应重新修整。

⑤填土路基的路肩边沿压路机未压实处,应用小型压实机具或人工夯实。

⑥路肩及肩线横坡应符合设计要求。

⑦边沟内淤泥在整修前应清除。沟底低于设计时,应填土夯实。

⑧边沟在整修时,应用边沟样板或拉线放样,通过修整挖除土方后,要求边直坡平。

⑨在土质不良或纵坡过大地段,边沟宜用块石、卵石等加固处理。

⑩整修挖土路堑边坡时,对凸出部分应予以整平,对凹入部分应挖成台阶培土拍实,以保证边坡坚实稳定。

⑪填土路基,填土到最高层后应进行边坡的修整,整修时应按路基宽度挂线,削坡修整,使之符合设计要求,不得有挖亏贴坡现象。

⑫开挖岩石边坡应一次做到设计标准。如在边坡上有附着不牢的石块,或在净空范围内有突出的石块,均应及时清除。

(2)翻浆处理

①施工前或大雨后,应对施工地段进行仔细调查,测出面层土的含水率及地下水位,以预估翻浆面积。

②以就地取材为原则,应事先备好干土、石灰、砂石、矿渣等处理翻浆所需材料。

③雨期施工时应加强防雨及排水工作,避免因雨增大翻浆面积。

④路基下如有盲沟隔离层等隐蔽排水设施,应特别注意保证质量,发挥正常作用。

⑤路床、边沟等在施工中应随地形修筑成利于排水的纵横断面。

⑥当工期时间允许及在非雨季时期施工,可采取分段耙松或挖出土晾干回填的方法处理翻浆。

⑦当工期紧及土在短期内不易晾干时,可换用干土、砂石、矿渣或石灰土回填。

⑧在排水不良、地下水位高的路基上,以及在雨季施工中发现的翻浆地段,应及时进行挖掘,采用石灰土处理为宜。

5.安全措施

1)用电安全

(1)一切电器设备、架空线路等安拆工作,必须由有证且熟悉电工操作的人员进行,其他人员一律不得擅自安拆。严禁各电路、分电、分器设备等超标用电,以杜绝由于超负荷引起的各种安全事故。

(2)露天的配电箱其箱底离地面的距离应符合规范要求(60cm),装置牢固,配电箱应有防雨和漏电装置，金属外壳必须有接地装置，经常性检查电器设备和线路，尤其是移动性电缆线，经检查无损伤后方可使用，在使用时也应注意保护，电器设备如闸刀、开关、插座、漏电装置等有损坏或失灵的，必须停止使用，待修整后方可使用。

(3)加强用电管理，制订值班制度，每天24h内必须至少有一位持上岗证的熟练电工在工地值班，随叫随到，防止事故发生。电工操作应按操作规程施工，上岗时必须随身携带所必需的防护用品，严禁带电操作，同时必须普及职工安全用电和触电抢救知识，清除隐患，杜绝事故。

2)施工安全

(1)施工人员进入现场，必须戴好安全帽和其他必要防护用品，严禁赤脚、穿拖鞋、高跟鞋进入工地。

(2)施工现场和其他有危险的地方要设立明显的示警标志，晚间施工，现场要有足够的灯光照明。

3)机械安全

(1)各种机械设备操作人员必须持证上岗，按操作规程进行操作，严禁无证操作，且要定机、定人操作。辅助作业人员必须经安全技术培训后上岗。

(2)大型机械挖掘机、推土机等各制动器、离合器动作要灵敏可靠，各种仪表完好，机械连接件必须紧固，油路系统需正常，灯光、喇叭、刮水器、倒车镜等需完整无损。

(3)中、小型机具等，整机安装要平衡牢固，轮轴要有防锈措施，工作场地排水良好，各种传动部分防护要齐全，传动离合器、制动器要灵活可靠，开关、机械操作手把绝缘必须良好，接地保护要安全、可靠，电源上均应安装漏电保护装置。机貌要整洁。

4)治安安全

(1)全体工地人员必须严格遵纪守法，服从当地政府和公安部门的领导和管理，遵守当地政府的有关政策，协助落实有关规定。

(2)全体工地人员应协助搞好工地治安工作，做好防火、防盗工作，爱护国家和集体的公共财产。

6. 环保措施

(1)在施工现场周围设置醒目的文明施工标语，以取得行人和附近居民的谅解和支持。

(2)保证施工现场人行道畅通及工地沿线居民和单位出入通道畅通，并做到在施工中无管线事故，无重大工伤事故。

(3)沟槽排水必须通过沉淀后再排水，严禁泥浆水直接往下水道、车道、人行道排放。

(4)车辆进出洒落的泥土、材料，由值勤人员负责清扫干净，施工现场做到一天一清扫，完工一段，清理一段，始终保持干净、整洁，车辆运输砂石、垃圾、泥土用帆布遮盖，以免洒落。

(5)泥土、砂石严禁抛向施工场外，违者调离施工现场，并以经济手段处罚。

(6)施工场内道路畅通、平坦、整洁、排水良好，做到工完、料尽、场地清，有定期考核检查制度。建筑垃圾集中堆放，及时处理，不随意向外排放废、污水，应按指定地点排放。

(7)材料应严格按施工平面布置图分类堆放整齐，堆放不超标准，堆料场地不作他用。

(8)对本工程所使用的各种机械设备，特别是大型机械设备进行定期保养，使各种机械设备运转正常，不发出各种异样的声音，以降低噪声，同时，夜间9点以后尽量不进行施工，以免影响周围单位人员的休息。根据实际情况必须在夜间加班施工的,必须提前到环保部门办理有关手续,且在夜间施工时,应尽量避免产生大的施工噪声,噪声控制在50dB以下。

(9)挖出的、多余的、不能回填之土方,同步采用自卸汽车运出,自卸车的后斗挡板应关紧,并遮盖篷布,以免沿途洒漏而污染环境,同时在本工程出口处垫好麻带,防止车轮将泥土带出工地,雨天要特别注意。

(10)施工临时排水,严禁直接排至附近河道,必须经过沉淀井沉淀后方可排入附近河道。

(11)生活污水及生活垃圾严禁乱倒。生活污水必须在现场设置的三级化粪池处理后,采用水车运出排放,生活垃圾每天集中运出堆埋。

(12)每天施工结束后,及时清扫现场,使现场干净,并及时将材料堆整齐。

二、二灰一渣专项施工方案

1. 适用范围

适用于市政工程石灰粉煤灰矿渣混合料基层施工。

2. 参照文件

参照《市政工程施工技术规程汇编》。

3. 施工前的准备

1)准备下承层

(1)已完工多日的底基层或老路面

①当石灰粉煤灰矿渣用作基层时,要整理底基层;当石灰粉煤灰矿渣用作老路面的加强层时,要整理老路面。下承层应平整、坚实,没有任何松散的材料和软弱点。

②下承层的平整度和压实度应符合规范要求。

③底基层或老路面上的低洼和坑洞应仔细修补及压实,达到平整。老路面上的拥包、辙槽和严重裂缝或松散处应刨除整修,使其符合要求。

④逐一断面检查下承层高程是否符合设计要求。下承层高程的误差应符合规范规定。

(2)新完成的底基层

①新完成的底基层,必须按规范规定进行验收。

②凡验收不合格的路段,必须采取措施使其达到标准后,方能在上铺筑石灰粉煤灰矿渣基层。

2)测量

(1)在已完工多日的底基层或老路面上铺筑石灰粉煤灰,矿渣基层必须进行恢复中线测量,敷设适当桩距的中线桩并在路面边缘外设指示桩。

(2)进行水平测量,把路面中心设计高程引至指示桩上。

4. 实施步骤

1)备料

(1)各种原材料要根据工程进度预先准备好,并取样试验,其规格与品质应符合规程规定。

(2)备石灰,石灰土宜用1~3级的新灰,磨细生石灰粉可直接使用,用块灰时应充分消解,未消解的灰块粒径不得大于1cm。生石灰的CaO+MgO含量不低于50%,当石灰质量不能达到以上要求时,可提高规定的石灰用量以补充其活性。

(3)备粉煤灰,湿排的粉煤灰应在用前运至路旁或场地堆存,以便沥水,同时必须使粉煤灰含有足够的水分(含水率15% ~20%),以防飞扬。特别在干燥和多风季节,必须使料堆表面保持湿润。

(4)矿渣的最大颗粒应符合规定,如有超尺寸颗粒应予以筛除。

(5)计算材料用量。根据各路段石灰粉煤灰矿渣基层的宽度、厚度及预定的干密度,计算各路段需要的干混合料数量。根据混合料的配合比、材料的干松重度和含水率,以及所用运料车辆的吨位,计算各种材料每车的堆放距离。

2)运输和摊铺材料(路拌法施工)

(1)在预定堆料的下承层上,堆料前应先洒水使其表面湿润。

(2)拌和石灰粉煤灰矿渣混合料时,宜先将细料分层摊铺拌匀后,再铺粗粒料。

(3)在同一料场供料的路段内,由远到近根据计算的距离,将粉煤灰卸置于下承层上,卸料距离应严格掌握,避免料不够或过多,材料在下承层上的堆置时间不应过长。

(4)应事先通过试验和计算确定各种材料及混合料的松铺系数。

(5)在摊铺材料前,下承层表面应保持湿润。

(6)采用机械路拌,应采用层铺法摊铺材料。先将运到路上的粉煤灰用平地机或其他合适的机具,在预定的宽度上摊铺均匀,表面力求平整,并具有规定的路拱。然后再往路上运送石灰,并将石灰粉煤灰拌和均匀,再运送和摊铺矿渣,粒料应较湿润,必要时先洒少量水。

(7)每一种材料摊铺前,均宜将下层材料平整后再排压1 ~2 遍。

3)拌和及洒水(路拌法施工)

(1)石灰粉煤灰矿渣路拌法施工,宜先将细料拌均匀后再铺粗粒料,机械拌和应采用专用稳定土拌和机;在无专用拌和机械的情况下,也可采用犁耙拌和。

(2)拌和方法。

①石灰粉煤灰用稳定土拌和机拌和两遍,拌和深度应直到稳定层底,随时检查拌和深度,严禁在底部留有“素灰”夹层,也应防止破坏下承层的表面。

②在没有专用机械的情况下,拌和石灰粉煤灰,可采用旋转耕作机与多铧犁相配合拌和两遍。先用旋转耕作机拌和,后跟铧犁将底部粉煤灰翻起,再用旋转耕作机拌和第2 遍,用铧犁将底部再翻起,随时检查调整翻犁的深度,使石灰粉煤灰全部翻透。严禁在石灰粉煤灰和下承层之间残留一层“素灰”,也应防止翻犁过深,破坏下承层的表面。

③在没有专用拌和机械的情况下,也可以用缺口圆盘耙与多铧犁相配合,拌和二灰矿渣,用铧犁在前面翻拌,用圆盘耙跟在后面拌和,即采用边翻边耙的方法,圆盘耙的速度应尽量快,使二灰与矿渣拌和均匀,并应随时检查调整翻犁的深度,既要翻犁到底,又要防止破坏下承层表面。

④用洒水车将水均匀地喷洒在干拌后的混合料上,洒水距离应长些,水车起洒处和另一端掉头处都应超出拌和段2m 以上。洒水车不应在正进行拌和,以及当天计划拌和的路段上掉头和停留,以防局部水量过大。

⑤洒水后应立即进行拌和。洒水及拌和过程中,应及时检查混合料的含水率。水分宜略大于最佳含水率1% ~2%。

⑥拌和过程中要及时检查拌和深度，使石灰粉煤灰矿渣基层全深拌和均匀。拌和完成的标志是：混合料色泽一致，没有灰条、灰团和花面，没有粗细颗粒“窝”，且水分合适和均匀。

4）预拌石灰粉煤灰矿渣

石灰粉煤灰矿渣混合料可以在场外拌和站用多种机械集中拌和。例如，强制式拌和机、双转轴桨叶式拌和机等，也可以用路拌机械在场地上进行分批集中拌和，集中拌和时必须掌握下列各要点。

（1）拌和机拌和

①粉煤灰如有结块应粉碎。

②矿渣的超尺寸颗粒应筛除。

③配料要准确。

④含水率要略大于最佳值，使混合料经运输、摊铺后碾压时的含水率能接近最佳值。

⑤拌和要均匀。

（2）预拌场地拌和

①预拌石灰粉煤灰矿渣要选择平坦、坚实的场地，不准在松软土地上预拌。必要时可做成单层石灰土场地。

②在场地上第一次预拌，二灰粒料要适当增加铺灰厚度，以确保含灰量。

③拌和闷水时要充分考虑攒堆、运输、摊铺、找平等工序的水分损失，保证碾压时有合宜的含水率。如到达现场后含水率过低，应重新闷水拌和，以利压实和有足够的水分进行化学反应。

④拌和结束攒堆时，应使用较大型机械，平稳运堆，不准铲起土底掀起泥块。攒堆不应过大重叠堆压，应边运边堆，分堆存放，先堆先用，以防堆底部存放过久失效。

⑤预拌的二灰粒料，存放时间不准超过7d，若超过7d要适当加灰重新拌和。

⑥将拌成的混合料运送到现场，用平地机、推土机按松铺厚度摊铺均匀。如有粗细颗粒离析现象，应用机械或人工补充拌和。

5）找平

（1）两段石灰粉煤灰矿渣基层衔接处需重叠拌和，如用犁耙拌和应距拌和转弯处10～15m不找平。后一段施工时，将前一段留下部分一起再进行拌和；如用稳定土拌和机拌和，两个工作段的搭接部分亦需采用对接形式，前一段拌和留2m以上不进行找平。

（2）找平前应先对排压好的二灰粒料的线位、高程、宽度、厚度及拌和质量进行检查，认为可以满足找平要求时再开始找平。

（3）在找平工作中为使横坡符合要求，应采用每隔20m于路中和路边插杆的办法，帮助平地机驾驶员掌握中线及边线位置，避免出现偏拱现象，并每隔20m给出每一个断面的各点高程（路面宽<9m的3个点，9～15m的5个点，>15m的7个点），撒石灰做出标志，还应将高程及横坡告知驾驶员，指示驾驶员进行找平工作。

（4）在直线段，找平工作用平地机先自路中下铲进行初平工作；在平曲线超高段，平地机由内侧向外侧进行初平工作。

（5）初平后必须用平地机将找平段全部排压一遍。

（6）找平工作应在路拱不偏、横坡适宜的基础上进行，在全宽范围内应只刮不垫。为避免重皮现象，对于局部低洼处，应用平地机镐齿将其表面豁松，并用新拌的混合料找补平整。

(7)排压以后进行细平工作，达到高程、横坡、厚度都符合要求。找平过程中，如发现有石块、砖头等杂物要用锨清出。

(8)找平时间应尽量提前，给碾压工序留出碾压时间，当拌和完成当日又不能找平时，应严格控制交通。

(9)正在施工的与已完成的两段石灰粉煤灰矿渣衔接处，找平时易出凸包，要多铲几遍达到平顺。桥头路面施工中，必须注意石灰粉煤灰矿渣基层的高程与平整度。

(10)在找平过程中禁止任何车辆通行。

6)碾压

(1)找平后，当混合料处于最佳含水率 ±(1～2)% 时进行碾压，如表面水分不足，应适当洒水。

(2)根据路宽、压路机的轮宽和轮距的不同，制订碾压方案，以求各部位碾压到的次数尽量相同(通常路面的两侧应多压 2～3 遍)。

(3)找平后，当混合料含水率处于最佳含水率时，用 12t 以上三轮压路机、重型轮胎压路机或振动压路机进行碾压。直线段由两侧路边外 30cm 向路中心碾压；平曲线超高段，由内侧路边外 30cm 向外侧进行碾压。碾压时后轮应重叠 1/2 的轮宽，并必须超过两段的接缝处，后轮压完路面全宽时，即为一遍。碾压进行到要求的压实度为止。压路机的碾压速度头两遍以采用 1 挡(1.5～1.7km/h)为宜，以后用 2 挡(2.0～2.5km/h)，碾压后测试压实度，应于当天一次碾压合格完工。

(4)严禁压路机在已完成的或正在碾压的路段上掉头和紧急制动，以保证石灰粉煤灰矿渣基层表面不受损坏。

(5)碾压过程中，石灰粉煤灰矿渣的表面，应始终保持湿润。如表面水分蒸发得快，应及时补洒少量水。

(6)对井周围及建筑物附近碾压不到的地方，应用火力夯、振动夯板等机具夯打密实。

7)养护

(1)完工的石灰粉煤灰矿渣基层应至少养护一星期，在养护期的全部时间内，应使它保持在潮湿的状态下，常温季节，洒水车养护每日不应少于 4 次。

(2)在养护期间，石灰粉煤灰矿渣基层上除洒水车外，不准其他车辆行驶，养护后仅允许为施工需要在石灰粉煤灰矿渣基层上开放交通，但必须加强管理，应限制车速不得超过 30km/h，严禁履带车通行。

(3)洒透层油以前，必须将表面松动的混合料及雨后带入的泥土彻底清除。石灰粉煤灰矿渣养护也可于碾压结束后，当其表层适当晾干时，立即喷洒透层油。初期亦应禁止重型车辆通行。养护期结束，应立即铺筑沥青面层。

8)雨期施工措施

(1)粉煤灰、石灰和粒料一次备料不宜太多，要大堆存放，材料堆周围要设排水沟，以便排水。

(2)混合料要边拌和、边摊铺、边碾压。对已铺好的混合料，要在雨前或冒雨初压，雨停后再碾压密实。已摊铺尚未碾压的混合料遇雨后，应封闭交通，晾晒至适当含水率后再拌和、压实。连阴雨天暂停施工。

5. 安全措施

1)用电安全

(1)一切电器设备、架空线路等安拆工作,必须由有证且熟悉电工操作的人员进行,任何其他人员一律不得擅自安拆。严禁各电路、分电、分器设备等超标用电,以杜绝由于超负荷引起的各种安全事故。

(2)露天的配电箱其箱底离地面的距离应符合规范要求(60cm),装置牢固,配电箱应有防雨和漏电装置,金属外壳必须有接地装置,经常性检查电器设备和线路,尤其是移动性电缆线,经检查无损伤后方可使用,在使用时也应注意保护,电器设备如闸刀、开关、插座、漏电装置等有损坏或失灵的,必须停止使用,待修整后方可使用。

(3)加强用电管理,制订值班制度,每天24h内必须至少有一位持上岗证的熟练电工在工地值班,随叫随到,防止事故发生。电工操作应按操作规程施工,上岗时必须随身携带所必需的防护用品,严禁带电操作,同时必须普及职工安全用电和触电抢救知识,清除隐患、杜绝事故。

2)施工安全

(1)施工人员进入现场,必须戴好安全帽和其他必要防护用品,严禁赤脚、穿拖鞋、高跟鞋进入工地。

(2)施工现场和其他有危险的地方要设立明显的示警标志,晚间施工,现场要有足够的灯光照明。

3)机械安全

(1)各种机械设备操作人员必须持证上岗,按操作规程进行操作,严禁无证操作,且要定机、定人操作。辅助作业人员必须经安全技术培训后上岗。

(2)大型机械压路机、摊铺机等各制动器、离合器动作要灵敏可靠,各种仪表完好,机械连接件必须紧固,油路系统需正常,灯光、喇叭、刮水器、倒车镜等需完整无损。

(3)中、小型机具等,整机安装要平衡牢固,轮轴要有防锈措施,工作场地排水良好,各种传动部分防护要齐全,传动离合器、制动器要灵活可靠,开关、机械操作手把绝缘必须良好,接地保护要安全、可靠,电源上均应安装漏电保护装置。机貌要整洁。

4)治安安全

(1)全体工地人员必须严格遵纪守法,服从当地政府和公安部门的领导和管理,遵守当地政府的有关政策,协助落实有关规定。

(2)全体工地人员应协助搞好工地治安工作,做好防火、防盗工作,爱护国家和集体的公共财产。

6. 环保措施

(1)在施工现场周围设置醒目的文明施工标语,以取得行人和附近居民的谅解和支持。

(2)保证施工现场人行道畅通及工地沿线居民和单位出入通道畅通,并做到在施工中无管线事故,无重大工伤事故。

(3)车辆进出洒落的材料由值勤人员负责清扫干净,施工现场做到一天一清扫,完工一段,清理一段,始终保持干净、整洁。

(4)泥土、砂石严禁抛向施工场外,违者调离施工现场,并以经济手段处罚。

(5)施工场内道路畅通、平坦、整洁、排水良好,做到工完、料尽、场地清,有定期考核检查制度。建筑垃圾集中堆放,及时处理,不随意向外排放废、污水,应按指定地点排放。

(6)材料应严格按施工平面布置图分类堆放整齐,堆放不超标准,堆料场地不作他用。

(7)对本工程所使用的各种机械设备,特别是大型机械设备进行定期保养,使各种机械设备运转正常,不发出各种异样的声音,以降低噪声,同时,夜间9点以后尽量不进行施工,以免影响周围单位人员的休息。根据实际情况必须在夜间加班施工的,必须提前到环保部门办理有关手续,且在夜间施工时,应尽量避免产生大的施工噪声,噪声控制在50dB以下。

(8)多余的土采用自卸汽车运出。自卸车的后斗挡板应关紧,并遮盖篷布,以免沿途洒漏而污染环境,同时在本工程出口处垫好麻带,防止车轮将泥土带出工地,雨天要特别注意。

(9)施工临时排水,严禁直接排至附近河道,必须经过沉淀井沉淀后方可排入附近河道。

(10)生活污水及生活垃圾严禁乱倒。生活污水必须在现场设置的三级化粪池处理后,采用水车运出排放,生活垃圾每天集中运出堆埋。

(11)每天施工结束后,及时清扫现场,使现场干净,并及时将材料堆整齐。

三、石灰粉煤灰类基层专项施工方案

1.适用范围

适用于市政工程石灰粉煤灰类混合料基层施工。

2.参照文件

参照《市政工程施工技术规程汇编》。

3.施工前的准备

(1)整理底基层。新完成的底基层或土基必须按本规程的规定进行验收,凡验收不合格的路段,必须采取措施使其达到标准后,方能在其上铺筑二灰基层。

(2)在土基或老路面上铺筑石灰粉煤灰基层必须进行恢复中线测量,敷设适当桩距的中线桩并在路面边缘外设指示桩。进行水平测量,把路面中心设计高程引至指示桩上。

(3)应尽早确定工程项目,利用冬、春季储运新生产的生石灰,并应选择适当的存灰点,以地势较高、近水源、有电源、有交通通道、离居民点有一定距离且较安全的地点为宜,以免雨季被泡,调运困难等。

(4)消解钙石灰应在用灰前3~5d消解完毕,镁石灰及高镁石灰应充分消解10d以上方准使用,未消解透的石灰不准装车。

(5)施工前应对所用的石灰取样过15mm圆孔筛筛余试验,并应根据筛余百分比增加用灰量。

(6)土按需用数量备好,土中的草根、杂物应清除。

4.实施步骤

1)材料

(1)石灰:宜用1~3级的新灰,磨细生石灰粉可直接使用,用块灰时应充分消解,未消解的灰块粒径不得大于1cm。生石灰的CaO+MgO含量不低于50%,当石灰质量不能达到以上要求时,可提高规定的石灰用量以补充其活性。

(2)粉煤灰:粉煤灰是发电厂燃烧磨细的煤粉所排放的废灰,一般呈灰色或浅灰色的粉状颗粒,是一种低活性火山灰质材料。道路工程中使用的粉煤灰要求它的化学成分中 SiO_2 和 Al_2O_3 总量一般应大于70%,在700℃时的烧失量一般应不大于10%。粉煤灰易采用较粗颗粒,含水率在20%左右为宜,过干的粉煤灰应洒水以防飞扬。粉煤灰的干质量密度一般采用500~800kg/m^3。

(3)砂砾。

①砂砾碎石最大粒径应不大于40mm。

②砂砾中的砾石需经破碎,破碎率为30%以上。

(4)水:不含油质和非酸性的水均可用于消解石灰、拌制粉煤灰石灰砂砾混合料和养生。

2)拌和方法

(1)石灰粉煤灰砂砾的最佳配合比,应通过试验决定,也可参照附录选用。

(2)配料方法一般可分为三种。

①重量法——根据一次拌和的混合料总干质量和各种材料的含水率,算出各种材料所需湿重,然后按各湿重称料掺配混合料。重量法适合厂拌。

②体积法——根据混合料的重量比,换算为体积比,用容器量测各种材料所占体积掺配混合料。体积法适合厂拌和人工路拌。

③层铺法——根据混合料最大干质量密度、各种材料松质量密度和含水率,以及混合料基层的压实厚度等数据,计算各种材料的松铺厚度,以此控制摊铺层厚。层铺法适合机械路拌。

(3)加水或去水

①施工中的加水量和加水次数视施工时当地气候条件和材料的含水率而定,应使加水后的混合料含水率接近最佳含水率。

②人工拌和或机械厂拌宜用压力喷头。机械路拌可用洒水车或其他洒水工具将水均匀喷洒,可随拌随加水,也可一次加水后闷料8~12h后再拌和。

③如混合料中水分过多,则须晾晒风干。

(4)拌和

①人工拌和宜采用条拌法,即将混合料铺成条形后,边翻拌边前进。翻拌2~3遍后,按接近混合料最佳含水率所需的加水量,顺条把水均匀地洒入混合料,再拌和均匀为止。

②路槽拌和应在用层铺法铺料后进行,宜采用拖拉机带多铧犁和拖拉机带旋转犁或缺口圆盘耙,两台机具配合交叉翻拌。宜先铺细料用拖拉机带多铧犁翻拌一遍,随即用旋转犁或缺口圆盘耙打碎一遍,如此翻拌到细料均匀为止,然后再铺砂砾,用多铧犁单独拌匀。如有局部拌和不均匀或拌不到之处,可由人工辅助拌和。

③机械厂拌是采用强制式拌和机、粉碎机、皮带运输机和铲车等设备进行拌和。操作时先将粉煤灰、石灰按一定比例由皮带运输机送入粉碎机,使之粉碎并拌匀后,再与一定比例的级配破碎砂砾分别用皮带运输机送进强制式拌和机中,在略大于最佳含水率下拌和均匀,然后将拌和均匀的混合料卸至储料场(或仓)待运。在装运混合料时,如粗细料有离析现象时,应用铲车翻堆拌匀后再运至工地摊铺。在干燥地区或干热天气,由于混合料在储存、运输和摊铺时蒸发失水,故拌和含水率应高于最佳含水率2%~5%。宜掌握混合料随拌和、随运送、随摊铺、随碾压,存放时间应根据不同温度和混合料硬结时间而定,一般不超过7d。

3）摊铺

（1）下基层或土基在摊铺混合料之前要适当洒水，以保持潮润。

（2）拌和均匀的混合料在摊铺整型前其含水率一般为最佳含水率 ±2%。

（3）将拌好的混合料按设计断面和松铺厚度，均匀摊铺于路槽内。其松铺厚度为压实厚度乘以压实系数。压实系数数值宜按试铺决定，一般可参考如下范围：人工拌和人工摊铺为1.4～1.6，机械拌和机械摊铺为1.2～1.4。

（4）多层铺摊时，应在下层压实后即摊铺上层混合料，在摊铺上层混合料之前，可将下层表面洒水润湿。

4）碾压

（1）混合料的每层压实度厚度最大为20cm，最小为10cm。

（2）碾压人工拌和人工摊铺的混合料，应先用6～8t（或8～10t）两轮压路机，轮胎压路机或履带拖拉机自两侧向路中稳压两遍，然后用12t或12t以上重型碾压实。

（3）碾压机械拌和机械摊铺的混合料，可选用12t或12t以上重型碾压实。

（4）最后应碾压至表面平整无明显轮迹为止。

（5）由于工作间断或分段施工，衔接处可留出一定长度不碾压；人工摊铺时约留2m左右，机械摊铺时应留10m左右。也可先把接头压实，待摊铺下一段时，再挖松、洒水、整平、重压。

（6）初压时要及时找平，高处铲平，低处先挖松、洒水、再填补混合料，然后再碾压成型，切忌贴薄层找平。

（7）混合料从摊铺、整型到碾压成型前要完全断绝交通。

5）养生

（1）压实成型并经检验符合标准的石灰粉煤灰砂砾底层，必须在潮湿状态下养生。当表面过于干燥时，一般多用洒水养生。养生期视季节而定，一般不少于5d。

（2）养生期间以封闭交通为宜，严禁履带车辆通行及机动车辆在底层上掉头或制动。

6）雨期施工措施

（1）粉煤灰、石灰一次备料不宜太多，要大堆存放，材料堆周围要设排水沟，以便排水。

（2）混合料要边拌和、边摊铺、边碾压。对已铺好的混合料，要在雨前或冒雨初压，雨停后再碾压密实。已摊铺尚未碾压的混合料遇雨后，应封闭交通，晾晒至适当含水率后再拌和、压实。连阴雨天暂停施工。

7）石灰、粉煤灰类混合料基层的质量标准

（1）石灰粉煤灰品质、砂砾级配及破碎率符合要求，含泥量不大于规定，混合料配比必须准确。

（2）石灰、粉煤灰类混合料应拌和均匀，色泽调和一致；砂砾（碎石）最大粒径不大于40mm，大于20mm的灰团不得超过10%，石灰中严禁含有未消解颗粒及粒径大于10mm的灰块。

（3）摊铺层无明显的粗细颗粒离析现象。

（4）用12t以上压路机碾压后，轮迹深度不得大于5mm，并不得有浮料、脱皮、松散、颤动现象。

（5）石灰、粉煤灰类混合料基层容许偏差应符合表5-9的规定。

石灰、粉煤灰类混合料基层容许偏差表　　表 5-9

序号	项　目	抗压强度、压实度与容许偏差
1	无侧限抗压强度(MPa)	$R_7=0.6\sim0.8$ $R_{28}=1.5\sim2.0$
2	含灰量	+1.0%　　0
3	Δ 压实度	重型击实≥95%
4	含水率	+1.5%　　-1.0%
5	平整度	≤10mm
6	厚　度	±10mm
7	宽　度	≮设计规定 + B
8	中线高程	±15mm 无连接层 ±10mm
9	横断高程	±20mm 且横坡差不大于 ±0.3%

注:1. 石灰粉煤灰类混合料运到现场堆放时间不得超过规定。

2. 石灰量、含水率的容许偏差值均指相对于混合料总质量的百分数。

3. B 为必要附加宽度。

4. 以规定温度下保湿养生 6d、浸水 1d 的 7d 无侧限抗压强度为准。

5. 试件数量和试模尺寸均需按稳定粗粒土选定。

5. 安全措施

1)用电安全

(1)一切电器设备、架空线路等安拆工作,必须由有证且熟悉电工操作的人员进行,任何其他人员一律不得擅自安拆。严禁各电路、分电、分器设备等超标用电,以杜绝由于超负荷引起的各种安全事故。

(2)露天的配电箱其箱底离地面的距离应符合规范要求(60cm),装置牢固,配电箱应有防雨和漏电装置,金属外壳必须有接地装置,经常性检查电器设备和线路,尤其是移动性电缆线,经检查无损伤后方可使用,在使用时也应注意保护,电器设备如闸刀、开关、插座、漏电装置等有损坏或失灵的,必须停止使用,待修整后方可使用。

(3)加强用电管理,制订值班制度,每天 24h 内必须至少有一位持上岗证的熟练电工在工地值班,随叫随到,防止事故发生。电工操作应按操作规程施工,上岗时必须随身携带所必需的防护用品,严禁带电操作,同时必须普及职工安全用电和触电抢救知识,清除隐患、杜绝事故。

2)施工安全

(1)施工人员进入现场,必须戴好安全帽和其他必要防护用品,严禁赤脚、穿拖鞋、高跟鞋进入工地。

(2)施工现场和其他有危险的地方要设立明显的示警标志,晚间施工,现场要有足够的灯光照明。

3)机械安全

(1)各种机械设备操作人员必须持证上岗,按操作规程进行操作,严禁无证操作,且要定机、定人操作。辅助作业人员必须经安全技术培训后上岗。

(2)大型机械压路机、摊铺机等各制动器、离合器动作要灵敏可靠,各种仪表完好,机械连接件必须紧固,油路系统需正常,灯光、喇叭、刮水器、倒车镜等需完整无损。

(3)中、小型机具等,整机安装要平衡牢固,轮轴要有防锈措施,工作场地排水良好,各种传动部分防护要齐全,传动离合器、制动器要灵活可靠,开关、机械操作手把绝缘必须良好,接地保护要安全、可靠,电源上均应安装漏电保护装置。机貌要整洁。

4)治安安全

(1)全体工地人员必须严格遵纪守法,服从当地政府和公安部门的领导和管理,遵守当地政府的有关政策,协助落实有关规定。

(2)全体工地人员应协助搞好工地治安工作,做好防火、防盗工作,爱护国家和集体的公共财产。

6. 环保措施

(1)在施工现场周围设置醒目的文明施工标语,以取得行人和附近居民的谅解和支持。

(2)保证施工现场人行道畅通及工地沿线居民和单位出入通道畅通,并做到在施工中无管线事故,无重大工伤事故。

(3)车辆进出洒落的材料由值勤人员负责清扫干净,施工现场做到一天一清扫,完工一段,清理一段,始终保持干净、整洁。

(4)泥土、砂石严禁抛向施工场外,违者调离施工现场,并以经济手段处罚。

(5)施工场内道路畅通、平坦、整洁、排水良好,做到工完、料尽、场地清,有定期考核检查制度。建筑垃圾集中堆放,及时处理,不随意向外排放废、污水,应按指定地点排放。

(6)材料应严格按施工平面布置图分类堆放整齐,堆放不超标准,堆料场地不作他用。

(7)对本工程所使用的各种机械设备,特别是大型机械设备进行定期保养,使各种机械设备运转正常,不发出各种异样的声音,以降低噪声,同时,夜间 9 点以后尽量不进行施工,以免影响周围单位人员的休息。根据实际情况必须在夜间加班施工的,必须提前到环保部门办理有关手续,且在夜间施工时,应尽量避免产生大的施工噪声,噪声控制在 50dB 以下。

(8)多余的土采用自卸汽车运出。自卸车的后斗挡板应关紧,并遮盖篷布,以免沿途洒漏而污染环境,同时在本工程出口处垫好麻带,防止车轮将泥土带出工地,雨天要特别注意。

(9)施工临时排水,严禁直接排至附近河道,必须经过沉淀井沉淀后方可排入附近河道。

(10)生活污水及生活垃圾严禁乱倒。生活污水必须在现场设置的三级化粪池处理后,采用水车运出排放,生活垃圾每天集中运出堆埋。

(11)每天施工结束后,及时清扫现场,使现场干净,并及时将材料堆整齐。

四、石灰土基层专项施工方案

1. 适用范围

适用于市政工程石灰土类基层施工。

2. 参照文件

《市政工程施工技术规程汇编》。

3. 施工前的准备

(1)整理底基层。新完成的底基层或土基必须按本规程的规定进行验收,凡验收不合格的路段，必须采取措施使其达到标准后，方能在其上铺筑石灰土层。

(2)在土基或老路面上铺筑石灰土层必须进行恢复中线测量，敷设适当桩距的中线桩并在路面边缘外设指示桩。进行水平测量，把路面中心设计高程引至指示桩上。

(3)应尽早确定工程项目，利用冬、春季储运新生产的生石灰，并应选择适当的存灰点，以地势较高、近水源、有电源、有交通通道、离居民点有一定距离且较安全的地点为宜，以免雨季被泡，调运困难等。

(4)消解钙石灰应在用灰前 3 ~ 5d 消解完毕，镁石灰及高镁石灰应充分消解 10d 以上方准使用，未消解透的石灰不准装车。

(5)施工前应对所用的石灰取样过 15mm 圆孔筛筛余试验，并应根据筛余百分比增加用灰量。

(6)土按需用数量备好，土中的草根、杂物应清除。

4. 实施步骤

1)用路基原土或外运土，按重量比掺和石灰洒水拌和均匀，在接近最佳含水率情况下压实成为石灰土底层。

就地刨出的旧路面的级配砾石、砂石等粒料均可利用，与石灰土掺拌成粒料石土。当石灰土直接为沥青路面基层时，宜在表面撒布一薄层碎石或小砾石，经过碾压后使其嵌入基层，形成粗糙面，以便与面层结合牢固。

2)土

石灰土所用土以就地取料为原则。一般稍具黏性的土均可利用，其中以黏土、亚黏土为最好，用黏性较差的粉砂土、亚砂土时，宜掺入黏土后再用；特殊类型的土如腐殖土等，应经试验后再决定能否使用。

3)石灰、水和掺加料

石灰土所用石灰宜用 1 ~ 3 级的新灰，对储存较久或经过雨季的粉灰应先做试验，根据活性氧化物的含量再决定使用办法；水采用一般饮用水或不含油质、杂质的干净中性水；当利用刨出旧路面的级配砾石、砂石、碎块材料时，其最大粒径不宜超近 0.6 倍分层厚度，掺入量应根据试验决定。

4)配合比

(1)根据设计要求、土的种类及石灰质量确定石灰用量，一般石灰土的石灰掺量见表 5-10 和表 5-11(以三级石灰为标准)。

石灰等级标准表 表 5-10

指标 级别 项目	钙质生石灰			镁质生石灰		
	一级	二级	三级	一级	二级	三级
产浆量(L/kg) >	2.4	2.0	1.6	2.0	1.8	1.6
灰渣(%) ≤	7	10	12	10	15	20
活性氧化物(%) >	85	70	60	80	70	60

石灰土的石灰掺量 表 5-11

土 的 类 别	石灰掺量(以石灰土干质量密度计)
粉砂土、粉质亚砂土、亚砂土	8% ~12%
黏土、粉质亚黏土、亚黏土	6% ~8%

用石灰处理土时，石灰掺量可用9%；如在石灰土上直接做沥青面层时，石灰掺量可达15%。

（2）石灰土按重量比配合，石灰和土皆以干质量密度计，施工时可先测定石灰和土的含水率及湿质量密度，然后将干质量密度的配合比换算为湿松体积比。

应先测定石灰干单位重量，并绘出石灰的单位体积与不同含水率的重量关系曲线，以备在铺灰时根据灰的含水率换算体积进行装车摊铺。

5）备土

挖土地段可留一部分土堆放在沿线，在填土地段可在取土地点堆放备用。

所用土应事先打碎，人工拌和时，须要通过2cm筛；机械拌和时不过筛，但土块粒径大于2cm的含量不得大于3%。

6）粉灰

磨细生石灰粉可直接使用，用块灰时，应在用灰前2~3d进行粉化，在有自来水或压力水头处尽量采用射水花管，使水均匀地喷入灰堆内部，每处约停放2~3min再换一位置照样插入，插遍整个灰堆，有足够的水量使灰充分粉化，未消解的灰块粒径不得大于1cm，如粉化不充分，应补充粉化，不过筛，灰渣可留在灰内。

在现场消解石灰或筛灰时，工人应备有必要的防护设备。

7）拌和

（1）人工拌和

应将已备好的土和石灰分层均匀地交叠堆在路床上，对锹翻拌各一遍，土过干时应随拌随洒水，然后过一遍2cm孔径的筛，至颜色均匀一致为止。

（2）犁拌和

①犁拌时，犁齿的移动距离先密后稀，第一遍犁齿移动距离为15cm，第四遍可增至30cm。

②采用多铧犁拌和时，主要用环行式，由于犁拌时材料只能翻向一个方向，应每遍调换运行方向一次，以防材料平移。最后一遍应从路边翻向中心，以免在混合料中间留下犁沟。

③翻拌过程中，应有专人随犁后均匀洒足水，洒水工作要在拌和结束前完毕，如部分地段拌和后须再加水时，则应补拌1~2遍。洒水用量应根据气温高低，材料含水率及拌和与碾压间隔时间而定。

④拌均匀后，用平土器粗刮1~2遍，并按路拱仔细找平。

（3）机械拌和

①使用平地机、拌和机拌和灰土时，进行方向须往返掉换。使用平地机时，刮刀应齐平路基，其垂直方向应与路拱相符。每处拌和6~8遍，至颜色均匀为止。若须洒水时，应在拌和两遍后分两次洒完。

②使用农业机械拌和灰土的工序。

a.碎土：利用拖拉机牵引多铧犁，使土翻向两边犁耕1遍，重耙4遍，轻耙2遍，再使土翻向中心犁耕1遍，重耙4遍，轻耙1遍，整平铺灰。

b.干拌（不加水拌和）：先在铺好的灰土层上犁耕1遍，将灰翻入土层中间与土混合进行干拌，重耙翻拌4遍，轻耙细拌2遍，使灰土达到基本均匀，表面比较平整。

c.湿拌：当干拌完毕后应立即测定灰土的含水率，计算应加水量，可利用洒水车、自来水管等方法，按面积控制加水的多少，加至最佳含水率。洒水工作很重要，要早洒、勤洒、细洒，细致观察灰土颜色，白色多洒、黄的少洒、灰的不洒，洒水完毕即进行湿拌。先犁耕1遍，将上层加水的灰土层翻入中间，又将底层未拌均匀的灰土翻至表层，再用重耙4遍、轻耙2遍、使灰土拌和均匀一致、表面细匀平整，基本符合路型，用人工及时按设计要求整出路拱。

8）摊铺

（1）摊铺前路床应保持湿润，填土路床两侧应先培土夯实，宽度不小于50cm或预安道牙，道牙背后亦应填土夯实。

（2）当用犁或机械拌和时，应按照配合比换算成分层摊铺虚厚，先摊铺土再摊铺灰，摊铺虚厚按设计厚度乘压实系数1.6～1.8，粒料石灰土压实系数为1.3～1.5，当土的性质变化较大或灰土工程量较大时，应根据试验结果决定，摊铺段长度越长越好，一般200～300m为一段。

（3）在干拌灰时灰土的含水率直接影响拌和均匀的难易和施工环境，当灰土含水率为最佳含水率的60%～80%时，适于拌和工作，即易拌匀又不起灰尘。其中，石灰的含水率控制在10%～20%之间为宜。

（4）在干燥有风季节施工时，摊铺好的灰土表面应洒少量水，以保持适当的湿润，土过湿时应晾晒。

9）碾压

（1）灰土摊铺长度约50m时应进行试碾压，碾压应在灰土接近最佳含水率下进行，摊铺好的灰土应当天碾压成型。

（2）碾压以“先轻后重”为原则，先用轻碾稳压，然后用12t以上重碾碾压成型，碾压遍数为4～6遍。

（3）当采用碎石嵌丁封层时，嵌丁石料应在石灰土基层密实度达到85%时撒铺，然后继续碾压，使其嵌入底层并保持表面或棱角外露。

10）成活

（1）灰土的找平工作应在碾压1～2遍后即细致地检查表面平整度和高程，边检查边铲补，不得等成活后再贴补薄层。如必须找补时，应将表面翻松至少10cm，用配比相同的灰土找补后再碾压。

（2）压至表面坚实平整，无起皮、波浪等现象，压实密度达到质量标准要求时即告成活。

11）接茬

工作间断或分块施工时，应在灰土接茬处预留30～50cm灰土不压实，以便与新铺灰土衔接，灰土接茬处碾压应洒水湿润。

12）几点注意事项

（1）利用机械碎土和拌和的遍数，应根据土质和具体情况增减。8号土以下的土质可采用机械碎土，9号黏土可采用其他碎土方法或换土。

（2）路外取土要在路床整修和碾压完毕后，将土运入路床进行碎土。

（3）在施工前应测定石灰的活性氧化物含量，生石灰活性氧化物含量应大于60%，消解的石灰大于50%，否则增加灰量，降低标准使用。

（4）对不同土质的路段，应进行不同土质的灰土标准击实试验，确定最佳含水率和最大干质量密度,以控制在施工时的加水量和压实度。

(5)灰土拌和完应立即刨验灰土层是否均匀,灰土颗粒是否成分散状态混合在一起,否则应再继续拌和,以达到均匀为止。

13)养护

石灰土成活后如不能及时摊铺砂石或碎石时,应洒水或覆盖养生,继续保持湿润3d以上。

14)雨期施工

(1)备土宜堆成大堆,表面应覆盖,四周应挖排水沟。

(2)摊铺后的石灰土应当日成活,雨前来不及成活时,应碾压1~2遍。

(3)摊铺长度应缩短,以便能迅速碾压成活。

15)石灰土类基层的质量标准

(1)灰土中粒径大于20mm的土块不得超过10%,但最大的土块粒径不得大于50mm。灰土应拌和均匀,色泽调和,石灰中严禁含有未消解颗粒及粒径大于10mm的灰块。

(2)用12t以上压路机碾压后,轮迹深度不得大于5mm,并不得有浮土、脱皮、松散、颤动等现象。

(3)石灰土类基层容许偏差应符合表5-12的规定。

石灰土类基层容许偏差表　　表5-12

序号	项　　目	抗压强度、压实度与容许偏差
1	无侧限抗压强度(MPa)	R_7=0.6~0.8
2	含灰量	+1.5%　　-1.0%
3	Δ压实度	重型击实≥95% 轻型击实≥98%
4	含水率	±3%(以重量计)
5	平整度	≤10mm
6	厚　度	±10mm
7	宽　度	不小于设计规定+*B*
8	中线高程	±15mm
9	横断高程	±20mm且横坡差不大于±0.3%

注:*B*为必要附加宽度。

5.安全措施

1)用电安全

(1)一切电器设备、架空线路等的安拆工作,必须由有证且熟悉电工操作的人员进行,任何其他人员一律不得擅自安拆。严禁各电路、分电、分器设备等超标用电,以杜绝由于超负荷引起的各种安全事故。

(2)露天的配电箱其箱底离地面应符合规范要求(60cm),装置牢固,配电箱应有防雨和漏电装置,金属外壳必须有接地装置,经常性检查电器设备和线路,尤其是移动性电缆线,经检查无损伤后方可使用,在使用时也应注意保护,电器设备如闸刀、开关、插座、漏电装置等有损坏或失灵的,必须停止使用,待修整后方可使用。

(3)加强用电管理,制订值班制度,每天24h内必须至少有一位持上岗证的熟练电工在工地值班，随叫随到，防止事故发生。电工操作应按操作规程施工，上岗时必须随身携带所必需的防护用品，严禁带电操作，同时必须普及职工安全用电和触电抢救知识，清除隐患、杜绝事故。

2)施工安全

(1)施工人员进入现场，必须戴好安全帽和其他必要防护用品，严禁赤脚、穿拖鞋、高跟鞋进入工地。

(2)施工现场和其他有危险的地方要设立明显的示警标志，晚间施工，现场要有足够的灯光照明。

3)机械安全

(1)各种机械设备操作人员必须持证上岗，按操作规程进行操作，严禁无证操作，且要定机、定人操作。辅助作业人员必须经安全技术培训后上岗。

(2)大型机械压路机、摊铺机等各制动器、离合器动作要灵敏可靠，各种仪表完好，机械连接件必须紧固，油路系统需正常，灯光、喇叭、刮水器、倒车镜等需完整无损。

(3)中、小型机具等，整机安装要平衡牢固，轮轴要有防锈措施，工作场地排水良好，各种传动部分防护要齐全，传动离合器、制动器要灵活可靠，开关、机械操作手把绝缘必须良好，接地保护要安全、可靠，电源上均应安装漏电保护装置。机貌要整洁。

4)治安安全

(1)全体工地人员必须严格遵纪守法，服从当地政府和公安部门的领导和管理，遵守当地政府的有关政策，协助落实有关规定。

(2)全体工地人员应协助搞好工地治安工作，做好防火、防盗工作，爱护国家和集体的公共财产。

6. 环保措施

(1)在施工现场周围设置醒目的文明施工标语，以取得行人和附近居民的谅解和支持。

(2)保证施工现场人行道畅通及工地沿线居民和单位出入通道畅通，并做到在施工中无管线事故，无重大工伤事故。

(3)车辆进出洒落的材料由值勤人员负责清扫干净，施工现场做到一天一清扫，完工一段，清理一段，始终保持干净、整洁。

(4)泥土、砂石严禁抛向施工场外，违者调离施工现场，并以经济手段处罚。

(5)施工场内道路畅通、平坦、整洁、排水良好，做到工完、料尽、场地清，有定期考核检查制度。建筑垃圾集中堆放，及时处理，不随意向外排放废、污水，应按指定地点排放。

(6)材料应严格按施工平面布置图分类堆放整齐，堆放不超标准，堆料场地不作他用。

(7)对本工程所使用的各种机械设备，特别是大型机械设备进行定期保养，使各种机械设备运转正常，不发出各种异样的声音，以降低噪声，同时，夜间9:00以后尽量不进行施工，以免影响周围单位人员的休息，根据实际情况必须在夜间加班施工的，必须提前到环保部门办理有关手续，且在夜间施工时，应尽量避免产生大的施工噪声，噪声控制在50dB以下。

(8)多余的土采用自卸汽车运出。自卸车的后斗挡板应关紧，并遮盖篷布，以免沿途卸漏而污染环境，同时在本工程出口处垫好麻带，防止车轮将泥土带出工地，雨天要特别注意。

(9)施工临时排水，严禁直接排至附近河道，必须经过沉淀井沉淀后方可排入附近河道。

(10)生活污水及生活垃圾严禁乱倒。生活污水必须在现场设置的三级化粪池处理后,采用水车运出排放,生活垃圾每天集中运出堆埋。

(11)每天施工结束后,及时清扫现场,使现场干净,并及时将材料堆整齐。

五、水泥混凝土面层专项施工方案

1.适用范围

适用于市政工程水泥混凝土路面施工。

2.参照文件

《城市道路与桥梁施工验收规范》和《水泥混凝土路面施工及验收规范》(GBJ 97—87)(以下简称路面施工规范)。

3.实施步骤

1)准备工作

(1)项目经理部应根据设计文件及施工条件确定施工方案,编制施工组织设计。

(2)施工前应解决水电供应、道路交通、办公生活用房、工棚仓库和消防等设施。

(3)施工前必须对混凝土路面的原材料进行取样试验分析,并提供混凝土配合比的试验数据。

(4)施工前应根据复测精度满足规范要求的导线点恢复路基中线,采取有效保护措施。校对设计单位提供的水准点,并根据工程需要加密增设临时水准点。导线点及水准点的测量精度应符合国家有关标准、规范的要求。

2)施工程序

准备基层→材料准备→混凝土配合比设计→立模板→混凝土拌和→混凝土运输→安放钢筋、传力杆→浇筑→振捣→吸水→抹平→拉毛→切缝→养生→灌缝→通行。

3)施工方法及质量控制要点

(1)准备基层

①在浇筑混凝土面层前,应将基层表面的浮土杂物予以清除,并进行必要的整修。

②对基层的各项指标进行检查,使之符合有关规范标准的要求。

③恢复中线,进行水平测量并设桩。

(2)材料准备

①水泥

a.应采用强度高、收缩性小、耐磨性强、抗冻性好的水泥。其物理性和化学成分符合《硅酸盐水泥、普通硅酸盐水泥》(GB 175—92)和《道路硅酸盐水泥》(GB 13693—1992)的规定。

b.水泥强度等级不得低于32.5号。水泥进场时,应有产品合格证及化验单。承包人应对品种、标号、包装、数量、出厂日期等进行检查验收,并报监理工程师审批。

②粗集料

a.用于混凝土中的碎石或砾石应质地坚硬、耐久、洁净,有良好的级配。颗料应接近立方体,最大料径不应超过40mm,集料的级配范围应符合表5-13的要求,其技术要求应符合《公路水泥混凝土路面施工技术规范》(JTJ F30—2003)的要求。

粗集料标准级配范围 表 5-13

级配类型	粒径(mm)	筛孔尺寸(圆孔,mm)							
		40	31.5	25	20	16	10	5	2.5
		通过百分率(以质量计,%)							
连续	5~40	95~100	55~69	39~54	25~40	14~27	5~15	0~5	
	5~30		95~100	67~77	44~59	25~40	11~24	3~11	0~5
	5~20				95~100	55~69	25~40	5~15	0~5
间断	5~40	95~100	55~69	39~54	25~40	14~27	14~27	0~5	
	5~30		95~100	67~77	44~59	25~40	25~40	3~11	0~5
	5~20				95~100	25~40	25~40	5~15	0~5

b. 当粗集料中含有活性二氧化硅或其他活性成分时,水泥中碱含量不大于0.6%,应确认对混凝土质量无影响后方可施工。

c. 在含碱环境中(如盐碱地、含碱工业废水侵蚀)的混凝土,不得使用上述集料。

③细集料

采用天然砂和人工砂或石屑,其质地应坚硬、耐久、洁净,并具有良好级配。级配范围见表5-14,细集料技术要求应符合《公路水泥混凝土路面施工技术规范》(JTJ F30—2003)的要求。

细集料标准级配范围 表 5-14

级配分区	筛孔尺寸(mm)						
	圆 孔			方 孔			
	10	5	2.5	1.25	0.6	0.3	0.15
	通过百分率(以质量计,%)						
Ⅰ区	100	90~100	65~95	36~65	15~29	5~20	0~10
Ⅱ区	100	90~100	75~100	50~90	30~59	8~30	0~10
Ⅲ区	100	90~100	85~100	75~90	60~84	15~45	0~10

注:Ⅰ区,基本属于粗砂;Ⅱ区,属于中砂和部分偏粗的细砂;Ⅲ区,属于细砂和部分偏细的中砂。

④水

混凝土用水应清洁,宜采用饮用水。使用非饮用水时,应进行检验,并符合下列规定:

a. 硫酸盐含量(按 SO_4^{2-} 计)不得超过2 700mg/L。

b. 含盐量不得超过5 000mg/L。

c. pH 值不得小于4。

⑤钢筋

钢筋应符合图纸及《钢筋混凝土用热轧带肋钢筋》(GB 1499—98)和《钢筋混凝土用热轧圆钢筋》(GB 13013—91)的要求。

⑥外加剂

混凝土掺用的外加剂应经配合比试验符合《公路水泥混凝土路面施工技术规范》(JTG F30—2003)的要求,并经监理工程师批准。掺用的外加剂按下列规定选用:

a. 为减少混凝土用水量,改善和易性,节约水泥用量,提高混凝土强度,可掺入减水剂。

b. 夏季施工或需延长作业时间时可掺入缓凝剂。

c. 冬季施工为提高早期强度或为缩短养生时间可掺入早强剂。

d. 严寒地区施工为抗冻可掺入引气剂。

(3)混凝土配合比设计和控制

混凝土配合比应保证混凝土的强度、耐磨、耐久和混凝土和易性的要求。在冰冻地区应符合抗冻性要求。混凝土配合比根据水灰比与强度关系曲线进行计算和试配确定,并应按抗压强度作配合比设计,以抗弯拉强度作强度检验。

在工程开工至少28d前,应将用于面层的各种材料通过试验进行混合料组成配合比设计,设计包括材料标准试验、混凝土抗弯拉和抗压强度、集料级配、水灰比、坍落度、水泥用量等,并应及时提供所有设计、试验报告单和详细说明报监理工程师批准。混凝土试配强度宜按设计强度提高10%~15%。混凝土单位水泥用量,应根据选用的水灰比和单位用水量进行计算,但不应小于300 kg/m^3。混凝土最大水灰比不应大于0.46;如采用真空吸水施工工艺,则可按设计配合比适当增大用水量,水灰比可在0.48~0.55,其他材料用量维持原设计不变。

混凝土拌和物的稠度试验,采用坍落度测定时,坍落度宜为1~2.5cm;坍落度小于1cm时,应采用维勃稠度仪测定,维勃时间宜为10~30s。每一工作班应至少检查两次。

混凝土单位用水量,按集料的种类、最大粒径、级配和外加剂等通过试验确定。

混凝土砂率,按碎(砾)石和砂的用量、种类、规格及混凝土水灰比确定,并应按表5-15的规定选用。选定砂率并经试配后,采用绝对体积法或假定密度法计算砂、石用量,并确定混凝土理论配合比。在施工时,应测定现场集料的含水率,将理论配合比换算为施工配合比。

混凝土砂率 表5-15

砂率(%) \ 碎(砾)石 \ 水灰比	碎石最大粒径 40mm	砾石最大粒径 40mm
0.40	27~32	24~35
0.50	30~35	28~33

注:表中数值为Ⅱ区砂的选用砂率;采用Ⅰ区砂时,应采用较大碎率;采用Ⅲ区砂时,应采用较小的砂率。

在施工中应按混凝土配合比设计所用的生产方法和材料,如需改变时,应经监理工程师同意后重新做混凝土配合比设计试验,报批后方可采用。

(4)混凝土的搅拌和运输

混凝土应采用含自动计量装置的机械搅拌施工,其搅拌站宜根据施工顺序和运输工具设置,搅拌机的容量应根据工程量大小和施工进度配置。施工工地宜有备用的搅拌机和发电机组。

投入搅拌机每盘数量,按混凝土施工配合比和搅拌机容量计算确定,并符合下列规定:

①应对混凝土搅拌机的自动计量装置进行标定和检验。

②在每班开工前的计量应进行检查校正。

③严格控制用水量。开工前实测砂石料的含水率,根据天气变化由试验确定施工配合比。

④混凝土原材料按质量计的容许误差,不应超过下列规定:

a. 水泥±1%。

b. 粗细集料 ±3%。

c. 水 ±1%。

d. 外加剂 ±2%。

搅拌第一盘混凝土前，应先用适量的混凝土拌和物或砂浆搅拌，拌后排弃，然后再按规定的配合比进行搅拌。搅拌机装料顺序宜为砂、水泥、碎(砾)石。进料后，边搅拌边加水。

混凝土每盘搅拌时间，应根据搅拌机的性能和拌和物的和易性确定。混凝土最短搅拌时间，应符合表5-16的规定。搅拌最长时间不得超过最短时间的3倍。

混凝土拌和物最短搅拌时间 表5-16

搅拌机容量		转速(转/min)	搅拌时间(s)	
			低流性混凝土	干硬性混凝土
自由式	400L	18	105	120
	800L	14	165	210
强制式	375L	38	90	100
	1 500L	20	180	240

混凝土的运输，宜采用自卸车运输。当运距较远时采用搅拌运输车运输。混凝土从搅拌机出料后，运至铺筑地点进行摊铺、振捣、做面，直至浇筑完毕的容许最长时间，由试验室根据水泥初凝时间及施工气温确定，并应符合表5-17的规定。装运混凝土的容器不应漏浆并防止离析。出料及铺筑时的卸料高度，不应超过1.5m，当有明显离析时，在铺筑时重新拌匀。

混凝土从搅拌机出料至浇筑完毕的容许最长时间 表5-17

施工气温(℃)	5~10	10~20	2~30	30~35
容许最长时间(h)	2	1.5	1	0.75

(5)混凝土浇筑

模板应采用钢模板，尽量避免采用木模板，模板拼缝紧密牢固，边角平整无缺，高度应与混凝土板厚度一致；模板高度的容许误差为 ±2mm。企口部的长度容许误差：钢模为 ±1mm，木模板为 ±2mm；立模的平面位置与高程，应符合设计要求，并应支立准确稳固，接头紧密平顺，不得有离缝、前后错茬和高低不平等现象。模板接头和模板与基层接触处均不得漏浆。模板与混凝土接触的表面应涂隔离剂。

混凝土摊铺前，应对模板的间隔、高度、润滑、支撑稳定情况和基层的平整、润湿情况，以及钢筋的位置和传力杆装置等进行全面检查。

混凝土的摊铺，应符合下列规定：

①混凝土板的厚度不大于22cm时，可一次摊铺，大于22cm时，可分两次摊铺，下部厚度宜为总厚的3/5；摊铺厚度应考虑振实预留高度。

②混凝土宜采用机械摊铺，摊铺机应是经批准的自行式机械，摊铺时应以缓慢的速度均匀进行，以保证摊铺机的连续操作。也可采用人工摊铺，应用锹反扣，严禁抛掷和楼耙，防止混凝土产生离析。摊铺应在整个宽度连续进行。中途如因故停工应设施工缝。

混凝土振捣，应符合下列规定：

①对厚度不大于22cm的混凝土板，靠边角应先用插入式振捣器顺序振捣，再用功率不小

于2.2kW的平板振捣器纵横交错全面振捣。纵横振捣时应重叠10~20cm,然后用振动梁振捣拖平。有钢筋的部位,振捣时应防止钢筋变位。

②振捣器振捣持续时间,以拌和物停止下沉、不再冒气泡并泛出水泥浆为准,不宜过振。用平板式振捣器振捣水灰比小于0.45时,不宜少于30s;用插入式振捣器时,不宜少于20s。

③采用插入式与平板式振捣器配合使用时,先用插入式振捣,后用平板式振捣。分两次摊铺的,振捣上层混凝土时,插入式振捣器应插入下层混凝土拌和物5cm,上层混凝土的振捣必须在下层混凝土拌和物初凝前完成。插入式振捣器的移动间距不宜大于其作用半径的1.5倍,其至模板的距离不应大于振捣器作用半径的0.5倍,并应避免碰撞模板和钢筋。

④振捣时应辅以人工找平,并应随时检查模板。如有下沉、变形或松动,应及时纠正。

干硬性混凝土搅拌时可先增大水灰比,浇筑后采用真空吸水工艺再将水灰比降低,以提高混凝土在未凝结硬化前的表层结构强度。

混凝土板真空吸水工艺为:

a.混凝土经振实整平后进行真空吸水,真空吸水时间(min)宜为板厚(cm)的1~1.5倍,并以剩余水灰比来检验真空吸水效果。真空吸水作业深度不宜超过30cm。

b.开机后真空度应逐渐增加,当达到要求真空度(500~600mmHg)开始正常出水后,真空度要保持均匀;结束吸水工作前,真空度应逐渐减弱,防止混凝土内部留下出水通路而影响混凝土的密实度。真空吸水作业完成后,用抹平机抹面,然后进行拉毛和压槽作业。

混凝土整平时,填补板面应选用碎(砾)石较细的混凝土,严禁用纯水泥浆填补找平。经用振动梁整平后,可再用铁滚筒进一步整平。设有路拱时,应使用路拱成型板整平。整平时必须保持模板顶面整洁,接缝处板面平整。

混凝土板做面,应符合下列规定:

①当烈日暴晒或干旱风吹时,做面宜在遮阴棚下进行。做面前,应做好清边整缝,清除黏浆,修补掉边、缺角,严禁在面板混凝土上洒水、撒水泥粉。

②做面宜分两次进行。先找平抹平;待混凝土表面无泌水时,再作二次抹平。混凝土板面应平整、密实。抹平后沿横坡方向拉毛或采用机具压槽。拉毛和压槽深度应为1~2mm。

(6)钢筋设置

钢筋混凝土板钢筋网片的安放,应符合下列规定:

①安放单层钢筋网片时,在底部先摊铺一层混凝土,摊铺高度应按钢筋网片设计位置预加一定沉落度。待钢筋网片安放就位后,再继续浇筑混凝土。

②安放双层钢筋网片时,对厚度小于25cm的板,两层钢筋网片可用架立筋扎成骨架后一次安放就位。厚度大于25cm的,上下两层钢筋网片应分两次安放。

安放角隅钢筋时,应先在安放钢筋的角隅处摊铺一层混凝土。摊铺高度应按钢筋设计位置预加一定的沉落度。角隅钢筋应位后,用混凝土压住。安放边缘钢筋时,应先沿边缘铺筑一条混凝土,拍实至钢筋设置高度,然后安放边缘钢筋,在两端弯起处,用混凝土压住。

(7)接缝施工

胀缝的施工,应符合下列规定:

①胀缝应与路面中心线垂直;缝壁必须垂直,缝隙宽度必须一致,缝中不得连浆。缝隙上部应浇灌填缝料,下部应设置胀缝板。多车道路面的施工缝应设在同一横断面上。

②胀缝传力杆的活动端，可设在缝的一边或交错布置，固定后的传力杆必须平行于板面及路面中心线，其误差不得大于5mm。

缩缝平行于路中心线，并按图纸要求位置设置。缩缝施工采用切缝法。当混凝土达到设计强度的25%～30%时，用切缝机进行切割。切缝用水冷却时，应防止切缝水渗入基层和土基。

横向施工缝的位置宜与胀缝或缩缝设计位置吻合。施工缝应与路面中心线垂直；多车道路面施工缝应避免设在同一横断面上。施工缝传力杆长度的一半锚固于混凝土中，另一半应涂沥青，允许滑动。传力杆必须与缝壁垂直。

纵向施工缝施工方法，应按设计要求确定，并应分别符合下列规定：

①纵向施工缝采用平缝时，对已浇混凝土板的缝壁应涂刷沥青，并应避免涂在拉杆上。浇筑邻板时，缝的上部应压成规定深度的缝槽。

②纵缝设置拉杆时，拉杆应采用螺纹钢筋，并应设置在板厚中间。

混凝土板养护期满后，缝槽应及时填实，在填缝前必须保持缝内清洁，防止杂物掉入缝内。填缝采用灌入式填缝，施工应符合下列规定：

①灌注填缝料必须在缝槽干燥时进行，填缝料应与面板缝壁黏附紧密不渗水。

②填缝料的灌注深度宜为缝宽的2倍。填缝料的灌注高度，夏天宜与板面平，冬天宜稍低于板面。

③热灌填缝料加热时应不断搅拌均匀，直至规定温度。当气温较低时用喷灯加热缝壁。施工完毕后应检查填缝料与缝壁的黏结情况，如有脱开处应用喷灯小火烘烤，使其黏结紧密。

(8)混凝土板养护及模板拆除

混凝土板做面完毕，应及时养护。养护应根据施工实际情况及条件，选用湿治养护或塑料薄膜养护等方法。

湿治养护应符合下列规定：

①用草袋、草帘等，在混凝土终凝后覆盖面板表面，每天均匀洒水，经常保持潮湿状态。

②昼夜温差大的地区，混凝土浇筑后3d内应采取保温措施，防止面板产生收缩裂缝。

③混凝土板在养护期间和填缝前严禁车辆通行；达到设计强度的40%后，才允许行人通行。

④养护时间应根据混凝土强度增长情况而定，一般宜为14～21d。养护期满方可将覆盖物清除，板面不得留有痕迹。

塑料薄膜养护应符合下列规定：

①塑料薄膜溶液配合比由试验确定。薄膜溶剂一般易燃或有毒，应做好储运和安全工作。

②塑料薄膜宜采用喷洒法。当混凝土表面不见浮水和用手指压无痕迹时，应进行喷洒。

③喷洒厚度宜以能形成薄膜为度。用量宜控制在每千克溶剂喷洒3m^2左右。

④在高温、干温、刮风时，喷膜前后，应用遮阴棚加以遮盖。

⑤养护期间应保护塑料薄膜的完整，当破裂时应立即修补。薄膜喷洒后3d内应禁止行人通行，养护期和填缝前禁止一切车辆行驶。

混凝土板达到设计强度时，才允许开放交通。当遇特殊情况需要提前开放交通时，混凝土板应达到设计强度的80%以上，其车辆荷载不得大于设计荷载。

(9)冬季施工和夏季施工

根据当地多年气温资料，当室外日平均气温连续5d低于5℃时，混凝土板的施工应按冬季施工规定进行。混凝土板冬季施工应符合下列规定：

①混凝土板在抗弯拉强度尚未达到1.0MPa或抗压强度尚未达到5.0MPa时，不得遭受冰冻。

②冬季施工水泥应采用32.5号以上硅酸盐水泥或普通水泥，水灰比不应大于0.45。

③混凝土搅拌站应搭设工棚或其他挡风设备。

④混凝土浇筑温度不低于5℃，当气温在0℃以下或混凝土浇筑温度低于5℃时，应将水加热搅拌；如水加热仍达不到要求时，应将水和砂、石料都加热。水泥不得加热，水泥最后投入。加热温度应为：混凝土拌和物不应超过35℃，水不应超过60℃，石料不应超过40℃；水、砂、石料在搅拌前和混凝土出盘时，每台班至少测4次温度；室外气温每4h测1次；混凝土板浇筑后头2d内，应每隔6h测1次；7d内每昼夜应至少测2次。

⑤混凝土板浇筑时，基层应无冰冻，不积冰雪，模板及钢筋积有冰雪时应清除。混凝土拌和物不得使用带有冰雪的砂、石料，且搅拌时间应适当延长。

⑥混凝土运输、摊铺、振捣、做面等工序应紧密衔接，以缩短工序间隔时间，减少热量损失。

⑦混凝土浇筑完开始做面前，应搭盖遮阴棚。混凝土终凝后改用保温材料覆盖养护，洒水时应移去保温材料，洒水后覆盖。冬季养护时间不应少于28d。拆模时间也应适当延长。

当混凝土温度在30～35℃时，混凝土板施工按夏季施工规定进行。施工应符合下列规定。

①施工中尽量缩短运输、摊铺、振捣、做面等工序时间，浇筑完毕及时覆盖、洒水养护。

②搅拌站应有遮阴棚，模板和基层表面，在浇筑混凝土前应洒水湿润。

③注意天气预报，如遇阵雨应暂停施工；气温过高时，宜避开中午施工，可在夜间进行。

(10)取样和试验

为了控制混凝土的质量，一般作抗弯拉强度试验。抗弯拉强度采用小梁试件方法测定，也可采用圆柱劈裂强度推算小梁抗弯拉强度。当采用钻取圆芯检验推算强度和小梁抗弯拉强度时，应同时符合规定的强度要求。混凝土抗弯拉强度检验应符合以下规定：

①应用正在施工的混凝土制作试件，试件的养护条件与现场混凝土板相同。

②每天或每浇筑200m^3，同时制取试件2组(每组3个)，龄期应分别为7d和28d。每铺筑1 500m^3混凝土应增做一组试件，用于检查后期强度，龄期不应小于90d。

③如试件表明普通水泥混凝土的7d强度达不到28d(换算成标准养护条件的强度)强度的60%(矿渣水泥混凝土为50%)时，应检查分析原因，并对混凝土配合比作适当修正。

④浇筑完成的混凝土板，应检验实际强度，采用现场钻取圆柱试件，进行圆柱壁裂强度的试验，以圆柱劈裂强度推算小梁抗弯拉强度。

⑤如试件混凝土28d强度达不到设计强度，则可从相应龄期地点的混凝土构件中切取样品，对照其强度。切取样品的尺寸和切取试件的部位均由监理工程师决定。

(11)施工中的质量管理

①水泥应采用32.5号以上的普通硅酸盐水泥，如采用42.5号水泥，则尤应注意各工序的配合，以缩短施工时间，及时切缝，做好养生工作。

②混凝土施工前应提前做好基层各项技术指标的检查验收工作，以防在开工时发现某项

技术不满足规范要求而造成停工。

③当连续施工时，配合比、水灰比等技术指标要符合规定，不宜出现波动，应均匀一致，尤其要控制用水量，并根据集料的含水率随时调整。

④混凝土施工应随时注意气温情况，并采取相应措施。

⑤如采用真空吸水施工工艺，则可适当增大混凝土水灰比，并在施工中控制好真空吸水工艺和真空吸水时间。

⑥施工中每道工序均应根据标准进行检测，并应及时、准确地做好记录。

⑦每道工序检测合格后，应报监理工程师批准后方可进行下一道工序施工。

(12)质量检验

①基本要求

a. 混凝土的摊铺、捣实、整平与混凝土面板养护符合规范要求。

b. 接缝的位置、规格、尺寸和传力杆的设置，以及面板补强钢筋的布设等符合图纸和规范要求。

c. 路面的平整度和构造深度符合规范要求。

d. 路线符合图纸要求。

②检查项目(表5-18)

水泥混凝土(包括预制混凝土)面层容许偏差 表5-18

<table>
<tr><th rowspan="2">序号</th><th rowspan="2" colspan="2">项　目</th><th rowspan="2">容许偏差
(mm)</th><th colspan="4">检验频率</th><th rowspan="2">检 查 方 法</th></tr>
<tr><th>范围</th><th colspan="3">点数</th></tr>
<tr><td>1</td><td rowspan="2">支模</td><td>直顺度</td><td>5</td><td>50m</td><td colspan="3">1</td><td>拉20m小线量取最大值</td></tr>
<tr><td>2</td><td>高程</td><td>±5</td><td>20m</td><td colspan="3">1</td><td>用水准仪测量</td></tr>
<tr><td>3</td><td rowspan="14">水泥混凝土</td><td>Δ抗压强度</td><td>不低于设计规定</td><td>每台班</td><td colspan="3">1组</td><td>做抗压强度试验</td></tr>
<tr><td>4</td><td>Δ抗弯拉强度</td><td>试块强度平均值不低于设计规定</td><td>每台班</td><td colspan="3">1组</td><td>做抗弯拉强度试验</td></tr>
<tr><td>5</td><td>Δ厚度</td><td>+20
−5</td><td>每块</td><td colspan="3">2</td><td>用尺量</td></tr>
<tr><td>6</td><td>平整度</td><td>5</td><td>块</td><td colspan="3">1</td><td>用三米直尺量取最大值</td></tr>
<tr><td>7</td><td>相邻板高差</td><td>3</td><td>缝</td><td colspan="3">1</td><td>用尺量</td></tr>
<tr><td>8</td><td>宽度</td><td>−20</td><td>40m</td><td colspan="3">1</td><td>用尺量</td></tr>
<tr><td>9</td><td>中线高程</td><td>±20</td><td>20m</td><td colspan="3">1</td><td>用水准仪具测量</td></tr>
<tr><td rowspan="3">10</td><td rowspan="3">横坡</td><td rowspan="3">±10且不大于±0.3%</td><td rowspan="3">20m</td><td rowspan="3">路宽(m)</td><td><9</td><td>2</td><td rowspan="3">用水准仪具测量</td></tr>
<tr><td>9~15</td><td>4</td></tr>
<tr><td>>15</td><td>6</td></tr>
<tr><td>11</td><td>纵缝直顺</td><td>10</td><td>100m缝长</td><td colspan="3">1</td><td>拉20m小线量取最大值</td></tr>
<tr><td>12</td><td>横缝直顺</td><td>10</td><td>40m</td><td colspan="3">1</td><td>沿路宽拉线量取最大值</td></tr>
<tr><td>13</td><td>蜂窝麻面面积</td><td>≤2%</td><td>每块每侧面</td><td colspan="3">1</td><td>用尺量蜂窝总面积</td></tr>
<tr><td>14</td><td>井框与路面高差</td><td>3</td><td>每座</td><td colspan="3">1</td><td>用尺量取最大值</td></tr>
</table>

③外观鉴定

a. 混凝土板表面不应有脱皮、印痕、裂缝、露石、蜂窝、麻面、缺边、掉角和轮迹等现象。

b. 路面边线直顺、曲线圆滑。

c. 接缝中填缝料饱满密实，黏结牢固，缝缘清洁整齐。

4. 安全措施

1）用电安全

（1）一切电器设备、架空线路等安拆工作，必须由有证且熟悉电工操作的人员进行，任何其他人员一律不得擅自安拆。严禁各电路、分电、分器设备等超标用电，以杜绝由于超负荷引起的各种安全事故。

（2）露天的配电箱其箱底离地面的距离应符合规范要求（60cm），装置牢固，配电箱应有防雨和漏电装置，金属外壳必须有接地装置，经常性检查电器设备和线路，尤其是移动性电缆线，经检查无损伤后方可使用，在使用时也应注意保护，电器设备如闸刀、开关、插座、漏电装置等有损坏或失灵的，必须停止使用，待修整后方可使用。

（3）加强用电管理，制订值班制度，每天24h内必须至少有一位持上岗证的熟练电工在工地值班，随叫随到，防止事故发生。电工操作应按操作规程施工，上岗时必须随身携带所必需的防护用品，严禁带电操作，同时必须普及职工安全用电和触电抢救知识，清除隐患、杜绝事故。

2）施工安全

（1）施工人员进入现场，必须戴好安全帽和其他必要防护用品，严禁赤脚、穿拖鞋、高跟鞋进入工地。

（2）施工现场和其他有危险的地方要设立明显的示警标志，晚间施工，现场要有足够的灯光照明。

3）机械安全

（1）各种机械设备操作人员必须持证上岗，按操作规程进行操作，严禁无证操作，且要定机、定人操作。辅助作业人员必须经安全技术培训后上岗。

（2）中、小型机具等，整机安装要平衡牢固，轮轴要有防锈措施，工作场地排水良好，各种传动部分防护要齐全，传动离合器、制动器要灵活可靠，开关、机械操作手把绝缘必须良好，接地保护要安全、可靠，电源上均应安装漏电保护装置。机貌要整洁。

4）治安安全

（1）全体工地人员必须严格遵纪守法，服从当地政府和公安部门的领导和管理，遵守当地政府的有关政策，协助落实有关规定。

（2）全体工地人员应协助搞好工地治安工作，做好防火、防盗工作，爱护国家和集体的公共财产。

5. 环保措施

（1）在施工现场周围设置醒目的文明施工标语，以取得行人和附近居民的谅解和支持。

（2）保证施工现场人行道畅通及工地沿线居民和单位出入通道畅通，并做到在施工中无管线事故，无重大工伤事故。

（3）车辆进出洒落的材料由值勤人员负责清扫干净，施工现场做到一天一清扫，完工一段，清理一段，始终保持干净、整洁，车辆运输砂石、垃圾、泥土用帆布遮盖，以免洒落。

(4)泥土、砂石严禁抛向施工场外，违者调离施工现场，并以经济手段处罚。

(5)施工场内道路畅通、平坦、整洁、排水良好，做到工完、料尽、场地清，有定期考核检查制度。建筑垃圾集中堆放，及时处理，不随意向外排放废、污水，应按指定地点排放。

(6)材料应严格按施工平面布置图分类堆放整齐，堆放不超标准，堆料场地不作他用。

(7)对本工程所使用的各种机械设备，特别是大型机械设备进行定期保养，使各种机械设备运转正常，不发出各种异样的声音，以降低噪声，同时，夜间9点以后尽量不进行施工，以免影响周围单位人员的休息，根据实际情况必须在夜间加班施工的，必须提前到环保部门办理有关手续，且在夜间施工时，应尽量避免产生大的施工噪声，噪声控制在50dB以下。

(8)多余的废料采用自卸汽车运出，自卸车的后斗挡板应关紧，并遮盖篷布，以免沿途卸漏而污染环境，同时在本工程出口处垫好麻带，防止车轮将泥土带出工地，雨天要特别注意。

(9)施工临时排水，严禁直接排至附近河道，必须经过沉淀井沉淀后方可排入附近河道。

(10)生活污水及生活垃圾严禁乱倒。生活污水必须在现场设置的三级化粪池处理后，采用水车运出排放，生活垃圾每天集中运出堆埋。

(11)每天施工结束后，及时清扫现场，使现场干净，并及时将材料堆整齐。

六、沥青混凝土面层专项施工方案

1. 适用范围

适用于市政工程沥青路面施工。

2. 参照文件

《沥青路面施工及验收规范》(GB 50092—96)和《市政工程质量检验评定规程》。

3. 热拌沥青混合料路面的施工

1)下承层的检查

(1)热拌沥青混合料路面在摊铺以前，一定要对其下承层的各项实测指标进行严格检查，尤其对其平整度、高程、强度等的检查。

(2)下承层平整度的好与坏，直接影响沥青路面厚度的均匀性，也是影响施工成本的主要因素之一。在沥青路面施工前，要验收下承层的平整度都在容许偏差之内，否则应考虑沥青下面层的厚度摊铺及进行的计量方法(计量以实际发生量计)，然后才可进行下一步的工作。

(3)下承层的高程检测，是下一步施工的主要依据，也是施工用料的控制点。在高程检测时，要对下承层按整桩横断面上不少于6点的频率检测，如图5-1所示。在检测中，要注意是否有路拱的存在，即A、B、C和D、E、F是否位于同一条直线上。如有路拱的存在，应满足设计要求，若超出规范要求，则要对下承层进行修整，直至满足要求。或者摊铺沥青下面层时，以不等厚度摊铺，并且计量时工程师要考虑沥青混合料多消耗的部分。

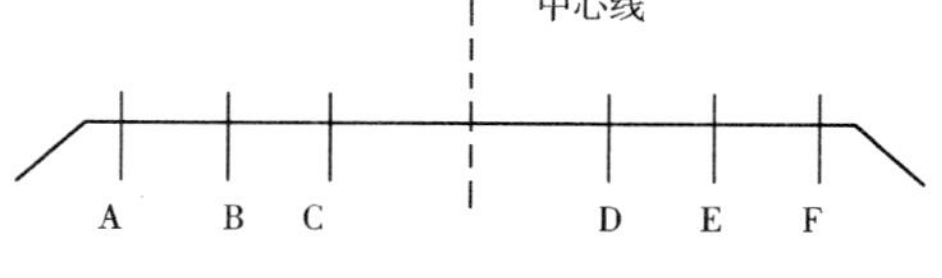

图5-1 下承层高程检测

(4)沥青路面的破坏大部分是由于下承层强度不足而引起的，因此在下承层交接时对下承层松散、强度不足部分必须无条件修整、补强甚至返工，否则决不接受，以免留下质量隐患。

(5)其他压实、宽度、厚度、横坡等也应按规范要求进行检查，并且保留监理工程师签认的原始记录。

2)1cm 厚下封层的施工(透层、黏层施工则按规范进行)

(1)在做下封层前,必须用空压机把下承层(基层)的表层灰尘和杂物等清除干净。

(2)按材料试验指导书的要求进行石料、沥青、乳化沥青的检验,符合要求后,方可进行下一道工序作业。

(3)对道路人工构造物及各种管井盖座、侧平石、路缘石等外露部分以及人行道路面等,洒油时应加以遮盖,防止污染。

(4)第一次洒布 1.80 ~ 2.0kg/m^2 的乳化沥青,紧接着(乳液未破乳之前即进行)洒布 9 ~ 11m^3/1 000m^2 规格为 S11 的小碎石,用压路机静压 3 ~ 4 遍。

①乳化沥青中沥青用量约为 60%。

②洒布 S11 小碎石时,集料应覆盖路面,厚度应一致,集料不应重叠,也不应露出沥青。

③乳化沥青应用乳化沥青车洒布,乳化沥青洒布应均匀,不得有空白、缺边以及沥青积聚,否则应修补或采用其他方法处理。

④压路机应选用 6 ~ 8t 的双钢轮光轮压路机,碾压时应重叠 30cm 碾压,速度不应超过 2km/h,而且应静压。

(5)第二次洒布应洒 1.0 ~ 1.2kg/m^2 的乳化沥青,接着乳液未破乳之前进行洒布 4 ~ 6m^3/1 000m^2 的 S14 小碎石,用压路机碾压 2 ~ 3 遍。

第二次的施工方法与第一次洒布的施工方法相同。

(6)在施工结束、乳化沥青破乳、水分蒸发并基本成型后方可通车,否则严禁通车。

①通车时要限制车速不超过 20km/h,过往的车辆应在路面全宽度内均匀行驶。

②下封层施工结束后,严禁畜力车及铁链车行驶。

(7)初期养护:当发现有泛油时,应在泛油处均匀补撒 S14 的小碎石,如有其他地方出现被黏起空白等情况时,应及时按原来的方法进行修补。

(8)当天施工情况,包括石料用量、乳液用量等要记录在册,及时做好质检报告单。

3)施工前的放样

(1)在沥青路面摊铺前,要对下承层中线进行复测。

(2)在施工放样时,最好的方法是全线都要采取仪器(全站仪或经纬仪)进行中桩、边桩放样。没有条件的,要按已复测好的中线以设计宽度进行中桩和边桩的放样。

(3)在放样时,要保证路面线形的美观。最主要的,要把沥青路面的中线平面偏位控制在容许误差之内。

4)材料的选择与试验

(1)沥青的选择与试验

①沥青应根据合同要求或图纸规定确定选用(如埃索 70 号或壳牌 70 号)。

②沥青材料应附有炼油厂的沥青质量检验单。

③沥青进入施工现场都应登记,签发材料验收单及过磅单,并留样保存标识。

④沥青进入施工现场后,分 500t/每批进行针入度、延度、软化点、闪点、含蜡量、密度、溶解度、薄膜加热试验的检验,符合要求时使用;否则,禁止使用,并找出原因,杜绝此类现象的再次发生。

⑤沥青进入施工现场后，要及时按批量进行三大指标、含蜡量的测定并留样。

⑥沥青在储运、使用及存放过程中，应采取防水措施，并应避免雨水或加热管道蒸气进入沥青罐或储油池中。

(2)乳化沥青选择与试验

①乳化沥青应根据使用目的、矿料种类、气候条件选用，透层、下封层采用 PC-2 型，黏层采用 PC-3 型。

②乳化沥青在使用前，应按道路用乳化石油沥青质量的要求，以每 30t/次的频率检查，并不得有离析、冻结、破乳，质量不符合要求者不得使用。

(3)粗集料选择与试验

①粗集料应由具有生产许可证的采石场生产。

②粗集料应洁净、干燥、无风化、无杂质，并且有足够的强度和磨耗性，其中，软石含量不得大于 4%。

③粗集料均需经过反击式破碎机的二次加工。

④用作路面抗滑表层的粗集料的磨光值应大于 42。

⑤粗集料在使用前均应按粗集料质量要求进行抽检，不符合要求时不得使用，并报试验监理工程师鉴认，保留记录。

(4)细集料选择与试验

①细集料可采用天然砂、机制砂及石屑。

②细集料应洁净、干燥、无风化、无杂质，其质量应符合规范要求。

③细集料在使用前均应按其质量要求进行抽检，不符合要求时不得使用，并报试验监理工程师鉴认，保留记录。

(5)矿粉选择与试验

①沥青混合料的填料部分包括用石灰岩或岩浆岩的石料经磨细得到的矿粉。

②拌和机的回收粉尘使用不得超过矿粉总量的 40%。

③每 100t 矿粉均要按规范进行一次视密度、含水率、粒度范围、外观、亲水系数等项目的检验，不符合要求时不得使用。

(6)消石灰选择与试验

①沥青混合料的填料中，采用占矿料总量 1% ~2% 的、干燥的磨细消石灰，以增强沥青混合料的黏结能力。

②每 100t 消石灰粉均要按规范的要求进行一次视密度、含水率、细度、氧化钙和氧化镁等项目的检验，不符合要求时不得使用。

③消石灰粉的含水率应严格控制在规定的范围内，否则应密封干燥储存，直到符合要求为止。

5)热拌沥青混合料的生产配合比设计

(1)设计的程序

①准备阶段

a. 根据合同文件、图纸及施工组织设计要求确定混合料类型。

b. 根据相关试验规程规定的取样方法，取足够数量的、并具有代表性的沥青及矿料试样。

c. 对粗集料、细集料、填料进行筛分，得出各种矿料的筛分曲线。

d. 测定粗集料、细集料、填料及沥青的相对密度(25/25℃)。

②矿料配合比计算

a. 根据要求的混合料类型，按《沥青路面施工及验收规范》(GB 50092—96)附录 D，确定矿料纸级配范围。

b. 由各种矿料的筛分曲线计算配合比例，使合成的矿料级配符合规范的要求。

c. 应使通过 0.075mm、2.36mm、4.75mm 筛孔在内的较多筛孔的集料通过率接近要求级配范围的中限值。

d. 对于交通量大、通过重车较多的公路，应偏向级配范围的下限，反之偏向上限。

e. 经过调整的合成级配曲线应接近连续或有合理的间断级配，否则应对原材料进行调整或更换原材料重新设计。

③马歇尔试验

a. 根据混合料类型中的沥青用量范围及实践经验，估计适宜的沥青用量。

b. 以估计的沥青用量为中值，按 0.5% 间隔变化，取 5 个不同的沥青用量，用小型拌和机与矿料拌和，按试验规范的规定，对击实成型马歇尔试件，测定其密度，并计算空隙率、沥青饱和度、矿料间隙率等物理指标，进行体积组成分析。根据混合料类型采用水中重法(或表干法、蜡封法、体积法测定)进行密度测定。

c. 进行马歇尔试验，测定其稳定度、流值等指标。

d. 以沥青用量为横坐标，以测定的密度、稳定度、空隙率、流值、饱和度为纵坐标，分别将试验结果点入图中，连成圆滑的曲线。

e. 求得相应于密度最大值的沥青用量 a_1，相应于稳定度最大值的沥青用量 a_2 及相应规定空隙率范围中值的沥青用量 a_3，求三者平均值 $A_1=(a_1+a_2+a_3)/3$，作为最佳沥青用量的初始值。

f. 求出各项指标符合规范要求的沥青用量范图的 a_{min} 及 a_{max}，取其中值 $A_2=(a_{min}+a_{max})/2$。

g. 取最佳沥青用量初始值$(a_1+a_2+a_3)/3$ 用上述方法求取相应的各项指标值，当各项指标均符合规范要求的马歇尔设计配合比技术标准时，由 A_1、A_2 综合决定最佳沥青用量。

h. 最佳沥青用量 A 的确定：

(a)一般可取 A_1、A_2 的中值作为最佳沥青用量。

(b)对于热带地区公路及车辆渠化交通的高等级公路可在 A_2 与下限 a_{min} 范围内取定，但不宜小于 A_2 的 0.5%。

(c)对寒区公路以及其他等级公路，可在 A_2 与 a_{max} 范围内取定，但不宜大于 A_2 的 0.3%。

④水稳定性检验

a. 按最佳沥青用量制作的马歇尔试件其残留稳定度不符合规范要求时，应重新进行配合比设计，或采取抗剥离措施重新试验，使其符合要求。

b. 当最佳沥青用量 A 与 A_1、A_2 相差比较大时，应该以 A、A_1、A_2 分别制作试件，进行残留稳定度试验，根据试验结果对 A 作适当调整。

⑤高温稳定性检验

按最佳沥青用量 A 制作的试验试件，当动稳定度不符合规范要求时，应对矿料级配或沥青用量进行调整,重新进行配合比设计。

(2)生产配合比设计阶段

①根据目标配合比设计的矿料级配及最佳用量,供拌和机确定各冷料仓的供料比例、进料速度及试拌使用。

②对间歇式拌和机必须从二次筛分后的热料仓上取料进行筛分,进行矿料配合比计算。

③取目标配合设计的最佳沥青用量,A、$A+0.3\%$、$A-0.3\%$三个沥青用量进行马歇尔试验,确定生产配合比的最佳沥青用量。

④按目标配合比设计步骤进行水稳定性检验、高温稳定性检验,当符合规范要求时,则按其级配进行,反之重新进行配合比设计。

(3)生产配合比验征阶段

正式施工前,拌和机根据生产配合比进行试拌、铺筑试验段,并用拌和的沥青混合料及路上钻取的芯样进行马歇尔试验,由此确定生产配合比。

6)拌和场地的选择与设置

(1)拌和场地的选择

①拌和场地的面积应与施工规模相一致,场地不宜太小。

②拌和场地应远离居民区,其位置的选择应符合国家有关环境保护、消防、安全等规定。

③拌和厂应设置在空旷、干燥、运输条件良好的地方,场地要预先平整。

④拌和场地应有良好的排水设施,并有防洪、防台的天然屏障或有利条件。

(2)拌和场地的设置

①拌和搂的设置应综合考虑,一方面要节约土地,另一方面要有利于施工及交通。

②拌和厂应配备试验室,并配置足够的仪器设备。

③拌和厂应有可靠的电力供应,条件允许时,可供配一个大型发电机,以防万一。

④沥青应分品种、分标号密闭储存,各种矿料应分别堆放,矿粉、石灰等填料不得受潮,石屑、黄砂应用油布覆盖。

7)设备安装、调试

(1)设备安装

①拌和楼应按说明书的规定进行安装。

②对软土地基各设备的基础应深挖,并且用钢筋混凝土加固,特别是主楼干燥筒、成品仓、粉罐等基础应特别处理。

③轧石机、地磅等基础也应按说明书的要求进行基础设置。

(2)设备调试

①摊铺机、压路机、拌和楼、地磅、试验仪器等在施工前或使用前均应进行试验,以检查其性能。

②对有计量系统的拌和楼、地磅、试验仪器必须经过计量局的校验,合格后方可使用,否则应重新调试直到合格为止。

③按放样的中桩和边桩进行高程测量,从而求得沥青路面下面层摊铺的厚度。

8)混合料的拌和

(1)为适应城市快速路、主干路沥青路面的要求,对于混合料的拌制建议均采用间歇式拌和机拌制。间歇式拌和机配置自动记录设备,采用电脑控制,按着输入的生产配合比,通过冷料仓初步计量后,进入加热滚筒进行加热,自动控制其加热温度,并在拌和过程中可逐盘打印沥青及各种混合料的用量和拌和温度。

(2)沥青采用导热油炉加热温度。在加热的过程中,一定要控制其加热温度。根据以往的施工经验,控制沥青加热温度在理想点是施工中要注意的问题,沥青理想的加热温度为155℃,最好控制在150~160℃之间。

(3)集料的加热温度应控制在160~175℃之间。

(4)沥青混合料的拌和时间应经试拌确定,即应以混合料拌和均匀、所有矿料颗粒都被沥青包裹住的时间为度。据我部以往的施工经验可以确定:一般粗粒式沥含混凝土拌和时间为40s,中粒式沥青混凝土的拌和时间为45s,细粒式沥青混凝土和抗滑表层的拌和时间为50s。其中,集料的干拌时间不得少于5s。

(5)拌和机的筛网尺寸及筛孔应根据混合料级配要求选用,并应与反击式破碎机的筛网尺寸相对应。

(6)拌和出来的混合料应均匀一致,无花白料,无结团成块或严重的粗细料分离现象。拌和出来的混合料温度应控制在140~165℃之间,当超过195℃时,混合料应予废弃。

(7)拌和好的混合料不立即铺筑时,可放入成品仓中储存。如放在运输车上或储料仓中无保温设备时,允许的储料时间应符合摊铺温度要求,有保温设备的储料仓储料时间不宜超过72h。

(8)出厂的混合料要逐车用地磅称重,并逐车检测其温度。如温度过高或过低,超出上述要求应予以废弃,并且运输出来的混合料要签发一式三份的料单,一份存拌和厂,一份交摊铺现场,一份交驾驶员。在摊铺现场,技术员要根据签发的运料单掌握混合料的情况(包括用料及摊铺温度),以验证其温度及掌握摊铺的平均厚度。

9)混合料的运输

(1)混合料的运输应采用15t以上的自卸汽车。

①在运输前要检查各辆汽车的制动性能等情况,保证自卸车在运输中性能良好。

②在运输时,为防止沥青混合料与车厢板黏结,可在车厢侧板和底板涂一层油水(柴油与水的比例为1:3)混合液,并不得有余液积聚在车厢底部。

③车厢应清扫干净,不得有积水。应特别注意的是雨后施工,在装混合料前,运料驾驶员应把车厢项起来,消除车厢内的积水现象。

④每一辆自卸车,都应具有大小适宜的覆盖篷布,除了天气较好并且距离短的情况下不加覆盖外,其余时间的运输均要覆盖,以起到保温、防雨、防污染的作用。

⑤自卸车的数量应根据运距、拌和能力、摊铺能力及速度确定。

要尽量避免停机待料情况。一般情况下,摊铺机前的运料车不少于5辆。对一套拌和楼应配备不少于15辆性能良好的运料车。

(2)从储料仓向运料车装料时,应每卸一斗混合料,要挪动一下汽车的位置,以防止混合料产生粗细料离析现象,同时应特别注意防止混合料掉在地上。

(3)在摊铺机前应配备一名熟练的工人来指挥自卸车的卸料,自卸车不得有撞击摊铺机的情况,在卸料中自卸车要挂空挡,靠摊铺机推动前进,防止混合料倒在摊铺机前头。

(4)自卸车运输过程中要特别注意行车安全。

10)混合料的摊铺

(1)在沥青混合料摊铺以前,要保证下承层平整、干净、密实,并按规定洒布了透层、黏层或下封层。

(2)混合料的摊铺均采用机械摊铺。在正式施工之前,要检查摊铺机械的性能,并在空旷位置试铺一段,从而掌握摊铺机、压路机械的使用状态。

(3)摊铺机在施工中要注意以下问题:

①在低温天气里施工,熨平板的加热温度一定要达到要求,即不得低于低温天气摊铺的最低温度(110℃)。

②摊铺机起步加热时,要留足够的预拱度,根据经验,摊铺粗粒式(7～9cm)沥青混凝土时,预拱度的高度约1.5cm,摊铺中粒式(4～5cm)沥青混凝土时,预拱度的高度为1.0cm(具体高度也要通过仪器确定)。

③摊铺机的振动频率及使用状态在摊铺同一规格混合料时要一致。

(4)在摊铺过程中,摊铺机的螺旋送料器应不停顿地转动,两侧应保持有不少于送料器高度2/3的混合料。

①摊铺机在摊铺下面层时,要用两侧拉钢丝找平的方法来控制摊铺厚度,即为下承层的高程与下面层设计高程的差值乘以松铺系数。

②在摊铺下面层两侧拉钢丝时,在已拉好的两侧钢丝确定的同一横断面上,要全部用延线拉过,并检查路面中间点的厚度,使其厚度不得小于下面层厚度的代表值×松铺系数,如果低于这个数值,则缓慢抬高两侧钢丝绳,从而保证厚度。

③在摊铺过程中,时刻检查钢丝绳的情况,要保证钢丝绳在摊铺中始终处于拉紧状态,并不得有脱落的现象。

④在摊铺机走钢丝的过程中,不要随意调整钢丝绳的高度,即使调整也要在一定范围内缓慢进行,不得使下面层高程在某一点上有大幅度变化,从而影响平整度。

(5)在摊铺中面层时,如果下面层在摊铺过程中高程没有很大变化,即完全按着实测厚度摊铺过来,那么中面层的摊铺可采用浮动基准梁进行摊铺。

在摊铺之前,要检测下面层接缝处的平整度,如果平整度值在允许误差内,可全部进行浮动基准梁摊铺;反之,则在接缝处拉钢丝找平。

(6)在摊铺上面层时,全线采用浮动基准梁进行摊铺,在接缝处必要时也要拉钢丝找平。

(7)不论上、中、下面层,在摊铺机起步时,都要拉钢丝找平。

(8)在摊铺过程中,遇到桥梁构造物等,也要在桥头拉钢丝。

(9)在摊铺完每一个施工段以后,技术员要跟上检测工作。在检测中对其平整度、高程、横坡度等要进行记录,不合格的要进行修整。

(10)在摊铺过程中,根据天气等外界因素的实际情况,依《沥青路面施工及验收规范》(GB 50092—96)中表7.2.4的温度确定基摊铺温度、碾压温度。

在低温天气里施工,一定要做好熨平板加热、运料车保温、压路机及时碾压的工作。

(11)在采用浮动基准梁摊铺中,要有一名技术员在摊铺机后面,不断地用插尺测摊铺厚度,以便根据实际情况来调整摊铺厚度。

(12)混合料松铺系数的测定要根据《沥青路面施工及验收规范》(GB 50092—96)中7.6.8的要求确定。

在松铺系数确定时,技术员也要每天掌握混合料及摊铺机械、压路机具的情况,如有变动,马上进行调整,从而保证路面厚度。

(13)技术员在每一天的施工段完成以后,要进行统计用料、统计摊铺长度来反算厚度的工作,从而更精确地掌握全线路面厚度。

其运算式可根据《沥青路面施工及验收规范》(GB 50092—96)中7.6.8运算式求得。

(14)在摊铺过程中,尽量避免人工作业。在特殊情况下,要用人工修补的地方,一定要有技术人员来指导进行。

①在运料中要减少粗细料的离析,采用铁锹扣料,不得扬料。

②在修平时,一名熟练工人手拿长条木板蹲下一点点刮平。

③在修补时,尽量减少工人在混合料上面的走动。

④要及时碾压,不要因温度过低出现粗细集料离析。

⑤在修整时,技术员要拿三米直尺不断量其平整度,以掌握修整尺度。

11)混合料的碾压

(1)根据经验,总结出压路机的最佳碾压数据,见表5-19。

压路机最佳碾压数据表　　表5-19

程　序	压路机类型	遍　数	最大速度	适宜速度
初压	钢轮压路机(静压)	1~2	3km/h	1.5~2km/h
复压	轮胎压路机(25t)	4~6	5km/h	3km/h
终压	钢轮压路机(静压)	2遍,直到没有轮迹	5km/h	3km/h

注:压路机最大速度在摊铺中遇到雨天的时候可采用,其余用适宜速度。

(2)压路机的使用状态除满足《沥青路面施工及验收规范》(GB 50092—96)中7.7.5、7.7.6的要求外,一定要注意以下情况:

①压路机在从外侧向中心碾压的过程中,相邻碾压带一定要复叠1/3轮宽,不得全轮碾压。

②压路机在已压好的路面进行掉头时,一定要长距离地缓慢掉头,不得急转掉头。

③在每个碾压段复叠部分,一定要错开碾压,不得按原轮迹碾压。

④轮胎压路机在碾压前,要用油水(柴油与水的比例为1:3)混合液或洗衣粉水涂抹轮胎,防止黏结混合料。

⑤压路机一定要控制碾压速度,在碾压将要停止之前,要逐渐放慢速度,直至停止。

⑥在路面碾压之前,压路机驾驶员还有技术人员,一定要领会《沥青路面施工及验收规范》(GB 50092—96)中7.7的全部含义,再投入施工。

(3)混合料的分层压实厚度不得大于10cm,否则应分层摊铺、分层碾压。

12)路面的接缝

(1)在每一天施工段结束后或遇到桥梁、构造物等一定要处理好接缝。

①对于横向接缝,在施工段结束、压路机全部碾压好之后,技术员要马上用三米直尺测出

该接缝处的平整度情况，从而量出切割缝的距离，用切割机马上切割，铲车铲掉。

②在第二天摊铺时，起步要拉好钢丝绳，摊铺机上面要预备好1.0cm、0.5cm、0.8cm、0.3cm的钢板，以备摊铺机起步时垫铺。

③在摊铺好的接缝处，控制好压路机的碾压速度，先将接缝碾压好，必要时，在接缝处的碾压可打开压路机的振动装置。

④技术人员和压路机驾驶员要领会《沥青路面施工及验收规范》(GB 50092—96)中图7.7.5的意义。

⑤建议横向接缝均采用平接缝。

(2)对于纵向接缝，当天可全部摊铺完的路面，在一幅碾压时，靠中间要留出15~20cm的宽度不要碾压，以便下一幅摊铺时，摊铺机的摊铺厚度容易掌握，隔天摊铺的路面要保证纵向接缝处的接面不被碾压，不得有松散料，保证清洁。必要时，应喷洒乳化沥青，然后方可进行施工。

13)路面的开放交通

(1)刚刚摊铺过的路面，不得有车辆通行。当需要通车时应等混合料表面低于50℃后方可开放交通。

(2)对已摊铺完的路面，要防止柴油、机油等油类的污染。

14)其他情况

对已废弃的混合料不得随意抛弃，要定点堆放，及时处理，避免对环境造成污染。

15)验收

热拌沥青混合料路面的验收要满足《沥青路面施工及验收规范》(GB 50092—96)中各实测项目的标准。

4.施工原始记录

(1)对于每一天的施工段，技术员要详细记录全部的施工情况，根据提供的原始资料表格，按要求的单位里程数进行资料填写并报监理工程师签字认可。

(2)原始记录要字迹清晰，不得用修正液涂改。

(3)报检资料要及时。

(4)所有资料的填写频率应符合《沥青路面施工及验收规范》(GB 50092—96)中的要求。

5.安全措施

1)用电安全

(1)一切电器设备、架空线路等安拆工作，必须由有证且熟悉电工操作的人员进行，任何其他人员一律不得擅自安拆。严禁各电路、分电、分器设备等超标用电，以杜绝由于超负荷引起的各种安全事故。

(2)露天的配电箱其箱底离地面应符合规范要求(60cm)，装置牢固，配电箱应有防雨和漏电装置，金属外壳必须有接地装置，经常性检查电器设备和线路，尤其是移动性电缆线，经检查无损伤后方可使用，在使用时也应注意保护，电器设备如闸刀、开关、插座、漏电装置等有损坏或失灵的必须停止使用，待修整后方可使用。

(3)加强用电管理，制订值班制度，每天24h内必须至少有一位持上岗证的熟练电工在工地值班，随叫随到，防止事故发生。电工操作应按操作规程施工，上岗时必须随身携带所必需的防护用品，严禁带电操作，同时必须普及职工安全用电和触电抢救知识，清除隐患、杜绝事故。

2）施工安全

（1）施工人员进入现场，必须戴好安全帽和其他必要防护用品，严禁赤脚、穿拖鞋、高跟鞋进入工地。

（2）施工现场和其他有危险的地方要设立明显的警示标志，晚间施工，现场要有足够的灯光照明。

3）机械安全

（1）各种机械设备操作人员必须持证上岗，按操作规程进行操作，严禁无证操作，且要定机定人操作。辅助作业人员必须经安全技术培训后上岗。

（2）大型机械压路机、摊铺机等各制动器、离合器动作要灵敏可靠，各种仪表完好，机械连接件必须紧固，油路系统需正常，灯光、喇叭、刮水器、倒车镜等需完整无损。

（3）中、小型机具等，整机安装要平衡牢固，轮轴要有防锈措施，工作场地排水良好，各种传动部分防护要齐全，传动离合器、制动器要灵活可靠，开关、机械操作手把绝缘必须良好，接地保护要安全、可靠，电源上均应安装漏电保护装置。机貌要整洁。

4）治安安全

（1）全体工地人员必须严格遵纪守法，服从当地政府和公安部门的领导和管理，遵守当地政府的有关政策，协助落实有关规定。

（2）全体工地人员应协助搞好工地治安工作，做好防火、防盗工作，爱护国家和集体的公共财产。

6. 环保措施

（1）在施工现场周围设置醒目的文明施工标语，以取得行人和附近居民的谅解和支持。

（2）保证施工现场人行道畅通及工地沿线居民和单位出入通道畅通，并做到在施工中无管线事故，无重大工伤事故。

（3）车辆进出洒落的材料由值勤人员负责清扫干净，施工现场做到一天一清扫，完工一段，清理一段，始终保持干净、整洁。

（4）泥土、砂石严禁抛向施工场外，违者调离施工现场，并以经济手段处罚。

（5）施工场内道路畅通、平坦、整洁、排水良好，做到工完、料尽、场地清，有定期考核检查制度。建筑垃圾集中堆放，及时处理，不随意向外排放废、污水，应按指定地点排放。

（6）材料应严格按施工平面布置图分类堆放整齐，堆放不超标准，堆料场地不作他用。

（7）对所使用的各种机械设备，特别是大型机械设备进行定期保养，使各种机械设备运转正常，不发出各种异样的声音，以降低噪声，同时，夜间9:00以后尽量不进行施工，以免影响周围单位人员的休息，根据实际情况必须在夜间加班施工的，必须提前到环保部门办理有关手续，且在夜间施工时，应尽量避免产生大的施工噪声，噪声控制在50dB以下。

（8）多余的土采用自卸汽车运出，自卸车的后斗挡板应关紧，并遮盖篷布以免沿途洒漏而污染环境，同时在本工程出口处垫好麻带，防止车轮将泥土带出工地，雨天要特别注意。

（9）施工临时排水，严禁直接排至附近河道，必须经过沉淀井沉淀后方可排入附近河道。

（10）生活污水及生活垃圾严禁乱倒。生活污水必须在现场设置的三级化粪池处理后，采用水车运出排放，生活垃圾每天集中运出堆埋。

(11)每天施工结束后，及时清扫现场，使现场干净，并及时将材料堆整齐。

沥青混合料摊铺技术参数见表5-20～表5-33。

热拌沥青混合料的施工温度(℃) 表5-20

沥青种类		石油沥青			煤沥青	
沥青标号		AH-50 AH-70 AH-90 A-60	AH-110 AH-130 A-100 A-140 A-180	A-200	T-8 T-9	T-5 T-6 T-7
沥青加热温度		150～170	140～160	130～150	100～130	80～120
矿料温度	间隙式拌和机	比沥青加热温度高10～20 (填料不加热)			比沥青加热温度高15 (填料不加热)	
	连续式拌和机	比沥青加热温度高5～10 (填料加热)			比沥青加热温度高8 (填料加热)	
沥青混合料出厂正常温度		140～165	125～160	120～150	90～120	80～110
混合料储藏温度		储料过程中温度降低不超过10			储料过程中温度降低不超过10	
运输到现场温度		不低于120～150			不低于90	
摊铺温度	正常施工	不低于110～130，不超过165			不低于80，不超过120	
	低温施工	不低于120～140，不超过175			不低于100，不超过140	
碾压温度	正常施工	110～140，不低于110			80～110，不低于75	
	低温施工	120～150，不低于110			90～120，不低于85	
碾压终了温度	钢轮压路机	不低于70			不低于50	
	轮胎压路机	不低于80			不低于60	
	振动压路机	不低于65			不低于50	
开放交通温度		路面冷却后			路面冷却后	

沥青混合料的松铺系数 表5-21

种类	机械摊铺	人工摊铺
沥青混凝土混合料	1.15～1.35	1.25～1.50

压路机碾压速度(km/h) 表5-22

压路机类型	初压		复压		终压	
钢筒式压路机	适宜	最大	适宜	最大	适宜	最大
轮胎压路机	1.5～2	3	2.5～3.5	5	2.5～3.5	5
振动压路机	—	—	3.5～4.5	8	4～6	8
振动压路机	1.5～2(静压)	5(静压)	4～5(静压)	4～5(静压)	2～3(静压)	5(静压)

热拌沥青混合料马歇尔试验技术标准　　表 5-23

试验项目	试验混合料类型	城市快速路、主干路	其他等级城市道路	行人道路
击实次数(次)	沥青混凝土 抗滑表层	两面各 75 两面各 50	两面各 50 两面各 50	两面各 35 两面各 35
稳定度(kN)	I 型沥青混凝土 II 型沥青混凝土、抗滑表层	>7.5 >5.0	>5.0 >4.0	>3.0 —
流值(0.1mm)	I 型沥青混凝土 II 型沥青混凝土、抗滑表层	20 ~ 40 20 ~ 40	20 ~ 45 20 ~ 45	20 ~ 50 —
空隙率(100%)	I 型沥青混凝土 II 型沥青混凝土、抗滑表层	3 ~ 6 4 ~ 10	3 ~ 6 4 ~ 10	2 ~ 5 —
沥青饱和度(%)	I 型沥青混凝土 II 型沥青混凝土、抗滑表层	70 ~ 85 60 ~ 75	70 ~ 85 60 ~ 75	75 ~ 90 —
残留稳定度(%)	I 型沥青混凝土 II 型沥青混凝土、抗滑表层	>75 >70	>75 >70	>75 —

注:1. 粗粒式沥青混凝土稳定度可降低 1kN。
2. 细粒式及砂砾式沥青混凝土空隙率为 2% ~6%。
3. 沥青混合料的矿料间隙率(VMA)宜符合表 5-23 的要求。
4. 残留稳定度根据需要采用浸水马歇尔试验,或采用真空饱水和浸水马歇尔试验。

沥青混合料的矿料间隙率(VMA)要求　　表 5-24

最大集料粒径(mm)	方孔筛	37.5	31.5	26.5	19.0	16.0	13.2	9.5	4.75
	圆孔筛	50	35 或 40	30	25	20	15	10	5
VMA(%)	≥	12	12.5	13	14	14.5	15	16	18

沥青面层用粗集料质量技术要求　　表 5-25

指标		城市快速路、主干路	其他等级城市道路
石料压碎值(%)	≤	28	30
洛杉矶磨耗损失(%)	≤	30	40
视密度 (t/m^3)	≥	2.50	2.45
吸水率 (%)	≤	2.0	3.0
对沥青的黏附性	≥	4 级	3 级
坚固性(%)	≤	12	—
细长扁平颗粒含量(%)	≤	15	20
水洗法颗粒含量(%)	≤	1	1
软石含量(%)	≤	5	5
石料磨光值(BPN)	≥	42	实测
石料冲击值(%)	≥	28	实测
破碎砾石的破碎面积(%) 拌和砾石的破碎面积表层 中下面层 贯入式路面	≥	 90 50 —	 40 40 40

热拌沥青混合料种类 表 5-26

混合料类别	方孔筛系列		对应的圆孔筛系列	
	沥青混凝土	最大集料粒径（mm）	沥青混凝土	最大集料粒径（mm）
特粗式	—	37.5	—	50
粗粒式	AC-30	31.5	LH-40 或 LH-35	40 50
	AC-25	26.5	LH-30	30
中粒式	AC-20	19.0	LH-25	25
	AC-16	16.0	LH-20	20
细粒式	AC-13	13.2	LH-15	15
	AC-10	9.5	LH-10	10
砂粒式	AC-5	4.75	LH-5	5
抗滑表层	AK-13	13.2	LK-15	15
	AK-16	16.0	LK-20	20

施工质量管理与检查验收标准 表 5-27

材 料	检 查 项 目	检 查 频 度	
		城市快速路、主干路	其他等级城市道路
粗集料	外观(石料品种、扁平细长颗料、含泥量等)	随时	随时
	颗粒组成	必要时	必要时
	压碎值	必要时	必要时
	磨光值	必要时	必要时
	洛杉矶磨耗值	必要时	必要时
	含水率	施工需要时	施工需要时
	松方单位重	施工需要时	施工需要时
细集料	颗粒组成	必要时	必要时
	含水率	施工需要时	施工需要时
	松方单位重	施工需要时	施工需要时
矿粉	外观	随时	随时
	≤0.075mm	必要时	必要时
	含水率	必要时	必要时
石油沥青	针入度	每 100t 测 1 次	每 100t 测 1 次
	软化点	每 100t 测 1 次	必要时
	延度	每 100t 测 1 次	必要时
	含蜡量	必要时	必要时
煤沥青	黏度	每 50t 测 1 次	每 100t 测 1 次
乳化沥青	黏度	每 50t 测 1 次	每 100t 测 1 次
	沥青含量	每 50t 测 1 次	每 100t 测 1 次

重交通道路石油沥青质量要求　　表 5-28

<table>
<tr><td colspan="2">试验项目</td><td>AH-130</td><td>AH-110</td><td>AH-90</td><td>AH-70</td><td>AH-50</td></tr>
<tr><td colspan="2">针入度(25℃,100g,5s)(0.1mm)</td><td>120～140</td><td>100～120</td><td>80～100</td><td>60～80</td><td>40～60</td></tr>
<tr><td colspan="2">延度(5cm/min,15℃)(cm)　≥</td><td>100</td><td>100</td><td>100</td><td>100</td><td>80</td></tr>
<tr><td colspan="2">软化点(环球法)(℃)</td><td>40～50</td><td>41～51</td><td>42～52</td><td>44～54</td><td>45～55</td></tr>
<tr><td colspan="2">闪点(COC)(℃)　≥</td><td colspan="5">230</td></tr>
<tr><td colspan="2">含蜡量(蒸馏法)　≤</td><td colspan="5">3</td></tr>
<tr><td colspan="2">密度(15℃)(g/m³)</td><td colspan="5">实测记录</td></tr>
<tr><td colspan="2">溶解度(三氯乙烯)(%)　≥</td><td colspan="5">99.0</td></tr>
<tr><td rowspan="4">薄膜加热试验 163℃ 5h</td><td>质量损失(%)　≤</td><td>1.3</td><td>1.2</td><td>1.0</td><td>0.8</td><td>0.6</td></tr>
<tr><td>针入度(%)　≥</td><td>45</td><td>48</td><td>50</td><td>55</td><td>58</td></tr>
<tr><td>延度(25℃)(cm)　≥</td><td>75</td><td>75</td><td>75</td><td>50</td><td>40</td></tr>
<tr><td>延度(15℃)(cm)</td><td colspan="5">实测记录</td></tr>
</table>

道路用乳化石油沥青质量要求　　表 5-29

<table>
<tr><td colspan="2">种类
项目</td><td>PC-1
PA-1</td><td>PC-2
PA-2</td><td>PC-3
PA-3</td><td>BC-1
BA-1</td><td>BC-2
BA-2</td><td>BC-3
BA-3</td></tr>
<tr><td colspan="2">筛上剩余余量(%)　≤</td><td colspan="6">0.3</td></tr>
<tr><td colspan="2">电荷</td><td colspan="6">阳离子带正电(+)、阴离子带负电(-)</td></tr>
<tr><td colspan="2">破乳速度试验</td><td>快裂</td><td>慢裂</td><td>快裂</td><td colspan="2">中或慢裂</td><td>慢裂</td></tr>
<tr><td>黏度</td><td>沥青标准黏度 $C_{25.3}$(s)
恩格拉度 E_{25}</td><td>12～45
3～15</td><td colspan="2">8～20
1～6</td><td colspan="2">12～100
3～40</td><td>40～100
15～40</td></tr>
<tr><td colspan="2">蒸发残留物含量(%)　≥</td><td>60</td><td colspan="2">50</td><td colspan="2">55</td><td>60</td></tr>
<tr><td rowspan="3">蒸发残留物性质</td><td>针入度(100g,25℃)(0.01m)</td><td>80～200</td><td>80～300</td><td>60～160</td><td>60～200</td><td>60～300</td><td>80～200</td></tr>
<tr><td>残留延度比(25℃)(%)　≥</td><td colspan="6">80</td></tr>
<tr><td>溶解度(三氧乙烯)(%)　≥</td><td colspan="6">97.5</td></tr>
<tr><td rowspan="2">储存稳定度</td><td>5d(%)　≤</td><td colspan="6">5</td></tr>
<tr><td>1d(%)　≤</td><td colspan="6">1</td></tr>
<tr><td colspan="2">与矿料的黏附性,裹覆面积　≥</td><td colspan="6">2/3</td></tr>
<tr><td colspan="2">粗粒式集料拌和试验</td><td colspan="3">—</td><td>均匀</td><td colspan="2">—</td></tr>
<tr><td colspan="2">粗粒式集料拌和试验</td><td colspan="4">—</td><td colspan="2">均匀</td></tr>
<tr><td colspan="2">水泥拌和试验,1.18mm 筛上剩余量(%)　≤</td><td colspan="4">—</td><td colspan="2">5</td></tr>
<tr><td colspan="2">低温储存稳定度(-5℃)</td><td colspan="6">无粗颗粒或结块</td></tr>
<tr><td colspan="2">用途</td><td>表面处治及贯入洒布用</td><td>透层油用</td><td>黏层油用</td><td>拌制粗粒式沥青混合料</td><td>拌制中粒式及细粒式沥青混合料</td><td>拌制砂粒式沥青合料及稀浆封层</td></tr>
</table>

沥青混凝土面层实测项目 表 5-30

<table>
<tr><th rowspan="2">序号</th><th rowspan="2">项 目</th><th rowspan="2">压实度(%)及容许偏差(mm)</th><th colspan="4">检验频率</th><th rowspan="2">检验方法</th></tr>
<tr><th>范围</th><th colspan="3">点 数</th></tr>
<tr><td>1</td><td>Δ压实度</td><td>>95</td><td>2 000m²</td><td colspan="3">1</td><td>称质量检验</td></tr>
<tr><td>2</td><td>Δ厚度</td><td>+20
-5</td><td>2 000m²</td><td colspan="3">1</td><td>用尺量</td></tr>
<tr><td rowspan="3">3</td><td rowspan="3">弯沉值</td><td rowspan="3">小于设计规定</td><td rowspan="3"></td><td rowspan="3">路宽(m)</td><td><9</td><td>2</td><td rowspan="3">用弯沉仪检测</td></tr>
<tr><td>9~15</td><td>4</td></tr>
<tr><td>>15</td><td>6</td></tr>
<tr><td rowspan="5">4</td><td rowspan="5">平整度</td><td rowspan="2"><2.6</td><td rowspan="2">20m</td><td rowspan="2">路宽(m)</td><td><20</td><td>2</td><td rowspan="2"></td></tr>
<tr><td>>20</td><td>4</td></tr>
<tr><td rowspan="3">5</td><td rowspan="3">20m</td><td rowspan="3">路宽(m)</td><td><9</td><td>1</td><td rowspan="3"></td></tr>
<tr><td>9~15</td><td>2</td></tr>
<tr><td>>15</td><td>3</td></tr>
<tr><td>5</td><td>宽度</td><td>-20</td><td>40m</td><td colspan="3">1</td><td>用尺量</td></tr>
<tr><td>6</td><td>中线高程</td><td>±20</td><td>20m</td><td colspan="3">1</td><td>用水准仪具测量</td></tr>
<tr><td rowspan="3">7</td><td rowspan="3">横坡</td><td rowspan="3">±10且不大于±0.3%</td><td rowspan="3">20m</td><td rowspan="3">路宽(m)</td><td><9</td><td>2</td><td rowspan="3">用水准仪具测量</td></tr>
<tr><td>9~15</td><td>4</td></tr>
<tr><td>>15</td><td>6</td></tr>
<tr><td>8</td><td>井框与路面的高差</td><td>5</td><td>每座</td><td colspan="3">1</td><td>用尺量取最大值</td></tr>
</table>

沥青面层施工过程中工程质量的控制标准

表 5-31

路面类型	项目		检查频度	质量要求或容许偏差(单点检验)		试验方法
				城市快速路、主干路	其他等级城市道路	
热拌沥青混合料路面	外观		随时	表面平整密实,不得有轮迹、裂缝、推挤、油包、离析、花白料现象		目测
	接缝		随时	紧密、平顺、无跳车		目测、用三米直尺
	施工温度	出厂温度 摊铺温度 碾压温度	不少于1次/车 不少于1次/车 随时	符合规范		温度计测量
	矿料级配:与生产设计标准级配的差圆孔筛 方孔筛 0.075mm 0.075mm ≤2.36mm ≤2.5mm ≥4.75mm ≥5.0mm		每台拌和机 1次或2次/日	 ±2% ±6% ±7%	 ±2% ±6% ±8%	拌和厂取样,用抽提后的矿料筛分,应至少检查0.075mm、2.36mm、4.75mm、最大集料粒径及中间粒径5个筛孔,中间粒径宜为:细中粒式9.5mm(圆孔10),粗粒式13.2mm(圆孔15)
	沥青用量(石油比)		每台拌和机 1次或2次/日	±0.3%	±0.5%	拌和厂取样,离心法抽提(用射线法沥青含量测定仪随时检查)
	马歇尔试验: 稳定度 流值 密度、空隙率		每台拌和机 1次或2次/日	符合规范的规定	拌和厂取样成型试验	
	浸水马歇尔试验		必要时	符合规范的规定		拌和厂取样成型试验
	压实度		每2 000m²检查1次,1次不少于钻一个孔	马歇尔试验密度的96%,试验段钻孔密度的99%	马歇尔试验密度的95%,试验段钻孔密度的99%	现场钻孔(或挖坑)试验(用核子密度仪随时检查)
	抗滑表层 构造深度		不少于1次/日	符合设计要求		砂铺法(手工或电动)

施工过程中沥青面层外形尺寸的质量控制标准

表 5-32

路面类型	检查项目	检查频度	质量要求或容许偏差(单点检查)		试验方法
			城市快速路、主干路	其他等级城市道路	
热拌沥青混合料路面	厚度：总厚度 上面层	不少于 2 000m² 一点 不少于 2 000m² 一点	-8mm -4mm	-8% 或 -5mm -4mm	铺筑时随时插入量取，每日用混合料数量及实铺面积校核，成型后钻孔或挖坑检测
	平整度(最大间隙)： 上面层 中下面层	随时 随时	3mm 5mm	5mm 7mm	三米直尺在纵横各方向检测
	宽度：有侧石 无侧石 纵断面高程 横坡度	设计断面逐个检测 设计断面逐个检测 设计断面逐个检测 设计断面逐个检测	±2cm 不小于设计宽度 ±15mm ±0.3%	±2cm 不小于设计宽度 ±20mm ±0.5%	用尺量 用尺量 用水准仪检测 用横断面仪或水准检测

城市道路沥青混凝土面层工程交工检查与验收质量标准

表 5-33

路面类型	检查项目	检查频度(每一幅车行道貌)	质量要求或容许偏差		试验方法
			城市快速路、主干路	其他等级城市道路	
沥青混凝土	面层总厚度 代表值	每 4 000m² 测 1 点	-8mm	-10mm	钻孔
	极 值	每 4 000m² 测 1 点	-15mm	-15mm	钻孔
	上面层厚度 代表值	每 4 000m² 测 1 点	-4mm		钻孔
	极 值	每 4 000m² 测 1 点	-8mm		钻孔
	平整度 标准差	全线连接	2.0mm	2.6mm	三米平整度仪
	最大间隙	每 1km 测 10 处，各连续 10 尺		5mm	三米直尺
	宽度 有侧石	每 100m 测 2 个断面	±2cm	±3cm	用尺量
	无侧石	每 100m 测 2 个断面		不小于设计宽度	用尺量
	纵断面高程	每 100m 测 5 个断面	±15 mm	±20mm	水准仪
	横坡度	每 100m 测 5 个断面	±0.3%	±0.4%	水准仪
	沥青用量	每 4 000m² 测 1 点	±0.3%	±0.5%	钻孔后抽提
	矿料级配	每 4 000m² 测 1 点	符合设计级配	符合设计级配	抽提后筛分
	压实度 (代表值)	每 4 000m² 测 1 点	95%(98%)	94%(98%)	钻孔取样法
	弯沉	全线每 20m 测 1 点	符合设计要求	符合设计要求	贝克曼梁
	抗滑表层	全线每 5m 测 1 点	符合设计要求	符合设计要求	自动弯沉仪
	构造深度	每 100m 测 2 点	符合设计要求	符合设计要求	砂铺法(手工或电动)
	摩擦系数摆值	每 100m 测 5 点	符合设计要求	符合设计要求	摆式仪
	横向力系数 μ	全线连续	符合设计要求	符合设计要求	横向力摩擦系数测定车

第二节　市政桥梁专项施工方案

一、市政桥梁施工特点

(1)占地面积大,内容复杂。通常一座立交桥工程包括桥梁(除主桥外,含人行天桥和通道桥)、道路、给排水(给水、雨水和污水)、电力、通信、燃气、路灯等专业工程,工程量大,且各专业工程的相互制约影响较大,施工中须统筹安排,协调配合。

(2)要充分考虑施工期交通组织安排,尽量避免对交通及行人产生大的影响。通常采用修便道或压缩现有机动车道的方法施工。

(3)要充分考虑原有管线拆移。现有管线与新建管线纵横密布,在施工中必须通盘考虑,不影响既有管线发挥正常作用。

(4)立交桥往往占地面积较大,红线范围较窄,经常会遇到拆迁工作。

(5)为尽量少影响交通并改善周围环境,城市桥梁施工工期一般都很紧,而质量目标要求又高,且参加施工的作业队伍较多,需要项目经理部做大量有效的协调组织工作。

(6)有效地处理好夜间施工与噪声污染的关系,处理好文明施工与工程进度的关系。

二、准备工作

根据工程项目施工的重点和特点,按照合同工期和质量要求,科学合理地组织施工,加强计划管理,使各分部分项工程纵向形成分段同步作业,竖向形成一条平行交叉的流水作业线,突出重点,充分发挥机械、设备和劳动力效率,降低工程成本,确保工程质量和工程进度。市政工程施工,通常接水、接电比较容易,但又要考虑就近原则及不二次移动接水、接电等。对用电点,该架空线的要架空,该直埋的要直埋。必须注意,所设配电箱及配电板均采用空气漏电开关,实行多级保护,所有动力用电均采用三相五线制。其次,要备用发电机及水车,以防工地停水、停电。

进场后将做好施工现场的三通一平工作,并迅速展开下列各项施工准备工作。

1. 行政准备

为了能使各项工程的施工顺利进行,进场后,项目部应积极和业主及当地政府、治安、电力等有关部门取得联系,主动征求各部门及当地群众的意见和建议,在业主的协助下,使开工前的准备工作顺利展开。

2. 技术准备

1)测量准备

在业主技术部门、设计单位等的支持下,在现场交接主要控制桩点和获得相关的测量资料后,项目部施工技术科应对全合同段线路进行定线测量。

视各项工程的实际情况,增设中线控制桩和高程桩,对有可能造成施工损坏的桩点设保护桩,并将上述结果报监理工程师审核。

2)试验准备

试验技术人员进场后,立即着手工地试验室的建立和试验设备的安装、调试及计量工作,申报工地临时试验资质;确保在工程正式开工前试验室能够正常运转。根据施工进度计划,在监理工程师的支持下,配合物资部门对即将进场的各种原材料进行质量检验,做好各种强度等级的混凝土及砂浆配合比的选定试验;保障工程顺利进行,为确保工程质量提供必要的前提条件。

3)技术资料准备

在项目总工的主持下,召集全体技术人员,认真、仔细阅读图纸,深刻领会设计意图,认真核对施工图纸和工程数量,争取设计、监理单位对工程项目作更深一层的技术交底,编制实施性施工组织设计,科学分解工序,合理安排施工队伍、施工人员作业循环时间,绘制简明的"分项工程进度比照图",制订严格的技术交底和质检制度。准备好工程日志记录簿和表格,认真做好工程记录。

三、施工方案

根据桥梁的结构形式,划分工区进行施工。桩基础采用冲击钻机进行成孔,钻取的土由自卸汽车运到指定地点弃方,混凝土灌注采用水下灌注,混凝土运输采用混凝土运输车。下部结构采用工厂加工的整体式钢模板,由吊机吊装人工配合进行立模浇筑。小箱梁、空心板梁在预制场进行集中预制。梁板运输采用汽车拖运,吊机或架桥机安装。标段桥梁的所有混凝土拌和采用混凝土拌和楼集中进行拌和,混凝土输送车进行运输。钢筋在钢筋棚内集中制作,现场绑扎。

根据合同工期确定桥梁工程的各分项工程计划施工工期如下。

桩基础施工:×年×月×日~×年×月×日。

系梁、承台施工:×年×月×日~×年×月×日。

立柱、墩台、盖梁施工:×年×月×日~×年×月×日。

现浇预应力连续箱梁施工:×年×月×日~×年×月×日。

桥面系施工:×年×月×日~×年×月×日。

装饰:×年×月×日~×年×月×日。

计划投入的施工机械有冲击钻机×台,混凝土拌和楼×套,混凝土强制式拌和机×台,装载机×台,混凝土输送车×辆,混凝土输送泵×台,架桥机×套,龙门架×套,平板车×辆,吊机×台,钢筋切割机×台,电焊机×台,对焊机×台等。

1. 桩基础施工

1)施工方案

根据工程桩基础的地质、桩长、桩径等情况,根据设计图纸要求,选择桩基础成孔方式,混凝土运输和灌注方式。根据合同工期计划多个施工作业组进行施工,计划投入劳动力×人,其中工程技术管理人员×人,施工管理人员×人,专业施工人员×人。

2)施工方法

(1)准备工作

工作内容包括搭建钻机平台、制作和埋设护筒、制备泥浆三个项目。

钻机场地为旱地时,平整场地,清除杂物,夯打密实,防止钻机产生不均匀沉陷。场地在水中时,搭设水上工作平台,工作平台用木桩作基桩,木桩用锤击或振动法打入,顶面纵横梁、支撑架用木料和型钢，确保平台能支承钻孔机械、护筒加压、钻孔操作、吊放钢筋笼以及灌注水下混凝土时可能产生的重量，并有足够的刚度，保持稳定。

(2)导向架

导向架的作用是控制并引导护筒在桩孔的正确位置竖直地沉入河床，导向架用型钢或小钢轨制成，平面中间为圆孔或方孔，四周为框架，立面每节3～5m，两端设法兰盘可接长，最下面一节底端不设法兰盘，可加压或锤击沉入河床中。框架应具有一定的刚度，以保证吊装或下沉时不变形。

(3)制作和埋设护筒

旱地及浅水钻孔桩一律采用钢护筒，深水钻孔桩采用钢筋混凝土护筒。护筒内径比钻孔桩设计直径大20cm，每节护筒的高度一般为1.5～2m，视具体情况确定。两节或多节护筒相接时，采用电焊加密水性材料连接，确保护筒有足够的刚度并不漏水。

护筒的埋设采取挖埋法。将护筒底埋入较为密实的稳定土层，保证护筒位置平、直、稳固、准确、不变位，底部不漏水，能保持孔内水头稳定，形成静水压力，保护孔壁不坍塌。开钻前对护筒再进行一次复核，确保桩位正确。

(4)制备泥浆

泥浆具有排除钻渣、稳固孔壁和冷却钻具的作用。制备泥浆的黏土，应选择水化快、造浆能力强、黏度大的膨润土或接近地表经过冻融的黏土为好，尽量就地取材。可选塑性指数大于25、小于0.005mm的、黏粒含量大于50%的黏土制浆。

设置制浆池、储浆池、沉淀池，并用泥浆槽连接，形成泥浆的循环和净化系统。

(5)钻孔

根据实际的地层情况，选用适当的成孔机械。

管线保护为工程的难点之一，按规定，桩基施工与管线距离小于11m的，均要采取保护措施，开挖防振沟、泄放孔和预先挖桩洞等。

钻机就位前，应对钻孔前的各项准备工作进行检查，包括机具设备的检查和维修。根据地质资料，每墩绘制钻孔地质剖面图，挂在钻机台上，以便对每个钻孔的不同土层选用适当的钻头，调整钻进速度和合适的泥浆。钻机就位后，应认真调平对中，在钻进过程中要经常检查，如稍有倾斜或位移，应及时纠正，使成孔后的铅直度不超过1/100。

在钻孔过程中要严格控制和保持孔内水头稳定，高出地下水位或施工水位1m以上，以增加静水压力，保护孔壁稳固。

(6)清孔

为保证钻孔桩质量和提高支承能力，在灌注桩体混凝土之前，对已钻成的桩孔必须进行清孔。

清孔采用换浆法。清孔后的泥浆性能指标及孔底沉淀物厚度应符合《市政桥梁工程质量检验评定标准》(CJJ 2—90)规定。

(7)插放钢筋笼

清孔完毕，经测深、孔径和竖直度检查符合要求后，即进行插放钢筋笼。钢筋笼尺寸、制作、电焊质量应按设计图纸和《市政桥梁工程质量检验评定标准》要求办理。钢筋笼要牢固，要保证搬运、插放过程不变形。插放钢筋笼要认真对中，保证桩壁混凝土保护层准确及钢筋笼顶面高程符合设计要求。

(8)灌注水下混凝土

钢筋插放完毕,经测探检查孔底沉淀物符合要求并得到监理工程师认可后,即进行水下混凝土灌注。水下混凝土的水灰比不大于0.6,每立方米水泥含量不小于350kg,坍落度取18~22cm。

灌注水下混凝土采用直升导管法,导管由管径不小于250mm的管子组成,用装有垫圈的法兰盘连接管节。隔水采用拔球法。导管在使用前要对其规格、质量和拼接构造进行闭水和承压试验。要求闭水试验时的压力不小于灌注混凝土时导管壁可能承受的最大压力。经试验15min,管壁无变形,接头不漏水,认为合格,可供施工应用。

灌注混凝土时,在漏斗颈部设置一个隔水木球栓,下面垫一层塑料布,球栓由细钢丝绳拴住挂在横梁上,当混凝土在漏斗内储存满时,即把木球栓向上拔开,此时混凝土压着塑料布垫层与水隔绝,挤走导管内的水,使漏斗内的混凝土顺利地通过导管并从导管底部流出,向四周和上面挤开,减少混凝土与水的接触,以保证水下混凝土质量。灌注混凝土时,混凝土的温度不应低于5℃。当气温低于0℃时,灌注混凝土应采取保温措施。强度未达到设计等级50%的桩顶混凝土不得受冻。

导管插入钻孔内,下口离孔底约40cm,上口通过提升机挂在专设的型钢横梁上并与储存袋的漏斗连接,形成一条灌注水下混凝土的作业线。漏斗用钢制,漏斗储料槽其大小能满足在孔底将导管埋入混凝土大于1m高的容量。

混凝土的初存量按下式计算:

$$V = 1/2AL + K(1.0 + d_1 + d_2)S$$

式中:V——混凝土初存量,m^3;

L——灌注用导管的总长度,m;

A——导管的断面面积,m^2;

K——超灌系数,取1.2~1.30;

d_1——导管下端至沉渣面距离,m;

d_2——沉渣厚度,m;

S——设计桩径(实际钻孔直径),m^2。

当混凝土数量备足后,及时剪球封底。灌注应连续进行,不得间断。

混凝土的运送采用混凝土输送泵或混凝土输送车送到桩位。进行水下混凝土的灌注时,不得中途中断,导管接头不得漏水或进空气;提升导管时,不得摇动,要维持孔内静水状态,要保证导管底部埋入混凝土不少于2m,并不得进水。

灌注完成后的钻孔桩顶应比设计高度至少高出50cm,以便截除桩头软弱层混凝土后,能保证截面处混凝土有良好的质量。浇筑过程中,孔内溢出的泥浆引流至泥浆池内,经处理后再利用。废浆按监理工程师指定运到废浆地点及适宜地方。

(9)质量控制及检验

钻孔灌注桩质量检查项目及容许偏差符合《市政桥梁工程质量检验评定标准》(CJJ 2—90)的规定。

钻孔桩逐根进行无破损检测(超声波或小应变)。设计有规定或当无破损检测有异常情况时,采用钻取芯样法对桩进行检测。

3）系梁、承台施工

首先对施工现场进行场地平整后，然后根据设计单位交付经复测合格的中线控制点和水准点，使用全站仪进行施工放样，定出基础轴线，边线位置及地面高程，报监理工程师验收合格后，方可进行下一步施工作业。

（1）围堰

围堰采用草袋围堰方法，堰顶要高出施工期间可能出现的最高水位 50 ~ 70cm。围堰面积应满足基础施工的需要，强度应满足受力强度和稳定要求。

（2）挖基和排水

挖基施工应尽量安排在枯水或少雨季节进行，施工前应按计划投入劳力、材料、机具。基坑开挖采用机械与人工配合进行。

基础排水采用集水坑与集水沟排水的方式，集水沟沟底应低于基坑底面，集水坑深度应满足抽水机吸水的要求，并用竹筐围护，防止吸入杂物堵塞龙头。配备的抽水设备能力，一般应为总渗水量的 1.5 ~ 2.0 倍，水泵宜大小搭配，以电动机为佳。抽水机应根据基坑深度及吸程大小分别安装在适当位置。

（3）基础（底模）浇筑

基础（底模）浇筑模板采用大型竹胶板，浇筑混凝土前，应对支架模板、钢筋和预埋件进行检查，模板内的杂物、积水和钢筋上的污垢应清理干净，模板内侧应涂刷脱模剂，并应检查混凝土的均匀性和坍落度，报监理工程师审批后方可浇筑。

浇筑时，为防止混凝土离析，混凝土的倾落高度一般不宜超过 2m，当倾落高度超过 2m 时，应通过串筒、溜槽等设施下落。浇筑混凝土应控制浇筑顺序，以保证基础混凝土的整体性。

（4）系梁浇筑

如系梁为外露，除确保混凝土强度外，还必须保证混凝土外观光洁，所以系梁模板宜采用大型竹胶板，水平分层进行浇筑。

水中系梁的施工，采用两种办法：一是利用桩顶部位的钢护筒作为支撑桩，焊上牛腿，搁上工字钢，形成套箱托架，模板与模板衔接处垫上橡胶皮用来止水，浇筑完成后，拆底模，用水下气割割去牛腿即可。二是在系梁的边上直接打入钢管桩，桩边预先焊上牛腿，上支工字钢梁，形成底托架，拆底模时可用振动锤把钢管打深，供底板脱开混凝土面，而后拆开。水中系梁施工要分层浇筑，先封底，混凝土的数量要大于套箱浮力与套箱自重之差，而后定套箱的纵面高度，然后开始钢筋绑扎和混凝土浇筑，注意套箱顶高要高于常水位约 50cm。

4）立柱、肋板施工

根据合同工期和施工进度安排适当的模板、机械和施工班组进行立体施工。

（1）模板

采用专业厂家制作的定型组合钢模板。墩柱高 5m（含 5m）以下者，采用一节。墩柱高 5m 以上时，在减少接缝的前提下，均匀分层。墩、台身模板一次支立，一次浇筑完混凝土。

为确保立柱混凝土的平整度和光洁度，宜采用整体式钢模，每个立柱模板分两个半片，中间用法兰和螺栓连接，接缝处做成叠缝，这样可使浇好的立柱模板接缝痕迹不明显。

立柱底必须准确放样。立柱模板先在平地上拼装成牢固的整体，然后用吊机吊起套进已绑扎好的立柱钢筋骨架外，并用线垂控制模板垂直度，定位。然后将模板四周固定，保证在混凝土浇筑时不变形或移位。模板底和桩顶接触面用砂浆嵌实,以保证不漏浆。

模板在第一次使用前,应打磨、涂脱模剂;在每次脱模后,立即铲除残剩于模板上的混凝土,并马上涂上脱模剂。

(2)钢筋制作及安装

钢筋必须具有出厂质量合格证和试验报告单。进场后按规定进行抽检。

钢筋机械加工制作,主筋接头采用闪光对焊,加强钢筋与主筋焊接,钢筋现场人工绑扎。为确保保护层厚度,应在钢筋和模板间设置铅丝混凝土垫块,垫块布置应按梅花形错开布置。为了保证立桩钢筋有较好的受力性能,立柱竖向钢筋绑扎一定要竖直,不能有扭曲。严格按照设计图纸和施工规范施工,经自检和监理工程师检验后方能进入下一道工序。

(3)混凝土浇筑

水泥符合现行国家标准,并附有厂家的水泥品质试验报告等合格证明文件。细集料采用级配良好、质地坚硬、颗粒洁净的中、粗砂。粗集料采用符合规范级配要求的碎石。粗集料最大粒径不超过结构最小边尺寸的1/4和钢筋最小净距的3/4,泵送混凝土粗集料(碎石)最大粒径不超过输送管径的1/3。拌和、养生用水采用饮用水。

混凝土由搅拌站拌制,搅拌运输车运送,吊车吊送入模浇筑。混凝土按一定厚度、顺序和方向水平分层浇筑,分层厚度不超过30cm,且下层混凝土初凝或能重塑前浇筑完成上层混凝土;为防止混凝土离析,自由倾落高度不超过2m;当倾落高度超过2m时,采用导管、溜槽等设施下落。

浇筑混凝土采用插入式振捣器捣实,其移动间距不超过有效振动半径的1.5倍;与侧模保持5~10cm的距离,插入下层混凝土5~10cm。振捣时观察到混凝土停止下沉,不冒气泡,泛浆表面平坦,即刻停止振捣。混凝土浇筑过程中,随时检查模板支撑是否松动变形,预留孔、预埋件是否移位,发现问题及时采取补救措施。

(4)养护

混凝土浇筑完成并收浆后立即予以覆盖和洒水养护。当气温低于5℃时,只覆盖保温,不得洒水。混凝土洒水养护时间不少于7d,每天洒水次数,以能保持混凝土表面经常处于湿润状态为度。

5)盖梁、台帽施工

(1)模板安装

模板采用整体钢模板,外加工成型。盖梁施工采用无支架组合式钢模施工,其重量支撑在立柱上。盖梁施工时,在立柱上设置抱箍,并在系梁上用型钢对抱箍进行支撑加固,然后在抱箍上焊制承重牛腿,将二榀贝雷桁架分别放到立柱两侧牛腿上,并将其连接固定。在贝雷桁架上拼装组合钢模、盖梁底模支撑于夹在立柱两侧的贝雷托架上。底模立好后,在其上进行盖梁钢筋成型,然后立盖梁侧模,浇筑盖梁混凝土,在混凝土浇筑过程中,安排专人密切注意模板、支撑等,如有变形应立即设法校正并予以加固,确保墩台尺寸和工程质量符合设计和技术规范的要求。

盖梁底模和侧模采用大面积钢模板,吊车安装,底模用吊车在现场拼装。

(2)钢筋绑扎

在支立好的底模上绑扎盖梁钢筋,钢筋必须准确放样,严格控制起弯点的位置和电焊焊接质量。钢筋骨架的下面和侧面均用水泥砂浆垫块使之有足够的保护层厚度。

(3)混凝土浇筑

混凝土由搅拌站拌制,搅拌运输车运送,吊车吊装入模浇筑。混凝土按一定厚度、顺序和方向水平分层浇筑,分层厚度不超过 30cm,且下层混凝土初凝或能重塑前浇筑完成上层混凝土,浇筑过程中,注意混凝土的下浇高度,防止高差大而产生离析。当采用上下层同时浇筑时,上层与下层前后浇筑距离保持在 1.5m 以上。

浇筑混凝土采用插入式振捣器捣实,其移动间距不超过有效振动半径的 1.5 倍;与侧模保持 5 ~ 10cm 的距离,插入下层混凝土 5 ~ 10cm。振捣时观察到混凝土停止下沉,不冒气泡,泛浆且表面平坦,即停止振捣。混凝土浇筑过程中,随时检查模板支撑是否松动变形,预留孔、预埋件是否移位,发现问题及时采取补救措施。当浇筑至设计高程时,混凝土顶面做好抹面工作。

(4)养生

混凝土终凝后即开始养生,达到一定强度后,即可进行拆模,先拆除侧模,待混凝土强度达到图纸要求或规范要求时再拆除底模,用草袋覆盖继续洒水养生。

6)现浇预应力混凝土连续箱梁施工

(1)地基处理

按照设计要求,由技术人员按板梁投影轮廓每侧加宽 2m 放出支架地基处理范围,整平原地面,并进行碾压,再填筑 20cm 厚的宕渣并压实,再浇筑 10cm 厚的混凝土层。同时在两侧开挖排水沟,确保雨水及施工水向外排出,以防浸泡地基。

(2)满堂式支架

混凝土达到规定强度后,搭设钢管支架,钢管外径 50mm,壁厚 3mm。满堂脚手架的搭设间距在箱梁底板加厚范围内为 60cm × 60cm,在翼板处的钢管间距为 80cm × 80cm,在箱梁横梁下钢管间距为 60cm × 50cm,其他投影面以下的间距均为 70cm × 70cm。纵、横向水平杆间距为 1.5m,悬挑翼板下水平杆的间距为 1m。脚手架设置纵、横向扫地杆,扫地杆距地面不得大于 20cm。整个支架均应设置剪刀撑,每根剪刀撑跨越立柱的根数宜在 5 ~ 7 根。每道剪刀撑的宽不小于 4 跨,斜杆与地面的倾角宜在 45° ~ 60°。剪刀撑斜杆的接头除顶层可以采用搭接外,其余各接头均须采用对接扣件连接;剪刀撑斜杆应用旋转扣件固定在立柱上,对有条件限制必须固定在水平上的,则固定在水平杆上。扣件离主节点间的距离不应大于 10cm。

脚手架搭设顺序:放置纵向扫地杆→立柱→横向扫地杆→第一步纵向水平杆→第一步横向水平杆→第二纵向水平杆→第二横向水平杆→纵向斜撑杆→横向斜撑杆→拧紧扣件。

搭设立杆时,两立杆搭接处不得小于两个扣件,每个扣件需拧紧,用扭矩扳手检测,以 50N · m为准。

每根杆件必须垂直于地面,必要时可用垂球检测。

支架搭设检查与验收:支架搭设严格按设计图进行。安装后的扣件螺栓拧紧力用扭力扳手检查,抽样方法应按随机均布原则进行,抽样检查数目与质量检测标准,应按有关规定确定。不合格的必须重新拧紧,直到合格为止。

地基基础要求坚实平整,不积水、不沉降。

立柱垂直偏差不大于 $H/200$。

步距偏差小于+20mm，立柱间距偏差小于+50mm。

扣件与钢管的贴合面保证钢管扣紧时接触良好。当扣件夹紧钢管时，开口处的最小距离不小于50mm。

使用的钢管无裂纹，两端面平整，严禁打孔。

钢管支架检查验收合格后方可进入下道工序。

（3）支架压载试验

为检查支架的整体稳定性及支架基础的实际承载能力，克服混凝土浇筑过程中支架的不均匀沉降，避免箱梁混凝土因支架不均匀沉降而出现裂缝，支架在浇筑箱梁前进行压载试验。压载试验方法如下：在支架搭设完成并铺设完底模后，即对整个支架和底模进行预压，以消除支架和地基的非弹性变形。预压采用砂袋，砂袋的总质量为箱梁混凝土质量的1.2倍，预压时间以沉降稳定为准。预压前、预压过程中及终止后，及时观察、测量，做好记录，并对测量资料进行整理和分析，得出弹性变形和非弹性变形数据，据此调整底模高程，确保计算模式与实际吻合。

在加载前，松开试验支架与非试验支架间的连接扣件，使其基本失去联系。加载过程通过加载砂袋来实现。加载分四级进行，即25%、50%、75%和100%的加载总重，每级加载后均静载3h，测量支架的反弹值，沉降测量采用高精度水准仪，记下各阶段的高程值，然后计算出沉降量。若沉降量不满足设计要求，需对基础及支架采取加固措施，直到满足设计要求为止。以后各阶段基础处理和支架搭设均以此试验为标准进行。

（4）模板

箱梁的模板分底模、侧模、内模。采用大块模板预先分别制成组件，在使用时进行拼装。

①外模

为使外露混凝土表面具有良好的平整度和光洁度，底模、顶模和侧模采用竹胶板，竹胶板厚1.2cm，反面钉有10号槽钢，木模板厚3.5~4.0cm，反面钉有10cm×10cm的小方木。在钢管架、槽钢顶面顺桥向铺设10cm×10cm的木档料，间距70cm，上铺12 cm×10cm横档，间距50cm，侧模及翼板支撑同为钢管木档组合支撑体系。模板的拼接缝下面，铺设胶带，缝隙嵌薄海绵条，表面用腻子刮平、打光，防止漏浆。横缝下须有木横档。模板及支撑不得有松动、跑模或下沉等现象。

②内模

采用型钢组焊成可拆卸的框架，框架周边固定方木，外铺竹胶合板，组合成整体内模。内模分节制作，每节3~5m，纵向螺栓连接。内模经过设计验算，符合强度、刚度和稳定性的要求。

③支立模板

在搭设好的支架上，按设计高程和坡度铺设I12工字钢和垫木，其上铺设竹胶板，检验合格后进行预压。

腹板与底模采用螺栓和底部方木连接；底板及腹板钢筋绑扎、纵向波纹管定位及穿束完毕，并经监理工程师检查合格方可吊入内模。

模板表面涂刷脱模剂，要求涂刷均匀。箱梁底模按设计要求设置横坡。翼板立模时，须扣除防撞墙两侧各宽10cm预留栏杆钢筋位置。在每箱最低处设置ϕ50mm泄水孔一个，要求每箱的泄水孔在顺桥向及横桥向均能成一直线。当气温超过30℃时，每条伸缩缝预留宽度均比原设计缩小1cm。

预拱度的设置：每跨的跨中按设计要求设置预拱度，预拱度在每一跨按照二次抛物线分布，取值在1.0~2.0cm内（箱梁底板按2cm设置预拱度，翼板按1cm设置预拱度）。

（5）钢筋绑扎及波纹管埋设

钢筋现场下料配制成型，安装绑扎分两次，第一次为底板、挑沿、横梁及隔板，第二次为顶板及翼板，预留孔处以普通钢筋让预应力筋为原则，留出普通钢筋搭头，预应力筋以横向让纵向为原则，在设计、监理人员同意的情况下，可适当调整张拉孔的平面位置。

钢筋绑扎符合设计要求及有关标准的规定，表面应洁净，不得有锈皮、油漆、油渍等污垢。钢筋弯曲成型后，表面不得有裂纹、鳞落或断裂等现象。钢筋绑扎前，在模板上按图放样定位。绑扎成型时，铁丝必须扎实，不得有滑动、折断、移位等。成型后的骨架必须稳定牢固。

预应力管道采用预埋管道法。必须按照设计图纸要求设置波纹管预留孔道，预留孔道平面位置及高度设置采用定位框，定位框按设计图纸要求采用ϕ10mm钢筋，做成井字形，每隔50cm设置一道。波纹管的连接采用大一号同型波纹管作接头管，并用密封胶带封口。

预应力筋采用高强度低松弛钢绞线。钢绞线按设计计算长度下料，采用砂轮锯切割。切割前，切割口两侧3~5cm处铁丝绑扎，并编号。依据施工实际情况，可先安装好波纹管后穿钢绞线，也可先把钢绞线穿进波纹管后一起安装，但均须保证波纹管的位置准确。在钢绞线绑扎过程中，应先预埋锚垫板，使其与波纹管孔道垂直。锚垫板压浆孔先塞满回丝，防止压浆孔漏浆堵塞。在焊接底板或翼板钢筋时，为保证模板不被烧坏，需采取一定的措施（如垫湿棉纱）。钢筋垫块须均匀设置，密度不宜太大，混凝土垫块场内统一制作，应保证尺寸规则、摆放整齐，确保保护层的厚度及尽量减少与箱梁混凝土的色差。严禁钢筋与模板紧贴。

穿孔前，先编束，每隔1~1.5m绑扎一道铁丝，铁丝扣向里，编好的钢绞线束进行编号、挂牌堆放。钢绞线的穿束采用人工直接穿束，或借助一根ϕ5mm的长钢丝作为引线，用卷扬机穿束。

（6）混凝土浇筑

浇筑混凝土前，对支架、模板、钢筋和预埋件进行检查，对模板内的杂物、积水和钢筋上的污垢应清理干净。墩台等下部结构经监理工程师检查、检验合格，支架模板检查、检验合格，钢筋检查、检验合格，混凝土配合比被批准，现浇箱梁施工方案被批准，在获得上述全部项目的监理工程师批准、批复报告后，方可进行现浇混凝土施工。

混凝土采取集中拌和，由设于拌和场内的混凝土搅拌楼ELBA60拌制混凝土，用混凝土搅拌运输车运至设于施工现场的混凝土泵送站，然后泵送到各混凝土浇筑点，混凝土泵送站设混凝土输送泵车2台。

混凝土泵送入模浇筑，一次性完成。底板和腹板采用插入式振捣器捣实，顶板和翼板采用平板式振捣器和振动梁振捣、找平。为保证施工的连续性，在混凝土中掺加高效复合减水剂，以适当延续其初凝时间。

混凝土的浇筑顺序：根据图纸设计意图及张拉方式，合理进行施工安排。底板、顶板及翼板，按设计厚度一次浇筑完成；腹板则根据梁高水平分层浇筑完成。在浇筑腹板和顶板混凝土前，检查支架有无压缩和下沉，以便采取措施纠正。每孔箱梁顶板于1/4跨径处预留天窗，作为内模拆除的孔道。内模拆除后,采用吊模法一次浇筑天窗混凝土。

浇筑混凝土时,填写混凝土施工记录,并做三组试块。顶面混凝土浇筑完毕,及时进行抹压、拉毛,确保桥面无裂纹,平整并且粗糙。混凝土浇筑完成后,尽快洒水养护,使混凝土面始终保持潮湿状态。

大体积混凝土现浇施工,应根据不同气候条件,不同施工条件、不同施工速率,做好混凝土配合比调整,使混凝土的凝固速度、水泥水化速度能满足施工要求,同时有效地做好养护工作,避免混凝土出现大量严重的收缩裂缝。另外,一联箱梁混凝土的浇筑顺序应从一头到另一头依次浇筑,每一孔的浇筑顺序应从跨中向两端墩顶进行。

(7)预应力束张拉

张拉前,压力表及千斤顶均配套进行校验,超过三个月或200次以及在千斤顶使用过程中出现不正常现象时,应重新校验。锚具及夹片进场时,应进行抽检试验和外观检查,对试验不合格或有裂纹、伤痕、锈蚀的夹片不得使用。锚具和夹片的类型须符合设计规定和预应力钢材张拉的需要。用预应力钢材与锚具组合件进行张拉试验时的锚固能力,不得低于预应力钢材标准抗拉强度的90%。当混凝土强度达到设计要求时,即可进行张拉。张拉时检查波纹管是否有堵塞,对有堵塞的波纹管均先进行处理,检查无碍后,方可进行张拉前的准备工作,包括安装锚具、夹片等。对于双向张拉的钢绞线,安装锚具时,应采取措施(如对钢绞线进行编号),防止波纹管内钢绞线扭成麻花状。钢绞线的张拉,采用双控,先张拉横向钢绞线,后张拉纵向钢绞线。

钢绞线的张拉程序为:低松弛钢绞线0→初应力(持荷2min)→σ_k(锚固)。

预应力钢绞线张拉前,先调整至初应力ε(一般可取张拉控制应力的10%~25%),把松弛的预应力钢材拉紧,此时应将千斤顶充分固定。在把松弛的预应力钢材拉紧以后,应在预应力钢材的两端精确地标以记号,预应力钢材的延伸或回缩量即从该记号起量。张拉力和延伸量的读数应在张拉过程中分阶段读出。当预应力钢材由很多单根组成时,每根应作出记号,以便观测任何滑移。预应力钢材实际伸长值ΔL,除上述测量伸长值外,应加上初应力时的推算伸长值,即:

$$\Delta L = \Delta L_1 + \Delta L_2$$

式中:ΔL_1——从初应力至最大张拉应力间的实测伸长值;

ΔL_2——初应力时的推算伸长值(可采用相邻级的伸长值)。

张拉前对张拉设备和锚具进行检验,标定张拉力与压力表间的关系曲线。按设计规定的张拉顺序和要求,分别采用两端对称张拉或一端张拉。张拉以应力控制,以伸长值作为校验。同时,应对混凝土构件进行检验,外观和尺寸应符合质量标准要求。

张拉时,应使千斤顶的张拉力作用线与预应力钢绞线的轴线重合一致。

(8)压浆

钢绞线张拉完毕后,即可对孔道进行压浆。压浆所用灰浆的强度、稠度、水灰比、泌水率、膨胀剂剂量按技术规范及试验标准中要求控制,压浆使用活塞式压浆泵,压浆的最大压力一般为0.5~0.7MPa。压浆按先下层孔道,后上层孔道的顺序,缓慢、均匀、连续地进行,曲线孔道从梁最低点的压浆孔开始,水泥浆由最高点的排气孔流出。

压浆前,将孔道冲洗干净,吹除积水。压浆时,应达至孔道另一端饱满和出浆,并在达到排气孔排出与规定稠度相同的水泥浆为止，同时，留取不少于3组试块，标准养护28d，检查其抗压强度，以此作为水泥浆质量的评定依据。

(9)封锚

压浆完成后，进行张拉端和锚固端混凝土的封锚。封锚前将梁端混凝土凿毛，冲洗干净，设置钢筋网，浇筑与梁体同品种水泥、同强度等级的封锚混凝土。

(10)支架拆除

孔道压浆强度达到70%，经监理工程师批准后，开始拆除支架，拆架时先翼板、后底板，从跨中对称往两边拆。支架拆除分为两次进行，先从跨中对称往两端放松支架，再对称从跨中往两端拆，以防止拆架时产生过大的瞬时荷载引起不应有的施工裂缝。多跨连续箱梁同时从跨中对称拆架。放松支架时应对称统一旋转螺杆，旋转螺纹应先慢后快，先少后多，对称统一进行，绝对避免卸架造成的混凝土裂缝产生，同时架设2台以上测量仪器进行跟踪观测。

7)桥面工程

桥面工程是整个市政工程的门面，桥面工程的质量是否优良，线形是否美观，外表是否光洁平整，直接影响整个工程的质量及观感。根据以往的桥梁施工经验应加大投入力量，精益求精，做到全桥建成后，外形美观，线形流畅，达到赏心悦目的预期效果。

(1)防撞墙和栏杆扶手的施工

为确保防撞墙混凝土表面的光洁度和线形和顺，防撞墙统一采用定型组合钢模板。考虑工程基本以直线段为主，而且曲线半径较大，组合钢模每块长度可制为2m。防撞墙施工时支架拟采用在预制板梁两侧设置预埋螺母，顶部用对拉螺栓连接，底部可增设对拉螺栓。

防撞墙混凝土浇捣为控制混凝土表面的色差，所用的水泥必须采用同一品牌。同时为减少混凝土振捣时产生过多的气泡，建议混凝土运至现场的坍落度控制在6~9cm。防撞墙混凝土振捣时，还应特别注意避免碰坏墙内的电线管、集水井和顶部的扶手预埋件，电线管内要预穿铁(铅)丝，接头管要确保牢固，不漏浆。

栏杆扶手施工是个重点，栏杆扶手安装完毕后的线形直接影响全桥线形和外观的质量，因此，栏杆扶手的预埋件位置必须准确。栏杆安装后线形应平顺、挺直，细节饰面要符合图纸要求。

(2)混凝土桥面铺装施工

为使桥面铺装与梁板混凝土紧密结合，在桥面铺装前对梁板表面进行清理冲洗。桥面铺装水泥混凝土采用搅拌站集中拌和，用混凝土输送车运送至浇筑现场，采用振捣器及振动梁联合振捣、机械抹面和人工抹平等多种手段来控制表面平整度。每段桥面在修整完工之后半小时内，用经监理工程师认可的方法，进行混凝土表面防护工作。混凝土采用半桥全宽浇筑，两边设置高程控制点，以控制桥面的高程及平整度，提高桥面的外观质量。

①浇筑湿接缝混凝土：浇筑湿接缝混凝土时首先清除结合面上的浮皮，并用水冲洗干净，铰缝内混凝土必须振捣密实。

②桥面铺装施工：采用无接缝桥面铺装施工，为使铺装层与梁体结合好，梁顶已在预制时拉毛，浇筑湿接缝混凝土后再将桥面冲洗干净，绑扎钢筋时用同强度等级的混凝土垫块把桥面钢筋垫起，安装泄水管，然后全桥面浇筑混凝土铺装层，并进行表面拉毛。

③护栏施工：在桥面上通过桥面中线测出护栏底座的外轮，全桥平顺，保证桥面宽度。钢

筋的绑扎、焊接分段进行，拉线控制，模板采用滑移钢模，通过桥面进行加固，在浇筑混凝土前，预埋好护栏支架埋件，并注意调平定位板。护栏座在伸缩缝处断开。

④护栏安装：栏杆支架及栏杆要安装顺直，支架栏杆焊接牢固。

⑤伸缩缝施工：为使伸缩缝处水泥混凝土与沥青混凝土连接平顺，伸缩缝在沥青混凝土铺装完成后，安排专业队伍施工，伸缩缝材料、安装方法及技术要求严格按设计图及技术规范施工。

8）装饰

（1）抹灰

抹灰砂浆配比成分、稠度等必须符合设计或规范要求；使用外掺剂必须经试验确定。装饰抹灰层的颜色必须符合设计要求，色泽一致。抹灰层面层不得有裂纹，各抹灰层之间及抹灰层与基层之间应黏结牢固，不得有脱层、空鼓现象。抹灰分格条不得有错缝、掉棱或掉角，缝的宽度与深浅应一致。水刷石必须石粒清晰、分布均匀、平整、密实，不得有掉粒和接茬痕迹。水磨石必须表面平整、光滑、石子显露均匀，各格条位置应正确，全部磨出，不得有砂眼、磨纹和漏磨处。剁斧石必须剁纹均匀、深浅一致。不得有漏剁处留出的边条，其宽窄应一致，棱角不得有损坏。干黏石必须石粒分布均匀、黏结牢固，不漏浆，不漏黏。阳角处不得有明显的黑边。拉毛灰必须花纹斑点分布均匀，同一平面上不显接茬。普通、装饰抹灰容许偏差应符合设计的规定。

（2）饰面

饰面所用的材料其品种、规格、颜色、图案以及镶贴方法必须符合设计要求。饰面板和饰面砖不得有歪斜、翘曲、空鼓等现象。饰面板工程的表面不得有起碱、污点、砂浆、流痕和显著的光泽受损处。饰面容许偏差应符合设计的规定。

（3）涂层

涂刷工程的基体或基层应坚实牢固，不得有起皮、裂缝等缺陷。涂层表面应符合下列要求：无脱皮、漏刷、反锈、反碱等现象；无透底、流坠、皱纹等现象；平整光滑，颜色一致。涂刷应整齐，不得污染相邻构件。

四、质量保证措施

组织严密完善的职能管理机构，按照保证质量体系正常运转的要求，依据分工负责、相互协调的管理原则，层层落实职能、责任、风险和利益，保证在整个工程施工生产过程中，质量保证体系正常运作并发挥保障作用。项目经理是工程质量的第一责任人，成立以项目经理挂帅，项目副经理、总工程师具体负责，总工程师室下设工地试验室和项目质检科，各工区设专职质检员，班组设质量管理员的三级自检体系。同时，积极推行全面质量管理，成立 QC 小组，针对质量要求高的工序开展活动，及时反馈给施工人员进行改进和调整，提高全体施工人员的质量意识和整体素质。

1. 施工准备阶段

建立项目开工前各工序正式施工技术交底工作，使各类施工人员清楚和掌握将进行施工的工程部位、工序的施工要求，施工工艺、技术规范、特殊和重点部位的特点，真正做到心中有数，确保施工操作过程的准确性和规范性。

各项目工程施工前，根据监理工程师的要求安排做典型（桩基、立柱、盖梁等）试验，以验证采用的机械、施工方法等是否满足施工组织和施工工艺的合理性和适应性，形成后续大面积施工的控制依据。

配齐满足工程施工需要的各类设备。自有设备必须经检修、试机、检验合格后，方能进场施工。外租设备在进场前，要对其进行检验和认可，证明能满足工程施工能力要求，方允许进场施工。

在施工方案、工艺中，为确保工程质量，将充分考虑更新设备，完善工艺，增加投入。如混凝土采用集中拌和，确保质量的稳定；模板采用钢模，增加表面的光洁、美观；大桥采用泵送混凝土，以确保大桥灌注桩、箱梁混凝土浇筑的连续性和整体性。

严格测量换手（换方法）的复核制度，所有测量数据和方法，都必须经现场测量、室内计算复核、再次现场复查的程序，以提高测量精度，杜绝因测量而发生的质量事故。

在施工现场设立项目试验室。职责包括砂石料原材料试验，钢筋拉伸抗弯试验，混凝土的配合比使用性能、强度、弹性模量试验以及压实度试验等。对所有测试仪器、衡器在使用前到政府设立的计量部门检验和标定。在监理工程师的指导下，严格按照有关技术规范的规定开展测试项目，并把试验分析结果按照规定及时提供给监理工程师。

2. 施工过程阶段控制重点

1）桩基础

根据设计图进行桩位精确放样，经过复核无误后，在周围定出3～4个不易受破坏的护桩，以进行护筒精确定位，并在钻孔过程中经常检查钻头中心位置和钻杆倾斜度，以防成孔偏位和倾斜度过大。

成孔检查完成后，应立即进行清孔。清孔时，孔内水位应保持在地下水位或河流水位以上1.5～2.0m。

灌注水下混凝土前，孔底沉淀物厚度不得大于设计规定。

当桩孔经验收合格并放入钢筋笼骨架后，应尽快不间断地连续浇筑混凝土，否则孔底必须重新清理。同时，必须保持混凝土落差在4m以上。

当提升导管时，必须防止钢筋笼被拔起。浇筑混凝土时，必须采取措施，防止混凝土灌注过程中钢筋笼上浮。

水下混凝土浇筑应连续进行。混凝土浇筑期间，应将备用发电机、水泵以及吸泥机、高压射水管等设备放在现场，以保持孔内水头和及时处理浇筑故障。

导管应采用直径不小于250mm的管节组成，接头应装卸方便，连接牢固，并带有密封圈，保证不漏水、不透水。导管的支承应保证在需要减慢或停止混凝土流动时使导管能迅速升降。

2）现浇连续箱梁

加强混凝土的拌和、浇筑工作：对砂石料进行试验，必须及时进行冲洗；采用自动配料系统进行配料，确保混凝土配合料的用量精确；充分保证拌和时间，保证混凝土的和易性、坍落度；长距离运输时采用混凝土输送车、混凝土输送泵，以防混凝土产生离析现象；注意振捣方式、浇捣次序、浇捣时间、拆模时间、养护方法，确保混凝土的浇捣达到内实外光、色泽一致的质量要求。

增加支架、模板的投入。支架采用钢支架，且在使用前进行超载（1.2倍箱梁重）预压，减少变形；模板支撑必须稳固，保证模板不变形；对于薄壁墩台之类的结构，模板之间采用拉杆固定，消除模板的鼓肚现象；模板必须具有足够的刚度、平整度，模板以采用定制的钢模板为主，部分面板采用大面积的多层板或竹胶板；模板使用前需涂抹脱模剂。

预应力管道定位筋直线段每 50cm 设一道，曲线部位加密至 25cm 一道，定位筋采用点焊固定。

五、安全保证措施

（1）严格遵守有关指导安全、健康与环境卫生方面的法规和规范。

（2）加强对工程施工的安全管理工作，遵守标书、合同和政府有关安全生产的规章制度，施工负责人对本单位的安全工作负责，要做到有针对性的详细安全交底，提出明确安全要求，并认真监督检查。对违反安全规定冒险蛮干的要勒令停工，严格执行安全一票否决制度。

（3）加强机械设备安全技术管理，机械设备的操作人员和起重指挥人员做到经过专门训练，并考试合格取得主管部门颁发的特殊工种操作证后方可独立操作。

（4）设备安全防护装置做到可靠有效，起重机械严格执行“十不吊”规定和安全操作规程。所有起吊索具确保满足 6 倍以上安全系数，捆绑钢丝绳确保满足 10 倍以上安全系数。禁止在 6 级以上大风、暴、雨、雷、电、大雾等恶劣天气下从事吊装作业。

（5）施工现场有健全的电气安全管理责任制度和严格的安全规程。电力线路和设备的选型需按国家标准限定安全载流量，所用电气设备的金属外壳具备良好的接地或接零保护，所有的临时电源和移动电具安装有效的漏电保护装置，做到经常对现场的电气线路、设备进行安全检查，检查电气绝缘、接零电阻和漏电保护器是否完好，指定专人定期测试。

（6）施工现场应设置安全警告牌，进入施工现场须戴好安全帽，上、下沟槽有扶梯，过沟槽设有扶栏的走道板。

（7）建立安全检查制度，项目部专职安全员负责对现场施工人员进行安全生产教育和对安全制度的学习，组织定期安全检查，发现问题及时整改，执行按季评比，增强全体职工安全意识和自我保护观念。

（8）针对本工程特点，施工外部和内部环境以及业主的有关要求，制订各工序具体的安全技术交底，并履行签字手续，下达作业计划的同时下达，安全防护要求。

（9）在施工区域和生活区域及道路上设置照明系统，保证夜间照明和生活用电。

（10）现场施工的坑、洞、危险处，设防护设施和明显的警示标志，不任意移动。

（11）搭设施工脚手架、支撑要按照设计严格执行并加挂检查验收牌，对重要的承重型或支撑结构要经设计验算后确定。

（12）高空作业，应佩戴安全带，设置安全网等措施，在高空作业区应设置有安全保护，上下方便的梯子或通道。

（13）易燃易爆物品存放应远离施工现场和居住区。施工区域内按照有关防火要求布置临时设施，配备足够数量的消防器材，并设立明显的防火标志。

（14）加强工地临时施工便道的保养工作，教育驾驶员遵守交通规则，文明驾驶，并加强车辆的维修保养工作。

（15）加强同气象部门的联系，注意气象预报，及时掌握气候变化情况，搞好预防措施，避免恶劣天气造成人员伤亡和财产损失。

六、文明施工

文明施工是一个施工企业管理水准的标志，争创文明施工企业，执行文明施工条例，是我们的责任和义务。

(1)建立文明施工管理体系(同安全生产管理体系)，全面负责施工现场的文明施工，实行责、权、利相结合，责任落实到人，使整个施工现场有一个干净、整齐的工作环境，争创文明工地。

(2)与当地搞好路地共建活动，积极推进两个文明建设，教育全体施工人员，人人争做文明职工，并在施工现场周围设置醒目的文明施工标语，以取得行人和附近居民的谅解和支持。

(3)保证施工现场人行道畅通及工地沿线居民和单位出入通道畅通，在施工过程中，与有关部门密切配合，做好沿线光缆、管道的保护和处理工作，杜绝管线事故及重大伤亡事故的发生。

(4)施工现场设备、机具、材料、生活区、仓库、食堂、厕所，按照施工总平面图统一布局，有条不紊、井然有序，并布置必要的横幅、彩旗、口号、简介图板及工地广播、宣传栏。

(5)施工中如发现古文化遗址、文物等，立即停止施工，保护好现场，立即与业主及有关文物研究部门取得联系，并大力配合，妥善处理后再进行施工。

(6)严格按基建顺序施工，坚决杜绝违章指挥及野蛮施工现象的发生。

(7)泥土、砂石严禁抛向施工场外，违者调离施工现场，并以经济处罚。

(8)每月对文明施工情况进行检查，并记录在案。

(9)做好办公室、宿舍、食堂、厕所清扫工作，有一个干净的工作生活环境。

(10)保持原路面的干净、整洁，并做好养护工作。

(11)施工路口设置警示灯，以告诫车辆和行人注意。

(12)根据施工情况，制订施工方案，在取得监理工程师同意下安排夜间连续作业，减少噪声，保证附近居民正常休息。

(13)建立医务室，配备专职医务人员，并配备一定数量的药品。

(14)食堂炊事人员必须持有健康证，并执行卫生条例，保障职工身体健康。

七、市政桥梁专项施工方案的特点及考虑因素

1. 交通组织

城市桥梁施工中，必须优先考虑围绕交通组织的施工方法。通常可考虑改道、悬挂交通指示牌及夜间交通指示灯，确保交通不受大的影响。由于城市立交桥往往是多个交叉口的交织点，人多车多，不可能进行封闭性施工，因此要优先安排主车道车流通行，封闭、限制或改次要干道交通车流。通常主车道跨线桥施工一般要搭设 2 个机动车道和 2 个人行通道。

2. 开挖基础或开挖地面

在城市桥梁施工中，无论是土方开挖或基础开挖(钻孔桩)，施工前，应先探明地下管线的准确位置。虽然业主可能已提供了有关管线平面位置及高程，但往往由于城市地下管线的变迁，竣工图已和实际不一样，因此必须采用雷达地探仪测量，然后人工小心开挖，确定该基础下

确无管线或有管线已迁移后，再采用机械开挖。在施工中，经常会碰到挖坏地下管线而导致工期拖延及赔偿问题。

3. 支架和模板的选型

城市桥梁外观要美观，要求里实外美，表面无瑕点、蜂窝、麻面，因此在模板选型上要特别注意。对于圆柱式桥墩，模板通常采用装配式钢模拼装就位，四方对称用拉线拉紧固定；柱子过高时，在中部增加一组斜拉线，这样保证柱子垂度。模型立好并经检查人员检查墩柱垂直度和直径无误后，方能灌注混凝土。对于方型墩柱，如用木模板，通常内模要铺铁皮。对于梁体，内模通常采用一般板，但对于外模板，应严格要求，通常采用2cm厚酚醛树脂胶合板。对于外观明显有要求的，尚要购买进口板材。

对于现浇梁体支架的搭设，首先要进行地基处理。一般城市桥梁可利用现有路面作为支架地基，但又要注意对周围回填部分进行夯实处理，以防不均匀沉降。其次支架、模板的周转不能重复太多次数。一座桥等待模板、支架周转的次数越多，其工期越长。根据计算的门架密度尺寸，铺设木枋，使门架支承铺置于木枋上，搭设门架至梁底横方处，用钢管和扣件将门架固定，按设计架立剪刀撑。根据设计高程和预留沉降量设置底模，底模采用纵横木枋，交通预留通道采用工字钢，然后铺钉酚醛树脂胶合板。

4. 混凝土的施工

城市立交桥施工由于受场地限制和混凝土搅拌对周围居民的影响，应考虑采用商品混凝土。在深圳地区现已规定，凡浇筑混凝土体积大于20m^{3}的工程，均应采用商品混凝土。

混凝土的灌注按以下程序考虑：

（1）混凝土灌注前应先检查配合比是否与桥梁混凝土等级相配，人员是否到位，机械设备是否处于良好状态，并对灌注人员讲述灌注方法和操作要领。

（2）混凝土的灌注采用罐车运输，泵车输送，插入式振捣器进行捣固连续灌注。

（3）混凝土的灌注由低端向高端进行，分段分层进行灌注。

以箱梁为例，应从两侧侧模均匀下料捣固注入内箱，由于内箱一般较宽（做内箱上板50cm暂不封口），故可从内箱顶部下料，内箱内要有专人负责捣固，使内箱混凝土捣固平整，抹面后再封内箱上板。灌注桥面混凝土，应根据灌注速度，调整分段长度，以免内箱内混凝土超厚或因初凝时间过长接合不好。

5. 桥面系的施工

城市立交桥的施工，越到后期，工期越紧，因此后期桥面系质量往往出问题，必须予以重视。

（1）栏杆及防撞栏施工：栏杆多采用混凝土厂家订购运至工地进行安装，安装时应先按设计安装尺寸放样，按设计高程用干硬性砂浆将基底找平，再逐一安装栏杆，校正后填塞砂浆，及时安装扶手底板，校正后，扎结钢筋，灌注混凝土。要求模板安装牢固，保证直线顺直，曲线圆顺，表面光洁。

防撞栏施工的关键是在扎结钢筋时应在桥梁的墩顶和跨中留伸缩缝，将钢筋断开，并将夹泡沫的伸缩缝模板固定。通常防撞栏采用钢模板在工地现浇成型。成型前应注意预埋件的保护。

（2）桥面施工：现城市立交桥采用混凝土桥面和沥青桥面。

对混凝土桥面施工，原则上按混凝土路面施工方法进行，但要注意钢筋网的准确位置，防止施工期人员、小型车辆移动导致钢筋网下沉。其次，一定要在强度达到设计要求后再开放交通，以防止桥面混凝土产生裂缝。

对沥青桥面施工，原则上按照沥青路面施工方法进行，但要注意沥青面层同桥梁混凝土的接触问题，一是要底面干净、毛糙，二是要洒黏层油，三是要保证沥青路面铺筑厚度。

（3）伸缩缝安装：按照设计将所有伸缩缝预埋构件安装就绪后，选择相对较低温度时进行安装，安装时应严格按照说明进行，保证安装质量。

八、结语

市政桥梁施工组织管理是一个庞大的系统工程，它包含施工技术管理和组织管理。施工技术是保证工程能按设计进行施工，也只有严格的组织管理才能按照承包合同圆满完成工程。施工组织要重视科学管理，讲求经济核算，同时也要重视社会效益。

第三节　市政管网专项施工方案

一、排水管道专项施工方案

1. 适用范围

适用于市政工程普通平口、企口、承插口混凝土管的安装。

2. 参照文件

《市政工程施工技术规程汇编》。

3. 实施细则

1）一般规定

（1）刚性基础、刚性接口管道安装方法，分普通法、四合一法、前三合一法、后三合一法共四种，其简化工序如下。

①普通法：即平基、安管、接口、管座四道工序分四步进行。

②四合一法：即平基、安管、接口、管座四道工序连续操作，以缩短施工周期，管道结构整体性好。

③前三合一法：即将平基、安管、接口三道工序连续操作。待闭水（闭气）试验合格后，再浇筑混凝土管座。

④后三合一法：即先浇筑平基，待平基混凝土达到一定强度后，再将安管、接口、浇筑管座混凝土三道工序连续进行。

（2）管材必须具有出厂合格证。管材进场后，在下管前应做外观检查（裂缝、缺损、麻面等）。采用水泥砂浆抹带应对管口作凿毛处理（小于 ϕ800mm 外口作处理，等于或大于 ϕ800mm 里口作处理）。

（3）如不采用四合一与后三合一法铺管时，做完接口，经闭水或闭气检验合格后，方能浇筑混凝土包管。

（4）倒撑工作必须遵守以下规定：

①倒撑之前,应对支撑与槽帮情况进行检查,如有问题,妥善处理后方可倒撑。

②倒撑高度应距管顶 20cm 以上。

③倒撑的立木应立于排水沟底,上端用撑杠顶牢,下端用支杠支牢。

2)平基与管座

(1)浇筑混凝土平基应按下列要求进行:

①检查排水沟、土基等项是否符合要求,并应利用平桩外露长度,检查平基厚度是否符合规定,如超过容许误差后,应再次清底,若有超挖,用垫砂处理至合格。

②应熟知本孔使用的管径、平基设计厚、管座度数、井型,这样才能确定模板的高度与模板间净宽。

③混凝土入模后,根据平桩找平,插捣拍打密实。厚度大于 20cm 时,应用平面振捣器振捣密实。

(2)浇筑混凝土管座,在操作时应按照下列要求进行:

①管座混凝土除四合一、后三合一法铺管外,一般在接口完成后浇筑。

②在浇筑 90°、120°管座混凝土时,管两侧应同时进行,必须振捣密实,并与管身结合严密。

③混凝土平基砖砌管座,可在冬季或特殊地段使用。砂浆应与管身结合严密。

3)管道安装

(1)管材在施工现场内的倒运要求如下:

①根据现场条件,管材应尽量沿线分孔堆放。

②采用推土机或拖拉机牵引运管时,应用滑扛并严格控制前进速度,严禁用推土机铲推管。

③当运至指定地点后,对存放的每节管应打眼固定。

(2)平基混凝土强度达到设计强度的 50%,且复测高程符合要求后方可下管。

(3)下管常采用吊车下管、扒杆下管和绳索溜管等方法。

(4)下管操作时要有明确分工,应严格遵守有关操作规程。

(5)下管时应保证吊车等机具及坑槽的稳定。起吊不能过猛。

(6)槽下运管,通常在平基上通铺草袋和顺板,将管吊运到平基后,再逐节横向均匀摆在平基上,采用人工横推法。操作时应设专人指挥,保障人身安全,防止管之间互相碰撞。当管径大于管长时,不应在槽内运管。

(7)管道安装,首先将管逐节按设计要求的中心线、高程就位,并控制两管口之间的距离(通常为 1.0 ~ 1.5cm)。

(8)管径在 500mm 以下的普通混凝土管,管座为 90° ~ 120°,可采用四合一法安装;管径在 500mm 以上和管道特殊情况下亦可采用。

(9)管径为 500 ~ 900mm 的普通混凝土管,可采用后三合一法安装。

(10)管径在 500mm 以下的普通混凝土管,管座为 180°或包管时,可采用前三合一法安管。

4)接口及止水带

(1)接口的方法有水泥砂浆抹带、钢丝网水泥抹带、石膏水泥抹带、现浇混凝土接口、环氧树脂刚性接口等。

(2)止水带施工

止水带用于大型管道需设沉降缝的部位,技术要点如下。

①止水带的焊接:分平面焊接和拐角焊接两种形式。焊接时使用特别的夹具进行热合,裁口应整齐,两端应对正,拐角处和丁字接头处可预制短块,亦可裁成坡角和V形口进行热合焊接,但伸缩孔应对准连通。

②止水带的安装:安装前应保持表面清洁无油污。就位时,必须用卡具固定,不得移位。伸缩孔对准油板,呈现垂直,油板与端模固定成一体。

③浇筑止水带处混凝土:止水带的两翼板,应分两次浇筑在混凝土中,镶入顺序与浇筑混凝土一致。立向(侧向)部位止水带的混凝土应两侧同时浇灌,并保证混凝土密实,而止水带不被压偏。水平(顶或底)部位止水带的下面混凝土先浇灌,保证浇灌饱满密实,略有超存。上面混凝土应由翼板中心向端部方向浇筑,迫使止水带与混凝土之间的气体挤出,以此保证止水带与混凝土成整体。

④止水带混凝土达到设计强度后,根据设计要求,为加强变形缝防水能力,可在混凝土的任何一侧,将油板整环剔深3cm,清理干净后,填充SWER水膨胀橡胶胶体或填充$CM\text{-}R_2$密封膏(也可以用SWER条与油板同时镶入混凝土中)。

⑤止水带的材质分为天然橡胶、人工合成橡胶两种,选用时应根据设计文件,或根据使用环境确定。但幅宽不宜过窄,并且有多条止水线为宜。

⑥止水带安装与使用中,严禁破坏,保证原体完整无损。

5)支管连接

(1)支管接入干管处如位于回填土之上,应做加固处理。

(2)支、干管接入检查井、收水井时,应插入井壁内,且不得突出井内壁。

6)闭水试验、闭气试验

(1)闭水试验需在管箍养护2d以上进行,试验方法如下。

①将检验段的上、下游检查井管口堵塞封闭(上游检查井封闭上游管口,下游则相反),灌水应避免管内窝气。

②闭水试验水头比上游管内顶高2m,如井高不足2m时,以检查井高为准,灌到要求水头高度2h后进行检查观测。

(2)如闭水时检查管段检查井尚未砌筑,可在上、下游管口砌堵,并在管堵最高处放气孔及在适当位置设进水孔、放水孔。水头遵照(1)。

7)与已通水管道连接

(1)区域系统的管网施工完毕,并经建设单位验收合格后,即可安排通水事宜。

(2)通水前应做周密安排及编写连接实施方案,做好落实工作。

(3)对相接管道的结构形式、全部高程、平面位置、截面形状尺寸、水流方向、水量、全日水量变化、有关泵站与管网关系、停水截流降低水位的可能性、原施工情况、管内有毒气体与物质等资料,均应作周密调查与研究。

(4)做好截流,降低相接管道内水位的实际试验工作。

(5)必须在规定的断流时间内完成接头、堵塞、拆堵,达到按时通水的要求。

(6)为了保证操作人员的人身安全,除必须采取可靠措施外,还应事先做好动物试验、防护用具性能试验,明确监护人。

(7)待人员培训、机具、器材已完备,联席会议已召开,施工方案均具备时,报告上一级安全部门,验收批准后方可动工。

(8)常用的几种接头方式。

①与 ϕ1 500mm 以下圆形混凝土管道连接

在管道相接处,挖开原旧管使其全部暴露,工作时按检查井开挖预留,而后以旧管外径作井室内宽,顺管道方向仍保持 1m 或略加大些,其他部分仍按检查井通用图砌筑,当井壁砌筑高度高出最高水位,抹面养护 24h 后,即可将井室内的管身上半部砸开,拆堵通水。在施工中应注意以下要点:

a. 开挖土方至管身两侧时,要求两侧同时下挖,避免因侧向受压造成管身滚动。

b. 如管口漏水严重,应采取补救措施。

c. 要求砸管部位规则、整齐、清堵彻底。

②管径过大或异形管身相接

a. 如果被接管道整体性好,是混凝土浇筑体时,开挖外露后采用局部砸洞将管道接入。

b. 如果构筑物整体性差,不能砸洞时,即新旧管道高程不能连接时,应会同设计和建设单位研究解决。

8)承插口管

(1)采用承插口管材的排水管道工程必须符合设计要求,所用管材必须符合质量标准,并具有出厂合格证。

(2)管材在安装前,应对管口、直径、椭圆度等进行检查;必要时,应逐个检测。

(3)管材装卸和运输时,应保证其完整,插口端用草绳或草袋包扎好,包扎长度不小于 25cm,并将管身平放在弧形垫木上,或用草袋垫好、绑牢,防止由于振动,造成管材破坏,装在车上管身在车外,最大悬臂长度不得大于自身长度的 1/5。

(4)管材在现场应按类型、规格、生产厂地,分别堆放,管径在 1 000mm 以上的不应码放,管径小于 900mm 的码垛层数应符合表 5-34 的规定。

堆放层数 表 5-34

管内径(mm)	300～400	500～900
堆放层数	4	3

每层管身间在 1/4 处用支垫隔开,上下支垫对齐,承插端的朝向,应按层次调换朝向。

(5)管材在装卸和运输时,应保证其完整。对已造成管身、管口有缺陷又不影响使用,闭水、闭气合格的管材,允许用环氧树脂砂浆,或用其他合格材料进行修补。

(6)吊车下管,在高压架空输电线路附近作业时,应严格遵守电业部门的有关规定,起吊平稳。

(7)支撑槽,吊管下槽之前,根据立吊车与管材卸车等条件,一孔之中,选一处倒撑,为了满足管身长度需要,木顺水条可改用工字钢代替,替撑后,其撑杠间距不得小于管身长度 +0.5m。

(8)管道安装对口时,应保持两管同心插入,胶圈不扭曲,就位正确。

(9)胶圈形式,截面尺寸、压缩率及材料性能,必须符合设计规定,并与管材相配套。

(10)砂石垫层基础施工中,槽底不得有积水、软泥,其厚度必须符合设计要求。

4. 安全措施

1)用电安全

(1)一切电器设备、架空线路等安拆工作,必须由有证且熟悉电工操作的人员进行,任何其他人员一律不得擅自安拆。严禁各电路、分电、分器设备等超标用电,以杜绝由于超负荷引起的各种安全事故。

(2)露天的配电箱其箱底离地面的距离应符合规范要求(60cm),装置牢固,配电箱应有防雨和漏电装置,金属外壳必须有接地装置,经常性检查电器设备和线路,尤其是移动性电缆线,经检查无损伤后方可使用,在使用时也应注意保护,电器设备如闸刀、开关、插座、漏电装置等有损坏或失灵的必须停止使用,待修整后方可使用。

(3)加强用电管理,制订值班制度,每天24h内必须至少有一位持上岗证的熟练电工在工地值班,随叫随到,防止事故发生。电工操作应按操作规程施工,上岗时必须随身携带所必需的防护用品,严禁带电操作,同时必须普及职工安全用电和触电抢救知识,清除隐患、杜绝事故。

2)施工安全

(1)施工人员进入现场,必须戴好安全帽和其他必要防护用品,严禁赤脚、穿拖鞋、高跟鞋进入工地。

(2)施工现场和其他有危险的地方要设立明显的警示标志,晚间施工,现场要有足够的灯光照明。

3)机械安全

(1)各种机械设备操作人员必须持证上岗,按操作规程进行操作,严禁无证操作,且要定机、定人操作。辅助作业人员必须经安全技术培训后上岗。

(2)大型机械挖掘机、推土机等各制动器、离合器动作要灵敏可靠,各种仪表完好,机械连接件必须紧固,油路系统需正常,灯光、喇叭、刮水器、倒车镜等需完整无损。

(3)中、小型机具等,整机安装要平衡牢固,轮轴要有防锈措施,工作场地排水良好,各种传动部分防护要齐全,传动离合器、制动器要灵活可靠,开关、机械操作手把绝缘必须良好,接地保护要安全、可靠,电源上均应安装漏电保护装置。机貌要整洁。

4)治安安全

(1)全体工地人员必须严格遵纪守法,服从当地政府和公安部门的领导和管理,遵守当地政府的有关政策,协助落实有关规定。

(2)全体工地人员应协助搞好工地治安工作,做好防火、防盗工作,爱护国家和集体的公共财产。

5. 环保措施

(1)在施工现场周围设置醒目的文明施工标语,以取得行人和附近居民的谅解和支持。

(2)保证施工现场人行道畅通及工地沿线居民和单位出入通道畅通,并做到在施工中无管线事故,无重大工伤事故。

(3)沟槽排水必须通过沉淀后再排水,严禁泥浆水直接往下水道、车道、人行道排放。

(4)车辆进出洒落的泥土、材料由值勤人员负责清扫干净,施工现场做到一天一清扫,完工一段,清理一段,始终保持干净、整洁,车辆运输砂石、垃圾、泥土用帆布遮盖,以免洒落。

(5)泥土、砂石严禁抛向施工场外,违者调离施工现场,并以经济手段处罚。

(6)施工场内道路畅通、平坦、整洁、排水良好,做到工完、料尽、场地清,有定期考核检查制度。建筑垃圾集中堆放,及时处理,不随意向外排放废、污水,应按指定地点排放。

(7)材料应严格按施工平面布置图分类堆放整齐,堆放不超标准,堆料场地不作他用。

(8)对本工程所使用的各种机械设备,特别是大型机械设备进行定期保养,使各种机械设备运转正常,不发出各种异样的声音,以降低噪声,同时,夜间9点以后尽量不进行施工,以免影响周围单位人员的休息,根据实际情况必须在夜间加班施工的,必须提前到环保部门办理有关手续,且在夜间施工时,应尽量避免产生大的施工噪声,噪声控制在50dB以下。

(9)挖出的、多余的、不能回填之土方,同步采用自卸汽车运出,自卸车的后斗挡板应关紧,并遮盖篷布以免沿途卸漏而污染环境,同时在本工程出口处垫好麻带,防止车轮将泥土带出工地,雨天要特别注意。

(10)施工临时排水,严禁直接排至附近河道,必须经过沉淀井沉淀后方可排入附近河道。

(11)生活污水及生活垃圾严禁乱倒。生活污水必须在现场设置的三级化粪池处理后,采用水车运出排放,生活垃圾每天集中运出堆埋。

(12)每天施工结束后,及时清扫现场,使现场干净,并及时将材料堆整齐。

第六章　养护工程专项施工方案

第一节　沥青混凝土面层病害处理专项施工方案

一、施工准备

1. 材料

1）碎石

用于高速公路沥青路面的碎石应符合业主《公路招标文件》及《公路沥青路面施工技术规范》（JTG F40—2004）的要求，并按照现行《公路工程沥青及沥青混合料试验规程》（JTG E20—2011）规定的标准方法进行试验，确保碎石的洛杉矶磨耗率不大于30%（面层不大于28%），面层碎石磨光值不小于42。对沥青混凝土上面层要求的碎石宜采用辉绿岩或玄武岩等质量较好的材料，沥青与粗集料的黏附性，在不掺加外加剂条件下不低于4级，掺入外加剂后的黏附性不得低于5级。由监理工程师验收合格，签字认可后使用。

2）沥青

沥青混凝土上面层采用SBS型成品改性沥青，中下面层根据招标文件采用相应的沥青。改性沥青要求质地均匀、无水分。每批运到工地的沥青附有生产厂家的沥青质量检验单。对每批运至工地的沥青进行针入度、延度、软化点三项指标检验。改性沥青应符合《公路招标文件》及现行《公路沥青路面施工技术规范》（JTG F40—2004）的规定。

3）细集料

细集料采用洁净、干燥、无风化、无杂质，并有适当的颗粒级配的石屑，其质量符合《招标文件》的规定。

4）填料（矿粉）

沥青混合料的填料采用石灰岩等憎水性石料经磨细得到的矿粉，原石料中的泥土杂质除净。矿粉要求干燥、洁净，能自由地从矿粉仓流出，其质量符合《公路招标文件》的规定。根据《公路招标文件》的要求，不得使用回收粉。

2. 石料加工

为确保沥青路面的粗集料具有良好的颗粒形状，要求采石场对碎石料采用颚式破碎机一级破碎，采用反击式破碎机二次破碎，破碎的石料与级配均满足《公路招标文件》、《公路工程沥青及沥青混合料试验规程》（JTG E20—2011）和现行《公路沥青路面施工技术规范》（JTG F40—2004）的要求。

二、混合料配合比设计

沥青混合料配合比的设计在监理工程师确认合格的试验室进行，并接受监理工程师的监督。按《公路沥青路面施工技术规范》(JTG F40—2004)规定要求进行原材料试验和混合料组成设计。根据沥青混合料的类型,集料级配和沥青用量符合《公路招标文件》的规定。沥青混合料的各项技术指标应符合规范的规定。

按目标配合比设计、生产配合比设计和生产配合比验证三阶段进行沥青混合料的配合比设计。

试验室完成目标配合比设计后,还需进行生产试配,即进行生产配合比的设计。从拌和设备的各热料仓中取样、筛分,然后确定各热料仓的用料量,供拌和机控制室使用。操作人员根据热料仓的用料比例,调整冷料仓的进料比例,使供料平衡。最后进行生产配合比的验证,直至符合设计要求为止,经生产验证后的配合比,在施工过程中不得随意修改,除非料源级配发生明显变化,配合比的修改必须经监理工程师同意。

在路面病害处理开工前的14d向监理工程师提交拟使用的沥青混合料配合比,沥青混合料的沥青用量及沥青混合料稳定度、流值、空隙率、动稳定度、残留稳定度等各项技术指标报送监理工程师审批。

中、上面层在进行沥青混合料配合比设计时,须通过车辙试验机对抗车辙能力进行检测。在温度60℃,轮压0.7MPa条件下进行车辙试验的动稳定度,普通沥青混合料不小于1 000次/mm,改性沥青混合料不小于2 800次/mm。

沥青在购货前与进场前均按照《公路沥青路面施工技术规范》(JTG F40—2004)的要求进行检测,在监理工程师认可后,方可进场使用,对每批进场沥青材料都进行取样和检测。

在沥青混合料加工、施工过程中,严格控制温度。温度控制具体见表6-1。

温度控制表　　表6-1

序号	项　　目	温度要求(℃)	
		改性沥青混凝土	普通沥青混凝土
1	沥青加热温度	160~175	155~165
2	矿料加热温度	190~220(填料不加热)	165~195(填料不加热)
3	沥青混凝土出料温度	170~185	145~165
4	混合料废弃温度	>195	>195
5	摊铺温度	≥160	≥135
6	初压开始温度	≥150	≥130
7	碾压终了的表面温度	≥90	≥70
8	开放交通温度	<50	<50

三、路面病害处理施工方法

在取得高速交警、路政和业主的审批后,封闭交通,具体按《公路养护安全作业规程》(JTG H30—2004)办理。封闭交通后,组织人员、机械设备进场,开始路面病害处理施工。施工结束后,清理现场,组织人员、机械设备撤离现场,在沥青混凝土温度低于50℃后恢复交通。具体施工时间和交通管制安排如下。

路面病害处理:采用不改变交通流向、方向,封闭单车道施工或改变交通流方向单幅封道借道施工，在条件允许情况下，尽量采用借道施工。拟日工作时间为6:00~18:00，具体的日工作时间根据施工开工前交警的批复，并结合施工季节进行调整。

1. 裂缝处理

纵、横向裂缝的修补根据裂缝的宽度确定不同的施工方式。

微裂缝：缝宽在5mm以内，宜采用灌缝胶进行人工灌缝。

中小裂缝：缝宽在5~20mm以内，宜采用机械开槽灌缝。

大裂缝：缝宽在20mm以上，宜采用铣刨回填沥青混凝土进行处治。

1)人工灌缝

人工灌缝是指将缝隙刷扫干净，并用空气压缩机吹去尘土后，采用灌缝胶等合适的灌缝材料进行灌封处治，并封边整齐。

2)机械开槽灌缝

机械开槽灌缝一般包括以下步骤：先用开槽机对路面不规则裂缝进行切割、开出均匀凹槽；接着使用高压吹尘机对开槽后路面进行高压除尘，使槽内的碎渣及裂缝两侧至少10cm范围内无尘砂、无残留老料；然后用灌缝机上带有刮平器的压力喷头将密封胶均匀地灌入槽内，并在裂缝两侧拖成一定宽度与厚度的封层。

3)铣刨回铺沥青混凝土

对宽度大于20mm的裂缝或龟裂并伴有沉陷现象的严重裂缝，进行灌缝已无多大实际意义，宜采用机械铣刨，在铣刨清扫完后进行清缝处理，再用灌缝胶灌缝或贴抗裂贴，并回铺沥青混凝土的方式进行处治。

裂缝处治应注意以下事项：

(1)灌缝材料应具有良好的黏结力，低温状态下具有优良的延伸性和弹性，并应具备持久的抗老化和抗疲劳能力。

(2)灌缝完成后，灌缝胶应高于路表面2~3mm。

(3)灌缝应充分饱满、边缘整齐，表面平整、宽窄一致(5cm左右)。

(4)胶体内无颗粒状胶粒。

(5)在胶体表面撒布的石屑或砂子要均匀。

(6)灌缝胶经行车碾压后不得发生脱落变形，并保持有足够的弹性。

(7)灌缝胶在使用前应先加热，加热至胶体具有良好的流动性后即可使用。

(8)灌缝结束，待灌缝胶冷却凝固后方可开放交通。

(9)禁止在路面潮湿或温度低于4℃的环境下施工；否则，将会降低灌缝胶的黏结力，易造成脱落，影响施工质量。

(10)应按工程需要量准备灌缝胶，灌缝胶在安全温度范围内可重复加热使用，但多次重复加热会导致灌缝胶性能下降，影响使用效果。

2. 小坑洞修补

1)确定坑槽修补范围

划定坑槽修补的范围，标明桩号、方向、处理尺寸、车道位置、日期等，拍照并做好记录。

坑槽修补划定范围现场确定，一般情况在病害四周各延伸20cm左右，同时坑槽修补需与行车方向平行。

2)切边

采用画线或使用铝合金等工具切边,保持切边顺直。

3)开凿坑槽

沿切割线使用风镐开凿坑槽至底层硬实。槽四周死角开凿至一定深度,以免厚度不足造成二次病害。

4)清理

采用空压机和人工清除槽底、槽壁的松动部分及粉尘、杂物。吹风风向要保持朝封闭区内,严禁外吹,不能随意乱弃废料。

5)丈量坑槽

坑槽清理完成后,记录坑槽凿除后深度,长度,宽度,并拍摄照片。

6)洒布乳化沥青

乳化沥青的洒布量为0.3~0.6L/m^2,喷洒要均匀,不留死角,对于边角难喷洒的地方,用刷子进行涂刷。乳化沥青喷洒时注意不要污染边沟、护栏、绿化等。

7)拌料

需要沥青混合料数量较大时,采用小型沥青拌和楼拌料;需要沥青混合料数量较小时,使用综合养护车对冷却沥青混合料进行加热处理,并严格控制好沥青混合料加热温度。下料时沥青混合料不能卸在原沥青路面上,应用铁皮或其他材料先铺垫,避免污染路面。

8)修补坑槽

根据坑洞深度严格分层修补,每层厚度不得超过10cm。人工将沥青混合料撬到坑槽,先边后中,松铺厚度按所修补坑槽厚度的1.2倍控制。结块的沥青混合料及时剔除,最后进行人工修整。

9)碾压

采用小型压路机进行碾压,先压边1/4处,由外向内压进行碾压。摊铺多层时,下面层碾压冷却后碾压上面层,对啃边现象及时进行修复。

10)封边

乳化剂在特制铁架中加热溶解后,使用专用角铁制作5cm宽的长方形模架封边。

11)质量检查

施工现场主要是平整度检查,修补后坑槽高度略高于路面。

12)坑槽施工后的交通开放

热拌沥青混合料路面表面温度低于50℃后方可开放交通。如需要提早开放交通时,可洒水冷却降低混合料的温度。

3.车辙处理

(1)对于车辙深度小于15mm的路段,路段内无其他病害的,直接通过罩面进行处理;有其他病害的,先进行病害处治,然后进行罩面处理。

(2)对于车辙深度在15~30mm之间的路段,原则上采用铣刨行车道沥青混凝土上面层,中下面层是否铣刨视上面层铣刨后的情况,再回填上面层沥青混凝土,最后进行整体罩面施工。

(3)对于车辙深度大于30mm的路段,原则上铣刨上、中、下面层,再回填沥青面层,最后进行整体罩面施工。

(4)轨道式车辙摊铺即对车辙位置进行局部浅层铣刨,厚度在20~30mm,宽度仅局限于车辙范围,然后薄层加铺热拌沥青混合料。这样既可以利用热拌沥青混合料优良的路用性能,同时避免了整个车道全厚度的铣刨,节约了材料,较好地解决了经济与性能的矛盾。

4. 翻浆处治

根据实际情况,翻浆处治可采取以下三种方式。

1)盲沟施工

盲沟施工主要适用于排水不畅引起的主车道范围翻浆。超车道因施工工作量大、交通管制难度大一般不采取此类施工方法。盲沟施工通过挖除松散基层至完整面,清扫洁净,设碎石盲沟,铺土工布,回填沥青混凝土面层,来有效地排除路表地下水或路表水。其施工工艺为:开挖主坑槽、盲沟→铺设土工布→铺设碎石反滤层→放置排水管→单粒径碎石回填、压实→用土工布包住碎石→分层回填,直至原路面。

2)压浆施工

压浆施工主要适用于路基承载力不足引起的基层破损、沉陷等病害的处治。压浆技术是利用注浆管把浆液均匀地注入地层中,水泥浆液在周围体中,通过渗透、填充、压密、扩张,赶走土体缝隙内的积水和空气,形成浆脉,以提高路基的承载力。施工工艺为:定区、布孔、钻孔、压浆、封口、养护。

3)中分带水处理施工

中分带水处理施工是通过对中分带的改造,从而杜绝翻浆路段的源头水,从根本上解决了路面翻浆。具体施工方法为:对翻浆路段进行铣刨,铣刨至无松散层为止。然后进行重新摊铺,底基层、基层采用快速混凝土进行浇筑,然后分层铺筑沥青混凝土,并对翻浆路段的中分带进行水泥混凝土封顶处理,引导水通过路面的横坡排出,不使水渗入中分带土层,通过横坡渗至路面基层,导致路面翻浆。

5. 网裂、泛油修补及特殊路段的病害处治

根据网裂及泛油范围,利用铣刨机刨除沥青混凝土面层,清除槽底的杂质,喷洒黏层油并回填沥青混凝土。

6. 病害处理注意事项

1)病害处理原则

病害处理将本着"彻底处理,从重从严"的原则进行,治理范围"宁大勿小",治理深度"宁深勿浅",确保处理彻底。特别是罩面前,对零星的中、重度龟裂,重度块状裂缝,重度纵横裂缝,坑槽,沉陷,重度松散,重度车辙等病害应修补完好,以保证病害处理的彻底。

2)分层铣刨

铣刨前应先根据路面的具体破坏情况确定路面铣刨的厚度。如仅为上面层破坏,则铣刨上面层沥青混凝土,然后清除杂质对裂缝进行处理之后进行黏层油的喷洒,再进行沥青混凝土回铺。如中、下面层也破坏,则铣刨全沥青层,然后清除杂质对裂缝进行处理之后进行黏层油的喷洒,再分别进行沥青混凝土分层回铺。如铣刨后发现基层出现破坏,则应先对基层进行修补:基层出现粉碎性以及密集性裂缝等大范围破坏的,则刨去基层后采用沥青混凝土进行回铺;基层出现一般裂缝破坏的,则采用改性乳化沥青进行灌缝封闭处理。

铣刨开始时，等刀头接触路面再加水；结束时，先关水，再停止铣刨；铣刨过程中，根据铣刨深度控制排水量；避免铣刨后下承层出现积水。

严格控制铣刨边缘顺直度，画线铣刨，严禁啃边。铣刨深度控制按原路面结构层情况加深1.0～2.0cm铣刨，铣刨时，如发现小于2cm的夹层或松散层，应直接调整铣刨深度。

分层铣刨时，横向台阶不小于20cm，纵向台阶应切割成45°或直立。

3）分层摊铺、压实

为确保回填沥青混凝土的压实度，对中、下面层和基层病害处理中回填的沥青混凝土，将分层摊铺和压实，分层厚度上面层一般不大于5cm，中、下面层不大于9cm。

病害碾压先压边1/4处，由外向内压进行碾压，并对啃边现象及时进行修复，以保证病害接头处不出现渗水损害现象。

两层病害处理时第一层碾压必须特别注意，纵边碾压时碾压轮与原路面台阶相距5cm左右，碾压横边时既不能碾压到原路面台阶又要压实新铺路面。第二层碾压时先在原路面与新铺路面4/5处先碾压，碾压时压路机振动不能过大。

4）黏层油、透层油

为使回填的沥青混凝土与原有结构层紧密结合，将对铣刨范围内经认真清理的底面和侧面喷洒改性黏层油或改性透层油（黏层油用于铣刨后的沥青混凝土顶面，透层油用于铣刨后的基层顶面），黏层油、透层油喷洒要均匀，不留死角。

5）封边及接缝处理

为防止雨水沿病害处理区块四周接缝处渗透，消除其质量隐患，待施工完毕且在解除施工封道之前，对罩面路段、非罩面路段的病害处理区块四周接缝处均应进行封边，其封边宽度不小于5cm。

6）施工顺序

对于拟实施罩面的路段，将在罩面实施前完成所有病害的处理。

7. 取样和试验

（1）沥青混合料将按《公路沥青路面施工技术规范》（JTG F40—2004）的方法取样，以测定集料级配、沥青含量。混合料的试样，每台拌和机应在每天进行1～2次取样，并按《公路沥青路面施工技术规范》（JTG F40—2004）方法及监理规程规定项目进行检验。

（2）压实的沥青路面将按《公路沥青路面施工技术规范》（JTG F40—2004）要求的方法钻孔取样，测定其压实度。

8. 沥青混凝土的质量控制

1）拌制

（1）在集料放入搅拌锅的同时，对于有外掺剂的，将外掺剂从搅拌锅的观察孔按比例投入锅中。

（2）沥青混合料拌和时间根据具体情况经试拌确定，以沥青均匀包裹集料为度。间歇式拌和机每锅拌和时间不宜少于为45s，其中干拌时间不少于5～10s。改性沥青混合料的拌和时间不宜少于60s，其中干拌不少于10s。

（3）拌和的沥青混合料均匀一致，无花白料，无结团成块或严重的粗细料离析现象。

（4）沥青混合料出厂温度应符合技术规范的要求。

2）运输

（1）采用大吨位自卸汽车运料，车厢清扫干净，为防止沥青与车厢黏结，在车厢涂一层非石油基质的混合液。

（2）拌和楼向运料车放料时，汽车应前后移动进行分层装料，移动次数尽可能多，并至少移动三次，以减少粗集料的分离现象。

（3）运料车应采用篷布加棉被覆盖，用以保温、防雨、防污染。

3）摊铺

（1）在进行沥青路面摊铺前必须对下承层进行检查，把质量隐患杜绝在下道工序之前，通常检查的内容有病害处理程度、黏层油洒布均匀程度等。同时，对与沥青混合料接触的内侧壁涂上黏层沥青，加强黏接。混合料摊铺温度应满足技术规范要求。

（2）气温低于10℃时，停止摊铺混合料。摊铺好的沥青混合料紧跟碾压，如因故不能及时碾压或遇雨时，立即停止摊铺，并做好沥青混合料的保温工作。

（3）由于摊铺速度的变化，直接影响平整度，因此，摊铺必须根据混合料的产量情况确定一个恰当的速度，整个摊铺必须连续、匀速，不能随意改变速度。

（4）除非特殊原因，严禁停机待料。摊铺机每次启动后，需行驶一定距离后才能恢复正常，因此停机必然影响平整度。

（5）随时观测摊铺质量，发现离析和其他不正常现象应及时分析原因，予以处理，料车在摊铺区散落的料必须及时清除。

4）碾压

（1）采用钢筒式钢轮压路机、轮胎压路机的组合碾压方式。

（2）沥青混合料的压实按初压、复压、终压三个阶段进行。

（3）初压在混合料较高温度下进行，并不得产生推移、开裂，采用双钢轮压路机静压1～2遍。

（4）复压紧接在初压后进行，复压采用重型轮胎压路机，振动碾压4遍。

（5）终压紧接在复压后进行，终压用双钢轮压路机，不少于1～2遍，并无轮迹。

（6）碾压终了温度不低于规范要求。

（7）为确保面层的平整度，压路机折返时严禁紧急制动，应慢速行驶，以免引起摊铺层表面的推移。两端折回处的位置应呈阶梯状，随碾压路段向前推进，以免影响面层的整体平整度。

（8）压路机在碾压过程中应保持洁净，有混合料黏轮应立即清除。对钢轮可涂刷隔离剂或防黏剂，但严禁刷柴油。当采用向碾压轮喷水（可添加少量表面活性剂）的方式时，必须严格控制喷水量且成雾状，不得漫流，以防混合料降温过快。轮胎压路机开始碾压阶段，可适当烘烤、涂刷少量隔离剂或防黏结剂，也可少量喷水，并先到高温区碾压使轮胎尽快升温，之后停止洒水。轮胎压路机轮胎外围宜加设围裙保温。

（9）压路机不得在未碾压成型的路段上转向、掉头、加水或停留。在当天成型的路面上，不得停放各种机械设备或车辆，不得散落矿料、油料等杂物。

5）接缝

（1）施工中在纵、横向接缝处涂刷黏层油，加强新路与老路的黏结。

（2）在施工完毕后，对接缝用TL－2000封边，封边宽度5㎝。

6)开放交通

待完全自然冷却,表面温度低于50℃后,开放交通。

四、质量检验

1. 基本要求

(1)沥青混合料的矿料质量及矿料级配应符合设计要求和施工规范的规定。

(2)严格控制各种矿料和沥青用量及各种材料和沥青混合料的加热温度,沥青材料及混合料的各项指标应符合设计和施工规范要求。

(3)拌和后的沥青混合料应均匀一致,无花白,无粗细料分离和结团成块现象。

(4)铣刨后并在摊铺沥青混合料之前,对下承面夹层、病害必须给予彻底清除和处理。

(5)摊铺时应严格掌握摊铺厚度和平整度,避免离析,注意控制摊铺和碾压温度,碾压至要求的密实度。

2. 检查项目

沥青混凝土面层检查项目及检验标准见表6-2。其中,平整度检查项目要求采用自动检测设备进行检测,对于接缝处平整度可采用三米直尺进行控制。

施工过程中质量控制及沥青混凝土面层检查项目及检验标准　表6-2

序号	项目		检查频度	规定值或容许偏差	试验方法
1	外观		随时	表面平整密实,不得有明显轮迹、裂缝、推挤、油汀、油包等缺陷,且无明显离析	目测
2	接缝		随时	紧密平整、顺直、无跳车	目测
			随时逐条缝检测评定	3mm	T 0931
3	施工温度	摊铺温度	逐车检测评定	符合表6-1的规定	T 0981
		碾压温度	随时		插入式温度计实测
4	厚度	总厚度	每2 000m² 测一点,单点评定	设计值的-5%	
		上面层	每2 000m² 测一点,单点评定	设计值的-10%	
5	压实度		每2 000m² 测检查1组,逐个试件评定并计算平均值	最大理论密度的93%~97% 试验室标准密度≥97% 试验段密度的99%	T 0924、T 0922
6	平整度	上面层	连续测定	0.8mm	T 0932
		中面层	连续测定	1.0mm	
		下面层	连续测定	1.2mm	
7	油石比		逐盘在线监测	±0.3%	计算机采集数据计算
			逐盘检查,每天汇总1次,取平均值评定	±0.1%	总量检验法
			每台拌和机每天1~2次,以2个试样的平均值评定	±0.3%	抽提T 0722、T 0721

续上表

序号	项　目		检查频度	规定值或容许偏差	试验方法
8	矿料级配偏差	0.075mm	逐盘在线检测	±2%	计算机采集数据
		≤2.36mm		±5%	
		≥4.75mm		±6%	
		0.075mm	测逐盘检查，每天汇总1次取平均值评定	±1%	计算总量检验法
		≤2.36mm		±2%	
		≥4.75mm		±2%	
		0.075mm	每台拌和机每天1~2次,以2个试样的平均值评定	±2%	拌和厂取样,用抽取后的矿料筛分
		≤2.36mm		±5%	
		≥4.75mm		±6%	
9	渗水系数不大于		每1km不少于5点,每点3处取平均值	300mL/min	T 0971

3. 外观鉴定

(1)表面平整密实、横向顺直。

(2)无泛油、松散、裂缝、粗细集料明显离析、啃边、轮迹、车辙等现象。

(3)表面无明显碾压轮迹。

(4)接缝紧密、平顺、烫缝不应枯焦。

(5)不得有积水或漏水现象。

(6)封边整齐、规范。

第二节　沥青混凝土罩面专项施工方案

一、施工准备

1. 材料

1)碎石

用于高速公路沥青路面的碎石应符合业主《公路招标文件》及《公路沥青路面施工技术规范》(JTG F40—2004)的技术要求,并按照现行《公路工程沥青及沥青混合料试验规程》(JTG E20—2011)规定的标准方法进行试验,确保碎石的洛杉矶磨耗率不大于30%(面层不大于28%),面层碎石磨光值不小于42。对沥青混凝土上面层要求的碎石宜采用辉绿岩或玄武岩等质量较好的材料,沥青与粗集料的黏附性,在不掺加外加剂条件下不低于4级,掺入外加剂后的黏附性不得低于5级。由监理工程师验收合格,签字认可后才可使用。

2)沥青

沥青混凝土上面层采用SBS型成品改性沥青,中下面层根据招标文件采用相应的沥青。改性沥青要求质地均匀、无水分,当加热到170°C时不起泡,不产生分离、凝聚等现象。每批运到工地的沥青附有生产厂家的沥青质量检验单。对每批运至工地的沥青进行针入度、延度、软化点三项指标检验。改性沥青应符合《公路招标文件》及现行《公路沥青路面施工技术规范》(JTG F40—2004)的规定。

3)细集料

细集料采用洁净、干燥、无风化、无杂质,并有适当的颗粒级配的石屑,其质量符合《公路招标文件》的规定。

4)填料(矿粉)

沥青混合料的填料采用石灰岩等憎水性石料经磨细得到的矿粉,原石料中的泥土杂质除净。矿粉要求干燥、洁净,能自由地从矿粉仓流出,其质量符合《公路招标文件》的规定。根据《公路招标文件》的要求,不得使用回收粉。

2. 石料加工

为确保沥青路面的粗集料具有良好的颗粒形状,要求采石场对碎石料采用颚式破碎机一级破碎,采用反击式破碎机二次破碎,破碎的石料与级配均满足《公路招标文件》、《公路工程沥青及沥青混合料试验规程》(JTG E20—2011)和现行《公路沥青路面施工技术规范》(JTG F40—2004)的要求。

二、混合料配合比设计

沥青混合料配合比的设计在监理工程师确认合格的试验室进行,并接受监理工程师的监督。按《公路沥青路面施工技术规范》(JTG F40—2004)规定要求进行原材料试验和混合料组成设计。根据沥青混合料的类型,集料级配和沥青用量符合《公路招标文件》的规定。沥青混合料的各项技术指标应符合规范的规定。

按目标配合比设计、生产配合比设计和生产配合比验证三阶段进行沥青混合料的配合比设计。

试验室完成目标配合比设计后,还需进行生产试配,即进行生产配合比的设计。从拌和设备的各热料仓中取样、筛分,然后确定各热料仓的用料量,供拌和机控制室使用。操作人员根据热料仓的用料比例,调整冷料仓的进料比例,使供料平衡。最后进行生产配合比的验证,直至符合设计要求为止,经生产验证后的配合比,在施工过程中不得随意修改,除非料源级配发生明显变化,配合比的修改必须经监理工程师同意。

在路面病害处理开工前的14d前向监理工程师提交拟使用的沥青混合料配合比,沥青混合料的沥青用量及沥青混合料稳定度、流值、空隙率、动稳定度、残留稳定度等各项技术指标报送监理工程师审批。

中、上面层在进行沥青混合料配合比设计时,须通过车辙试验机对抗车辙能力进行检测。在温度60℃,轮压0.7MPa条件下进行车辙试验的动稳定度,普通沥青混合料不小于1 000次/mm,改性沥青混合料不小于2 800次/mm。

沥青在购货前与进场前均按照《公路沥青路面施工技术规范》(JTG F40—2004)的要求进行检测,在监理工程师认可后,方可进场使用,对每批进场沥青材料都进行取样和检测。

在沥青混合料加工、施工过程中,严格控制温度。温度控制具体见表6-1。

三、试验段

沥青路面正式施工前7d,选定一段合适的、不少于2 000m^2的地段做试验路,通过成功的试验路获得的数据来指导后续施工。试验路的施工分试拌和试铺两个阶段，试验的内容主要有：

（1）根据沥青路面各种施工机械相匹配的原则，确定合理的施工机械、机械数量及组合方式。

（2）通过试拌确定拌和的上料速度、拌和数量及拌和时间、拌和温度等控制参数。

（3）通过试铺确定摊铺机的摊铺温度、摊铺速度、摊铺宽度、自动找平方式等操作工艺；确定压路机的压实顺序、碾压温度、碾压速度及碾压遍数等压实工艺；确定松铺系数、接缝方法等。

（4）验证沥青混合料配合比设计结果，提出生产用的矿料配合比和沥青用量。

（5）确定各种类型沥青混凝土压实标准密度，控制沥青混凝土空隙率符合《公路招标文件》要求。

（6）确定施工作业段的合理长度，制订施工计划。

（7）全面检查材料及施工质量。

在试验路段的铺筑过程中，认真做好记录分析，主动接受监理工程师或工程质量监督部门监督，检查试验段的施工质量，确定有关成果。铺筑结束后，及时就各项试验内容提出试验总结报告，报监理工程师审批，作为该路段的施工依据。

四、施工顺序

沥青混凝土原材料试验、配合比设计→试拌铺筑试验路→试验成果指导施工→设置交通标志及安全作业区→测量放样→铣刨、清理、检查下承层→撒布黏层油→沥青混凝土拌和→出厂检测→保温运输→摊铺→温度检测→初压、复压、终压→恢复标线和反光标志→待温度低于50℃后撤除交通标志→恢复交通→检测、计量资料。

五、施工过程控制

1. 铣刨控制

1）桥头铣刨

在进行主线罩面施工时为与桥面接顺，须对桥头进行拉坡铣刨，一般桥头拉坡铣刨不少于20m。

2）接头铣刨

用三米直尺或铝合金检查端部平整度（不少于5处），在罩面摊铺层面直尺脱离点用石笔标出，以罩面摊铺层面最内侧脱离点为界限进行画线铣刨。

3）放样一般要求

根据试验路段得出的松铺系数，结合现场测量数据，确定放样及钢丝绳悬挂高度，准备钢筋桩、钢丝绳（$\phi=5$mm），钢筋桩以10m/个设置，桥头及超高路段加密至5m/个，钢筋桩打入时钢丝绳两端头以2t紧线器或手拉葫芦张紧。多台设备摊铺时，断面中间点采用摆放铝合金尺控制摊铺厚度，技术员不间断复核钢丝绳、铝合金尺的高度及摊铺厚度。

4）特殊要求

跨开口部钢丝绳在距开口部20m位置断开，后一根钢丝绳在开口部位置开始拉，跟前一根钢丝绳重叠 20m，便于摊铺机过开口部后、碾压结束、特殊情况能及时开放交通。

2. 吹风

(1)接头切割与风镐凿除：垂直路线方向画线，铣刨或人工切割凿除接头。

(2)吹风施工前做好个人防护工作，佩戴好口罩和眼镜，空压机发动时，必须要有人踩牢固定的风枪头，以避免由于压力突增风枪头摆动伤人。

(3)根据行车方向、风向控制吹风方向，按顺行车方向、风向吹风，如遇行车方向与风向相反时，暂缓吹风，同时人工、滑移式装载机辅助清理路面垃圾。

(4)对接头有水迹或潮湿的位置，对准吹干。

3. 喷洒乳化沥青

检查测量完毕后，在吹净的待铺面上，均匀地喷洒黏层油。洒布采用洒布车与人工洒布相结合的方式，确保路面洒布均匀，无空白处。沥青洒布设备配有适用于不同稠度沥青喷洒用的喷嘴，喷洒超量、漏洒或少洒的地方应予纠正。对喷洒区附近的结构物加以保护，以免溅上沥青受污染。洒布车在喷洒乳化沥青时保持稳定速度和喷洒量，并保持整个洒布宽度喷洒均匀。

黏层油的洒布量为 0.3 ~ 0.6L/m^2；待乳化沥青破乳、水分蒸发完成后方可施工；运输车辆黏轮胎的地方用人工补洒；喷洒过量处应予刮除；洒过剩的乳化沥青不能随便乱倒。

4. 混合料拌和

拌和设备采用间歇式沥青混凝土拌和楼，在拌和过程中自动控制沥青、各种矿料的用量，自动控制石料的加热温度。沥青采用全自动控制导热油炉加热。沥青混合料拌和时间以混合料拌和均匀、所有矿料颗粒全部裹覆沥青结合料为度，并经试拌确定，拌和楼每盘的生产周期普通沥青混合料不宜少于 45s(其中干拌时间不少于 5 ~ 10s)，改性沥青混合料的拌和时间不宜少于 60s(其中干拌不少于 10s)。拌和楼拌和的沥青混合料要做到均匀一致，无花白，无结团成块或严重的粗细料分离现象，不符合要求时不出厂，并及时调整。

在拌和场内设置 50t 地磅 1 台，出厂的沥青混合料每车都要过磅称重，以掌握每天实际摊铺的沥青混合料数量。沥青拌和场的碎石材料按不同规格分仓堆放，对不同料源的集料、矿粉也给予分别堆放；不同标号的沥青分别储存。在生产过程中每天不少于两次对拌和设备生产的混合料进行取样试验，以便对拌出的沥青混合料进行检验，确认是否符合要求。

5. 混合料的运输

运输车辆的安排应保证沥青拌和场 2h 产量的运量，同时要保证摊铺机前始终有 4 ~ 5 辆料车在排队等候卸料。运送沥青混合料车辆的车箱底板面及侧板必须清洁，不得沾有有机物质，为防混合料黏在车箱底板，可涂刷一薄层非石油基质混合液。为了尽可能保持沥青混合料的温度，以及防止灰尘污染混合料，运料车上均要覆盖篷布，以确保运送到现场的沥青混合料温度满足要求。不符合温度要求或已经结成团块、已遭雨淋湿的混合料应废弃。

6. 混合料的摊铺

根据路面宽度对摊铺机进行拼装使搭接缝尽量分布在车道分界标线处(一般两车道路面内侧宜采用可伸缩摊铺机进行拼宽，外侧宜采用可伸缩摊铺机进行拼宽 1.5m；三车道路面内侧宜采用可伸缩摊铺机进行拼宽 3m，外侧宜采用可伸缩摊铺机进行拼宽 1.5m)。

等厚罩面路段摊铺，两台摊铺机均采用非接触式浮动梁，中间采用走雪橇进行摊铺厚度控制。

不等厚罩面路段摊铺，内侧摊铺机靠近中分带侧采用搭设钢丝绳挂线、中间搭设铝合金，外侧摊铺机紧跟其后中间采用走雪橇、外侧搭设钢丝绳挂线或走横坡仪进行罩面摊铺施工。

安排技术员在摊铺后每隔20m（不等厚摊铺时每隔10m）进行全断面厚度检测并记录，且每个断面不少于6点，以便于罩面厚度控制、工程量计量及核算。

沥青混合料正式摊铺前，下承层的清扫、修补、处理是一项极其重要的工作，应在摊铺前1d完成，并验收确认。在施工过程中，各作业人员严格按试验路段要求，认真、有序作业，应确保每一施工过程处于受控状态。

摊铺前，设置找平基准线，制作标准垫块（设计厚度+松铺厚度）等，通过试验段铺筑的成功经验，确定摊铺速度、振动振捣频率、松铺系数、碾压速度、碾压遍数等数据。

摊铺前，摊铺机要提前30~60min就位调整好预拱度，并将熨平板预热到120℃后，再进行摊铺，沥青混合料的摊铺温度不低于135℃（改性沥青混凝土摊铺温度不低于160℃），摊铺过程中不得随意变换速度或中途停顿，摊铺后的混合料，不得用人工反复修整，但出现下列情况时除外：

（1）横断面不符合要求。

（2）构造物接头部分缺料。

（3）摊铺带边缘局部缺料。

（4）表面明显不平整。

（5）局部混合料明显离析。

（6）摊铺机后有明显的拖痕。

摊铺机的螺旋布料器相应于摊铺速度调整到一个稳定的速度，并保持均衡的转动，两侧保持有不少于送料器2/3高度的混合料，以减少在摊铺过程中混合料的离析。摊铺过程中，运料车在摊铺机前10~30cm处停住，空挡等候，由摊铺机推动前进并开始缓慢卸料，避免运料车撞击摊铺机。运料车每次卸料必须倒净，尤其是改性沥青混合料，如有剩余，及时清除，防止硬结。摊铺好的沥青混合料紧跟着碾压，如因故不能及时碾压或遇雨时，立即停止摊铺，并做好沥青混合料的保温工作。

摊铺施工时还应注意以下问题：

（1）沥青混合料摊铺前，彻底清扫下承层的污染物。

（2）下承层坑槽、松散和其他病害应按规范规定用沥青混合料修补。

（3）对下承层的高程、横坡、平整度要进行检测，对影响质量且无法在上面层消除的缺陷地段进行调平。

（4）罩面施工前，要洒布黏层沥青，黏层油用量按规范洒布，且应洒布均匀，局部少洒或多洒的地段应用人工补洒或清除，以确保沥青层间的黏结。

（5）混合料摊铺温度严格按规范要求执行，为确保摊铺质量，低温时不宜施工。

（6）每次摊铺前，均应检测并调整熨平板，确保平直。开始摊铺混合料前，应预热熨平板，以免出现黏料现象。

（7）由于摊铺速度的变化直接影响平整度，因此，摊铺必须根据混合料的产量情况确定一个恰当的速度，整个摊铺必须连续、匀速，不能随意改变速度。

（8）除非特殊原因，严禁停机待料。摊铺机每次启动后，需行驶一定距离才能恢复正常，因此停机必然影响平整度。

(9)随时观测摊铺质量,发现离析和其他不正常现象应及时分析原因,予以处理,在摊铺区散落的料必须及时清除。

7.碾压

碾压作业在混合料处于能获得最大密实度的温度下进行,遵循紧跟、慢压、高频、低幅、少水的原则。开始碾压温度一般不低于130℃(改性沥青混凝土开始碾压温度一般不低于150℃),碾压终了表面温度不低于70℃(改性沥青混凝土路面碾压终了表面温度不低于90℃),压实工作按铺筑试验路面确定的压实设备的组合和程序进行。碾压的一般程序为初压、复压、终压三个阶段。压路机以均匀速度行驶,其碾压行驶速度应符合表6-3的规定。

压路机行驶速度(km/h) 表6-3

压路机类型	初压	复压	终压
钢筒式压路机	2~3	3~5	3~6
轮胎式压路机	2~3	3~5	4~6
振动式压路机	2~3 (静压或振动)	3~4.5 (振动)	3~6 (静压)

压实方法为:一般初压1~2遍(静压)→复压1~2遍(振动)+轮胎挤压4~6遍→终压静压2遍。

初压:用双钢轮压路机紧跟着摊铺机静碾1~2遍,并保持较短的初压区长度,以尽快使表面压实,减少热量损失。碾压时将压路机的驱动轮面向摊铺机,从外侧向中心碾压,在超高路段由低向高碾压,在坡道上将驱动轮从低处向高处碾压。初压后马上检查平整度、路拱,有严重缺陷时进行修整乃至返工。初压碾压长度控制在20~30m范围内。

复压:复压采用振动压路机振压1~2遍,重型轮胎压路机碾压4~6遍,紧跟着初压后开始,且不得随意停顿。复压碾压长度控制在50~80m范围内。

终压:终压紧接在复压后进行,采用振动压路机静压2遍,并以消除轮迹为度。终压碾压长度控制在50~80m范围内。

碾压时,相邻碾压带均重叠一定的轮宽,压路机行走的路线来回都是直线,每次由两端折回的位置呈梯形且随摊铺机向前推进,使折回处不在同一横断面上。轮胎压路机的轮胎气压注意保持一致(不少于0.55MPa),以防止轮胎软硬不一而影响平整度。碾压速度保持慢而均匀,一般初压速度为2~3km/h,复压速度振动压路机为3~4.5km/h,轮胎压路机为3~5km/h,终压速度为3~6km/h。

在压路机压不到的其他地方,采用小型压实机把混合料充分压实。已经完成碾压的路面,不得修补表皮。

碾压轮在碾压过程中保持清洁,有混合料黏轮立即清除。对钢轮压路机采用碾压轮喷水,严格控制喷水量且成雾状,不得漫流,防止混合料降温过快。轮胎压路机在轮胎发热后停止向轮胎洒水。

沥青路面的碾压方法不是一成不变的,因为压实质量与压实温度有直接的关系,而摊铺后混合料温度是在不断变化的,特别是摊铺后4~15min内,温度损失最大,因此必须掌握好有效压实时间,适时碾压,并根据摊铺厚度、自然条件及时调整碾压方法,确保压实质量。碾压过程中应注意以下问题：

(1)为确保面层的平整度，压路机折返时严禁紧急制动，应慢速行驶，以免引起摊铺层表面的推移。两端折回处的位置应呈阶梯状，随碾压路段向前推进，以免影响面层的整体平整度。

(2)在接近缘石处驾驶员要小心驾驶，速度放慢，避免出现缘石被压坏或移位的现象，但亦应防止漏压。

(3)严格控制纵坡较大的路段、弯路段等特殊路段的碾压，碾压速度应放慢。

(4)压路机在碾压过程中应保持洁净，有混合料黏轮应立即清除。对钢轮可涂刷隔离剂或防黏结剂，但严禁刷柴油。当采用向碾压轮喷水(可添加少量表面活性剂)的方式时，必须严格控制喷水量且成雾状，不得漫流，以防混合料降温过快。轮胎压路机开始碾压阶段，可适当烘烤、涂刷少量隔离剂或防黏结剂，也可少量喷水，并先到高温区碾压使轮胎尽快升温，之后停止洒水。轮胎压路机轮胎外围宜加设围裙保温。

(5)压路机不得在未碾压成型的路段上转向、掉头、加水或停留。在当天成型的路面上，不得停放各种机械设备或车辆，不得散落矿料、油料等杂物。

8. 接缝

(1)罩面施工接头采用垂直的平接缝，必须接缝紧密、连接平顺，不得产生明显的接缝离析。接缝施工应用三米直尺检查，确保平整度符合要求。

(2)摊铺时采用梯队作业的纵缝应采用热接缝，将已铺部分留下 100 ~ 200mm 宽暂不碾压，作为后续部分的基准面，然后作跨缝碾压以消除缝迹。

(3)不允许采用冷接缝，当半幅施工或因特殊原因而产生纵向冷接缝时，宜加设挡板或加设切刀切齐，也可在混合料尚未完全冷却前用镐刨除边缘留下毛茬的方式，但不宜在冷却后采用切割机作纵向切缝。加铺另半幅前应涂洒少量沥青，重叠在已铺层上 50 ~ 100mm，再铲走铺在前半幅上面的混合料，碾压时由边向中碾压留下 100 ~ 150mm，再跨缝挤紧压实。或者先在已压实路面上行走碾压新铺层 150mm 左右，然后压实新铺部分。

(4)平接缝宜趁尚未冷透时用滑移式装载机或铣刨机刨除端部层厚不足的部分，使工作缝呈直角。当采用切割机制作平接缝时，宜在铺设当天混合料冷却但尚未结硬时进行。刨除或切割不得损伤下层路面。切割时留下的泥水必须冲洗干净，待干燥后涂刷黏层油。铺筑新混合料接头应使接茬软化，压路机先进行横向碾压，再纵向碾压成为一体，充分压实，连接平顺。

9. 其他及退场

对纵缝、横缝在施工结束后均用 TL-2000 封边，防止雨水进入沥青混凝土结构层，造成水损坏。同时对通道桥伸缩缝位置进行切缝、封边处理。

在路面冷却后，及时安排施工人员进行标线施工，以减少封道作业，尽量使标线与罩面施工基本同步。标线施工时，注意标线未冷却时，车辆、人员不能踩踏上去，不能污染标线。同时，标线也不能污染新路面，防止标线倒出去。

施工结束后，对路面进行清扫，清空摊铺机上的剩余料。将设备装上车，进行撤场工作。在人员、设备都撤场后，派巡逻车对施工现场再进行一次全面检查，确保无设备、人员在现场，无施工工具、杂物在路面上。在路面温度冷却到 50℃以后，解除封道作业。

按照“顺放逆收”的原则进行收放反光橡皮帽、标志牌，从封闭末端向起点撤除封闭侧的橡皮帽和标志，关闭活动开口，撤除安全看守人员，开放交通。

六、质量控制

1. 基本要求

(1)沥青混合料的矿料质量及矿料级配应符合设计要求和施工规范的规定，即《公路工程沥青及沥青混合料试验规程》(JTJ 052—2000)和《公路路基路面现场测试规程》(JTG E60—2008)的规定要求。

(2)严格控制各种矿料和沥青用量及各种材料和沥青混合料的加热温度，沥青材料及混合料的各项指标应符合设计和施工规范要求。

(3)拌和后的沥青混合料应均匀一致，无花白，无粗细料分离和结团成块现象。

(4)摊铺时应严格掌握摊铺厚度和平整度，避免矿料离析，要注意控制摊铺和碾压温度，碾压至要求的密实度。

(5)对确定罩面的路段，在罩面前必须完成翻浆、坑槽、严重裂缝、沉陷、拥包、松散、车辙等病害的修复工作，并清除路面上的泥土杂物。

(6)罩面不应铺在和原沥青路面结合不好、即将脱皮的沥青罩面薄层上，应将其铲除，整平后再进行罩面。

(7)当气温低于10℃或路面潮湿时，不得浇洒黏层沥青，不得摊铺沥青罩面层。

2. 检查项目

施工过程中质量控制及沥青混凝土面层检查项目及检验标准见表6-2。

3. 外观鉴定

(1)表面平整密实、横向顺直。

(2)无泛油、松散、裂缝、粗细集料明显离析、啃边、轮迹、车辙等现象。

(3)表面无明显碾压轮迹，接缝紧密、平顺，烫缝不应枯焦。

(4)不得有积水或漏水现象。

在摊铺过程中，时刻注意外观的检验，发现情况及时处理，确保表面平整密实，边线整齐，无泛油、松散、裂缝、啃边和粗细集料集中等现象，表面无明显轮迹，横缝紧密、平顺，面层与路缘石及其他构筑物衔接平顺，无积水现象。

参考文献

[1] 中华人民共和国行业标准. JTG F10—2006 公路路基施工技术规范[S]. 北京:人民交通出版社,2006.

[2] 中华人民共和国行业标准. JTJ 017—96 公路软土地基路堤设计与施工技术规范[S]. 北京:人民交通出版社,1997.

[3] 中华人民共和国行业标准. JTJ 034—2000 公路路面基层施工技术规范[S]. 北京:人民交通出版社,2000.

[4] 中华人民共和国行业标准. JTG F30—2003 公路水泥混凝土路面施工技术规范[S]. 北京:人民交通出版社,2003.

[5] 中华人民共和国行业标准. JTG F40—2004 公路沥青路面施工技术规范[S]. 北京:人民交通出版社,2004.

[6] 中华人民共和国行业标准. JTG/T F50—2011 公路桥涵施工技术规范[S]. 北京:人民交通出版社,2011.

[7] 周水兴,何兆益,邹毅松,等. 路桥施工计算手册[M]. 北京:人民交通出版社,2001.

[8] 交通部第一公路工程总公司. 公路施工手册——桥涵(上、下册)[M]. 北京:人民交通出版社,1999.

[9] 黄绍金,刘陌生. 装配式公路钢桥多用途使用手册[M]. 北京:人民交通出版社,2001.

[10] 杨文渊. 路桥施工常用数据手册(第2版)[M]. 北京:人民交通出版社,2001.

[11] 中华人民共和国行业标准. JTG F60—2009 公路隧道施工技术规范[S]. 北京:人民交通出版社,2009.

[12] 中华人民共和国行业标准. JTG/T F60—2009 公路隧道施工技术细则[S]. 北京:人民交通出版社,2009.

[13] 中华人民共和国行业标准. JTG H10—2009 公路养护技术规范[S]. 北京:人民交通出版社,2009.

[14] 中华人民共和国行业标准. JTG F80/1—2004 公路工程质量检验评定标准 第一册[S]. 北京:人民交通出版社,2004.

[15] 中华人民共和国行业标准. JTJ 076—95 公路工程施工安全技术规程[S]. 北京:人民交通出版社,1995.

[16] 中华人民共和国行业标准. JTG F71—2006 公路交通安全设施施工技术规范[S]. 北京:人民交通出版社,2006.

[17] 中华人民共和国行业标准. JTJ/T 019—98 公路土工合成材料应用技术规范[S]. 北京:人民交通出版社,1998.

[18] 中华人民共和国行业标准. JTG E42—2005 公路工程集料试验规程[S]. 北京:人民交通

出版社,2005.
[19] 中华人民共和国行业标准. JTG E20—2011 公路工程沥青及沥青混合料试验规程[S]. 北京:人民交通出版社,2011.
[20] 中华人民共和国行业标准. JTG E60—2008 公路路基路面现场测试规程[S]. 北京:人民交通出版社,2008.
[21] 公路工程国内招标文件范本[M]. 北京:人民交通出版社,2007.
[22] 市政工程施工技术规程汇编[M]. 北京:中国建筑工业出版社,1999.